The
WORLD PHILOSOPHY MADE

哲学塑造的世界

SCOTT SOAMES

[美]斯科特·索姆斯 著

刘一白 黄禹迪 译

从柏拉图到数字时代
FROM PLATO TO THE DIGITAL AGE

九州出版社
JIUZHOUPRESS

这本书献给我亲爱的妻子玛莎，如果没有她这本书就不会写成，也献给我的朋友弗兰克·普莱斯，他是我见过的最智慧的人

目 录

导 论 ……………………………………………… iii

时间线 ……………………………………………… vii

第1章　西方哲学的曙光 …………………………… 1

第2章　信仰与理性的休战 ………………………… 21

第3章　近代科学的开端 …………………………… 41

第4章　自由社会、自由市场与自由人 …………… 75

第5章　现代逻辑与数学基础 ……………………… 95

第6章　逻辑、计算与数字时代的诞生 …………… 119

第7章　语言的科学 ………………………………… 141

第8章　理性选择的科学 …………………………… 165

第9章　心灵、身体与认知科学 …………………… 197

第10章　哲学与物理学 …………………………… 229

第11章　自由、正义与良好社会 ………………… 259

第12章 法律、宪法与国家 ………………………… 309

第13章 道德的客观性 ……………………………… 345

第14章 德性、幸福与在死亡面前的意义 ………… 377

附录 苏格拉底和大卫·休谟的高贵死亡 ………… 390

主要人物传略 ………………………………………… 399

致 谢 ………………………………………………… 407

注 释 ………………………………………………… 408

参考文献 ……………………………………………… 435

导　论

2016年5月，我在纽约时报意见者（*New York Times Opinionator*）博客上发表了一篇题为《哲学的真正家园》（"Philosophy's True Home"）的文章。这篇文章是在回应罗伯特·弗洛德曼（Robert Frodeman）和亚当·布里格尔（Adam Briggle）早先的一篇文章《当哲学迷失道路》（"When Philosophy Lost Its Way"），这篇文章声称，19世纪末西方哲学在大学里的制度化使其脱离了对人性和自然的研究，偏离了引导我们过上有德性、有意义的生活的核心任务。我回应说，新近的和当代的西方哲学并没有迷失道路。恰恰相反，无论是在为理论知识的进步奠定概念基础方面，还是在推进伦理学、政治哲学和人类福祉的系统研究方面，它都依然能够取得令人印象深刻的进步。文章发表后，普林斯顿大学出版社的编辑罗布·滕皮奥（Rob Tempio）建议我用一本书来探讨这一话题，我起初并没想这样做。

然而没过多久，我对这个想法产生了兴趣，并且确信它可能会服务于一个更大的目的。成年以后，我一直在尝试推进我最擅长的哲学领域，但我没有充分地思考过这一学科的整体轮廓以及它在现代世界中的位置。我知道，总的来说，我们哲学家与数学家、物理学家、生物学家、心理学家、语言学家、认知科学家、神经科学家、经济学家、政治学家、法学教授、历史学家、古典学家以及其他领域的专家之间，有着一些尽管相当专业化但也卓有成效的交流。作为南加州大学的哲学系主任，我也意识到我们以哲学为主导的跨学科本科专业——**哲学、政治学和法学**[①]以及**哲学和物理学**——都收到了积极的反响，我希望我们设置的新课程——**哲学、政治学和经济学**——也能如此。但是，在受过教育的普罗大众和大量学术界人士之中，以及更重要的是，在很多年轻人之中，对于我们是谁以及我们做的是什么事情，存在着深度的无知。假如这些人的无知不那么深，他们或许会从我们提供的东西中获益。不过我恐怕已经倾向于不再考虑这种无知的深度，认为它是积重难返的了。

然而，再想一想，我又变得乐观了。我现在相信，我之前所痛惜的无知，部分是由于我们自己作为哲学家未能将观点认真地传达给更多的听众。这本书试图通过解释西方哲学是什么，它已经是什么，以及我确信它将继续是什么，来纠正这一点。与许多人的观点相反，今天对西方哲学的研究并不是对从苏格拉底和柏拉图到康德、黑格尔和尼采的冷冰冰的历史经典所做的研究，不是提供一个关于前人对无解问题所做的答复的自助餐——而这些答复并不产生真正的知识。虽然这门学科的历史仍然是其重要部分，但是今天的哲学家提出了新的哲学问题，同时对传统问题提供了比以前的思想家更好的回答。因此，哲学知识在增长，哲学中的经典也在不断扩充。

哲学家已经——并且仍将继续——深度参与到理智关切的所有重要领域之中，包括艺术、科学和人文学科。恰当的理解是，哲学不是一个孤立的学科，而是几乎所有学科的伙伴。西方哲学

---

① 译者注：此处英文原文为斜体，表示强调，本书中均用黑体表示，后文同。

也不是故事的全部。虽然这本书只涉及西方哲学，但是在哲学的帮助下产生的显著文明进步已经成为所有文化的共同财产。随着更多不同哲学传统的著作被翻译出来，以及新的二手文献的增多，新的综合将会成为可能，从而使哲学重新启程。

总之，这本书的主题是哲学家对我们的文明已经做出并将继续做出的贡献。当然，创造我们今天所享有的文明世界的并不单单是哲学家，无论是不是西方哲学家。但是他们的努力所产生的影响比人们通常意识到的要更加深远。我们的自然科学、数学和技术，我们的社会科学、政治制度和经济生活，我们的教育、文化、宗教，以及我们对自身的理解，全都是由哲学塑造的。这并非偶然，这是由于哲学与所有基础知识的本质关联。

哲学不会在愚昧的背景下进步。当人们对某个领域有了足够的了解，使得巨大的进步变得可以想象（尽管它因为缺乏新的方法所以还没有被完全实现），哲学领域才会蓬勃发展。哲学家向我们提供新的概念，重新解释旧的真理，对问题进行重新的概念化，从而扩大它们的解决空间——以这种方式，哲学为我们提供帮助。哲学家有时在科学诞生时这样做，在学科成熟的过程中他们依然这样做。随着科学的进步，哲学要做的事情只会更多，不会更少。我们关于宇宙和自身的知识就像从一个光点开始不断扩大的光球一样增长。当光从光源向各个方向传播的时候，球体的体积（代表我们稳固的知识）呈指数增长。但球体的表面积也是如此，它代表着知识模糊成疑的边界，带来了方法论上的不确定性。哲学监控着这个边界，随时准备帮助我们策划下一步的行动。

我希望读者在阅读这本书时能体会到上文所说的东西。前六章的内容涉及了古希腊、中世纪、文艺复兴、从16世纪到18世纪，以及19世纪末和20世纪初。在这一部分里，你会看到哲学思想与数学、科学、政治和宗教思想的各种混合带来的显著进步——有时是在单独的心智之中，有时是在相互交流的心智之中。第7章到第10章将带你深入20世纪甚至更远，重点将略有转移。我会考察现代理性决策和理性行动理论的起源，我们为了推进对语言和心灵的理解所做的努力，以及我们为理解现代物理学正告诉我们关于宇宙的哪些内容付出的挣扎。在这里，重点不在于探讨我们今天享有的显见的切实好处来源于哪里（尽管也会涉及一些），而是更多地在于探讨哲学家的角色，他们有时引导专家们，有时只是做出支持和补充，试图为新兴的和成熟的科学中难以概念化的自然现象带来秩序。最后几章，即第11章到第14章，将探究紧迫的法律、政治、道德甚至存在问题。在这里，没有什么难题是被明确解决了的。贡献——如果它们的确是贡献的话——就在于去阐明向这些难题发起进攻的有效视角。

以一个邀请和警告作为导论的结尾。这本书的很多内容介绍了哲学家及其工作对更广阔的思想和行动领域的影响，以及哲学之外的发展对哲学本身的影响。但你将读到的推理并不全是关于哲学的。其中有一些就是哲学本身——例如：对伟大哲学家的一些主要想法的阐述，对那些想法的批评和评价，以及对哲学主题的独立反思。简言之，在你将读到的内容里，有一些是纯粹的哲学推理和论证。因此，我不仅邀请你一起回顾哲学迄今为止都做了什么，还邀请你参与到正在建设的哲学之中，并且，因此，我也邀请你通过批判性地评估你在这本书里读到的哲学推理，去亲自做一点哲学。

时间线上方标注：

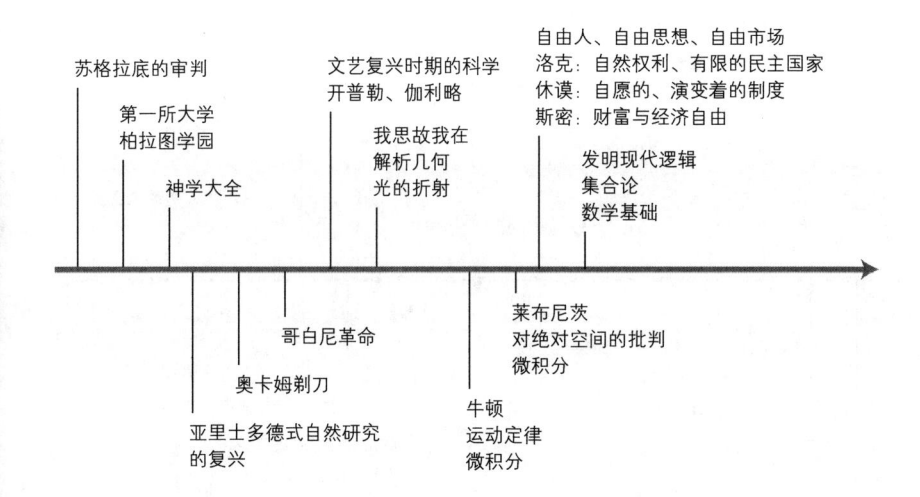

- 苏格拉底的审判
- 第一所大学　柏拉图学园
- 神学大全
- 文艺复兴时期的科学　开普勒、伽利略
- 我思故我在　解析几何　光的折射
- 自由人、自由思想、自由市场
- 洛克：自然权利、有限的民主国家
- 休谟：自愿的、演变着的制度
- 斯密：财富与经济自由
- 发明现代逻辑　集合论　数学基础

时间线下方标注：

- 哥白尼革命
- 奥卡姆剃刀
- 亚里士多德式自然研究的复兴
- 牛顿　运动定律　微积分
- 莱布尼茨　对绝对空间的批判　微积分

时间线

理解现代物理学
相对论和量子力学

理性决策论
主观概率
相对于主体的效用

哲学可以重建道德客观性吗？

对语言和心灵的研究变得科学化

死亡和人生的意义

数学可计算性，数字时代的诞生
哥德尔，丘奇和图灵

为一个有原则的法律和司法
理论所做的斗争

证明逻辑的范围和限度
完全性，不完全性
和逻辑后承

政治哲学的新进路

第 1 章

西方哲学的曙光

苏格拉底、柏拉图和亚里士多德改变世界的目标；理性探究作为获取关于世界的理论知识和生活艺术中的实践智慧的工具；在古希腊，科学、数学和哲学的交织；柏拉图的学园；后期的斯多葛学派和伊壁鸠鲁学派。

对于催生了西方哲学的那种精神，没有比亚里士多德《形而上学》(*Metaphysics*)第一卷第一句更好的表达，那就是"求知是人的本性"[1]。我们想知道的不仅是特定的事实，也包括根据世界的特征来解释这些事实的普遍真理，这些世界特征超越了我们的感官所传达的种种。西方哲学的一个创始原则是，这种知识需要我们用逻辑定律去组织精确刻画的概念——例如，**数、元素、点、线、角、形状、圆、球体、周长、面积、尺寸、空间、体积、物质、密度、物体、速度、运动、方向、比例、因果、变化、持久性、数量和质量**——并用它们来表述数学原理和自然界中的普遍规律。除了关于世界的知识之外，我们所追求的还包括关于我们自己、我们共同的人性、我们渴望去过的美好生活，以及我们希望为之做出贡献的美好社会的知识。西方哲学的另一个创始原则是：关于这些规范性话题的知识可能是客观的。因此就需要把关于**善、幸福、德性**和**正义**的准确概念以适当的严谨方式组织起来。与其他哲学家相比，我们最应该把这些改变世界的观念归功于苏格拉底、柏拉图和亚里士多德。

其中，核心人物是柏拉图——部分是因为亚里士多德是他的学生，部分是因为我们对苏格拉底的了解在很大程度上来自柏拉图对话录中的苏格拉底形象。柏拉图出生在公元前427年左右的雅典，他成长于这样的文化之中：一个人关于世界、关于他在世界中的位置、关于他的行为模式的知识在很大程度上来自对口述史诗中的神与英雄的想象性认同。[2] 在他出生的时代，荷马和赫西俄德的诗歌仍然是雅典的主要教育媒介。这样的诗歌不仅仅是一种娱乐形式，甚至并不主要是一种娱乐形式；正如沃尔特·布尔克特（Walter Burkert）所说，它是将古希腊社会和文化凝聚在一起的黏合剂。

> 古希腊人所诉诸的权威是赫西俄德的以及尤其是荷马的诗歌。古希腊人的精神统一是由诗歌建立和维护的——这种诗歌仍然可以借鉴生动的口头传统，去创造自由与形式、自发与纪律的完美结合。要做一个古希腊人就要接受教育，而所有教育的基础就是荷马。[3]

埃里克·哈夫洛克（Eric Havelock）的开创性作品记录了古希腊文化从口头和叙事到书面和理性批判的转型，他将史诗视为向年轻人传播古希腊历史文化的生动百科全书。他观察到：个人

> 作为一种文明化的存在者，需要熟悉他所在群体的历史、社会组织、技术能力和道德律令。……这种全方位的体验……被编入了一个有节奏的叙事……他记住了它……这是一种他未加批判就接受了的东西，否则它将无法留存在他鲜活的记忆之中。通过由表演中的情境和故事产生的自我认同……对那个叙事的接受和保留在心理上成为可能。'他的任务不是去思考为什么。'[4]

这就是柏拉图着手改变的思维方式。他从苏格拉底那里获得灵感，试图将他所处的文化转变为理性批判的文化，在这种文

中所有的知识——无论是规范性的还是非规范性的——都是客观上可陈述的，逻辑上可检验的，理智上可辩护的。简而言之，他试图把以口头故事（叙事）为基础的文化变成以书面陈述（客观描述）[5]为基础的文化。

柏拉图曾追求并在很大程度上实现了的那种重大变革并不是从他开始的，而是在前苏格拉底的哲学、科学和数学中就已经开始了。[6]前苏格拉底哲学家——泰勒斯（Thales，公元前624—公元前547）、赫拉克利特（Heraclitus，公元前535—公元前475）、巴门尼德（Parmenides，生于公元前510年左右）、德谟克利特（Democritus，生于公元前460年左右），以及一些其他哲学家——促成了从荷马时代的叙事文化到苏格拉底、柏拉图和亚里士多德所完成的理性批判文化的转型。举一个很有说服力的例子，在转型之前，古希腊人没有表示物质的词，也没有同时适用于生命体和它之外的惰性物体的抽象运动概念。在转型之后，他们对物质、运动、速度、形状、方向以及其他抽象概念有了可测量的观念，这些抽象概念被用来表述和检验据称是普遍规律的解释性假设。[7]

前苏格拉底哲学家为从口头叙事文化向书面理性批判文化的转型创造了条件。他们在两方面都有涉足。与史诗的叙述者不同，他们更多的是教导者而不是表演者。不过，他们经常演说自己的书面作品，期望被更多地听到而不是被阅读，这影响了他们的文本，因而这些文本并不是亚里士多德风格的论文。古希腊数学家常常也是哲学家，有时也是天文学家（研究天体的轨迹），他们也是以柏拉图和亚里士多德为顶峰的文化转型中的关键人物。前苏格拉底时期的重要成就包括：

泰勒斯（他的著名断言是"水是构成万物的元素"）的观察（很可能不是证明）：

a）圆被其直径二等分；

b）等边三角形的底角相等；

c）有一条相等的边和两个相等的角的两个三角形全等。[8]

毕达哥拉斯（Pythagoras）的追随者的证明：

a）三角形的各角之和等于两个直角（公元前450年之前）；

b）直角三角形斜边的平方等于其他边的平方和（公元前450年之前）；

c）2的平方根是无理数，即一个不能表示为分数的数（公元前450之前）；

d）3、5、7、11、13和17的平方根（和2的平方根一样）也是无理数[西奥多勒斯（Theodorus），普罗泰戈拉（Prtagras）的学生、柏拉图的老师，约公元前400年]。[9]

德谟克利特的发现（他发展了经典的原子论形而上学理论）：

a）圆锥的体积是同底等高的圆柱体体积的⅓；

b）正方锥体的体积是同底等高的正方柱体体积的⅓。[10]

希波克拉底（约公元前440年）的证明：两个圆的面积之比等于其直径的平方之比。[11]

天文观测和假设：

a）地球是一个球体（阿那克萨戈拉和毕达哥拉斯都做此猜测）；

b）晨星是昏星。[12]

研究古希腊数学史的杰出历史学家托马斯·希思（Thomas Heath）爵士总结了这些以及其他进展的范围，他估计：

> 在欧几里得《几何原本》的整个范围里，除了欧多克索斯提出的新比例理论，很可能几乎没有什么内容实质上是在柏拉图时代几何算术的公认内容之外。[13]

欧多克索斯（Eudoxus，生于公元前395—公元前390，卒于公元前342—公元前337）是创建于公元前387年的柏拉图学园中的一员。还是个年轻人的欧多克索斯在其他地方创立了自己杰出的数学学派后来到了学园，在这里，他因解决了希思提到的比例问题而受到赞誉。这（很可能）发生于公元前347年，即柏拉图去世之前。所以，在柏拉图的学园中实际上已经流传着所有被后来的欧几里得《几何原本》（古代数学最有影响力的著作，写于公元前300年左右）所系统化的成果。

在柏拉图的学园里，哲学和数学并不被视为相互独立的学科，而是相互促进、密切相关的研究。这是第一所欧洲大学，学园教授给学生的课程包括算术（数论）、几何学、立体测量学（固体的测量）和天文学（对天空的数学属性的发现），最后是哲学或"辩证法"（推理性的哲学论证）。因此，学园的大门上据说刻着"不懂几何者不得入内"。[14] 根据希思的说法，柏拉图正确地（在其与哲学的联系中）发现了古希腊人在数学上的卓越成就。谈到这些成就，希思问道："这一切是怎么来的？古希腊人对数学有什么特殊的天赋？"他回答说：

这个问题的答案是，他们的数学才能仅仅是其哲学才能的一个方面。他们的数学确实构成了从他们的哲学到柏拉图哲学的一大部分。两者有相同的起源。[15]

古希腊数学和柏拉图哲学起源于严格性和精确性。没有什么比寻找定义更符合这种哲学的特征。当苏格拉底问**善、美、真、知识、美德、虔敬或幸福是什么**的时候，他是在追问会被粗略地翻译为"善""美""真""知识""虔敬"和"幸福"的希腊词语的定义。或者说，让我们使用**概念**这个术语，这一术语在哲学中经常出现，用来表示抽象名词和名词短语的**意义**（这种意义也适用于它们在其他语言中的翻译），亦即表示它们所谈论的现实。

苏格拉底承认他不知道这些词/概念的恰当定义，于是向对话者寻求帮助，他们通常会举出例子——关于好东西、虔敬的做法和有德之人的例子。但是苏格拉底不想要例子；他想知道善、虔敬和德性究竟是什么。要知道这一点，就是要知道当我们称某物为好的、虔敬的或有德性的时，我们归于它的真实属性是什么。考虑另一个例子。假设我们问：什么是一个圆？有人通过给我们看一个圆形的图形，回答说那就是一个圆。我们会回应说：我不想要圆的例子；我想知道对于任何可以想象的东西来说，是一个圆意味着什么，它必须满足什么条件才能成为圆。我们寻求的答案是一个定义：一个圆是平面上距单个中心点距离相等的所有点的集合。

苏格拉底寻求的定义是类似的——这些定义给出了任何人或事物是好的、虔诚的或幸福的，任何陈述是真的或被某人知道是真的，或者任何东西是美的的充分必要条件。苏格拉底和柏拉图的共同事业的目标是，将古希腊数学的客观性和精确性扩展到对所有现实的研究之中。正如惊人的数学发现需要精确定义的概念

（如圆形的概念）或严格遵循公理的概念（如点的概念），柏拉图和苏格拉底希望得到的那种在关于世界和自身的知识上的进步同样需要精确的、得到良好规定的概念。

对柏拉图来说，这种对知识的寻求依赖于**柏拉图式的形式**（Platonic forms），他相信这些形式是任何领域的知识都需要的被精确刻画的概念。它们包括：

（i）**善、正义、知识、德性**和**幸福**的形式，用以解释人类行为、人类本性和人类制度的普遍规律；

（ii）**同一性**和**差异性**的形式，自然数的不同种类和性质的形式，二维几何形状（**圆形、三角形**等）及其属性（**面积、周长**等）的形式，还有三维几何图形（**球体、圆锥体**等）及其属性的形式（**体积、表面积**等），用以陈述永恒的数学真理；

（iii）**物体、空间、速度、运动、静止、比例、重量、尺寸**等形式，用以描述自然环境的各方面。

柏拉图的目标是利用这些概念来构建关于我们自身和宇宙的普遍的、没有例外的法则。关于它们的真理是可知的，但真理独立于知晓真理的人。

柏拉图用来描述这些概念的古希腊词既可以翻译为"形状"（shape），也可以翻译为"形式"（form），这表明了它在其几何学思想中所扮演的角色，这种角色在学园中被很好地理解。正如有被精确定义的圆形的形式／概念，而这个概念本身既不是圆形的，也不与其他任何东西有任何距离；也有这样一种东西，即被精确定义的美的形式／概念，它本身既不美丽，也不能通过感官被感知。其他形式也是如此。尽管它们是真实的——毕竟存在圆形、真、美这样的东西——但要问它们在空间中的什么地方以及它们在那里待了多久,似乎就很奇怪了。柏拉图认为它们是关于现实的客观真理的组成部分,通过恰当的研究,我们或许能认识到这种现实,因此,它们必然独立于我们的思想。对他来说,这意味着它们是存在于时空之外的真实事物,但能够被理智所认识。

这些陈述普遍的解释性真理所需的抽象概念是柏拉图方程式(Platonic equation)的一半。客观知识不仅需要被知晓的命题,还需要能够知晓命题的心灵。这个可以认识自身和世界的心灵,或者说灵魂,是什么?哈夫洛克探讨了苏格拉底和柏拉图所面对的这个问题。[16]

> 直到耶稣之前的公元前5世纪末(大约是柏拉图出生的时候),一些古希腊人才开始谈论他们的"灵魂",就像他们有自主的自我或人格,而不是……一种宇宙生命力……的碎片。……学术界倾向于将这一发现与苏格拉底的生活和教学联系起来,并且认为它与苏格拉底将根本性的变化引入表示**灵魂**(psyche)的古希腊词之中有关。……这个词并不象征一个人的幽灵或鬼魂……一种缺乏感官和自我意识的东西,它的意思变成了"思考的幽灵",它既能做出道德的决策,又能进行科学的认知,是道德责任之所在,是一种无限珍贵的东西,是整个自然领域中独一无二的本质。[17]

柏拉图在《理想国》的第四卷中概述了他的灵魂观念,在此,他区分了灵魂的三个方面或部分——欲念或欲望、意志力或情绪力、理性。恰当的教育会培养人的意志,使之成为理性的盟友。

继而理性控制欲望，灵魂得到统一，行动者实现自我控制。柏拉图把灵魂的这种每个部分各司其职的状态说成是灵魂各部分之间的**正义**状态，他将这种状态与理想国进行类比，在理想国中哲学王（理性）为了所有人的善好做出决策，这些决策由护卫者（意志）执行，以保证自利公民（欲望）的恰当秩序。在第七卷中，他描述了对哲学家的教育，他们在这种教育中获得抽象的理论知识。获得抽象的理论知识需要理解使这些知识成为可能的概念。为了达到这样的理解，他们必须将注意力转向每个人天生就可以获得的形式。

柏拉图学园的目的是提供能够导向这种自我实现的教育。为此，学园带领学生学习逻辑、数学和哲学方面的严格课程，使他们能够"用科学的术语定义人类生活的目的，并在一个按照科学路线重组的社会中实现这些目标"。[18] 在实现这一教育计划的过程中，柏拉图发明了自由教育的概念，并建立了第一个致力于提供自由教育的机构。

柏拉图最伟大的学生亚里士多德（公元前384—公元前322/321）于公元前368/367年从位于（色雷斯的）斯塔基拉的家搬到了雅典，在17岁时加入学园。他在那里生活了20年，起先是柏拉图的学生，后来是他的同事，直到公元前347年柏拉图去世。那时，柏拉图的外甥成为学园的主管，亚里士多德离开学园，在阿索斯建立了学园的一个分院。在公元前343/342年，他移居马其顿，并在那里接手了对13岁的亚历山大大帝的教育。在336/335年亚历山大登基时亚里士多德离开了他的岗位，一年后他回到雅典，在那里建立了与学园相竞争的"逍遥"学派。[19] 他在雅典一直生活到去世前的两年。

亚里士多德是一位伟大的工作者，他创作了大量作品，他的创作生涯从在学园时开始，在阿索斯继续，并在他的逍遥学派中达到顶峰。他的著作几乎涵盖了人类学习的每一个领域。它们围绕着以下主要主题被组织起来：**逻辑和语言**（包括真与假的定义、它们的载体、判断的本质、谓述、普遍性、逻辑上有效的论证的模式以及谬误）、**认识论**（包括证明、知识、演绎和归纳推理）、**形而上学**（包括实体、本质、偶性、存在和上帝）、**物理学**（自然世界和宇宙）、**生物学**（包括动物的历史、繁衍、生命和死亡）、**心理学**（包括知觉、记忆、推理、睡眠和做梦），以及**伦理学、政治学和美学**（包括修辞学和诗学）。

早年时，作为柏拉图的紧密追随者，亚里士多德相信灵魂是不朽的；灵魂在出生前就已经预先存在了，那时它熟悉柏拉图式的形式，而在以后的生活中，它需要通过哲学论证去回忆，去重新发现那些形式。[20] 后来他放弃了这些观点，以一种影响深远的方式修改了形式理论。他还首次系统地编纂了逻辑上有效的推理原则，并发展了与柏拉图相比更加现实、更加广泛适用的伦理学和政治学理论。最后，他开始兑现柏拉图隐含的承诺，即发展关于物理世界以及我们在其中的位置的经验知识。虽然柏拉图比任何人都更多地提供了推动人类知识发展的灵感、概念基础和制度框架，但亚里士多德比任何人都更多地为我们提供了逻辑学、物理学、生物学和社会科学（包括心理学和政治学）的系统开端。

关于哲学的基本问题，在亚里士多德对其老师的发展中，没有比他对柏拉图形式理论的修改更为重要的了。重复一下我在前面提到的，我们有理由假设，正如人这个形式/概念本身既不是人也不是任何具有高度重量的东西，也有这么一种东西，即**红**这个形式/概念，它本身既**不**是**红色**也不是任何其他颜色。虽然有理由假设人和红是真实存在的，但是追问它们位于空间中的什么地方以及它们在那里多久了就显得很奇怪。然而，柏拉图的结论——形式存在于时空之外，因而是永恒不变的，尽管我们的心灵可以通达它们——并不是看待它们的唯一方式。追问它们处于何时何地听起来很奇怪，也许是因为它们并不存在于任何单一的地点或时间，而是存在于许多地点和时间——存在于人类和红色事物所在的所有地点和时间，也只存在于这些地点和时间。如果是这样的话，它们就像我们一样，是我们这个世界中的偶然存在物。这就是亚里士多德看待它们的方式。[21]

对柏拉图学说的这种修改带来了关于形式、质料、实体、本质和偶性的新形而上学，它被亚里士多德用于研究物理变化。以一个人（苏格拉底）和一座特定的山（维苏威火山）为例。两者都在特定的时间产生，经历了许多变化，并且在某一时刻不复存在，或将会不复存在。当苏格拉底还是个婴儿的时候，他很小，不能走路、说话或独立生活。随着时间的推移，他长大了，学会了做这些事情，获得了很多新属性，也失去了其他一些属性。他从未失去的属性是**作为人**（being human），这对他的本性来说是本质性的。对于任何具有这一属性的事物而言，这种属性都是本质性的；与这种属性相比，苏格拉底曾经缺乏但后来获得的那些属性，以及他曾经拥有后来失去的那些属性，都是非本质性的，或者说是"偶然的"。关于维苏威火山，也可以讲一个类似的故事。它也有本质属性，包括**是一座山**（being a mountain），如果没有该属性那么它就不可能存在；它同样也有偶然属性，这些属性可以被得到和失去，而不影响火山的继续存在。

对于苏格拉底和维苏威火山这种历经上述类型的变化而持续存在的事物，亚里士多德称之为"实体"（substances）。但是，既然这些实体本身有生有灭，那么实体或者实体内部必定也有变化。

这是如何可能的呢？亚里士多德的模型预设：要有变化，就必定有某种发生变化的事物。如果没有任何实体能够历经变化，那到底是什么发生了变化呢？他的答案是，发生变化的是原初质料或者初始质料，它们组成了像苏格拉底和维苏威火山这样的实体。那是种什么东西？不幸的是，答案是，原初质料是无差别的东西——一种通用的、**我们不知道是什么**的东西，属性（诸如**人性**或**山性**）以某种方式存在于其中。追问原初质料的本质属性是什么是没用的。把原初质料设想为具有某种属性——在**构成了苏格拉底的始得终失的偶然属性**之外——就会把它当作一个实体，而它不能是实体，因为按照亚里士多德的要求，原初质料是对**实体**的分析的一部分。对他来说，每个自然实体——每个物理上持存的存在物 E——都是这样一种东西：某些原初质料 M 被实质形式 F 所形塑，因而形成了 E，E 之所是即是 F 在 M 之中的存在。

所以苏格拉底这个人就是由人这个形式塑造的一些原初质料。既然每个人都是如此，那么苏格拉底一定有其他的本质属性，使他有别于其他所有人。[22] 在亚里士多德的文本中，这种东西是什么并不完全清楚。但有理由认为这是他个人的本质，一种**他所独有的形式**，亚里士多德称其为非物质性的**灵魂**，它注入了他的身体并赋予了他生命。每种生物在这一点上都类似。当然，人的灵魂不同于其他生物的灵魂。在亚里士多德看来，植物的灵魂负责它们的营养功能；动物和人类的灵魂都有负责营养的成分，还有负责感觉、运动和记忆的敏感性的成分；而人类的灵魂还有一个纯粹理性的成分，被称为"主动理智"（the active intellect）。

要理解这一点，人们必须记住，对于亚里士多德来说，(i)偶然存在的实体是形式和质料的结合，(ii)它们的形式并不是独立于它们所赋形的实体而存在的，因此，(iii)当苏格拉底不复存在的时候，他所独有的任何形式，即他的灵魂，也不复存在了。这意味着，苏格拉底的灵魂实际上是他特定身体的形式或组织原则，既不存在于他生前也不存在于他死后。在亚里士多德的世界里，根本没有人类永生的空间。[23] 他确实相信纯粹思想的永恒之神——它是万物之存在的目的论原因或理由，而它自身则是没有原因的。但他的神并不干预这个世界，不是祈祷或崇拜的对象，也不是既可以爱又可以被爱的存在者。[24] 这有助于形成一个印象，即作为哲学家的亚里士多德和作为萌芽期科学家的亚里士多德或多或少地是同一个人。对他来说，人类最大的目标不是克服对死亡的恐惧，不是在生活的悲剧和失望面前寻求安慰，也不是在一个不受我们的关切所影响的宇宙中发现终极目标，而是理解宇宙和宇宙中的万物。尽管他相信这是人类最高的善，但他并不认为这是人类唯一的善。他很清楚，对于更大范围的人来说，其他形式的美好生活也是可能的，它们不那么有思想性，但是更有实践性。[25]

基于上述内容，如果我们问：**总的来说，古希腊哲学对世界做出了哪些贡献？** 那么我们必然要把以下几点包括在内。

（i） 在将以神话和诗歌为基础的口头叙事传统转变为以书面文字为主要表达方式的更具批判反思性的文化上，它发挥了至关重要的作用。

（ii） 在这样做的过程中，它展示了将信念建立于证据、论证和理性考查之上，而不是建立于权威之上的优势。

（iii） 它提供了一种自然主义的世界观，在其中，观察到的事实不是通过神的干预来解释的，而是通过遵循普遍规律的基本要素之间的相互作用来解释的。

(ⅳ) 它提出了问题并且提供了概念——**真理、证明、定义、物质、心灵、运动、因果、生成**等等；这些概念使我们能够科学地思考世界和我们自己，并且在这个过程中，为我们现在所知的逻辑学、物理学、生物学、心理学和政治学奠定基础。

(ⅴ) 它创建了西方世界的第一所大学，催生了博雅教育的理念，将数学、科学和人文研究融合到一套课程之中，不仅旨在培养技术的熟练度，还旨在培养智慧。

(ⅵ) 它将我们关于神的观念从荷马时代的拟人化观念转变为亚里士多德的全善的、完全理性的宇宙之原因，将柏拉图的善的形式与亚里士多德的主动理智结合在一起。

(ⅶ) 它将我们关于灵魂的观念从幽灵般的生命气息提升到了有意识体验的主体，这一主体是决策和行动的来源以及道德责任之所在。

尽管这份列表又长又令人印象深刻，但它仍然是不完整的。除了为理性思考和几乎每个领域中的理论知识探究奠定了基础以外，希腊哲学家（尤其是苏格拉底和柏拉图）还将对理论真理的探索与个人对意义的紧迫追寻关联起来。他们之所以如此引人注目，是因为他们把一个观念——任何领域的客观知识都需要精确定义的概念——放在了他们对美好生活的愿景的中心。他们认为，为了过这样的生活，人们应该努力了解善和幸福的本质。虽然苏格拉底没有声称自己拥有这样的知识，但他确实声称他知道只有通过严格的推理才能获得这些知识。他还认为，知道什么是善就是有足够的动力去行善。因此，他推论道，一个人过上良好生活的最大希望就是尽可能多地获取关于自身、自身的本性以及关于善的知识。

这一观念被柏拉图所认同，它可以被详述如下：相信一个目标是好的，就是去重视它；相信一个行动方式是好的，就是赋以该行动的践行某种价值。当一个人理性地行动时，他总是做出被他视为当下最佳的行动。采取行动的理由通常包括**一个人所寻求的目的和实现目的的手段**。面对旨在带来各种结果的一系列可能行动，人们会评估这些结果的价值，并判断用这些行动实现这些结果的可能性有多大。如果一个人是理性的，他会选择预期收益最大的行动，也就是用实现结果的概率折算后最具价值的行动。

根据这幅图景，你可以以两种方式犯错——选择一个比你本可以追求的另一个目的更差的目的，或者为通过某个行动达成目的赋予不切实际的可能性。柏拉图会说，可以通过扩展你的知识来使这些失败减至最少。你对善的了解越多，那么比起更有价值的目的，你就越不可能追求不那么有价值的目的。同样，你对自己、他人和世界了解得越多，你就越不可能误判一个行动，越不可能误判在实施了它之后会产生某种结果的概率。简而言之，增加你对相关的评价性和非评价性事实的知识，应该会增加你获得最佳结果的机会（即使这或许不能保证得到那个结果，因为你的知识可能仍然不完整）。既然习惯性地做出最佳行动的人最有可能得到最佳的结果，那么智慧的人就应该最有机会获得真正有价值的东西。因此，看起来，如果你总是追求对你来说好的东西（或者道德上好的东西），那么获得智慧应该会最大化你变得幸福（或者变得有德性）的机会。如果像苏格拉底和柏拉图认为的那样，在对你来说好的东西和本身就好的东西之间没有根本性的冲突，那么对智慧的追求可能就会变成对德性和幸福的追求。

能够支持这一观点的话还有很多可说，但德性和幸福之间的关系仍然悬而未决。一个担忧涉及这一前提，即我们总是会做出被我们视为当下最佳的行动。而这一点并不是显然的。有时，一个人倾向于认为，我们可能相信（甚至是知道）某个行动是最佳的，但不去践行它，因为我们受到其他事情的诱惑。虽然柏拉图和亚里士多德关于这方面有很多话要说，但他们没有解决这个问题，它至今仍在争论中。

另一个担忧是，一个人做出他所认为的有利于自己的事情，与做出他所认为的有利于他人的事情，在多大程度上一致或者不同。要彻底弄清这一点，人们将不得不探索我们人类自然而然最重视的东西。这是我列出的古希腊哲学对所有后继者的最后一条贡献。

(viii) 它将实现德性和幸福的问题概念化，使之成为对人性的本质要素、对我们与他人关系的本质，以及对（我们与他人的）共同生活的要求的发现与理解。

除了希望理解自身和世界以外，苏格拉底、柏拉图和亚里士多德还认识到，我们高度重视与特定他人之间的关系、他们的幸福和他们对我们的赞赏、我们社群的成功，以及我们为追随我们脚步的人所树立的榜样。在因亵渎神明和腐化雅典青年的罪名而被处决之前的审判、定罪和监禁期间，苏格拉底展示了这些自我超越的目标。他拒绝通过放弃哲学、接受流放或越狱来逃避自己的命运，他选择去尊重自己关于良好生活的观念，去激励他人，去尊重雅典法律，去保护他的朋友免受惩罚。[26] 因为他更看重这些东西，而不是额外几年的生命，所以他达至的德性与他的幸福并不冲突。在那些以苏格拉底为榜样的人中，首要的是柏拉图，他为延续苏格拉底对智慧的寻求提供了理论基础和制度框架。当其老师英勇赴死的时候,柏拉图有了启发他的榜样:这个榜样让他能够带着个人对意义的紧迫追寻,投入到对最高理论知识的求索之中。

不幸的是,最高理论知识与美好生活紧密相关这种观念并不容易持续下去。亚里士多德死后,柏拉图学园和逍遥学派延续了几个世纪,但是都没有像苏格拉底那样聚焦于作为一种生活方式(而不是抽象的理论研究)的哲学。[27] 但另外两个学派做到了这一点——成立于公元前306年左右的雅典和另外两个城市的伊壁鸠鲁学派,以及不久后由芝诺(Zeno)在雅典创建的斯多葛学派。后者教导人们接受他们控制之外的一切事物,培养平和的心态。几个世纪以来,它比前者更受欢迎,前者认为发展精致的品位和满足欲望是最重要的。[28]

斯多葛学派关于善的观念源于这样一种观点,即宇宙是一种巨大的物质性事物,是一种活物,有着引导世事的心灵。对他们来说,做有德性的人就是被与世界心灵相一致的思想所引导。因为那一心灵决定着每一件事,而且它决定的每一件事都是好的,所以无论发生了什么都是最好的安排。因此,智慧的人会接纳世事,即使它们阻碍了他或她的目标。然而,这并不需要断绝欲望。作为世界心灵的一部分,一个人的欲望在决定会发生什么上也有自己的角色。不过,既然一切都是最好的安排,人们就不应该太执着于自己的欲望,应该以平和的心态迎接每一个结果。

这一观点一直持续到古代晚期,那时基督教和新柏拉图主义再次引入不朽的人类灵魂,将其视为意识的精神中心——这挑战了它(曾经)难以抗衡的观点。斯多葛主义持续了这么长时间,这并非证实了它关于世界的奇幻理论,而是证实了它向有需要的人提供安慰的能力。因此,很难将其视为柏拉图和亚里士多德改变世界的思想的合法继承人。这些思想在 12 世纪和 13 世纪回归,而悖谬的是,它们的回归是由于宗教的理智需求,而这种宗教,伴随着奥古斯丁,曾经暂时地取代它们。

第 2 章

信仰与理性的休战

在宗教为个人生活提供指南的时代,古希腊哲学作为获取世俗知识的途径在基督教欧洲的重生;对亚里士多德哲学和基督教神学的托马斯式综合;约翰·邓斯·司各脱、罗杰·培根和奥卡姆的威廉在使哲学独立化、科学化的进程中产生的影响。

对世界的基本特征所做的系统性的、基于理由的考察使理论知识的进步成为可能,当把这种考察应用于我们自身的时候,将会带来我们最大的幸福、德性和智慧——这一古希腊哲学的创始观念起源于苏格拉底和柏拉图,到了奥古斯丁的时代(公元354—430),它的影响已经耗尽。这一观念的衰落是不可避免的。对理论知识的寻求是数千年来的集体任务;对目标、幸福与德性的追求是一生中迫切的个人任务。这两个任务并不冲突,前者能够有助于后者。但它们是不同的。因此,古希腊各学派中最悠久的斯多葛学派更善于阐明应对生活失望的方法,而非推进关于世界的理论性理解或是将其生活艺术建立在一个关于现实的有根据观念之上,这也就不令人奇怪了。

奥古斯丁所面对的世界没有强大的柏拉图式学园、亚里士多德式逍遥学派或者斯多葛学派。他最初被摩尼教所吸引,这种宗教认为现实是两个敌对原则之间的永恒斗争,一个是为了善,另一个是为了恶。虽然奥古斯丁把他对这一观点的拒绝归功于柏拉图,但他的柏拉图主义源于普罗提诺(Plotinus,公元204/205—公元270)的新柏拉图主义。到了5世纪初,新柏拉图主义已经退化为带有神秘主义的异世(other-worldly)形而上学与晦涩的宗教仪式之间极度抽象的结合。[1] 它缺乏基督教的人格化上帝,没有拿撒勒的耶稣的故事,也没有个人救赎的承诺,无法与正在兴起的教会力量相抗衡。

奥古斯丁选择了基督教而非新柏拉图主义，但他觉得完全可以向后者借鉴来发展前者，形成他自己有影响力的版本。在很大程度上，柏拉图主义的重要元素就是以这种方式在接下来八个世纪的基督教神学中留存了下来。在这一时期中，上帝是万物的纯粹精神性的来源，同时等同于善、爱、真理和理性；柏拉图式的形式就是上帝心中的观念；人类灵魂是不朽的精神，暂时寄居于物质性身体之中，这身体产生幻觉和诱惑，我们必须与之抗衡；人生的目标就是在死后与上帝相融，而实现这一目标的方式不是理性和经验观察，而是接受上帝的启示。[2] 虽然亚里士多德在这一时期的基督教欧洲并非鲜为人知，但人们对他的了解主要局限于他的逻辑学工作。[3] 因此，在从 5 世纪到 12 世纪末的这段时间里，古希腊哲学对关于我们自身和世界的客观知识所做的自主且系统的探索近乎是消亡了的。

基督教中世纪晚期的天才之处——同时也是它对由哲学塑造的世界做出的最主要贡献——在于找到了一种方法，通过暂时减轻古希腊哲学在寻找人生意义和规划个人实现之路上的责任，为希腊哲学带来第二次机会。它之所以能够做到这一点，是因为到了 12 世纪末，基督教是欧洲最安全、组织得最好的制度力量，教会和教育机构拥有影响深远的网络。13 世纪初，多明我会和方济各会成立，巴黎大学及其神学院、教会法学院、医学院和文学院签订了教皇宪章。它们承担了为基督教提供它当时所缺乏的东西的任务，即为基督教提供在人类知识体系中确立其地位所需的理性基础。因此，基督教思想家自然会将古希腊哲学的各个方面用于服务他们的宗教。尽管他们从奥古斯丁时代起就一直借鉴新柏拉图主义，但亚里士多德最终成为主要力量。他的作品在 12 世纪末和 13 世纪初被全面地翻译成拉丁语，这扩大了他的神学受众，伟大的阿拉伯哲学家阿维琴纳（Avicenna，波斯，980—1037）和阿威罗伊（Averroes，西班牙和北非，1126—1198）的精彩阐释和评论也是如此。到了13世纪中叶，亚里士多德在欧洲基督教大学的影响力日益增长，大阿尔伯图斯（Albertus Magnus，约1200—1280）和托马斯·阿奎那（Thomas Aquinas，1225—1274）使他的影响结出硕果。

在这一时期，基督教欧洲没有能够与亚里士多德体系相提并论的自然哲学体系，所以亚里士多德体系的重新发现在巴黎大学文学院和其他地方引起了智识上的兴奋。亚里士多德主义和基督教教义之间似乎出现了冲突，这些冲突激起了各种呼吁，包括拒绝前者，修订后者，或调和两者。[4] 作为一位杰出的教授和多明我会的智识领袖，大阿尔伯图斯选择了调和的道路。和亚里士多德一样，他也研究自然，他以下述两点而闻名：一个是他的求知欲，另一个是他相信为了获得关于自然界的知识，谨慎系统的观察要比扶手椅演绎更好，后者只是在设想现实**必定**会如何。[5] 虽然他写出了对亚里士多德哲学的阐释和评论，但他最持久的贡献是对其杰出学生托马斯·阿奎那的影响。正如科普勒斯顿（Copleston）生动描述的那样："圣阿尔伯图斯是托马斯的苏格拉底。"[6]

作为哲学家，阿奎那试图从观察和理性中获得尽可能多的知识。作为神学家，他把一些基督教信条——例如信徒与他们的造物主之间的个人关系，以及他们将享有的永生——视为只有通过启示才能获得的真理。既然**真理**之间不能相互矛盾，他不得不确保他认为已经被揭示了的东西与他从理性和观察中获得的东西是一致的。值得称赞的是，他尽心尽力地完成了这项任务。

亚里士多德提出了理解世界的框架。和他一样，阿奎那把所有自然的生物和非生物都视为原初质料与内在形式（而不是独立存在的柏拉图式形式）之间的融合。那些被称为个体实体的事物有着本质属性（比如，**是山**、**是狗**或者**是玫瑰**），这些属性使它们成为它们所是的那类事物，只要它们存在就会一直保有这些属性。它们所经历的变化是偶性——一个对象能够拥有，但原则上也可以没有的属性——的增减。

与亚里士多德一样，阿奎那也认为每当自然实体开始存在，获得或失去偶性，或者不复存在时，变化的发生必定会有理由。有时，一个自然变化的发生是由于另一个自然变化的发生，而另一个自然变化的发生仍然必定会有理由。这两位哲学家还认为没有什么自然变化是自己的理由，理由的循环链条——其中 C 是 B 的理由，B 是 A 的理由，A 是 C 的理由——是不可能的，理由的无穷倒退也是不可能的。所以，他们的结论是，必定存在着一个最终的、非自然的理由，它是每一个自然变化的理由。对亚里士多德来说，它是不动的推动者。[7] 对阿奎那来说，它是上帝。[8]

阿奎那以三种形式给出了这个论证。在一种形式下，变化的理由是变化所满足的目的。在另一种形式下，它们是变化的（充分）原因。在第三种形式下，它们是变化着的事物的存在所依赖的事物。对他来说，任何形式的论证都不能证明宇宙是在一个较早时间被创造出来的。虽然基督教教义这样告诉他，但他并不认为仅凭理性就能排除宇宙是永恒的这一可能性。[9] 那么他认为自己证明了什么呢？被其他所有事物所依赖的那个独立事物是什么呢？它一定是某种必然存在并拥有很多属性的事物。否则，我们就可以通过提出我们对自然对象提出的问题——**它为什么存在？它为什么有这些属性而不是不同的属性？**——来使后退论证继续进行。对阿奎那来说，问任何不可能不存在的事物为何存在，或者问任何不可能有不同属性的事物为何具有它所具有的属性，都是毫无意义的。[10]

正如阿奎那尝试使用亚里士多德的概念去证明神的存在（这个神不同于亚里士多德的不动的推动者），他坚信人类灵魂是身体的一种亚里士多德式的形式，却肯定了亚里士多德不会肯定的灵魂不朽。阿奎那同意亚里士多德的观点，即生物的灵魂（它与质料结合形成生物）是身体的形式，并且不能脱离身体而存在；但他认为人类是例外。就人类而言，他同意**人的属性**决定了（a）人有能够消化食物、成长和繁殖的身体，（b）人有使知觉成为可能的感觉器官，（c）人有做出身体行动所需的身体上和心智上的能力，（d）人（与动物不同）有理性思考、理论理解和自我管理的能力。**看起来**或许可以由此得出，当一个人的身体死亡或不复存在的时候，作为一种亚里士多德式而非柏拉图式的形式，那个人的灵魂也一定不复存在了。当然，在苏格拉底死后，**他的灵魂**并没有赋于一个不同的身体，比如芝诺的。相反，它停止在任何质料之中持存。既然一个亚里士多德式的形式不能在不持存于任何事物之中的情况下存在，那么，要么苏格拉底的灵魂一定也不复存在了，要么它一定具有某种区别于经典的亚里士多德式形式的东西。通过选择第二条路径，阿奎那修改了亚里士多德主义。

追随着亚里士多德，阿奎那认为有生命和无生命的事物都有实体的形式，这些形式使它们成为它们所是的那类事物（如石头、植物、动物、人类），同时也将不同种类的事物区分开来。[11] 然而，不同种类的事物有不同的形式。生物的形式——植物、动物和人类——都是灵魂。阿奎那说：

> 为了探究灵魂的本质，我们必须预设，"灵魂"（anima）是生存在我们周围的事物的生命的首要原则；因为我们称生

物为"有生命的"(或"有灵魂的"),而没有生命的事物是"无生命的"(或"没有灵魂的")。[12]

植物的灵魂赋予它们获取营养的能力,动物的灵魂增加行动和感知的能力,而人类的灵魂则增加理性,使抽象的思维和理解成为可能。除了人的灵魂之外,所有生物的灵魂都是亚里士多德式的,这种形式虽然是非物质性的,与质料有别,但不能在不赋形于质料的情况下存在。[13] 相比之下,人类的理性灵魂在第二种更强的意义上是非物质性的。作为一个亚里士多德主义者,阿奎那相信,所有生物的灵魂所行使的营养功能,以及动物和人类的灵魂所行使的感受功能(感知和行动),**总是特定身体器官的运作**。因此他认为,如果没有这些功能所位于的身体,这些功能就无法留存。但是,阿奎那论证道,人类独有的**理性功能**并不位于任何身体器官之中。[14]

他的论证基于两个原则:(i)"人类(原则上)可以通过理智来认知(即理解)所有物体的本质。"(ii)"任何对特定事物有所认知(即理解)的(官能),其本质都不可能含有这些事物(即不可能具有物体性的本质)。"[15] 例如,掌管视觉的身体器官,即眼睛的瞳孔,不是也不可能是任何颜色;因为,如果它是,那么它的颜色(就像蓝色眼镜的颜色)会扭曲对颜色的感知,**使我们无法区分某些颜色**。同理可知,如果理性的人类灵魂具有物体性本质,那么这一本质就会扭曲它的理解。因为我们的理性本质使得我们能够正确地理解所有物体的本质,所以人类的理性是独立于身体过程的。[16]

诺曼·克雷茨曼(Norman Kretzmann)在如下段落中富有启发地讨论了上述论证。

（根据阿奎那的说法）要成为一个认知官能，本质上就是要处于一种相对于特定类型事物的**潜在**可接受状态，这些特定类型的事物是该官能的恰当对象——例如声音是听觉官能的对象。因此，如果官能本身**真的**（即作为其本质的一部分）具有这种类型的事物——比如耳鸣——它至少会丧失一些最初使其成为认知官能的自然潜在可接受性。……"所以，如果**理智**的原则（我们的理性）包含了**任何**形体本性，它就会不可能认识（理解）**所有**的形体。而每一个形体也总是具有某个确定的本性的。所以，理智的原则不可能是形体性的"（《神学大全》，Ia.75.2C）。[17]

简而言之，我们灵魂的理性方面不存在于任何身体器官之中，也不需要使用任何器官来思考。尽管身体的感觉器官确实为人类灵魂提供了用以思考被感知事物的材料，但这些材料对于纯粹概念性的思考来说并不是必需的，没有这些材料，思考也可以发生。[18] 阿奎那预设，如果理性的灵魂不位于任何**身体器官**之中，那么它就根本不位于任何物质性的物体之中。所以，他得出结论说，苏格拉底灵魂的理性方面**可以在苏格拉底死后继续存在**。

但它在死后真的还存在吗？大概是这样的。由于它从来不是任何物体的（亚里士多德式的）形式，它的存在和理性运作总是独立于物质的，所以在这种情况下，它没有理由随着苏格拉底身体的死亡或毁灭而不复存在。因此，阿奎那认为，苏格拉底的理性方面在身体死亡后仍然可以思考——它可以有纯粹概念性的思维——即使它那时无法感知或记忆任何东西。[19]

这一引人注目的论证威胁到了阿奎那努力复兴的亚里士多德式形而上学。根据定义，亚里士多德的形式不能在不赋形于一个或多个物体的情况下存在。因此，阿奎那所假定的理性人类灵魂不可能是通常的亚里士多德式的形式。那它到底是什么呢？这种担忧与一个甚至更加基本的问题有关。**苏格拉底自己与他的理性灵魂是否同一**，也就是说，是不是同一个存在物？如果是同一的，那么他和他的灵魂是一体的，因为他的灵魂从来不是形式和质料的融合，所以他也就从来不是这样的融合，这违背了阿奎那关于每个人都是身体和灵魂的复合体的观点。另一方面，如果苏格拉底的理性灵魂与苏格拉底**不**同一，那么表明它是不朽的（如果有人能做到的话）并不能表明苏格拉底是不朽的。

在下面这段话中，阿奎那给出了对这一两难的回应。

（我们）是以人类灵魂的活动为基础，逐渐了解灵魂的存在方式的。因为只要它有一种超越物质性事物的活动（理性的思考和理解），它的存在也就被提升到身体之上，而不是依赖于身体。另一方面，从物质性事物（感官认知等）中获得非物质性的认知是天然合适的，就此而言，如果没有与身体的结合，那么物质性事物的本质显然不可能得到实现；因为只有当某物（在其内部）具有适合于其本质的活动所需的东西时，它的本质才是完整的。因此，既然人类灵魂作为一种形式与身体相结合，具有高于身体的存在而且不依赖于身体，那么很明显，灵魂是建立在身体性实体和分离性（即纯粹精神性的）实体（如天使）之间的分界线上的。[20]

这一关于人类灵魂的边缘性特征、关于灵魂与身体之结合的令人困惑的陈述，对于托马斯主义在基督教神学与亚里士多德哲学之间所做的尝试性综合来说，是最重要但也最有问题的方面。

阿奎那追随亚里士多德，把理性视为人性的独有特征，他论证道，正是在这一方面，人类依照上帝的形象被创造。[21] 与亚里士多德"求知是人的本性"的观点相呼应，阿奎那把人类对知识和理解的渴望视为对我们最深层本质的表达，这种本质植根于灵魂之中。同样追随亚里士多德，他把人类视为灵魂（一种特殊类型的形式）与质料的复合体。但是，由于对阿奎那来说，人类必须被证明是永生的（尽管他们的身体不是），他不得不论证三件事。首先，正如我们已经看到的，他不得不论证，人的灵魂可以（而且确实）脱离肉体而存在。其次，正如我们同样看到的，他不得不论证，如果没有身体，人类灵魂就不能完全实现自身的功能（获得知识和理解）。最后，他不得不论证，任何事物在不能完整地实现其独有的功能的情况下都不可能永存，正如死人的灵魂如果永远不能与他们失去的身体重新结合就不能存在。

阿奎那在《反异教大全》(*Summa Contra Gentiles*) 的如下段落中写道：

> 所以，脱离身体而存在是与灵魂的本质背道而驰的。但是，任何与自然背道而驰的东西都不可能是永恒的。因此，灵魂不会永远脱离身体而存在。所以，既然灵魂永远存在，它就应该再次与肉体结合，（从死亡中）复生就是这个意思。那么，灵魂的不朽似乎要求身体在未来的复活。[22]

这一论证除了使阿奎那确信苏格拉底这个人的不朽之外，还表达了他关于人类灵魂与身体相互依赖的观念的一些重要内容。由于在某种意义上灵魂和身体同样地需要对方，所以阿奎那认为人类是真正的统一体，而不是非物质性的柏拉图式灵魂，这种灵魂居住在身体中，但只是把身体用作工具。[23] 说到这里，阿奎那又补充说，人类对不朽的欲望必须得到满足，因为上帝不会赋予我们一个无法满足的欲望。由于神的启示承诺了身体的复活，许多人都认为，阿奎那关于灵魂不朽以及它最终与身体重新结合的论证，有助于他在信仰和理性之间做出更广泛的调和。

这一暂时的调和为基督教提供了古希腊哲学的智识资源，后者仍然是对关于自然界的知识所做的最全面综合。而且，这种调和并没有威胁到宗教作为人生终极目标的诠释者以及个人救赎指南的角色。尽管托马斯主义有其对手，但它所促成的信仰与理性之间的妥协成为西方文明的持久成就之一。一种宗教与一种认识论体系被联系在了一起：这种宗教以对特定历史事件的神秘诠释为基础，吸引着各个社会阶层，并且有着以人生意义的愿景为基础的人类行为伦理；这种认识论体系的目标是利用观察、利用精确定义的理论概念、逻辑和数学去获得关于我们自身和宇宙的全面智识。这种心智开放的遗产在几个世纪内都会被感受到。[24]

信仰和理性之间的休战对哲学也有好处。通过免除哲学发现生命意义以及规划个人实现之路的责任，休战使得哲学重新收回自己在（启示宗教之外的）每个领域中推进基于证据的知识的作用。正如科普勒斯顿所说：

> 从历史上讲，亚里士多德主义……是独立于启示的理性的产物，它自然而然地将自然理性的潜能带给了中世纪人：这是他们所知道的最伟大的智识成就。这意味着任何接受和利用亚里士多德哲学的神学家……都不得不承认哲学的理论自主性。……回顾这些……我们可以看到对一个伟大哲学体系的接受……几乎肯定迟早会将哲学引向独立于神学的她自

己的道路。[25]

古典哲学的这一重生——它将逐渐变得自主、自我批判,并专注于推进科学知识——是阿奎那和那些追随着他的具有哲学心智的神学家带来的伟大赠礼。

其中之一是13世纪的英国僧侣罗杰·培根(Roger Bacon,约1212—1292),他相信经验观察、数学和科学,同时也相信保守的(甚至是神秘的)神学。在其主要著作《大著作》(*Opus Maius*)中,他宣称哲学的目的是诠释经文,并用所有其他方式将我们引向上帝。理性作为哲学的工具被等同于上帝,因此永远不可被轻视。既然真理的功能是将人类引向上帝,那么任何一丝真理都不应被忽视。这些想法将培根引向了科学和数学,后者对于天文学等科学来说至关重要。作为一个兴趣广泛的人,培根认为地球是球形的,与天空相比非常小。他还写了关于光、日月食、潮汐、眼睛结构和视觉原理的内容。他关于反射和折射的研究致力于探索如何能让很小的东西看起来很大,让很远的东西看起来很近。虽然他没有发明望远镜,但他确实发现了其他人用来发明望远镜的原理。

《大著作》还包含了一个关于科学方法论的复杂讨论,在该讨论中,理性的角色是形成假设并从中演绎出可观察的结果。培根认为,如果那些结果是错误的,那么这个假设就被否决了,而且他还坚持,没有任何假设能够在不经过这样的检验的情况下被接受。和阿奎那一样,他在自己的自然哲学中使用了亚里士多德的范畴。但他对信仰与理性的托马斯主义综合所做的主要贡献在于他真正的科学精神,这种科学精神与亚里士多德的并没有什么不同,它反映在他广泛的经验兴趣、他对于自然现象研究的活力、他的实验方法的清晰性,以及他希望最终能从中获得的实践价值之中。

如果我们在这里停下来追问,哲学对 13 世纪中叶的基督教欧洲做出了什么贡献?我们可以在大阿尔伯图斯、托马斯·阿奎那和罗杰·培根的思想中看到这些贡献。

(i) 通过阿奎那,哲学促成了一种将信仰和理性视为盟友而非对手的观念。从而,将一种理性神学引入基督教思想之中,后者已经从奥古斯丁那里吸纳了现在由圣波拿文都拉(Saint Bonaventure)拥护的柏拉图思想元素。
(ii) 还是通过阿奎那,哲学促成了"上帝作为纯粹理性的必然存在者"这一观念,通过按照上帝的形象创造人类,人们自然地去寻求关于被假定的理性有序宇宙的知识。
(iii) 因而,哲学也对重新唤醒亚里士多德的科学精神做出了贡献,这种精神体现在大阿尔伯图斯和罗杰·培根对自然界的经验研究之中。

到了 13 世纪下半叶及以后,我们会发现越来越多哲学上的发酵,与之相伴的是对自然界日益增长的理智关注。阿奎那的直接继承者之一是方济各会神学家约翰·邓斯·司各脱(1266—1308)。他以亚里士多德主义与基督教托马斯主义之间的融合为基础,对之进行批判,发展出了一批独立的追随者,同时为更深远地背离托马斯主义铺平了道路。他最重要的背离之一涉及阿奎那关于灵魂不朽的论证,这一论证不仅假设苏格拉底和柏拉图是不同的人,还假设他们的灵魂——他们各自身体的形式——也是不同的。因为柏拉图和苏格拉底都是人,所以这些形式不可能是所有人类共有的单一人性。那么苏格拉底个人的人性与柏拉图的有什么不同呢？根据阿奎那，它们在**数量**上是不同的，因为它们是不同量的原初质料的形式，但它们在**性质**上没有不同，因为没有任何性质可以被归赋于原初质料。这一论题被概括为：**质料是区分同一自然种类中的不同成员的个体化原则。**

司各脱论证道，这一学说，伴随着"苏格拉底和柏拉图的不同灵魂在他们死后仍然存在"这一托马斯主义观点，意味着这两个灵魂/形式包含了使之个体化的原初质料，**即使是在它们不是任何身体的形式的时候**。由于这是一种亚里士多德式的荒谬，司各脱拒绝接受质料使个体的形式个体化这一学说。他本可以走得更远。如果苏格拉底的灵魂是他身体的亚里士多德式形式，而不是其他任何东西，那么当身体死亡或不复存在时，灵魂就**不可能**存在。尽管这似乎对调和亚里士多德自然哲学与基督教神学的计划造成威胁，但司各脱并没有走这一步。基督教是安全的，因为神的启示向他保证了人类灵魂的不朽，以及人在身体复活后的永生。结果是，他似乎暗示，应该有可能以另一种方式构建基督教与古希腊哲学的综合。事实上，他的哲学有时被认为是中世纪最后一个这样的综合。[26]

奥卡姆的威廉（William of Ockham，1287—1349）发展出的批评更为深远。虽然他是神学家以及哲学家，但他对上帝的绝对自由和全能的强调几乎没有给希腊的本质和必然性概念留下多少空间。他高度独创性的哲学展现出强烈的逻辑性、分析性和经验性元素，没有提出对上帝之存在或本质的独立确证。它也没有提出对灵魂或者人类不朽的独立支持。部分来说，正因为如此，奥卡姆的思想被教会中的一些人视为异端。在一些其他事情上，他参与了教会政治，包括教皇与巴伐利亚皇帝之间的一场争端。尽管在 1328 年被逐出了教会，但他仍然保持着活跃的智识影响，直到 1349 年死于黑死病，在那之后，他的追随者作为新路派（via moderna）的倡导者而前进，继续与托马斯主义、司各脱主义和奥古斯丁主义的旧路派（via antiqua）展开斗争。

他对基督教哲学中的古希腊形而上学做出过批判，其核心在于他对**共相**——（被设想为柏拉图式或亚里士多德式的）同类型事物的共同本质——的否定。对奥卡姆来说，不存在所有人共有且只有人才有的**人性**，也不存在只有红色事物才共有的**红**。当然，存在着个体人类和特定红色事物，也存在用来指示它们的词，如"人类"和"红色"（以及其他具有相同涵义的词）。但是，除了被如此指示以外，没有什么是这些事物的共同之处——或者看起来是如此，直到有人问出在"**是 T**"这一谓述中所使用的普遍词项 **T 是什么意思**。传统的答案是，这是**个体事物的一种存在方式**。有些东西是人类，有些东西是红的，有些东西是圆的——既然这是可能的，那么是人类、是红的和是圆的就是**事物可能的存在方式**。这些方式曾被假设为"人类""红的"和"圆的"的意思。当一个人使用主谓句时，他就表示了，由主项表达式所指示的事物是以他用谓词表征的方式存在的。

这幅语言意义的图景预设了**事物的可能存在方式**。那么这些可能方式是什么？奥卡姆否认了柏拉图式或亚里士多德式形式，他说普遍词项 T 的意义是一个只存在于心灵中的**概念 C**。[27] 他补充说，当 C 是 T 的意义时，T 指的是所有且只有以 C 给出的**那种方式彼此相似的事物**。但是这有什么帮助呢？如果一个人对**个体事物存在或可能存在的方式**感到困惑，那么人们也应该对**成对事物相似或可能相似的方式**感到同样困惑；要么两者都真的存在，要么两者都不存在。如果你怀疑（或接受）存在着个体事物可能存在的方式——例如，**是红的**和**是绿的**——那么你也应该怀疑（或接受）存在着成对事物可能存在的方式——例如，**在颜色上与这个相似**（说的是一辆消防车），以及**在颜色上与那个相似**（说的是一块得到充分浇灌的草坪）。奥卡姆似乎忽略了这一点。

他似乎也模棱两可。虽然他经常声称只有个体才存在，但他有时会加上限定词"在心灵之外"。例如，他否认关系（大概包括**相似性**）存在于心灵之外。他的否认基于这样一种主张，即所有（在心灵之外）真实存在的事物原则上都是独立于所有其他这类事物的，因为上帝可以独立于他所创造的任何其他这类事物来创造它们。因此，奥卡姆认为，如果关系存在于心灵之外，那么上帝就可以在不创造任何与之相关的对象的情况下创造这些关系。在他看来这是荒谬的，于是他下结论说关系**只在心灵之中**存在。

他所依赖的主张是可疑的。思考一下一棵巨大的红杉与它所源自的那粒种子之间的**起源**关系，以及我与我所源自的那颗特定受精卵之间的关系。这两对事物中的第一个成员（红杉和我）——不是同质的复制品，而就是那些事物本身——的确可以在没有第二个成员的情况下存在吗？就此而言，即使我们的生母不曾存在过，即使我与她并不处于**我是她的孩子**这一关系之中，我也可能存在，是这样的吗？如果这些事情并非显然，那么奥卡姆关于关系不存在于"心灵之外"的论证就是建立在一个可疑的前提之上的。

奥卡姆为同样的结论给出了另一个论证。他说，如果关系存在于**心灵之外**，那么当我移动手指的时候，我会改变它与其他事物的空间关系，继而改变宇宙中一切事物的属性。他认为这是荒谬的，但没有说为什么，也没有指出如何通过说关系只存在于**心灵之中**来消除这种荒谬。当然，对于宇宙中每一个有物理位置的物体 x，都应该可以构造一个将 x 与我的手指相关联的空间谓词，使该谓词在我移动手指之前为真，在我移动手指之后则不为真，还可以再构造另一个谓词，使它在我移动手指之后为真，在我移动手指之前则不为真。这只是在说，某些关于 x 的事情在我移动手指之前为真，而在我移动手指之后则不会为真，所以这应该意味着 x 改变了属性。由于这一结果并不依赖于任何心灵觉知，所以奥卡姆的规定（即关系只存在于心灵之中）是否真的有用依然模糊不清。

对"真实关系"的所谓消除被视为奥卡姆剃刀的一个例子，即**如无必要勿增实体**，它可能会被重新表述为，**在解释明显的真理所需的范围之外不要增加实体**。如果这样来理解的话，它确实很难被否认。人们或许能够用它来更直接地消除属性和关系，如果人们必须解释的真理只有"**斯科特·索姆斯是一位哲学家**"和"**格雷格·索姆斯和布莱恩·索姆斯是他的儿子**"这样的特定真理的话，这些真理在逻辑上蕴含着斯科特、格雷格和布莱恩的存在，但在逻辑上并不蕴含是**一位哲学家**的属性或者是……**的儿子**的关系。但是，如果我们还需要对普遍词项的涵义做出解释，或者需要对相信我们用这种句子所表达的思想内容的认知者的认知做出解释，那么奥卡姆的剃刀是否可以用来消除属性和关系就是不清楚的。[28]

在理解因果关系方面，奥卡姆的剃刀得到了更好的使用。他拒绝承认先发事件 A 中的任何特征的组合是后发事件 B 的原因，除非具有这种组合特征的事件从来都跟随着一个与 B 同类型的事件。因此，他倾向于将因果关系与同类项的恒常联结等同起来，他论证道，这种恒常联结只有通过经验观察才能得知。以这种方式，他避免了在因果之间假定没有被观察到的必然联系。因为科学关注于原因,所以奥卡姆的做法被正确地理解为是打击了"自然界**必然**符合某种预想图景"这一先入为主的假设,并且支持了基于观察的研究。

奥卡姆对论证上帝存在的传统证明也很苛刻。他拒斥了第一因论证的最终因(目的)版本,认为它预设了神的目的,而这本该得到证明。他拒斥了这一论证的动力因版本,因为我们不能排除前因的无穷序列。但他确实接受了一个论证,这个论证以这一想法为基础,即每一个偶然存在者——每一个虽然确实存在但也可能不存在的存在者——在它存在的每一个时刻,都有一些东西维持着它的存在。虽然维持者可能是另一个偶然存在者,但他认为维持者的链条不可能是无限的,因为这需要无限多个维持者同时存在,在他看来这是不可能的。然而,他并没有用他的结论来确立一个**单一的**、不被维持的万物维持者的存在,或者一个具有通常被归于上帝的任何属性的维持者的存在。对奥卡姆来说,对上帝的基督教信仰和对其本质的认识必须建立在启示的基础上。

他对于人类灵魂的看法是类似的。

> 通过理智灵魂去理解一个非物质性的、不可朽坏的形式……不可能通过论证或者经验明确地知道在我们内部存在着这样一种形式,也不可能知道理解活动归属于在我们内部的一个这种类型的实体,同样不可能知道这种类型的灵魂是身体的形式。我不在乎亚里士多德对此怎么想。……我们只能凭借信仰坚持这三件事。[29]

简而言之,奥卡姆拒绝亚里士多德的形而上学,拒绝对本质和偶性的亚里士多德式区分,拒绝用哲学去证明基督教的核心教义。但他既不排斥基督教，也不排斥哲学本身；相反，他既是一个狂热的信徒，也是一个热忱的哲学家。他还是一个创新者，他的非形而上学的"唯名论"语言理论为详细的逻辑研究奠定了基础。在 14 世纪下半叶和 15 世纪上半叶，基督教思想家发起了一场充满活力的奥卡姆主义运动，他们的神学思想与"限制自明的必然真理的范围"这种哲学倾向并存，在他们看来，只有当对某一真理的否定在逻辑上自相矛盾时，该真理才能被视为自明的必然真理。正是这种倾向使他们强调以观察为基础的方法在获取世俗知识过程中的重要性。这种神学保守主义与哲学上的经验研究的有力结合在欧洲大学里赢得了许多追随者，鼓励了 14 世纪和 15 世纪的科学发展。[30]

总的来说，在这一章中我们讨论了古希腊哲学新生的时期，在这一时期中，哲学被免除了发现人生意义或指引最高的个人实现之路的负担。它被赋予的任务只是进一步获得关于世界和我们自身的知识，它非常适合这一任务。这一新生是由一种宗教赋予的，它曾一度相信自己能够容纳任何由理性和经验观察所发现的东西。起初，这种容纳表现为一个宏大的综合体，在其中，中世纪哲学家的学说——无论是对他们的古希腊前辈的改编、修改还是取代——补充了基督教，同时在这个过程中对基督教进行了修改。但随着时间的推移，哲学展现了其天然的批判自主性，综合体被侵蚀了，哲学家们创造了他们所需的智识空间，开始为数学和自然科学即将到来的惊人发展奠定基础。

第 3 章
近代科学的开端

　　文艺复兴晚期至近代早期,哲学、数学与科学的相互渗透;哥白尼、开普勒、伽利略、笛卡尔、牛顿、波义耳、洛克、莱布尼茨、贝克莱、休谟和康德。

西方哲学从 16 世纪末到 18 世纪的显著发展与自然科学和数学的巨大进步交织在一起。中世纪和文艺复兴思想家在推进独立于亚里士多德形而上学、自然神学和启示宗教的基于观察的知识上做出了贡献,在此基础上,近代早期的哲学家对他们所处时代的科学和数学做出了显著的贡献。其中有两位早期思想家,13 世纪的罗杰·培根和 14 世纪的奥卡姆的威廉,因强调数学和逻辑在表述和检验关于自然界的假设上的作用而闻名。对亚里士多德物理学的持续攻击也是在 14 世纪开始的,这种物理学将地球运动与天体运动割裂。奥卡姆断然否定了亚里士多德对地球抛射物的描述,而哲学家、物理学家兼巴黎大学校长约翰·比里当(John Buridan,卒于 1360)则拒绝接受亚里士多德的物理学,认为它无法解释旋转的顶部的运动。同样在巴黎大学任教的尼古拉斯·奥雷姆(Nicholas Oresme,卒于 1382)认为地球自转的假设不能通过观察来否证,而且,尽管他并不赞同地球自转这一观点,但他确实认为有一些能够支持它的理由。通过认真对待可能不只存在一个世界的观点,他还质疑了以地球为中心的宇宙观。

随着物理学变得更加数学化并且更加注重精确的观测,对自然的独立研究在 15 世纪和 16 世纪继续进行,物理学也变得更加数学化,更加注重精确的观测。牧师、内科医生和天文学家尼古拉·哥白尼(Nicolaus Copernicus,1473—1543)迈出了重要的第一步。他认识到托勒密体系已经逐渐变得零散(关于一个天体对另一个天体的遮挡点的预测是在逐个行星的基础上计算出来的），因而，他寻求系统性的整合。在这样做的过程中，他谈到了某些行星的所谓"逆行"运动，即它们看上去改变了方向，并且相对于固定的恒星向后移动。为了解释这一点，地心系统假设了怪异的行星运动——悬停，倒退，悬停然后再前进。与之相比，日心说的图景让我们走上了这样一条道路：去解释如果地球绕着太阳转，那么为什么其轨道相对于其他绕日行星的轨道位置有时会让它们看上去改变了方向，而实际上却并非如此。[1]

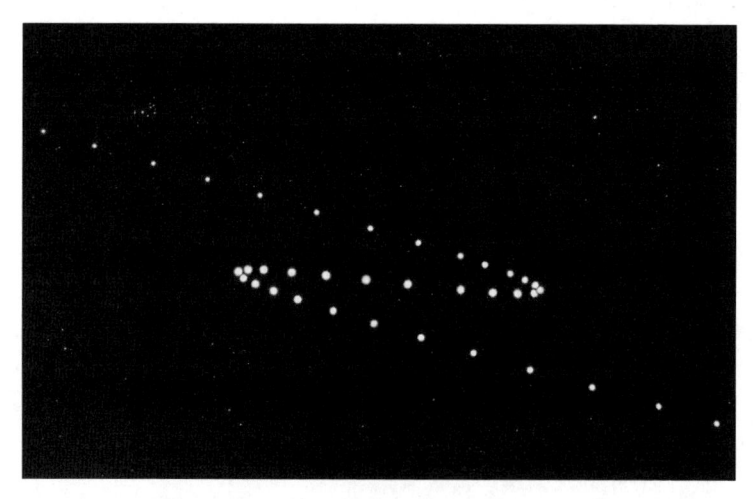

逆行运动，通奇·泰泽尔（Tunç Tezel）提供

第二幅图片中的哥白尼模型阐明了：观察者在绕日轨道的一颗内行星（地球）上的位置，再加上外层轨道上一颗行星的位置，在某些时候如何产生这样一种错觉，即外层行星相对于固定恒星（A1—A5）暂时地改变了方向。然而，部分地由于哥白尼没有质疑行星在圆圈中运行的教义，他仍然需要特设一些本轮，用来解

释某些令人费解的表象。因此，直到开普勒发现了行星轨道的椭圆形式，剩下的观测错觉才得到了解释，对本轮的需要才得以消除。即使在那时，天体运动的原因——哥白尼对此只字未提——仍有待确定、有待精确测量。部分地出于这些理由，哥白尼更应该被视为绘制了物理空间的几何图形的最后一位伟大自然哲学家，而不是提供了以精确的数学观测为基础的因果解释的第一位现代天体物理学家。

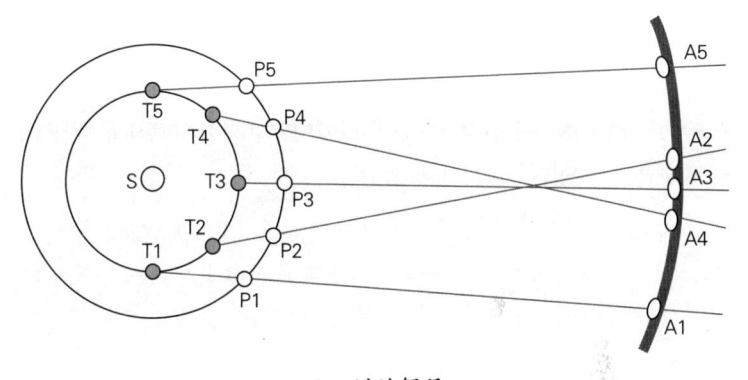

日心说的解释

那一荣誉属于约翰内斯·开普勒（Johannes Kepler，1571—1630），在他对火星轨道进行了八年精确且详尽的观察之后，他于1609年宣布：(i)行星沿椭圆轨道而不是圆形轨道运行，太阳是各个椭圆的一个焦点；(ii)连接太阳和一颗行星的矢量扫过的面积在相等的时间单位内保持不变。九年后，他宣布了他的第三定律，即对于任何两颗行星，完成一次公转所需时间的平方之比等于它们与太阳的平均距离的立方之比。有了这些发现，哥白尼的本轮消失了，行星的运动被认为是由太阳发出的作用力引起的。

开普勒起初把太阳比作圣父，把它散发出的力比作圣灵。但他也观察到了一些最终使他从物理角度思考这种力的东西。他发现，距太阳最近的行星围绕太阳旋转的速度比距离较远的行星更快，于是他得出结论说，太阳移动行星的力随着距离的增加而减弱，因此它施加的力一定是某种类似于光的东西，这种力是从一个物理来源散发出来的。他把这种力——引力——形容为一种像光一样的东西，它被散发出来，以某种方式在没有任何实体的真空中传播，直到它被一个物体接收；然后，在引力的例子中，这个物体就被移动了，在光的例子中，这个物体就被照亮了。

尽管开普勒对引力的戏剧性发现是正确的，但他发现自己陷入了窘境。正如下列论述所表明的那样，他十分了解这种普遍存在的力，也了解一个物体对另一个物体施加的力与其质量成正比而与两者之间的距离成反比的事实。

> 引力是同类（物质性）物体之间趋向于结合或接触的相互作用的物体倾向……所以地球对石头的拉力比石头对地球的拉力大得多。
>
> 如果地球和月球没有被某种精神力或某种等价力保持在它们各自的轨道上，地球就会向月球上升它们之间距离的1/54，月球就会下降它们之间距离的剩下53/54，因此它们就会结合在一起。
>
> 如果两块石头被放置在空间中彼此靠近的某个地方，并且超出了第三个同类物体的力的范围，那么它们就会按照磁性物体的方式在一个中间点上聚集在一起，每个石头都与对方质量成比例地接近对方。[2]

然而，他不知道如何看待这种神秘的力量。既然（假设中的）

真空并不提供任何媒介使得物体 A 施加的力可能传送到物体 B 上，那么 A 如何能够跨越真空对 B 施力呢？令人惊讶的是，无法回答这个问题导致他在后续的著作中放弃了引力的概念。同样令人惊讶的是，这导致研究了开普勒的伽利略和笛卡尔也拒绝了超距力的概念。[3]

尽管存在这个关于引力的谜题，开普勒的进展将下述内容抛在一边：亚里士多德式的目的因（目标）在解释自然中扮演的角色，天体物理学和地球物理学的亚里士多德式两分，以及神性心灵的积极作用在理解自然律的过程中扮演的角色。正如开普勒在 1605 年写给一位朋友的信中所说的：

> 我的目标是要表明，天上的机器不是一种神圣的、有生命的存在物，而是一种钟表装置……几乎所有各式各样的运动都是被一种最简单的、磁性的和物质性的力所导致的，就像钟表的所有运动都是被一个简单的重量所导致的那样。我也表明这些物理原因如何应该被赋予数字和几何的表达。[4]

尽管开普勒对科学客观性做出了上述声明（虽然这在现在看来是老生常谈），但他作为一位神秘主义者的程度不亚于他作为一位科学家的程度。除了是一位虔诚的基督教徒之外，他有时还是占星学家和数字命理学家。他还痴迷于古老的毕达哥拉斯学说，它们包括：音乐和声可以告诉我们关于行星运动的哪些内容，以及，我们可以通过研究所谓的完美几何体了解关于太阳系结构的哪些内容。尽管如此，他对仔细的、系统的经验观察的遵循，以及他对数学作为重要科学工具的信念，使得他获得了巨大的进步。

意大利的伽利略·伽利雷（Galileo Galilei, 1564—1642）是

开普勒的同代人。他是一位才华横溢的数学家和数学教授,他先是在比萨大学任职,后来又任职于帕多瓦大学,他还是一名实验物理学家、自然哲学家和天文学家,他对望远镜(17世纪的头十年发明于荷兰)做了技术改进,这使他对太阳、月亮和行星令人印象深刻的观测成为可能。[5] 他精通亚里士多德的著作,但对亚里士多德的地球物理学和天体物理学都持高度批评的态度。例如,在捍卫阿基米德的观点(即物体的密度决定了它是否会漂浮在水中)、反对亚里士多德的观点(即物体的形状才重要)时,伽利略提供了实验证据,证明决定性因素是物体与它所处流体的相对密度。他还提供了实验证据证实了西蒙·斯泰芬(Simon Stevin)的观点(即不同重量的物体以相同的速度下落),这驳斥了亚里士多德的观点(即物体越重,其下落速度就越快)。[6] 以此为出发点,伽利略试图从经验上确立匀加速度定律,即下落物体的速度随着时间的推移以恒定的速率增加(这已经被早先的研究者预料到了)。他还试图支持这样的论点,即移动中的物体如果没有外力作用(如摩擦力、风的阻力等),将继续匀速朝同一方向移动(再次与亚里士多德相反)。

伽利略大约在 1610 年开始使用他改进过的望远镜,这种望远镜使得一些观测成为可能,他对天文学的贡献在很大程度上就是源于这些观测。有了望远镜,他可以清楚地观测到月球上的山脉,这让他得出结论说,月球像地球一样是由物质构成的,这与亚里士多德那里天体和地球的二分相反。他还观测到了太阳黑子——耶稣会牧师克里斯托夫·沙伊纳(Christoph Scheiner)已经在稍早时候用自己制造的望远镜观测到这一点,在制造望远镜的过程中他吸纳了开普勒提出的一项改进建议。就像月球上的山脉否证了亚里士多德的天体物理学一样,通过暗示太阳(和其他事物一样）是由可变的质料组成的，太阳黑子的存在进一步否证了亚里士多德的天体物理学。此外，伽利略观测到了木星的卫星和金星的相位，它们明显更符合于哥白尼和开普勒的日心说，而非地心说。

金星的相位尤为有趣。像月亮一样，从地球上看，金星呈现出一系列规律性的现象——满月形、半月形、新月形等等。因为它比我们更靠近太阳，所以我们可以看到它的完整轨道。当它在相对于太阳与我们相反的那一侧时，它看起来很满而且很小，因为它很远。当它位于其椭圆轨道的两端时，它的表面有一半是可见的。因为它的轨道速度比我们快，它的轨道位置逐渐赶上了我们。现在它和我们位于太阳的同一面，它开始接近那个使它直接位于我们和太阳之间的点。随着它越来越接近这个点，它被看作一个逐渐变薄的新月——要大得多，因为它现在离我们太近了。这一直持续到它消失（因为它直接位于我们和太阳之间），之后它再次出现，作为另一边的一个薄薄的新月，随着那颗行星在它的

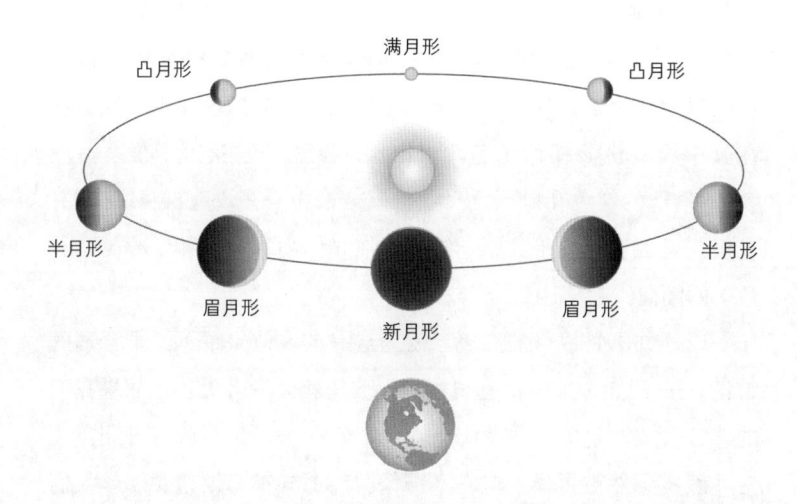

轨道上以比我们快的速度加速，它逐渐变厚。对于太阳系日心说观念相对于其地心说对手的优越性，很难想象有比这更令人信服的观测证实了。[7]

最后，应该指出，伽利略坚实的科学成果和科学观测与他的思辨性自然哲学并存。该哲学的一个核心部分是伽利略版本的古代形而上学原子论——那个没有被经验或观察证实的信念，即自然是由一定数量的运动中的微小物质组成的宏大系统，每个物质都有一定的形状、大小、位置和在一个特定方向上的速度。根据这幅图景，所有的变化都是原子的重新就位。此外，如果人们对原子、它们的大小、形状、位置、速度、时空坐标以及作用在它们上的力有一个完整的清单，那么从原则上讲，任何变化都是可以预测的。

由于伽利略认为力是机械的——从根本上说是原子的运动和碰撞的结果——他不能接受超距力的观念（即没有中间媒介）。他也不能接受这样的观念，即宏观事物的其他更常见的属性（例如物体的颜色）是真正客观的。与当时的许多自然哲学家一样，他认为它们是观察者的主观性质，而不是被观察事物的客观性质。他的数学物理学让这一点看起来很自然，因为颜色和声音等事物在其中没有扮演任何角色。根据这一学说（它获得了很多追随者），玫瑰的红色在以下意义上可以被视为是在玫瑰自身之内的：它仅仅是玫瑰（由于其原子结构）在我们内部导致特定感觉（红色）的倾向。

但这并不是故事的结尾。因为这一学说似乎暗示了不合理的结论——例如，如果没有观察者，玫瑰就会变得无色，如果我们的感官系统发生了变化，玫瑰就会变色——所以尽管这种观点的一些版本仍然被提倡，但它不再像曾经那样被广泛接受了。我们没有必要尝试在此决定颜色是不是伽利略意义上的次要属性。这一话题在今天的哲学中仍然鲜活,这一事实表明,很难在伽利略和文艺复兴以及近代早期的其他伟大人物的思想中划清科学与自然哲学之间的界限。[8] 不存在明确的界限是因为哲学和科学是紧密交织在一起的。与其说哲学促进了一个被称为**科学**的独立事业,不如说新兴自然科学的很大一部分**是**哲学,而哲学的很大一部分,如果不完全是科学的话,至少**是**科学性的推想。

从我们今天的视角来看,人们可能会说开普勒和伽利略**首先**是科学家和数学家,**其次**才是自然哲学家,但英国哲学家弗朗西斯·培根(Francis Bacon, 1561—1626)则无疑是一位科学哲学家,而非科学家或数学家。亚里士多德对自然哲学的影响在英国比在欧洲大陆持续得更久,在这样一个国家里,作为亚里士多德物理学和形而上学的早期反对者,培根强调了印刷、火药和磁铁等技术创新的实用价值,以及它们改变世界的力量。他指出,这种进步更多的是直接观察自然的产物,而不是研究亚里士多德式或者学院派形而上学的产物。作为一位有天赋的作家,他喜欢用某种形式的归纳过程来做研究,但他好像并没有像那个时代最好的科学家那样将精确观察与复杂的数学相结合。尽管人们不能将对科学或其方法论的原创性贡献归功于他[他对科学及其方法论的说明可以说没有第二章讨论的 13 世纪僧侣罗杰·培根(二者没有关系)那么成熟],但弗朗西斯·培根确实帮助创造出一种有利于那些真正做出科学贡献的人的舆论氛围。

勒内·笛卡尔(René Descartes, 1596—1650)不仅是一位著名的哲学家,还是一位一流的数学家和颇有建树的科学家,关于他,可说的东西要多得多。作为那个时代最有影响力的思想家之一,他最著名的是他引人注目的身心二元论,他对于建立一个最安全的哲学起点——**我思，故我在**——的尝试，以及他关于发展出一种推进人类知识的合理方法的目标。他思想中的这些方面结合在一起，决定了接下来两个世纪的哲学进程。而他的智识成就源于数学和科学。

笛卡尔于 1616 年从拉弗莱什耶稣会学院获得学位，不久之后移居荷兰，在那里，他遇到了荷兰数学家和自然哲学家艾萨克·贝克曼（Isaac Beeckman），并与之共事。在此期间，他发明出不需要借助圆规和尺子就能描述复杂几何图形的数学技术。在此过程中，通过发明一种使用长度之间的比率来描述直线的方法，他奠定了解析几何的基础，这使得后来的数学家可以在**笛卡尔坐标系**中用代数公式代替几何图形。完成这项工作后，他在巴黎度过了 17 世纪 20 年代的大部分时间。在此期间，他发现了正弦折射定律，它能计算光线通过不同介质时的入射角和折射角，他用这一知识去解释我们为什么会看到彩虹。他还研究光学，用数学描述不同镜片的形状。

他于 1629 年回到荷兰，在那里做了两个宏大的研究项目，一个是形而上学哲学，聚焦于上帝的存在和人类灵魂的本质；另一个是系统的自然哲学，在其中，他试图涵盖"所有的自然现象，也就是说，整个物理学"。[9] 他最著名的著作**《第一哲学沉思集》**（*Meditations on First Philosophy*）有两个版本，1641 年版和 1642 年版，它是从第一个思考主题（即形而上学主题）中发展出来的。[10] 第二个主题（即物理和自然哲学的主题）出现在 1644 年到 1650 年之间几部作品中。[11] 他这样描述两个主题之间的关系：

> 整个哲学就像一棵树。树根是形而上学，树干是物理学，从树干出来的分支都是其他科学，它们可以被归为三门主要

的科学,即医学、力学和道德。我把"道德"理解为最高的和最完满的道德体系,它以对其他科学的完整了解为基础,是智慧的终极水平。[12]

值得注意的是,他用"哲学"一词代表一个吸纳了所有理论知识的全面系统,用"物理学"代表自然科学,用"医学"和"力学"代表以科学为基础的实践探索,用"道德"代表最高的知识,虽然它是规范性的,但它是建立在所有其他知识之上的。还值得一提的是,他把哲学形而上学视为一切系统知识的源泉。

笛卡尔所说的"形而上学"实际上是我们现在所说的"认识论"(知识理论)和"形而上学"或"本体论"(对构成了现实的事物的基本类型以及它们之间关系的探究)的结合。他的形而上学的核心问题是:我们如何获得知识?什么东西是可知的?也就是,现实的本质是什么?心灵和身体究竟是什么?它们又是如何联系在一起的?以及,上帝存在吗?在六个沉思中的第一个沉思里,他把激进怀疑论用作一种为所有知识建立安全基础的工具。

如果用现代的方式来表达,那么他用激进的怀疑论去挖掘绝对确定性的方式有点类似下述情况。我们现在知道,我们意识的内容是由大脑中神经元的刺激决定的。因此,我们可能会认为,以激发普通人类的真实生活经验的方式去刺激保存在缸中的大脑的神经元在理论上是可能的——尽管那个大脑并不以我们与环境中的事物相交互的方式与任何事物进行交互作用。那么我们怎么知道**我们不是缸中之脑呢**?如果我们不知道自己不是,我们怎么能知道其他人或物理对象的存在呢?毕竟,装在缸中的大脑并不知道那些事情。既然(我们可以假设)它们的"知觉"经验与我们的是相同的,而这种经验并没有给它们提供这样的知识,那么我们的似乎也不提供这样的知识。到这里，我们就可以把关于大脑的伪装当作太多不可知的包袱放下了。也许根本就没有大脑、身体或物理对象，只有一个邪恶的恶魔在给我们提供感觉，让我们产生不同的想法。如果我们不能排除这种可能性，那么就很难说我们知道我们通常认为自己知道的那些最普通的事情了。我们能说我们知道吗？

笛卡尔认为我们能。为了证明这一点，他必须首先通过找到绝对的确定性——**我思，故我在**——来防止滑入普遍的怀疑论。显然，每当我认为**如此-如此是这般-这般**的时候，我是在思考，不论我所思考的东西（**如此-如此是这般-这般**）是不是真的。所以，当我思考**我正在思考**的时候，我正在思考这件事一定是**真的**；对此我不可能出错。但是那样的话，既然只有在我存在的情况下我才能够思考，所以**我知道我存在**。简言之，**我思，故我在**。

接下来人们想知道，这个思想者是什么类型的存在者——一个心灵、一个身体，还是一个心身结合体？笛卡尔有一个答案。既然人们可以设想在没有自己的身体的情况下，或者实际上根本没有任何身体存在的情况下，自己是存在的，他推论说，那么一个人在没有任何身体的情况下存在必定是**可能的**。[13] 但是当然，对于任何是身体的东西来说，**有一个身体都是本质性的**，对于任何是心身结合体的东西来说，**有一个身体性的部分都是本质性的**。由此推论，任何是一个身体的东西，或者是一个心身结合体的东西，都不可能在身体不存在的情况下存在。因此，笛卡尔推论道，他，即那个运用其极端怀疑方法的思想者，既不是一个身体，也不是一个心身结合体。相反，他是一个心灵，对他来说思考的能力是本质性的。如果在我们自己身上重复这个过程，我们每个人都可以有效地得出这样的结论："我本质上是一个思考着的存在者，与我的身体截然有别。"

下一步是证明上帝存在。所谓的证明依赖于这样的观察，即我们有关于无限且完满的存在者的观念，它的存在不依赖于其他任何东西。笛卡尔认为，显而易见的是，他自己太有限、太不完满了，以至于不能成为这个观念的来源，不仅如此，这个观念还必须来自一个无限的、完满的、本体论上独立的上帝。由于这个完满的上帝不是骗子，所以笛卡尔认为他可以平息"他被自己感官的表象系统地欺骗了"这样的想法，继而，他可以将关于世界的知识建立在一个坚实的基础上。

他对上帝存在的论证让人想起圣安瑟伦（Saint Anselm）在11世纪提出的本体论论证。几个世纪以来，人们给出了这一论证的很多版本，但它们全都被广泛地视为可疑的。其中一个版本叫作"模态版本"，它开始于这一观察，即我们有一个关于无限的、完满的、完全自足的、其存在不依赖于其他任何东西的存在者的观念。作为自足的存在者，如果他真的存在的话，他就一定是必然存在的。由于这一观念并不矛盾，这样一个必然存在者是可以**被融贯地设想**的。这一论点的支持者继续说道，也就是说，有"**上帝必然存在**"的可能，亦即，**无论这个世界事实上曾处于什么状态，都存在着一种仅当上帝存在的断言为真的时候这个世界才可能处于的状态**。既然我们现在不能否认存在这样一种可能的状态，这意味着无论宇宙处于什么状态，上帝都是存在的。要么上帝存在，**不管宇宙处于什么可能的状态**；要么他不可能存在。既然我们知道他有可能存在，那么他一定真的存在。[14]

对笛卡尔来说，上帝不是骗子的事实意味着我们没有被系统地欺骗，但这并不意味着我们不会犯错。我们是否犯错取决于我们有没有恰当地进行推理，恰当地构想可以从中得出经验性预测的假设，以及只有在它们的预测被观察性证据证实之后才接受这些假设。这是将笛卡尔的"形而上学"同他的科学努力和他的机械论自然哲学关联在一起的本质连接点。在机械论自然哲学中，他勾勒出了对天体物理学和地球物理学的一套统一说明，这一说明以物质运动定律为基础，它在观念上（尽管不是在对经验和数学的使用上）先于牛顿。

在笛卡尔设想的物理学中，物质是无限可分的，物质只有大小、形状、位置和运动（其法则由上帝确立和维系）的属性。就像在古代原子论里那样，所有的物理变化都是物质粒子运动、结合和重组的结果。所有明显的远距离作用（包括重力和磁力）的实例，都被解释为粒子运动和碰撞的结果。对笛卡尔来说，这些原则适用于无生命的事物，也同样适用于动物界。与人类不同，动物被认为是纯粹的机械系统，缺乏理性、意志和有意识的经验。在彻底机械化的自然系统中，只有我们是部分的例外。尽管如此，笛卡尔意识到了我们的身体与动物身体的运作方式大致相同。对他来说，这意味着人类的呼吸、心跳、营养和许多日常活动——包括行走、跑步和对外界刺激的条件反射反应——都是纯粹的生理过程，与我们非身体性心灵的推理毫无关系。他有一些关于这类观点的更复杂的理论，其中之一涉及我们对大小、形状和距离的视觉感知，他对此给出了一个非心理主义的描述。在笛卡尔的整体观点中，除了微妙而引人入胜的细节外，它的全面性也值得注意，科学、数学、哲学，以及一些神学作为一个无缝的整体而被探求。

在受到笛卡尔影响的17和18世纪的科学家和哲学家中，有一位是那一时期的巨人，他就是艾萨克·牛顿（Isaac Newton，1642—1727）。作为他那个时代的杰出科学家以及有史以来最伟大的科学家之一，他令人惊叹的科学才能中蕴含了直面概念上的纠缠并将其转化为更容易应对的挑战的哲学能力。作为剑桥大学的本科生，他学过亚里士多德哲学、逻辑学、伦理学和物理学。在1665年毕业之前，他阅读了笛卡尔有关哲学方法和自然主义的自然哲学的著作，同时还自学了数学与开普勒和伽利略的天文学。在离开剑桥后的两年中，他发明了积分学。1667年，牛顿回到剑桥，不久就成为那里的数学教授。由于找不到出版社出版他在微积分方面的著作，他转向了光学，直到1704年才在他的《关于光的反射、折射、拐射和颜色的论文》(*Opticks: Or, A Treatise of the Reflections, Refractions, Inflections and Colours of Light*) 中发表他的研究成果。1679年，他重返轨道天文学，1684年12月，他向皇家学会提交了一篇简短的论文，1687年，他将之扩写为《自然哲学的数学原理》(*Philosophiae Naturalis Principia Mathematica*) 并发表。[15]

他的万有引力定律认为，每个任意大小的质量都会吸引其他的质量，它们之间的引力与两个质量的乘积成正比，与两个质量中心之间距离的平方成反比。有了这个简单的想法，再加上几个其他的想法，他就能够解释非常广泛的现象——包括抛射物的行为，彗星的轨道，行星的大小，它们的轨道和卫星，我们卫星的运动及其对潮汐的影响，以及由于地轴方向的周期性摆动（分点岁差）而导致的恒星位置的某些非常缓慢的变化。[16] 他的结果的准确性和精确性受到认可，这暗示着他发现了真正的自然规律，即便他把引力当作超距作用力来处理令人困惑，而且这种处理对于那些认为引力并不是真正机械性的的人来说是难以接受的。

即使是牛顿也觉得引力很难理解。在1692年写的一封信中，他说：

> 一个物体可以在真空中远距离作用于另一个物体，不通过任何中介来传递它们之间的作用和力，这对我来说是一种极大的荒谬，以至于我相信没有任何具有合格的哲学思考能力的人会陷入其中。[17]

不过，这并不是说牛顿否认了引力的存在或者它所起到的解释作用。引力在准确说明观测数据方面起到了强有力的解释作用，而这已经迫使牛顿走向这个反直觉的想法。他所否认的是他彻底弄清了它是什么。1713年，他写道：

> 我还不能从现象中发现为什么引力会有这些性质，我也没有去构想任何假说。……只要引力的确真实存在并且按照我所解释的定律运作，而且它充分地说明了天体的所有运动，这就足够了。[18]

牛顿第一定律指出，所有不受外力作用的物体，如果是静止的，将会保持静止，如果不是静止的，将会继续沿直线做匀速运动。运动是从空间中的一个点到另一个点的位移。对他来说，空间是一种在三个维度上都无限的欧几里得结构，由永恒存在的点（位置）组成。两点之间的距离是连接两点的直线的长度，可以用数字来衡量。物体的匀速运动是指速度和方向保持不变的运动。对于牛顿来说，这种关于速度的讨论需要两个任意时刻之间的流逝时间，它像空间中任何两点之间的距离一样，是恒定的，并且可以用数字来衡量。简而言之，牛顿预设了绝对的空间和时间。

这是高度符合直觉的，但也是令人深感困惑的。我们观察到物体相对于其他物体运动。由于我们无法观察到这些物体的绝对运动，所以我们似乎也无法确定绝对运动，而牛顿定律却是就绝对运动而言被陈述的。他认识到了这一点。

> 绝对空间和相对空间在形状和大小上是相同的；(两者都是三维欧几里得空间)但它们在数值上并不总是相同的。因为，举例来说，如果地球运动，那么相对于地球来说总是保持不变的空气的空间就会在某个时刻成为空气经过的绝对空间的某一部分；在另一时刻，它就会成为同一事物的另一部分，因此，绝对地来理解，它会不断地变化（尽管相对地静止）。[19]

这些想法引发了一个哲学难题。如果我们对空间位置和空间中的位移的观察总是相对于包括我们自己在内的其他物体的位置，我们如何才能得出关于物体在绝对空间中的方向、速度和位置的结论呢？更关键的是，既然绝对空间中的位置和位移在观察上是不透明的，为什么牛顿要用它来表述他的物理定律呢？答案一部分在于他发现这种空间观念在直觉上是合理的。但这并不是全部。他还识别出了一种经验现象，一种似乎需要绝对空间的圆周运动。

牛顿第二定律说，**物体的加速度与物体质量成反比，与力成正比，加速度的方向与作用力的方向相同**。他巧妙地用实验将这一定律与绝对空间联系了起来，这个实验用到一个旋转水桶中的水（水桶由一根扭起来的绳子悬挂在天花板上，绳子展开的时候水桶旋转）。

> 在容器开始移动之前，水面一开始是平坦的（是平面），但在那之后，通过逐渐将容器的运动传递到水中，水开始显

著地旋转，远离中心……，上升到容器的两侧，形成一个凹形。……运动变得越快，水就会升得越高，直到最后，当水与容器同时旋转，水才在其中变得相对静止。水的这种上升表明了它远离其运动轴线的努力；而在这里，水的真实且绝对的圆周运动（它与相对运动直接相反）就变得已知了，并且可以被测量。[20]

在这一情境中，水远离中心并上升到桶的两侧是因为水在旋转。但是相对于什么旋转呢？不是相对于水桶，因为当这一系统达到平衡时，水和水桶以相同的速度旋转，因而彼此相对静止。然而，水面仍然保持凹形，有些水面高高地位于水桶的两侧，而中心则是凹陷下去的，因为有一股力正作用在水面上，将其从中心驱赶出来。

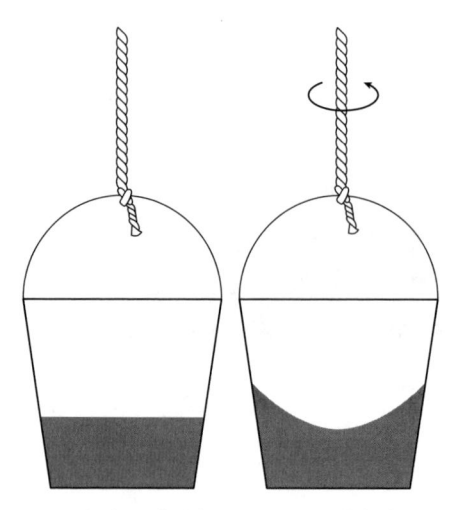

旋转之前的桶和旋转之后的桶

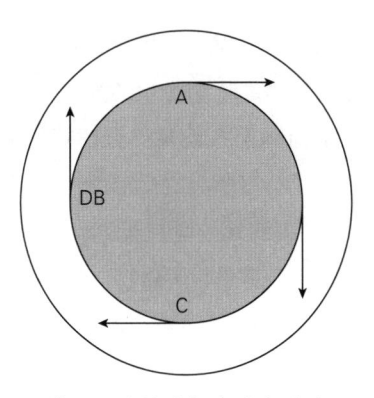

作用于旋转的桶中的水的力

根据牛顿第一定律，这意味着水一定在运动和改变方向。既然水相对于旋转水桶的位置没有在改变，那么它在绝对空间中的位置就一定在变化。[21] 因为，根据牛顿定律，这种变化只能是作用力导致大量的水爬上水桶侧面的结果，就绝对的空间和时间而言被陈述的物理定律能够解释他观察到的经验现象，否则可能就解释不了。因此，绝对的空间和时间在他的系统中并不是无缘无故的构想。

牛顿无疑启发了他那个时代的许多科学家和哲学家。其中的一位是罗伯特·波义耳（Robert Boyle，1627—1691），他发现了波义耳气体定律，发明了气压计，他自认为追随弗朗西斯·培根和笛卡尔，拥护一种自然哲学，这种自然哲学用运动物质定律来解释物理现象。作为约翰·洛克（John Locke，1632—1704）在牛津大学的科学导师，波义耳是伦敦皇家学会的创始成员之一，该学会出版了牛顿的《自然哲学的数学原理》，并将洛克和这位伟大的物理学家列为会员。在波义耳去世后，洛克于1692年编辑出版了前者的《空气通史》(*The General History of the Air*)。[22]

洛克——最终成为有史以来最伟大的英国哲学家之一——曾在牛津大学学习化学、物理学和医学。波义耳的著作将他引向笛卡尔的自然哲学,引向确定人类知识和理解的范围的研究计划。洛克活跃在他那个年代动荡的公共生活中,花了近二十年的时间去完成他于 1689 年发表的《人类理解论》(*An Essay Concerning Human Understanding*)。读过牛顿和其他科学家的书后,洛克谦虚地将自己的工作与他们的工作进行对比。

在这个时代,学术界并非没有建筑师,他们在推动科学发展方面的宏伟设计将会留下供后人仰慕的不朽丰碑;但每个人都不要指望成为波义耳或西德纳姆(Sydenham,洛克曾与他一起学习医学);在这个产生了惠更斯(Huygens)和无与伦比的牛顿先生这样的大师的时代……充当一名帮工,清扫一下地面,扫清一些阻碍知识之路的垃圾,就足够有雄心壮志了。[23]

洛克的《人类理解论》发展了一种简单的经验心理学和经验主义认识论。对他来说,我们所有的观念都来自对于在感官知觉和内省中认识到的简单观念所做的心理操作,即联系、对比、组合和抽象。真正的知识来自恰当地建立在这些来源之上的观念。有些观念——大小、形状、质量和运动——直接表征或相似于它们所代表的**首要性质**,而另一些观念则代表**次要性质**,例如颜色和甜度,它们都是在我们内部产生感觉的力量。洛克认为我们有关于物理实体的知识。物理实体是性质的组合,它们蕴含着神秘的基底,这种基底据说是通过一种抽象的认知过程为我们所知的。简言之,物质事物的真正属性是那些被牛顿认识到的东西,以及它们在我们身上产生表象（即感觉）的力量。

尽管这种说法令洛克满意，但他建立首要性质和次要性质的二分的方式是可疑的。他试图解释我们关于物质对象的潜在基底的观念有经验主义起源，以及他努力把关于因果力的观念建立在我们对自身意志的觉知上，这些也是可疑的。这些方面成为他的经验主义继承者乔治·贝克莱（George Berkeley，1685—1753）和大卫·休谟（David Hume，1711—1776）的批判对象。尽管如此，《人类理解论》的持久优点在于，它试图开创一种关于心灵的科学和自然哲学，以便为关于物理世界的成熟科学做补充，后者给洛克和他那个时代的哲学家带来深刻的影响，并且他们大多参与其中。

洛克试图将牛顿式的自然主义扩展到对心灵的研究上，而德国哲学家G. W. 莱布尼茨（G. W. Leibniz）试图将牛顿物理学与一种旨在从一个更基本的层面上描述现实的思辨形而上学协调在一起。他是一位独立发明了微积分的数学家，也是一位历史学家和哲学逻辑学家，他精通亚里士多德哲学和学院派哲学，以及笛卡尔、开普勒和伽利略等近代思想家的著作。

他的形而上学体系以本体论论证为主，还有其他一些对于道德完满的、必然存在的上帝的证明，这个上帝是（莱布尼茨有关哲学逻辑的四篇论文中所描述的）现实系统的创造者。

(ⅰ) 所有命题都可以还原为主谓命题，只有当主词具有被谓述于它的属性时，主谓命题才是真的。

(ⅱ) 只有当一个属性被包含在对象x的所是之物（的本质）之中时，x才具有这个属性。

(ⅲ) x具有的每一个属性P都被包含在它的本质之中，因为如果x有P，那么任何没有P的东西都必然不是x。既然 x 不可能不是 x，那么 x 不可能缺少 P。[24]

（iv）对于任何对象 y 和 y 具有的属性 P，存在一个关系属性 P-相似——在拥有 P 的方面与 y 相似；还有一个关系属性 P-不同——在没有 P 的方面与 y 不同。如果 y 变得缺少 P 了，那么每一个现在具有 P-相似的对象都会缺少它，每一个现在具有 P-不同的对象都会变得拥有它。所以一个对象在属性上的变化会导致所有对象在属性上的变化。

从（iv）中可以得出，如果我们知道任何对象的所有属性，我们就会知道每一个对象的所有属性。它也意味着一个对象的属性的任何改变都会导致每个对象的属性发生相应的改变。尽管这听起来相当夸张，但如果不与（iii）结合起来，也不会引起反对。把它和（iii）结合起来的结果是：一个对象中的任何变化都会导致每一个对象不复存在并被另一个对象所取代。简言之，现实被视为本质上相互联系的对象之间的和谐整体，其中的任何变化都会导致一个由不同对象组成的全新系统。[25]

这个系统的另一个结果是，每一个真命题 p 都是必然的，而且对完全理解它的人来说是先验地可知的。在莱布尼茨看来，这是因为 p 的主词中已经包含了被谓述于它的属性——就像在命题**一个正方形有相等的边**中，正方形概念已经包含了**有相等的边**。但是，既然对关于存在事物的命题的完整分析总是无限的，所以只有上帝才能先验地知道它们。对我们来说，它们是只有通过经验和观察才能得知的偶然真理。[26]

莱布尼茨将这一抽象构造应用到了一个观念论版本的形而上学原子论中，其中原子是非物质性的**单子**，是简单而持存的实体，没有部分、形状或空间广延。它们是精神性的，因为对于莱布尼茨来说，就空间广延而言的物质观念使它变得惰性，因此无法解释运动和变化。这并不是说不存在被恰当地称为物体的东西根据牛顿定律运动和变化；它们确实存在。关键在于，我们无法解释引发运动和变化的力，除非这些物体被视为更根本的变化主体的巨大复合体。因为，对莱布尼茨来说，终极的变化力是**知觉和目的**，这意味着变化的终极主体——上帝和被创造的单子——必须是精神性的。这种对自然神学、推想性的逻辑分析和亚里士多德式目的论的结合并不是想要为自然科学做出贡献。它是最后的思辨形而上学伟大体系之一，它希望通过解释自然科学而留存下去，而不是去与之竞争。

话虽如此，莱布尼茨确实拒绝了牛顿的空间观念，即空间是由无限多的空间点组成的，这些空间点被视为现实的基本组成部分，对象或事件之间的空间关系就是根据这些空间点来定义的。莱布尼茨颠倒了解释的优先级，认为关系是基本的，而空间点则是从关系中抽象出来的构造物。他认为，如果不这样做就会引发无法回答的问题，例如：**在绝对空间中，地球在什么位置（不是我们已经知道的地球在太阳系中的位置）？在绝对空间中，太阳系在什么位置（不是我们已经知道的太阳系相对于银河的位置）？作为一个整体，宇宙在什么位置？**我们不仅无法回答这些问题，甚至连可能的答案都想不出来。毕竟，绝对空间中的点不带有自己的独有地址。

人们可以就事物——地球、太阳、星系和类似的东西——的速度提出类似的问题。当然，我们可以回答有关它们的**相对速度**的问题；我们甚至可以构想出**可能的答案**，例如每分钟 n 英里；如果空间真的是绝对的，那么其中一些答案肯定是正确的。我们能够做到这一点,尽管我们不知道如何确定这些可能的答案中哪些是正确的。有鉴于此,人们不禁要问:"去假设某个答案一定是正确的,这真的有意义吗?"

因为莱布尼茨拒绝了宇宙在无限的牛顿式空间中的确切位置和移动速度等无法回答的问题,认为这些显然是毫无意义的,所以他否定了绝对空间。[27] 他没有说清楚的是,如何将牛顿式物体之间的相对空间关系设想为以某种方式基于非空间性的、精神性的单子的"知觉"和"目的"。尽管如此,这种对主观性的诉求并没有被忽视,反而成为影响康德后来的主观时空观的主要因素之一。

另一位主要试图诠释牛顿而不是直接与他争论的哲学家是圣公会的主教乔治·贝克莱。贝克莱拥护一种纯化版本的洛克经验论,这让他否定了物质,并将宇宙描述为仅由上帝、有限灵魂及其"观念"所组成的。他合理地否定的"物质"就是洛克所说的不可感知的潜在基底,首要性质和次要性质被视为包含于其中。没有了"支撑"它们的东西,这些性质就在贝克莱的哲学中消失了,只留下上帝在我们心灵中印下的"观念"。尽管牛顿定律仍然存在(作为对上帝植入我们之中的观念的描述),但贝克莱否定了牛顿的自然哲学,后者把贝克莱心中"神秘的"引力说成是运动的"原因"(尽管它不是一种真正的力量)。他似乎没有想到,真正的因果解释可能不需要任何超出牛顿所提供的那种普遍规律的东西。

尽管他对洛克的一些观念所做的批判揭露了早期哲学体系中的真正问题[他批判的观念包括首要性质和次要性质、因果观念以及潜在物质的观念(亦即,无特征的潜在物质将一堆属性粘合在一起)],但贝克莱奇妙的世界观几乎找不到追随者。和洛克一样，他把直接知觉——视觉、听觉、味觉和触觉——的对象当作感官印象（观念）。这可以说是一个基本的错误，所有尝试构建一种关于知觉和表征性认知状态的心理学的经验主义者都在这里失败了。我们的感官经验**不是**我们看到、听到、尝到、摸到或者以其他方式认知到的心理事物；相反，它们是这样的心理事物——真正来说是认知过程——通过它们，在正常情况下，我们看到、听到、尝到和摸到真实的、非心理性的事物。这一观点在当时的主要支持者是苏格兰启蒙运动中的一位重要人物，哲学家托马斯·里德（Thomas Reid，1710—1796）。

贝克莱没有意识到这一点，但这并没有阻止他处理真正的难题。例如，于是他的视觉理论试图解释我们对物体大小和距离的判断。他指出，我们不能（像我们看到树木和山峦一样）看到距离或大小本身，于是他否定了笛卡尔的理论，即我们无意识地通过计算物体和我们眼睛之间的角度来判断距离。相反，他认为，我们有将眼睛聚焦在物体上的动态感觉，这种感觉随着物体的靠近而增强，而且它与物体非常接近时视力变得模糊有关。对贝克莱来说，我们对距离和大小的判断源自这些感觉以及我们知觉的模糊性或生动性。与在洛克和笛卡尔那里一样，重点并不在于这种尝试性的认知理论是否正确，而是在于它被提出来了这一事实。

大卫·休谟被许多人视为有史以来最伟大的英国哲学家，他是英国最后一位伟大的经验主义者。他的目标是通过观察和"实验方法"为"关于人类理解的科学"奠基。由于无法从简单的定性感官印象中推导出任何实体的概念（无论是物质的还是精神的），他否定了洛克式的物理实体和心灵实体。他还论证道，无论是（能够不被感知地存在的）物理对象的存在，还是人们自己（即通过相互关联的经验来思考、感知和持存的人）的存在，都不能有效地从关于我们心灵中的感官内容和内省内容的真前提中被推导出来。当然,他并没有停止相信物理对象和有意识的存在者。像其他人一样,他保留了这些信念,他认为,在经验信念可以被证成的合理意义上,这些信念是真的和可证成的。但是根据他的设想,它们的证成并不来自理性,而是来自习惯和人性;这些是他的自然哲学的核心。

他对因果关系的处理也是类似的。他论证道,我们没有理由相信任何使原因产生结果的**力量**或**必然性**,尽管如此,他试图解释为什么因果断言可以被认为是真的,以及为什么我们错误地倾向于认为原因以某种方式使其结果不可能不发生。对休谟来说,说事件 x 导致了事件 y(非常粗略地来讲)就是说,对于某些事件类型 A 和 B,x 是 A 类型,y 是 B 类型,并且 B 类型事件总是跟在 A 类型事件之后。简言之,因果关系是特定类型的事件的恒常联结。但这个故事还没完。在观察到许多 A 类型事件被 B 类型事件跟随之后,A 的观念与 B 的观念就在心理上联系在一起了。正因如此,每当我们判断一个事件是 A 时,我们立刻就会期待它后面会跟着一个 B 类型的事件。对于休谟来说,这种联想原理是我们心理生活的一个基本定律——类似于支配物理世界的牛顿定律。由于它的运行,**一个被观察到是 A 类型的事件 x 后面会跟着一个 B 类型的事件 y** 这种预期就独立于我们的意志而在我们心中出现了,并且**被感觉为一种不可避免的必然性**。B 的观念跟随着 A 的观念不可避免地发生,使我们不加批判地认为**事件 x 使事件 y 成为必然**。

休谟认为,正是其心灵理论的主要优点之一驱散了这种错觉。根据他对因果关系的紧缩性分析,无论是物理事件还是心理事件,通常来说确实都有原因;实际上他的《人性论》的首要任务就是发现心理因果的法则。但是原因和结果之间从来没有任何**必然联系**。"所有事件都有原因"这一陈述也并非要么是一个必然真理，要么是一个从我们能够绝对确定的原则中演绎出来的真理。对休谟来说，一切必然的、先验的确定性所表达的都是"观念之间的关系"而不是"事实"。他认为对这些真理的否认是自相矛盾的，实际上，他把它们比作重言式（就像**没有任何未婚男人是已婚的**）或者能够通过口头定义被还原为重言式的（就像**没有任何单身汉是已婚的**）。休谟认为这样的真理并不陈述事实，因此并不蕴含任何东西的存在。因此，他坚持认为，仅凭纯粹的先验推理，没有感官观察的辅助，**永远不能产生关于这个世界的知识**。经验知识必须始终建立在观察和实验的基础之上。

与休谟一样，伟大的德国哲学家伊曼纽尔·康德（Immanuel Kant，1724—1804）认为哲学对心灵所做的事情与牛顿对物理世界所做的事情是一样的。在哥尼斯堡大学上学期间，康德接触到牛顿的思想以及他那个时代英国和欧洲主要思想家与哲学家的工作，之后，他在哥尼斯堡教授了四十年哲学。他同意休谟的观点，即仅仅去描述我们的观念和感觉的前提不足以得出所有事件都有原因、物理空间是欧几里得式的，甚至"在空间和时间中在场"的持续对象（行星、动物、人体和我们自己的"自我"）真实存在的结论。然而，不同的是，休谟相信关于事实的所有真正知识都建立在我们的感官的证言之上，而康德则指望由我们心灵的特征来提供（在他看来）这种知识所需要的额外成分。康德认为，这些额外的成分包括空间和时间本身（他认为我们的心灵把空间和时间强加给了知觉经验）以及因果性（他认为我们在理解世界的过程中把因果性强加给了世界）。因为这些对经验世界的概念补充是我们的理解所需要的可知前提条件，所以他认为自己已经恢复了我们对很多被广泛相信的、似乎很基本的真理的知识，其中包括"每个经验事件都有一个原因"这一命题，以及"包含着我们经验到的经验对象的空间是欧几里得式的"这一命题。

尽管如此，他还是面临着一个两难困境。他必须坚持要么（ⅰ）行星、动物、山峦之类的，我们认为自己具有关于它们的知识的事物，是独立于我们的，要么（ⅱ）它们部分地由被我们的心灵强加于经验之上的心理范畴所构成。这两个选项都不符合他的目的。由于他希望驳斥的怀疑论有关对独立事物的认识，所以，把这些事物当作部分地被我们构成的就会消耗其驳斥的意义。既然无法保证独立事物一定符合我们看待它们的必然方式，那么即使是对于我们为什么（必然？）以特定方式看待它们的成功解释也会受到怀疑性的挑战。随着时间的推移，20世纪关于时空的物理理论中包含了非欧几里得元素，这与康德的断言（即我们先验地知道物理空间是欧几里得式的）相矛盾——这生动地阐释了这一两难困境。

总之，近代早期的哲学与当时的数学和自然科学不可分割地交织在一起。像开普勒、伽利略、牛顿和波义耳这样的科学家本身就是自然哲学家，他们研究其他自然哲学家，并在他们的科学理论中融入被他们视为哲学元素的东西。像哥白尼、笛卡尔、莱布尼茨和贝克莱这样的自然哲学家也探究过与他们的整体哲学观点相关的科学和数学难题。有些人在物理和数学方面取得了重要进展，例如：发明微积分、为解析几何提供概念基础、发现正弦折射定律，以及为光学科学做出贡献。哲学家洛克、贝克莱、休谟、里德和康德也努力拓展客观的科学知识，使之涵盖有关心灵的内容。虽然他们的知觉理论和认知理论以今天的标准看是原始的，但他们成功地发现了难题并且构造了问题，后来的哲学家通过发展他们帮助阐明的概念，对这些问题做出了更加令人满意的处理。

休谟在《自然宗教对话录》(*Dialogues Concerning Natural Religion*)中的讨论对达尔文观点的预示也阐释了这种典型的哲学活动。在书中，休谟面对着这样的论证：正如我们会说在海滩上发现的一块精致手表是由心灵手巧的钟表匠制作的，我们也一样应该说，我们观察到的井然有序的自然界是神圣创世者的作品。休谟是这样反驳这一论证的，他强调在有充足的运作时间的情况下，自然规律可能会在没有理智创世者的情况下独立解释这一秩序。

> 强有力且几乎无可辩驳的证明可以追溯到……地球上的每个部分都曾经被水完全覆盖着持续了很久很久。尽管秩序被视为与物质不可分割……不过物质可能会在无尽岁月中被许多巨大的变化所影响。它的每个部分都经受着不断的变化，这似乎暗示了一些这样的普遍转化。[28]

例如，他认为，动植物之所以能够巧妙地适应周边环境，可能是由于它们向来需要去适应不断变化的环境。

> 因此，强调在动物或蔬菜中的部分的用途，以及它们之间奇特的相互调节，是徒劳的。我很乐意知道，如果一个动物的部分不是这样被调整的，它如何能够存续下去。难道我们没有发现，每当这种调整中止的时候，它就会立即消亡，而它腐化着的物质会尝试某种新的形式？……没有形式……可以存续，除非它拥有其存续所需的那些力量和器官：必须不间断地尝试某种新秩序或新经济。[29]

他还进一步暗示,适者生存或许可以解释所有生物所经历的调整。

> 为什么人类要……假装是不同于所有其他动物的一个例外呢?……一场永无止境的战争在所有生物之间被点燃了。……较强的捕食较弱的……弱者也经常捕食强者。……想想无数种昆虫,它们要么是在各个动物身上繁殖的,要么是……把它们的刺扎进各个动物的体内。……这些昆虫有其他动物……折磨它们。各个方面,前和后,上和下,每一种动物都被敌人包围着,它们不断地寻求他的痛苦和毁灭。[30]
>
> 你把目的和意图归赋于自然。但是她在所有动物身上展示的奇技的目标是什么呢?单独个体的留存,以及物种的传播。[31]

达尔文——他的记录显示出,在其祖父的建议下,他已经是休谟的狂热读者——意识到了这些想法。这并不是说休谟的合理推想对近一百年后达尔文得到充分支持的理论负有责任。而是说,休谟做了哲学家生来就在做的事情——提出重要的想法,其中一些后来被证明在科学上富有成效。这是一个在近代早期反复出现的主题。

总之,哲学对这一时期自然科学和数学的显著进步做出了什么贡献呢?在这些进步中,没有任何一个是哲学独立完成的。但哲学确实以很多方式对这些进步做出了贡献:解释行星的表面逆行运动所需的哥白尼式的对太阳系的重新概念化;容纳一种超距力、重力的概念所需的对因果的重新概念化;解析几何的开端;微积分的发明;对光、光学和视觉的理解的早期进步;阐明(我们的理论中所需要的）关于空间和时间观念的基本问题；发展出生物界（包括物种的起源和存续）或许可以通过自然原因而得到解释这一观念；发展出关于系统化的心理学经验科学的研究计划。然而，比这里提到的任何单个成就更重要的是这一事实，即在这一时期中，科学与哲学不可分割、相互重叠地为这个世界最丰富、进步最快的智识文化做出贡献。

第 4 章

自由社会、自由市场与自由人

关于人性和人类社会的哲学观念；霍布斯论社会组织和国家的正当性；洛克关于自然权利和有限政府的观点；休谟关于道德、社会习俗和演变着的社会制度的自然主义观念；洛克、休谟和约翰·威瑟斯庞对美国建国的影响；亚当·斯密的哲学和经济学；休谟和康德对道德的贡献。

在近代早期，关于政治、经济、道德和个人与国家之间的描述性的和规范性的研究开始兴起。它与哲学之间的相互渗透，可以与哲学与科学、数学之间的相互渗透相提并论。当时的第一位伟大政治哲学家是托马斯·霍布斯（Thomas Hobbes，1588—1679），他的名著《利维坦》（*Leviathan*）出版于1651年。作为一位卓有成就的作者和学者，他翻译了修昔底德的作品和荷马的全部作品，会见过伽利略，并就《第一哲学沉思集》向笛卡尔提出过反驳。在他的前牛顿式的自然哲学中，包含了一种关于运动中的物质的思辨物理学、一种哲学心理学和一种知识理论。但真正具有开创性的是他以人性理论为基础的政治哲学。

霍布斯相信善是人所欲求的东西。他还相信每个人都希望将自身的利益最大化。因此他认为，若没有国家强制力，人类的生活将是一场所有人对所有人的战争，在这场战争中，对于包括生存在内的一切事情，人们都必须只依靠自己。

在这种状况下，产业是无法存在的，因为其成果不稳定。这样一来，对土地的栽培、航海……对地貌的认识……文艺、文学、社会等都将不存在。最糟糕的是人们不断处于暴力死亡的恐惧和危险中，人的生活孤独、贫困、卑污、残忍而短寿。[1]

这幅"自然状态"中的生活图景被用来讲述两个故事。第一个故事是对社会如何以及为何形成的一个因果解释。我们之所以形成社会，是因为我们意识到单靠自己是无法生存的。第二个故事是国家的正当性。我们应该心甘情愿地服从国家的权威，因为这样做符合我们的利益。霍布斯设想了一个假设性的社会契约，在这个契约中，我们都同意放弃像我们所希望的那样去追求自己利益的自然权利，将权威移交给国家，让国家以合适的方式去禁止或允许某些行为。因为我们从这一安排中受益，所以我们有近乎无限的义务去遵守法律，只要它被正确地视为预防着一场所有人对所有人的战争。由于正常运作的国家都是这样做的，所以几乎所有的国家都是正当的。

对于各个国家进行无差别的正当化，不管各国家的专制程度如何——这种做法是霍布斯备受争议的原因之一。更值得一提的是，他当时还因为挑战国王的神圣权利而引发了争议。尽管他认为君主制是首选的政府形式，但他对政治制度给出了自然主义的说明，这为经验的和哲学的论证留下了很大的空间。但是他并没有认识到我们现在所说的人类心理生物学的核心方面。

因为合作有利于生存，所以人类是社会性动物。除了需要别人的帮助以外，我们还依附于别人。父母在基因上倾向于照顾他们的孩子。孩子们与他们依赖的人联系在一起，形成了感情和信任的纽带，他们的自我概念在这种纽带中与其他人交织在一起。他们在游戏和集体活动中学习规则，获取与他们的努力成正比的奖励。他们相互监督对方是否违反规则，并以社会排斥甚至更严重的方式来惩罚违反信任的行为。因为参与者彼此之间有社会联系，因此违反规则的风险不仅仅是失去以自我为中心的利益。违规是对伙伴的冒犯，对友情的冒犯，对自己在他人眼中的形象的冒犯，对自己想成为的那种人的冒犯。这样一来，为了保障群体行动的利益而被遵守的规则就变成了因其自身而被尊重的原则。自然情感、社会从属关系、对共同利益的认识和审慎的理性交融成了一种共同的道德。很多追随霍布斯的哲学家都隐含地认识到了这些。

其中，第一个是上一章中讨论过的经验主义哲学家约翰·洛克。与霍布斯一样，洛克的政治哲学建立在被假设的"自然状态"和社会契约的基础上，在这种契约中，个人将权力让渡给国家。不过，尽管霍布斯认为不存在独立于国家的道德义务，但洛克相信一些权利和义务并非来自政治制度，而是源于可以被人类理性发现的道德法则。

> 自然状态有一种为人人所应遵守的自然法对它起着支配作用；而理性，也就是自然法，教导着有意遵从理性的所有人类：既然人们是平等和独立的，那么任何人都不可以侵害他人的生命、健康、自由或财产。[2]

洛克认为这些权利既是自然的，也是可以被理性发现的，因为它们可以被证明为必要的——为了人类能够亲密无间地生活在一起，以便保障相互合作产生的明显利益。洛克式的律令告诉我们，如果我们要与他人生活在一起，那么每个人必须给予他人某些权利或特权。其中有生命权、自由权和财产权（包括获取、生产、购买、出售和交换财产的权利）。

对于洛克来说，家庭是自然的社会单位，父亲有义务供养家庭，也有权利将财产留给后代。财产最初是通过占有无主的自然资源而获得的，人们可以改进或利用这些资源。人们可以尽可能地积累,只要不浪费资源或让它们腐坏,而且有"足够的和一样好的"东西可供他人使用。然而,不幸的是,除非有武力后盾,否则,**应该**支配自然状态的道德法则总是会遭到违背。因此,需要由从社会契约中产生的最低限度国家来维护自然权利。在这样一个国家中,公民自己或他们的代表为公共利益颁布法律,这些法律被公之于众并为所有人所知;他们采用法律制度来公正地裁决出现的纠纷;他们发展出并服从于一种法律执行制度,以保障他们的权利得到保护。

如何证明最低限度国家是合理的?有人可能会说,它是在实践的基础上被证成的,因为和其他选择相比它产生更大的幸福感和更少的侵犯自然权利的行为。洛克不会有异议。不过,在同意的基础上,他给出了一个不同的论证。

> 人类……天生都是自由、平等和独立的,不经本人的同意,不能把任何人置于这种(自然)状态之外,使其受制于另一个人的政治权力。人借以放弃其自然自由并受制于公民社会的种种限制的唯一方法,是同其他人协议,联合组成一个共同体,以获得他们彼此间的舒适、安全、和平的生活,以便安稳地享受他们的财产并且有更大的保障来防止共同体以外任何人的侵犯。[3]

由于对社会契约的明确同意是很罕见的,因此洛克需要**推定同意**(presumed consent)的概念。

虽然他没怎么发展这一概念,但它并不是完全没有根据的。他认识到,为了进入社会,一个人不可避免地必须放弃某种自由,但是他相信,将某些权利**推定**为被放弃的会产生引起荒谬。他论

述道，一个人进入社会

> 只是为了……更好地保护自己，保护他的自由和财产（因为不能设想任何有理性的动物会为了过得更差而改变他的现状），社会或由社会组建的立法机关的权力不可以扩张到公众福利之外；它们需要做的是保障每个人的财产，阻挡……使自然状态不安全、不方便的那些缺点。[4]

简言之，任何人都不能理性地推定，应该为了保障组织起来的社会的利益而完全放弃生命、自由和财产，因为这样做将得不偿失。

洛克稍后又重申了这个想法。

> 未经本人同意，最高权力（国家）不能取走任何人的财产的任何部分。因为，既然保护财产是政府的目的，也是人们加入社会的目的……（假设它被放弃）这种十分悖理的事是任何人都不会承认的。所以，认为国家的最高权力或立法权能够为所欲为，能够任意处理人民的产业或者**随意**取走其任何部分，这是错误的想法。[5]

这个说法虽然也相当有力，但它并不像人们可能期待的那样清晰和令人信服。从"任何人都不能被理性地推定为，为了保障组织起来的社会的利益而放弃生命权、自由权和财产权"的观察中，洛克希望确立很多东西。然而，不太可能以这种方式确立起他所希望的所有东西。一个人通过进入社会而获得了如此多的好处，以至于，仅仅禁止政府把一个人的生活变得比他在（没有社会合作制度可依靠的）自然状态下时更坏，对政府的限制还是太小了。因此，洛克的辩护未能确立他想确立的那种能够保护自然权利的可靠体制。

至少，他对假设性同意（hypothetical consent）——**一个人会同意的东西**——的着重强调需要得到限定。理性行动者难道不能同意对洛克式自然权利做**某些**远不及消除的**缩减**——例如，对自主权的某种缩减，对获取、保留和处置财产的权利的某种缩减——以保障社会组织的利益吗？理性行动者当然有相当大的空间这样做。一个人是否愿意做出这样的交易难道不是取决于他所处环境的具体情况，以及他所加入的社会吗？怎么可能不是呢？

与其诉诸自然状态下对社会契约的假设性同意，不如简单地承认，如果一个人像几乎每个人都希望的那样与他人一起生活在社会之中，那么他就必须要求自己享有某些权利，同时也将它们拓展到他人身上。我们必须赋予所有个体以免受暴力攻击的安全权，以及在一定范围内的自主权，在这个范围内个人可以自由决定自己最基本的信念、表达自己的观点，并遵循自己选择的生活方式，而不伤害或胁迫他人。由于这通常涉及获得、生产、购买、出售和交换财产的权利，因此，某种类似洛克式权利的东西会被包括进来。

想象一下现在要为我们自己选择一种政府形式。想必，人类生物学、心理学、社会学和经济学的规律**约束着**成功的政治组织形式和社会组织形式。假设我们对这些约束足够了解，能够识别出一些预想中的权利和特权，那么人们就可以合理地期待一个道德上公正、实践上可行的政府会去尊重它们。我们不必把这项任务想成是一次性地决定所有社会情况中的所有事情，而是要把它想成是为此时此地的我们自己做出决定。

和洛克一样，我们可能需要一种民主形式的政府。但我们也可能需要某种保证，即某些基本权利和原则将会得到尊重。使它们更可能受到尊重的一个合理方法是，要求只有在**绝对多数**同意的情况下才能改变它们，这样可以使它们超出通常的政策制定的范围。这不必一蹴而就。相反，我们可能会看到自己谨慎地起步，逐步建立起一个允许宪法调整的结构，随着时间的推移，对这种结构的需求可能会变得明显。在每个阶段，指导思想都应该是确定一些这样的原则：在所有其他条件都相同的情况下，如果公民想要有合理的机会去实现自发的集体行动旨在实现的目标，那么政府就必须遵守这些原则。

虽然并非所有这些都在洛克的论述之中，但这一基本图景是对其思想的一种阐述。对他来说，民主选举产生的立法机关是制定法律的最高权威，这些法律服务于公共利益并且统一适用于所有人。独立行政部门执行法律，但不能颁布法律，独立司法系统解决纠纷并审判违法行为。简言之，他提倡有限的宪政政府，它有着旨在避免暴政和保障自然权利的明确分权，以使公民能够从彼此之间的和平合作关系中获益。最后，他规定，如果政府未能执行公民的自然权利或超过了其恰当的限度，那么叛乱就是正当的。

所有这些对美国人来说应该都是耳熟能详的。阅读美国的建国文献以及那些支持这些文件的人的论证，就不可能听不到洛克的回响。正如一个很有影响力的评论者指出的那样：

> 洛克对美国的巨大影响是毋庸置疑的。……简言之，对于"哲学家百无一用"这种观念，洛克的《政府论》(*Two Treatises of Civil Government*)广泛而深远的影响力是一个坚

实的否证。[6]

大卫·休谟,伟大的经验主义哲学家,同时也是著名的英国历史学家,为洛克的有限政府观念增添了社会的、历史的和生物的维度。休谟的贡献始于他的道德哲学,其关键点与(上一章里讨论过的)他的认识论是相契合的。休谟认为,理性能够提供关于必然的、先验的真理的绝对确定的知识,但这只是因为那些真理仅仅是"观念之间的关系",它们本身并没有告诉我们关于这个世界的任何东西。确立任何重要的事实所涉及的都不仅仅是理性,而是还有观察。行动增添了另一个维度。尽管理性和关于这个世界的知识允许我们计算能够实现我们目的的手段,但它们不能提供那些目的。由于行动需要欲望的驱动力,所以休谟认为,不言而喻的是,任何仅靠理性和观察就能够被确立的陈述都不足以完全指导或解释行动。因为我们需要囊括行动者所追求的价值,这些价值——用他的话说——是由激情提供的。

道德上的教益触手可及。既然道德规则意在指导行动,那么驱动行动的激情一定是道德的来源。由于道德行动需要道德目的,所以我们本性中固有的价值就不能完全以自我为中心,而是必须把使我们与同伴联系在一起的涉他价值包括在内。要道德地行事,我们就必须欲求他人的福祉,尤其是(但也不只是)亲近之人的福祉。对休谟来说,这只是一个心理生物学事实,即我们倾向于仁慈,也倾向于认可被称为"自然情感"的性格特征(如诚实、勤奋、正直、勇敢、忠诚和善良),而不认可它们的对立面。就像他说的那样,"道德宁可以说是被人感觉到的,而不是被人判断出来的"。[7]

休谟的政治哲学增添了一个新元素。他的反理性主义伦理学植根于自然情感,而他的反理性主义政治哲学则植根于在历史中演变的制度。在他看来,社会源于我们的需求,源于可用来满足这些需求的资源的稀缺性,还源于在自然状态下没有能够有效地利用那些资源的财产制度和劳动分工。这么想吧:理性告诉我,如果别人愿意与我合作,我就会从中受益。过去的经验告诉我,只有我做到自己的分内之事,别人才会与我合作。因为我们都意识到了这一点,所以我们心照不宣地同意让共同规则得到所有人的遵守,这些规则最终会造福每一个人。我学会了信守我的诺言,履行我的承诺,尊重你的财产,不干涉你对你的所得之物的享受;你也学到了同样的东西。持续的互动产生了一种社会约定,用休谟的话说,

> 通过社会全体成员所缔结的协议,对外物的占有得以稳定,每个人得以安享他凭幸运和勤劳而获得的财物……我观察到,让别人占有他的财物是对我有利的,假如他也同样地对待我。[8]

休谟认为,所需的道德框架既不是一个明确的契约,也不是一个假设性的构造,而是一种社会约定,它产生于在历史中演变的制度,通过试错来取得进步。

> 有关财物占有的稳定规则虽然是逐渐产生的,并且是通过缓慢的进程,通过一再经历破坏这个规则所带来的不便才获得了效力,可是这个规则并不因此就是由人类协议得来的。正相反,这种经历使我们更加确信,利益感已成为所有人共有的,并且使我们相信他人的行为也会遵循某种规则……

同样，各种语言也是不经任何许诺而由人类协议逐渐建立起来的（也就是说没有明确的同意或契约）。黄金和白银也是以同样的方式成为常用的交易工具。[9]

简言之，人类社会是受道德规则支配的，这些规则是起作用的社会约定。通过这种方式，洛克得出了关于财产支配、自愿转让财产和执行承诺的规则。[10] 他把这些规则看作是在一定规模的社群的政治经济制度中发现的科学规律，他称这些规则为"自然法"。[11]

考虑到他对事实和价值的区分，休谟将这些社会道德和政治道德的原则称为**自然法**似乎令人费解。据他所说，价值陈述——**关于应该存在什么，或者一个人应该做什么**——不能从事实陈述中合乎逻辑地得出。他大概会这样说：人们不能从一个应该中推出一个是。一个人可以同意任何事实断言，同时反对任何道德断言，而不犯逻辑不一致的错误。那么休谟怎么能把关于财产支配、诺言和其他道德问题的社会约定称为"自然法"呢？当然，自然法——就像牛顿定律一样——都是事实。因此，看起来，休谟一定会认为构成了道德的社会约定是社会事实。

事实上他的确是这么认为的。不过，他也认为这些"法"是规范性的，也就是说，它们是我们**应该**遵守的规则。他说，**正义**——或者说公平——被普遍认可，因此它是一种美德，因为人们知道它符合每个人的利益。他注意到，这种认可是被自由地授予的，尽管我们察觉到了搭便车的人——也就是那些假装合作但事实上并不合作的人。这些人知道，对公认社会规则的普遍遵守符合所有人的利益，包括他们自己的利益。不过，他们还是偷偷地选择退出，当他们可以逃避的时候就不去做自己的分内之事。休谟认为他们不应该这样做。[12]

为什么我们意识到这种狭隘的自利行为是错误的？在思考我们对发生在别人身上的不公正（而不是我们自己受到的不公正）的反应时，休谟暗示了这个问题的答案。他说，这样的行为

> 仍然使我们不高兴；因为我们认为它是危害人类社会的，而且谁要和非义的人接近，谁就会遭到他的侵害。我们通过**同情**感受到他们感到的不快……所以道德善恶的感觉就随着正义和非义而产生。虽然在这种情形下，善恶感是由思考他人的行为而得来的，可是我们也总是把它扩展到自己的行为上（也就是说，我们想到我们不应该那样做）。……由此可见，自利是建立正义的原始动机；而对于公共利益的同情是那种美德所引起的道德赞许的来源。[13]

休谟认为搭便车——收获社会合作的好处却不做自己的分内之事——是不道德的，因为它违反了保障涉他价值的社会约定，这种价值是我们人性中固有的，而且对我们所有人来说都很熟悉。

从今天的角度来看，人们很自然地会认为这些价值源于我们的生物本性以及从数千年的社群生活中衍生出来的人类文化的共性。社会合作的竞争优势如此之大，以至于我们人类和非人类祖先的各种群体对合作动力的掌握程度一定对哪些群体存活了下来哪些群体没有存活下来产生了重要影响。适者生存表明我们带有赢家的特征。从生物学上讲，我们是作为高度社会化的动物而出现的，不仅依赖而且也关心我们社会群体中的其他人。通过这种方式，不可放弃的涉他价值就成为我们天性中固有的价值。因为它们是我们的生物构成的一部分，所以这些价值为逐渐演变的社会合作制度提供了原材料，这些制度在大多数人类社会中已经成

为道德不动点。

这些断言既是事实性的也是规范性的。它们是关于价值的事实断言，这些价值出现在正常人类之中，源于人类的生物遗传、童年经历和他们生来所处的文化制度。它们是规范性原则，因为这些被描述的价值无法从我们的本性中被抹除。事实断言具有规范性的力量，因为它们所描述的价值是我们的价值，是我们想要依据它来生活的价值。休谟将它们归拢在**自利**、**正义**和**同情**的标题之下。

想象一下，有这样一种理性的生物，它们没有社会价值——它们各自只关心自己，而不重视他人的福祉。它们可能和我们一样聪慧理性，但没有任何欲望去形成社会性依附。当它们相信合作对个人有利时，它们可能会合作，但它们会一直寻找欺骗这一系统的方法，并让它屈从于自己的私利。因此，它们不会相互信任，也不会有社会灌输的道德观念。它们没有休谟的自然情感，其合作体系会比我们的脆弱和有限得多。因此，它们取得演化上的成功的概率可能不是很大。幸运的是，它们不是我们。

休谟的社会政治哲学的另一个方面在于它对理性主义的社会组织方案的拒斥，它对自由和创新的关心，以及它对自然产生的制度的关注（通过证明对这种制度的参与符合大多数人的长期利益，这种制度赢得了普遍的认可）。在这里，作为英国历史学家的休谟遇到了作为哲学家的休谟，后者反对那些过分相信理性力量的人。不同于卢梭的是，卢梭关于**普遍意志**的抽象观念鼓励了集权主义，而休谟的经验主义则鼓励了自由。因此，休谟和洛克一样影响了美国的开国元勋也就不足为奇——例如，在《联邦党人文集》(The Federa list Papers) 的第十篇中，詹姆斯·麦迪逊（James Madison）引用了休谟对孟德斯鸠的反驳，来表明一个治理着庞大而多样化的社会的代议制共和国如何以及为什么能够通过打击派系带来的危险而捍卫自由。[14]

休谟只是影响早期美国的几位苏格兰哲学家之一。另一位苏格兰人是牧师约翰·威瑟斯庞（John Witherspoon, 1723—1794），虽然他本身不是一位重要的哲学家，但他有哲学头脑。威瑟斯庞于1768年至1794年担任普林斯顿大学的校长，同时也是其哲学院、历史学院和文学院的院长。作为苏格兰哲学家托马斯·里德的常识实在论学派的信徒，在向新世界传播苏格兰哲学启蒙运动的影响上，威瑟斯庞做得可能比其他任何人都要多。到达美国后，他坚定地倡导独立，并在革命期间和革命后产生过重要的智识影响。作为大陆会议成员和《独立宣言》的签字人，他是未来总统詹姆斯·麦迪逊以及1787年制宪会议上其他四名代表的老师。他还教过美国副总统阿龙·伯尔（Aaron Burr）以及3名未来的最高法院法官、28名未来的美国参议员和49名成为众议院议员的学生。

另一位对休谟和威瑟斯庞都有影响的苏格兰哲学家是弗朗西斯·哈奇森（Francis Hutcheson, 1694—1746）。哈奇森从1729年开始担任格拉斯哥大学的道德哲学教授，直到去世。他和休谟一样是道德理论家，同样反对霍布斯，认为人性中蕴含着社会因素和仁爱因素。哈奇森和休谟的这些理论对哈奇森最著名的学生亚当·斯密（Adam Smith, 1723—1790）产生了很大影响。斯密先在格拉斯哥大学后来在牛津大学学习哲学，之后他在爱丁堡大学讲学，在那里他遇到了休谟，休谟成了他的挚友和哲学导师。正如阿瑟·赫尔曼（Arthur Herman）所说：

> 作为一位哲学家和一个朋友，休谟对亚当·斯密产生了

巨大的影响。斯密可能比任何同时代人都更透彻地阅读和理解了休谟。如果没有休谟对公民社会的"进步"以及它实际上是一个多么不完美的试错过程的独特看法，斯密自己的作品将是不可想象的。[15]

1751年，斯密被任命为格拉斯哥大学的逻辑学教授。1752年，他被授予道德哲学教席，这个职位已由哈奇森担任了十六年。斯密本人在这个教席上工作了十二年，教授逻辑学、道德哲学、经济学和法理学。他于1759年出版的《道德情操论》(The Theory of Moral Sentiments)——斯密晚年认为这是他最好的作品——是一篇关于道德的哲学论文，它以一个与哈奇森和休谟类似的人性理论为基础。但他的世界公认的代表作是1776年出版的《国富论》(The Wealth of Nations)。作为古典经济学的奠基性文献，这本书解释了在公平诚实的竞争条件下，追求自己经济利益的个人是如何——像是在一只"看不见的手"的引导下——不仅增加了他们自己的财富，而且增加了整个社会的财富。在这本书中，斯密强调了自由贸易、自由市场、劳动分工的效率和创造财富的潜力，同时，他对垄断的、不公平的贸易限制，以及政府对于被偏爱的企业的保护主义提出了警告。他还用一个社会所生产的所有商品和服务的价值来衡量一个社会的财富，而非用黄金和白银储备。

《国富论》的影响当然是深远的。这很正常。从霍布斯和洛克到休谟和斯密，17世纪和18世纪哲学家的道德哲学、政治哲学、法律哲学和社会哲学融合在一起，为我们提供了关于有限政府和现代经济的理论基础，正如斯密似乎预见到的那样，这导致了自由和财富有史以来最大程度的扩张。他在1775年秋天写下了他的杰作，关于可能从即将到来的美国革命中诞生的社会，他这样写道：

> 有些人以为……极易以武力征服殖民地，那实在是非常愚蠢的。现在管理所谓大陆会议的人感到自己具有一种欧洲最伟大的公民都几乎没有感受到的重要性。他们从店铺老板、商人、律师摇身一变，成为政治家和立法者，来给一个广大帝国制定一个新的政府形式。……那将成为自从世界上有国家以来最大最强的一个国家。[16]

总体而言，在17世纪和18世纪，社会、政治和道德领域的哲学成就与物理、数学和自然哲学方面的成就大体相当。在上一章中我们看到了艾萨克·牛顿——他是那个时代最杰出的物理学家，他阅读了哲学，并在彻底科学性的工作中表现出相当具有哲学性的思维转向。而第一位近代经济学家亚当·斯密与哲学的关系甚至更加密切。除了研究霍布斯、休谟和哈奇森，斯密还教授哲学，他写出了他那个时代中最重要的道德哲学，而且他正确地把自己视为一位哲学家。

在此期间，主要思想家所扮演的多重角色之间并没有尖锐的冲突。正如牛顿、波义耳、笛卡尔和莱布尼茨所阐释的那样，对物理和数学的贡献与对形而上学和认识论的贡献之间没有根本性的不连续；也正如休谟和斯密所阐释的那样，对历史和经济学的贡献与对道德、政治或社会哲学的贡献之间也没有根本性的不连续。如果没有这个时代的哲学家，17世纪和18世纪在政治、经济和社会组织方面改变世界的进步是不可能发生的。

哲学家们也对道德思想的自然化——把道德思想建立在人

性之中，而非建立在自然神学或启示神学之中——起到类似的作用。正如我们看到的，休谟、哈奇森和斯密所倡导的那种进路是将道德建立在我们的涉他情感之上。另一种主要的进路是由有史以来的哲学巨人之一伊曼纽尔·康德所倡导的。他对道德最显著的贡献（**绝对律令**）把我们的共同理性——**而不是我们的仁慈情感**（康德认为这种情感过于变化无常）——当作道德的来源。任何在思考一个行为的可容许性或不可容许性时会问"如果每个人都这么做会怎么样？"的人，就是在呼应康德的律令，**它指导人们只按照自己能够理性地意愿被普遍遵守的，或者可能被普遍接受的规则来行事**。康德用两个范例来阐释他的想法。根据他的说法，撒谎和违背诺言是不被容许的，因为它们以某种方式在理性上不一致。如果每个人都惯常地撒谎或违背诺言，那么讲真话和兑现诺言的社会约定就不会存在，从而，使撒谎和承诺成为可能的信任库存就被摧毁了。因此，由于**普遍的撒谎或违背诺言在概念上是不可能的**，所以任何理性的存在者都不可能意愿或者想要让这种行为成为一个普遍法则。因此，康德论证道，撒谎或者违背诺言在道德上从来都不是被容许的。

虽然这是一个很好的想法，但它太极端了。在某些情况下，撒谎或违背诺言是可以被容许的，甚至在道德上是必要的。也有一些每个人都可以做的事情——可以在没有矛盾的情况下愿意让它被普遍做出的行为（例如每天排演秘密的复仇幻想）——是不应该做的。不过，严格的康德式表述中的这些缺陷可能会被这一观点的更加精细版本所解决。例如，有人可能会认为（粗略地说）：如果一种行为被规则所禁止，那么它就是在道德上不被容许的——将这一规则采纳为社会约定，会在自由平等的各方之间产生最佳的社会合作系统；如果一个行为被这些规则所要求，那么它就在道德上是必要的——将这一规则采纳为社会约定，是自由平等的各方之间能够有任何有效的社会合作系统的一个必要特征；其他所有行动在道德上都是可容许的。

在号召对道德规则的普遍采纳方面，上述观点是康德式的。但同时它也是结果主义的，因为它根据采用道德规则的结果的价值来评估这些规则，将这些规则当作在通常情况下会被遵守的社会约定，同时，在有必要避免压倒性的坏结果或者有机会实现压倒性的好结果的情况下，允许在例外的情况下出现偏离。这样一个粗略但有用的规范体系将告诉我们，除其他事项外，（i）撒谎、违背诺言、伤害或胁迫他人、侵犯他们的自然自由或侵犯他们的财产权只有在极端或不寻常的情况下才是正当的，以及（ii）除这些情况以外，一个人需要自力更生（如果可能的话）、供养子女、提供需要的公共服务，并捐出（超过特定最低限度的）收入的一部分以供照顾那些不能照顾自己的人。当然，会有很多疑难情况有待裁决。但是这不会消减休谟与康德的道德哲学和社会哲学的结合体的有用性。[17]

第 5 章

现代逻辑与数学基础

现代符号逻辑的哲学起源及其在数学哲学中的运用；弗雷格和罗素所做的尝试：解释何为数以及何为数学知识；已经取得的成果和尚未取得的成果，以及这一计划可能如何推进。

现代逻辑的发明——始于德国哲学家和数学家戈特洛布·弗雷格（Gottlob Frege），并由伯特兰·罗素（Bertrand Russell）以及其他 20 世纪早期具有数学思维的哲学家所延续——是哲学中最重要的成就之一。[1] 弗雷格生于 1848 年，1873 年在哥廷根大学获得数学博士学位。接着，他在 1874 年于耶拿大学获得了特许任教资格，并在耶拿度过了他的教学生涯。虽然他如今被视为有史以来最伟大的哲学逻辑学家和数学哲学家之一，但他的贡献最初并没有被同时代的数学家所注意。然而，他确实深刻地影响到了四位即将在 20 世纪早期成为哲学巨匠的年轻人——伯特兰·罗素、埃德蒙德·胡塞尔（Edmund Husserl）、鲁道夫·卡尔纳普（Rudolf Carnap）以及路德维希·维特根斯坦（Ludwig Wittgenstein）。

弗雷格的目标是将数学的确定性和客观性奠基于逻辑的基本法则之上，进而把哲学和数学与一般意义上的经验科学（特别是关于人类理性的心理学）区分开。1879 年，他的《概念文字》（*Begriffsschrift*）呈现了如今被称为"谓词演算"（the predicate calculus）的新符号逻辑系统。这一系统的表达力大大超过了任何先前的系统。作为这一学科历史上最重大的进展，它严格的表述使得它能够将数学中的证明完全地形式化。[2]

弗雷格的逻辑将简单的真值函数逻辑［一种涉及了关于"且"（and）、"或"（or）、"并非"（not）以及"如果，那么"（if, then）

等推理的逻辑，从斯多葛学派以来就为人所知］与一种新的有力推理结合起来［后者涉及"所有"（all）和"存在"（some），代替了远比它有限的亚里士多德以来的三段论逻辑］。亚里士多德的逻辑三段论理论只囊括了少数类似下述例子的简单推理：

（i）所有人都是会死的，克娄巴特拉（Cleopatra）是人，因此克娄巴特拉是会死的。

以及

（ii）有些哲学家是逻辑学家，所有逻辑学家都是数学家，因此有些哲学家是数学家。

弗雷格的逻辑大大扩展了有效推理模式的数量，使以往逻辑学家所发现的那些推理模式相形见绌。

弗雷格现代意义上的逻辑包括了被精确定义的句子（sentences）、公式（formulas），以及一个证明程序（proof procedure），后者通常由公理（axioms）和推理规则（rules of inference）组成。公理是显然为真的陈述。推理规则——例如，从 A 和如果 A，那么 B 可以推出 B——告诉你，根据对一个正在推进的证明的前面各行所做的观察，你可以在这个证明上添加什么新公式。根据定义，一个证明是一个有穷的公式序列，其中每一行公式要么是一条公理，要么可以通过使用某一条推理规则而从前面的公式中推得。一个从 P 到 Q 的证明即是一个从 P 开始到 Q 结束的公式序列。某个东西（在确定如果 P 为真则 Q 不可能为假的意义上）是否是一个证明，总能够仅仅通过观察每一行上的公式而得到判定，而无须担心其表达式代表了什么对象或属性。因此，某个东西是否是一个证明总是能够被确定的。正如我们将在第 6 章中看到的，关于证明的这一严格概念是通向数学计算理论的早期步骤，这种理论使得数字时代成为可能。

除了将证明形式化之外，弗雷格还解释了如何理解他的逻辑语言中的句子。这是通过以下工作来达到的。(i) 确定我们用这些句子所谈论的对象的论域（domain），(ii) 指定每个名称（name）所指称的论域中的对象，以及 (iii) 针对每个谓词（predicate）——例如"不等于 0"或"是奇数"——做出规定：对于任一对象而言，为使该谓词正确地适用于这一对象，该对象必须满足哪些条件。一个由单个谓词与若干名称组成的简单句若想为真，这一谓词必须正确地适用于这些名称所指示的对象。当且仅当句子 S 不为真，它的否定才为真。当且仅当每一个合取肢（conjunct）都为真，一些句子的合取（conjunction）才为真；当且仅当至少一个析取肢（disjunct）为真，一些句子的析取（disjunction）才为真；同时，当且仅当 P 和否定 Q 的合取并不为真，被称为"实质条件句"（material conditional）的句子**如果 P，那么 Q** 才会为真。最后，如果 S (n) 是一个包含名称 n 的句子，并且 S (x) 是将 S (n) 中的一个或多个 n 替换为变元 x 而得到的公式，那么，当且仅当无论将什么对象作为 x 的（暂时）指称，S (x) 都为真，**对所有 x 都有 S (x)** 才为真。当且仅当论域中存在至少一个对象，使得当将其指派为 x 的（暂时）指称时，S (x) 为真，**存在 x 满足 S (x)** 才能为真。如此，逻辑语言中的每一个句子的真值条件都是被固定的。由于不存在最长的句子，上述规则足以解释弗雷格的语言中**无穷多**的句子。

一个句子 S 是一个**逻辑真理**（logical truth）——当且仅当无

论我们用 S 来谈论什么对象的论域，无论我们对出现在其中的名称指派了**什么指称**，以及**无论我们用什么条件**来定义 S 中出现的谓词的正确适用性，S 都是真的。例如，**如果 P&Q**，那么 P 是一个逻辑真理。一个句子 Q 是一个（或一系列）句子 P 的**逻辑后承**——当且仅当**无论我们用** Q 和 P 中的句子来谈论什么对象的论域，**无论我们**对出现在它们中的名称指派了**什么指称**（对同时出现在 P 和 Q 中的名称 n 进行相同的指派），以及**无论我们用什么条件**来定义在它们中出现的谓词的正确适用性（对同时出现在 P 和 Q 中的谓词规定相同的条件），只要 P 中的所有句子都为真时，Q 也总是真的。例如，**存在 x 满足（Fx&Gx）**是 Fn 和 Gn 的逻辑后承。

如今，这些定义通常用抽象的**模型**（models）来表达，其中包括一个对象论域 D，一个对 D 中对象的指派（将对象指派为名称的指称），以及一个对每个谓词的正确适用条件的指派。一个句子**逻辑地为真**，当且仅当它在所有模型中为真。用这样一个真理所表达的陈述不可能是假的。如果在一个任意的模型中，一个句子或一个句子集总能保证另一个句子（在那一模型中）为真，那么后者是前者的一个逻辑后承；因此当前面的句子为真时，后者不可能不为真。如果两个句子总是在任一模型中要么同时为真要么同时为假，那么它们是逻辑等价的（logically equivalent）。在弗雷格的基本系统中，从一组句子中**可以得到证明**的所有句子都是这组句子的**逻辑后承**。[3]

这一重大进展最初没有受到多少关注，这令弗雷格沮丧。在之后的五年里，弗雷格在《算术基础》(*Die Grundlagen der Arithmetik*) 中做出了对其数学哲学的清楚陈述。[4] 在这部如今已经成为经典的著作中，他为自己对于数学的客观性以及我们关于数学真理的确定知识来源的设想进行了辩护。他是这样做的：(ⅰ)定义自然数；(ⅱ)勾勒了这样一个策略——从逻辑公理和对算术概念的逻辑定义出发，证明数学公理；(ⅲ)给出了这样一个展望——通过对实数和复数的定义和分析，将上述策略推广到更高等的数学中。

此外，从 1891 年起，弗雷格在一系列文章中解释了句子系统地编码关于世界的信息所遵循的原则（其中包括类似于德语的自然语言中的句子，以及数学语言和逻辑语言等被发明的语言中的句子），通过这些解释，他为对语言意义做科学研究打下基础。在 1893 年和 1903 年，他的宏大计划在他的两卷本著作《算术的基本原理》(*Grundgesetze der Arithmetik*)中结出果实。在这部著作中，他从他所认为的最基本的逻辑法则出发，对所有算术公理做出了细致的推导。[5]

自始至终，他的目标都在于回答两个哲学问题：**什么是数？以及什么是数学知识的基础？** 尽管他的回答在构想上很简单，他对概念（concept）这一关键词的理解则需要一些解释。对弗雷格而言，简单谓词（例如"是圆的"和"是一个球"）代表着概念，后者促成了包含它们的句子的为真或为假。就我们的讨论而言，我们可以将概念理解为：若要使得这些谓词适用于对象，则对象必须满足的条件。因此，"是圆的"和"是一个球"所指示的弗雷格式概念分别(ⅰ)将真指派于任何圆的东西，将假指派于其他东西，以及(ⅱ)将真指派于任何是球的东西，将假指派于其他东西。当我们将谓词组合起来——例如，x 是圆的并且 x 是一个球——我们就构造了一个复杂谓词。它代表了仅适用于一切圆的球的概念。[6]

接着上面的讨论，我们回到弗雷格对于**什么是数**和**什么是数学知识的基础**这两个问题的回答。简而言之，他的回答是，**逻辑**

是数学知识的来源；0 是不适用于任何东西的概念的集合；1 是适用于且仅适用于一个东西的概念的集合；2 是适用于某两个不同的 x 和 y，且不适用于其他东西的概念的集合；等等。由于数是概念的集合，一个数 m 的**后继** n 是这样一些概念 F 的集合：存在某一个 F 适用于对象 x，概念**符合** F，**但不是** x **是** m 的一个成员。自然数是每一个包含零及其包含的所有东西的后继的集合的成员。乘法是重复的加法，加法是通过计数来定义的，而计数就是重复地从一个数移动到它的后继。

  为了理解弗雷格，我们必须理解他的方法论。在进行哲学分析之前，我们就知道很多数学真理，但我们不知道数是什么，也不理解我们如何认识它们。弗雷格的基本想法是，**数就是为了解释我们对它的认识所必须是的任意什么东西**。为了发现它们是什么，我们必须对数给出定义。这些定义必须能够让我们演绎出我们前理论地认识到的东西。例如，我们应该如何定义 2, 3, 5 和加法运算，才能从定义以及我们关于下述事实 1 的知觉认识中逻辑地演绎出事实 2 和事实 3 呢？

事实 1

  a. X 是我桌面上的一本黑色的书，并且 Y 是我桌面上的一本黑色的书；X 和 Y 是不同的对象；此外，对任意对象，如果它是我桌面上的一本黑色的书，它或者是 X 或者是 Y。

  b. U 是我桌面上的一本蓝色的书，并且 V 是我桌面上的一本蓝色的书，并且 W 是我桌面上的一本蓝色的书。U 和 V 是不同的对象，并且 U 和 W 是不同的对象，并且 V 和 W 是不同的对象。此外，对任意对象，如果它是我桌面上的一本蓝色的书，它或者是 U 或者是 V 或者是 W。
c. 没有东西既是我桌面上的一本黑色的书又是我桌面上的一本蓝色的书。

事实 2

恰好有两本黑色的书在我的桌面上，并且恰好有三本蓝色的书在我的桌面上。

事实 3

恰好有五本书在我的桌面上。

弗雷格对于之前的数学哲学家的主要反对就在于，他们没有回答甚至没有真正地试图回答这样的问题。

弗雷格回答了这样的问题。对他而言，陈述"木星的卫星有四颗"就是陈述"归入木星的卫星这一概念的事物的数目 =4"，或者更加非形式地说，就是"木星的卫星的数 =4"。对于任意概念 F，F 物的数是一些概念 C 的一个集合，这些概念满足，F 物与 C 物能够被一一配对且无剩余，没有任何 F 物或者任何 C 物会被重复配对，直到没有更多的 F 物和 C 物能够配对。因此，我右手的手指的数是一些概念 C 物的一个集合，其中我的大拇指可以与一个 C 物配对，我的食指可以与另一个 C 物配对，如此这般，直到每一个手指都与其独占的 C 物配对，且没有更多的 C 物和更多的手指能够被配对。

在以这样的方式使关于数的陈述概念化之后，弗雷格需要从下定义出发，着手推进他从逻辑推出数学的计划：

定义：0是概念"不等同于自身"的数。

定义：n是m的**直接后继**，当且仅当存在概念F及归入F的对象x（即适用于概念F的某个对象），满足n是F的数，m是概念"归入F但不等同于x"的数。

定义：x是一个自然数，当且仅当x是包含0且总是包含其成员的后继的集合的成员。

由于所有事物都与其自身等同，所以得出，0是不适用于任何对象的概念的集合，1是适用于某个x且仅适用于x的概念的集合，2是适用于且仅适用于互相区分的x和y的概念的集合，等等。**数学归纳**（mathematical induction）原则也可以从中得到：对于任意概念F，如果F适用于0，并且如果F总是适用于其所适用于的任何自然数的后继，那么F适用于所有自然数。将乘法定义为重复的加法，将加法定义为重复地从一个自然数上升到其后继，这些定义使一系列必需的定义得以完整。

弗雷格深信自明的逻辑原则具有最高等级的确定性——没有这些原则，思想本身也许就是不可能的；因此他相信，通过从逻辑中推出算术，他就能够证明，算术以及更高等的数学的确定性也是基于逻辑本身的。最基本的算术真理——公理——将从他的定义以及自明的逻辑公理中作为逻辑后承被推出。所有其他的算术真理将从算术公理中被推出。弗雷格想象，当更高等的数学的结果以类似的方式从算术中被推出时——这一工作已在进行中——所有的经典数学都能以这种方式生成。因此，他相信，所有的数学知识都可以被解释为逻辑知识。

这就是他的数学哲学计划的宏大结构。关键的步骤在于给出对算术理论的所有公理的证明，这一理论如今被称为皮亚诺算术（Peano Arithmatic）。[7]依赖于高等数学对算术所做的进一步还原，弗雷格得出结论，认为数学（除了几何，他认为这是一个例外）只是对逻辑的一种精巧表达。但在他的计划中潜藏着一个难题，这一难题在逻辑的本质被更充分地研究之前都没有被发现。如果数是概念的集合，并且关于数的陈述是逻辑公理的逻辑后承，那么逻辑本身就应该对哪些概念的集合存在以及哪些不存在做出断言。但是，逻辑如何能够做到这一点？一个致力于确定**在任何探究的领域中哪些推理是保真的**（truth-preserving）而哪些不是的学科，如何能够告诉我们一个特定种类的事物（即集合）中哪些存在哪些不存在？最初，这没有使弗雷格感到担心。他假定，对任意一个表达了一个适用于对象的条件的有意义的谓词，都存在一个包含且只包含满足这一条件的那些对象的集合（这个集合或空或非空）。实际上，把这一原则加入逻辑中，就是在假定关于 x **之为如此之般**（being so-and-so）的讨论可以被替换为关于 x **在如此这般的那些事物集合之中**（being in the sets of things that are so-and-so）的讨论。

在 1903 年，伯纳德·罗素——当时他正努力从逻辑中推出算术——证明了这一假定是假的。罗素的系统——尽管与弗雷格的系统相似——将自然数等同于集合的集合，而非概念的集合。与弗雷格类似，罗素曾假定，对于在他的逻辑语言中有意义的每个公式（谓词）而言，都存在适用于该公式的对象组成的集合（这集合可能是空的，也可能不是）。但是他发现，这一假定将导致一个矛盾。

以公式"x 不是 x 的成员"为例，这一公式适用于任何不是自身成员的集合。由于这一公式是有意义的，罗素一开始认为存在一个集合——或许是空的——其成员有且仅有那些适用于该公式的集合。不妨称这一集合为 Y。现在的问题是，Y 是其自身的成员吗？如果是，那么根据定义，它就不是 Y 的一个成员；同样的，如果它不是 Y 的一个成员，那么它就是。因为这一点，内嵌于罗素和弗雷格所尝试的从逻辑到算术的推演中的那些假定被证明是不一致的。[8] 尽管弗雷格从未成功充分地修正这些假定，罗素将之后七年的大部分时间花在这一工作上，得到了一个无矛盾的对算术的推演。这一结果被呈现在他与阿尔弗雷德·诺思·怀特海（Alfred North Whitehead）合著的《数学原理》（*Principia Mathematica*）中。[9]

不幸的是，罗素避免矛盾的方式引出了新的问题，即他的底层系统是否真的是逻辑。尽管弗雷格梦想从自明的逻辑真理中推出数学，罗素的系统中一些复杂的东西既不是显而易见的也不是逻辑真理。其中一条，无穷公理（the axiom of infinity），假定了存在无穷多个非集合（non-sets）。[10] 另一条，还原公理（the axiom of reducibility），在一开始就产生了争议，与此同时，一个相关的复杂理论，类型论（the theory of types），强加了一些难以得到辩护的约束。[11] 之后的简化清除了那些最糟糕的复杂物，但是，它们将数学还原到的那些系统并不是统摄关于所有主题的推理的**逻辑**系统。倒不如说，是一些**数学**系统。

从弗雷格和罗素的早期工作中发展出来的关于集合的主导理论如今被称为**策梅洛-弗兰克尔集合论**（Zermelo-Fraenkel set theory）。[12] 策梅洛-弗兰克尔集合论并没有将集合论与逻辑结合在一起，而是一个独立的数学理论，具有自己的公理，统摄着有关它的独特对象的思考和讨论。将数学还原为策梅洛-弗兰克尔集合论的工作可以用多种方式达成。但通过将算术还原为集合论来为前者**提供辩护**的问题将不复存在，因为我们关于后者的知识并不比我们关于前者的知识更安全可靠或者在哲学上更容易阐明。集合论的伟大功用在于其作为一个共同的基础，使我们能够将众多数学理论还原到其上，并在此之上对它们做出有效的比较。

有鉴于此，人们不禁要问，我们应该如何看待弗雷格的方法论原则，即**数是为了解释我们对它的知识所必须是的任意什么东西**。既然已经把逻辑与集合论区分开了，有两个理由认为自然数不是集合。第一个理由是，解释我们关于集合（它们本身也是数学对象）的知识看上去和解释我们关于数的知识一样令人生畏。第二个理由是，就算我们能够解释我们是如何获得关于集合论的知识的，也不存在一个清楚明白的方式，使得我们能够在将自然数等同于集合的诸多不同方式中做出选择。尽管每一种还原都将单个数——1，2，3，等等——还原为与其他还原方式所提供的集合不同的集合，但这些不同的系统在保持所有数学真理上做得同样好。如果这是为一种还原提供辩护的唯一标准，那么我们没有理由认为这类还原中的任何一个是唯一正确的。事实上，我们可能有理由怀疑任何一种还原的正确性；显然，如果数 3 等同于某个集合，那么应该存在一个理由认为它是某个特定的集合而不是其他任意某个。在现有的将算术还原为集合论的工作中，还没有提供出这种理由。[13]

然而，我们并不应该拒绝弗雷格的准则——**数是为了解释我们关于它的知识所必须是的任意什么东西**。在《算术基础》中，他正确地断言了没有什么我们可以描绘或想象的东西看起来是数 4 的恰当候选。但他并没有就此罢休。尽管，用他的话说，我们无**法就一个数词的内容形成任何观念**，我们却可以探究哪一个对数词的意义和指称的指派能够最好地解释我们关于算术陈述的知识。

我所说的"我们的知识"指的是所有人的知识——只知道一

点的儿童，多知道一些的大人以及多知道很多的数学家们。第一个挑战就是去解释我们如何获得任何为我们所有人共通的关于数的知识。第二个挑战是，解释教学如何能使我们获得更多这样的知识。如果我们可以解决这些挑战，或许我们就有了一个现实可行的出发点，用来解释其余的数学知识。

这个出发点的一个组成部分是弗雷格所称的"休谟原则"（Hume's Principle），这一原则规定，当且仅当 X 物与 Y 物能够被一一配对且无剩余时，**X 物的数**与 **Y 物的数**相同。恰巧，我曾担任正式教员的大学（耶鲁、普林斯顿和南加州大学）的数能够与我桌上的书的数一一配对且无剩余。因此，我曾供职的大学的数与我面前的书的数是同一个数。书与大学都（在数上）是 3。（在数上）是 3 这一属性适用于什么对象呢？它并不适用于我曾经的单位；耶鲁、普林斯顿以及南加州大学都不（在数上）是 3。它也不适用于包含（且只包含）这三个大学的集合；因为它是一个单个的事物，而不是三个。与属性"**是分散的**"类似，"（在数上）**是 3**"这一属性不可还原地是复数性的；它并不适用于任何一类事物的单个实例，而是适用于放在一起的**多个事物**。我之前的博士生分散在世界各地，尽管他们中没有一个人是分散的。包含着他们的集合——一个不在时空之中的东西——也不是分散的。

带着这一思路考虑这样一个假说：每一个大于等于 2 的自然数 N 是"（在数上）**是 N**"这一复数属性，而数 1 就是适用于每一个单独事物的属性。[14] 0 是不适用于任何事物的属性。类似于其他属性，上述属性中的每一个都是**一个或多个事物可能是的方式**。假设自然数就是上面所描述的单个事物或多个事物的**基数属性**（cardinality properties）。我们如何获得关于它们的知识？在最开始，我们通过数数来做到这一点。想象一个孩童从"x，y 和 z

是不同的手指"这一知觉知识推理出"我竖起了三根手指"这一知识。在数数时,她将竖起的手指与"1""2"和"3"一一配对且没有遗漏,从而保证了这些手指与这些数词在弗雷格的意义上"具有相同的数"。它们所共享的数由"3"这一数词——数数的最后一个数字——所指示;这个数本身是属性"(在数上)是3"。

确认这一点后,我们就拥有了一个想法的萌芽。这一想法将弗雷格-罗素的还原方法与路德维希·维特根斯坦在《哲学研究》(*Philosophical Investigation*)的第一节中提到的一个见解结合起来,这个见解引人注目但有缺陷,且未得到充分发展。这本书的开头引用了奥古斯丁的一段话:

> 当他们(我的长辈)称呼某个对象时,他们同时转向它。我注意到这点并且领会到这个对象就是用他们想要指向它时所发出的声音来称呼的。这可从他们的动作看出来,而这些动作可以说构成了一切民族的自然的语言:它通过面部的表情和眼神儿,以及身体其他部位的动作和声调等显示出我们的心灵在有所欲求、有所执著、或有所拒绝、有所躲避时所具有的诸多感受。这样,我便逐渐学习理解了我一再听到的那些出现于诸多不同句子中的特定位置上的语词究竟是指称什么事物的①。[15]

维特根斯坦用这一段文字来描绘一种他所拒斥的关于语言的构想。根据这种构想,所有的意义(meaning)都不过是称呼(naming)。他拒绝这种构想的一个理由在于,在向一个语言中引

---

① 编者注:引自中译本《哲学研究》,第3页,陈嘉映译,北京:商务印书馆,2016。

入新词时,以及在新词被引入之后学习这种语言时,有一种被想象出来的先行性。这一先行性指的是,我们对世界中的事物的意识总是首先出现,随后我们才决定引入某些词以讨论这些事物。在语言学习方面,我们首先注意到长辈使用一个词时可能称呼的对象,这样做之后,我们把注意力集中在能使我们最好地理解他们所说的(包含着我们试图学习的词的)句子的那个称呼对象上。

当描绘完他想要拒斥的图景后,他立即转到了他认为不符合上述图景的一种语言使用上。他说道:

> 现在,请想一想下面这种语言的使用:我派某人去买东西。我给他一张写着"五个红苹果"的纸条。他把纸条交给店主,这位店主打开标着"苹果"的抽屉,再在一张表上寻找"红"这个词,找到与之相对的颜色样本;然后他念出基数数列——我假定他能背出这些数——直到"五"这个词,每念一个数就从抽屉里拿出一个与色样颜色相同的苹果。——人们正是用这样的和与此类似的方式来运用词的。"但是,他怎么知道在何处用何种办法去查'红'这个词呢?他怎么知道对于'五'这个词他该做些什么呢?——这里根本谈不上有意义这么一回事,有的只是'五'这个词究竟是如何被使用的"①。[16]

此处强调了对数词"五"(而非它所指称的对象)的使用,这种强调是富有启发性的。但是这里的教益**并不是**"它的意义就是它的使用";数词"五"的意义,同时也是它所指称的对象,是

---

① 参见中译本《哲学研究》,第4页,陈嘉映译,北京:商务印书馆,2016。——编者注

"在数上是 5"这一属性。它并不是对任何东西的使用。真正的教益在于，我们在数数的时候对数词的使用使得我们意识到这一属性。由此，这一属性与该数词在认知上联结起来，而不是我们对这一属性先在的、非语言的识别使得它能够被我们所称呼。是使用在先，导致了对被称呼对象的意识；而非对数的神秘意识在先，继而才决定称呼它。

数数的重要性在于在我们个人或集体都不会实际数到的极大数字范围上建立知识论上的立足点。我们中的绝大多数都知道我们要如何数到一兆。但我们中的某些人并不知道中文中用于称呼九百九十九兆九千九百九十九亿九千九百九十九万九千九百九十九之后那个数的数词。幸运的是，大多数人都掌握了阿拉伯数字系统，在这个系统中无穷多的自然数中的每一个都能拥有其名称。

这些不同名称中的每一个都能被看作指示一个不同的基数属性，只要我们没有穷尽能够承载这些属性的复数对象。这或许看起来有问题，因为看起来，宇宙中很可能只存在有穷多个电子，因此只存在有穷多个具体事物组成的复数对象。但这并不值得担忧，因为并没有限制我们只能数具体事物。我们同样也可以数（部分地或全部地）由我们已经遇到的属性——包括基数属性（即数）——所组成的复数对象。由于这保证了会有越来越大的不会穷尽的复数对象，所以也就保证了无穷多的相互区分的基数属性的存在。

正如哲学家马里奥·戈麦斯-托伦特（Mario Gomez-Torrente）所指出的，这幅图景为我们提供了一个解释我们关于数的知识的机会。想想那个从他的知觉知识推出我所竖起的手指数是 3 的孩童。久而久之，数数将不再是必要的，因为之后当她观察到成三个熟悉类型的事物时,她一眼就能认出来。那时她就具有了这一概念,**成三个事物**(being a trio of things),这正是"**在数上是 3**"这一复数属性,也就是数 3。这个孩童用相同的方式学习到其他一些较小的数——最初通过数数,但最终通过知觉识别,尽管数数仍然是产生怀疑时或复数对象成倍增加时的备用手段。通过这种方式,我们得以具有关于数的知觉信念或其他类型的信念。这其中的许多都被算作知识。简而言之,关于自然数的知识是关于基数属性的知识。这些知识最初奠基于(视觉或其他)知觉,奠基于对不同类型事物的认知识别,奠基于认知行动——例如,通过读出相关的数词来给属于某个给定概念的物体计数,同时将注意力集中在该概念下的特定类型的不同个体上。

在以这种方式思考事物的过程中,非常重要的一点是,要理解到我们不是首先学会什么是数,然后再用它们来数数的。相反,我们首先学会一种实践,即发出特定顺序的声音(也就是读出数的序列),然后将它们与事物的序列相配对。我们**识别到数**并且**用数字去指称它们**的时刻,即是我们精通这种实践并将之整合到我们的认知生活中的时刻。当说出"这里有四个这种东西但只有三个那种东西"这样的话时,我们用数字来赋予复数对象的基数属性。我们所赋予的属性是数,它们独立于我们以及我们的语言而存在,但我们只能凭借我们所掌握的语言(或其他符号的)活动来识别它们。[17]

在这里,说一些关于语法的东西可能会有帮助。我们可能认为"三/三个"(three)这个词和"蓝色/蓝色的"(blue)这个词是相似的,它们都能够执行三种语法功能。首先,两个词都能够用来指示某些谓述其他属性的属性,例如在"蓝色是正午时分万里无云的天空的颜色"和"三是这一团体中歌手的数目"中。其次，它们能够与系词结合来形成谓词，例如在"**天空是蓝色的**"和"**我们是三个人**"（假设彼得、保罗和玛丽三个人在回答"你们有几个人？"）中。第三，它们能够修饰谓词，例如在"**衣橱里有一件蓝色的衬衫**"和"**舞台上有三位歌手**"中。在这里，数字"三"指示了一个适用于彼得、保罗和玛丽三个人，但不适用于他们中任意一人的复数属性；"**在舞台上的三位歌手**"这一复合属性适用于某些（加起来是三个的）个体，当且仅当这些个体中的每一个都是舞台上的一位歌手。

属性适用于对象，属性也同样适用于属性——这一想法可能会导致对某些悖论的忧虑（这些悖论类似于曾经困扰弗雷格和罗素的悖论）。但仍不清楚悖论是否**一定**会由复数性的基数属性所引起。除了数 1 这一例外情况，没有这样的属性适用于其自身；理由很简单：除了 1 之外没有任何自然数适用于任何单个事物。这并不是悖论性的。是否存在适用于某些事物的 N，这些事物中的一个是"在数上是 N"这一属性？当然，（除了 0 之外）每一个 N 都是这样一个数。但这看上去也并不是明显悖谬的。是否存在任何复数性的基数属性 N，满足对任意复数事物 F，N 适用且只适用于不包括属性"在数上是 N"在内的那些 F 物？答案是否定的。没有任何复数性的基数属性能够满足这一条件。因此，我们仍然不会遭遇悖论。当然，不存在一个属性，满足它适用于任何属性 p 当且仅当 p 不适用于自身。假如，对于每一个我们能够想到的条件，我们都需要找到满足它的属性，以此才能获得关于基本算术的知识，那么这将会是成问题的。但我们并没有考虑这样的推导。尽管我们必须小心翼翼，哪怕是在只围绕自然数的有限计划中，但也没有明确的威胁显露出来。

那么其他的忧虑呢？当看着彼得、保罗和玛丽（一个歌唱团体）站在舞台上，旁边是滚石乐队（另一个团体），我可能会说舞台上歌唱团体的数量是 2 或舞台上歌手的数量是 8，而这两种说法都是正确的。事实上，我确实看到了八名歌手，也确实看到了两个歌唱团体。但当说出这样的话时，我并不是在说我所看到的任何东西在数上既是 2 也是 8。你可能认为并非如此，假如你认为每一个歌唱团体都在某种程度上等同于其成员，即前者和后者是完全相同的东西。但团体和组成它们的成员并不是相同的。这些歌手全部都比这些团体年长很多，尽管这些团体并不比这些团体年长。由于他们具有不同的属性，所以他们并不是等同的。大体来说，要去数一些事物——例如歌手和团体——这些事物必须已经被个体化了。数 3 是一个复数属性，适用于且仅适用于那些互不等同的个体 x、y 和 z。在我们没有把待数的事物归类为属于同一共通类型的不同事物之前，我们是无法开始数数的。对于谓述复数属性而言，我们不需要除此之外的其他东西。

到现在我们仅检查了我们获取关于自然数的知识的极早期阶段。其中一些知识是知觉性的。如果我们关于"x 和 y 两个东西都是手指"的知识是知觉性的，并且关于"x 不是 y"的知识也是知觉性的，那么我们关于"x 和 y 在数上是 2"的知识也是知觉性的。假如这些手指都被涂成蓝色的，那我们不仅可以正确地说"我看到那些手指是蓝色的"，还可以正确地说"我看到它们在数上是 2"。事实上，如果有两个人与举起两根蓝色手指的人相隔一定距离，其中一名观察者——假设他在辨认出被展示的东西方面有所困难——可能会问"你看到他举起的手指的颜色了吗？"或"你看到他举起的手指的数目了吗？"。而具有较好视觉的那个人会说"是的，我看到了那些手指的颜色；是蓝色的"或"是的，我看到了那些手指的数目；是两根"。因此，看上去，"看到"具有一种或多或少日常的意义。在这种意义上,我们可以正确地说,可以看到某些颜色属性以及某些自然数,也就是说,复数的基数属性能够被看到。

关于算术的系统性知识——例如关于皮亚诺算术的公理和逻辑后承的知识——当然是更加复杂的。这种知识不可能全都是(弗雷格所想象的那种)**逻辑性**的知识。如果自然数是**基数属性**,那么逻辑**自身**并不能保证存在任何个体、复数对象或复数对象的不同基数属性,更不用说保证无穷多这样的存在。但是我们可以将逻辑与弗雷格对后继和自然数的定义的更新版本(涉及复数属性而非集合)合在一起,推出关于自然数的系统性知识。关于**后继**的定义告诉我们:**复数属性 N 是复数属性 M 的后继,当且仅当存在某一适用于个体的属性 F,F 满足存在某些是 F 的事物,某一特定对象 o 是其中之一,并且,F 的数是 N,除了 o 之外的 F 物的数是 M**。已知关于 0 和后继的定义,我们可以以通常的方式定义自然数,即任何适用于 0 并且适用于任何其所适用于的对象的属性所适用于的复数属性。[18]

从这些定义以及我们最初的基于知觉的知识中,可以推出算术真理。通过观察到假如 0 是任何数的后继,那么某一不适用于任何对象的属性将不得不适用于某些对象,我们能够知道 0 不是任何数的后继。我们能够知道没有自然数 M 具有两个后继——通过观察到假如不是这样,将会存在属性 F1 和 F2(其中 F1 在数上是 N1 而 F2 在数上是 N2,并且 N1 ≠ N2)使得 F1 物不能与 F2 物一一配对且无剩余,尽管存在对象 oF1 和 oF2 使得除了 oF1 之外的 F1 物和除了 oF2 之外的 F2 物在数上都是 M(因此可以一一配对)。很容易看出这是不可能的。关于伴生公理(companion axiom,即不同的自然数 N1 和 N2 不能有相同的后继)的知识也能用相同的方式来解释。至于每一个自然数都有一个后继这条公理，如果我们能够认识到，我们通过数数得到的每一个复数属性都能被包括在下一个我们要数的复数对象中，那么这条公理就能被视作真的。这保证了我们总是可以向具有我们已知的复数属性M的复数对象上增加一个东西（这个东西正是已数到的复数属性）。通过这种方式，复数性的基数属性不仅能够使我们得以解释我们作为孩童时获得的关于自然数的最早知识，还使我们能够解释关于初等数论的系统性知识是如何获得的。

当然，还有其他方式能够扩展我们在小学或更早时候获得的那些关于算术的贫乏知识。大多数人在低年级时就学会了算术——加减乘除以及指数运算，此时我们还未接触到皮亚诺公理。不过没关系。我们所掌握的这种高效的、用户友好的日常计算方式与本章所说的哲学图景是相容的。因此，结果可能是，复数性的基数属性通过为我们提供对于算术知识的最佳解释满足了弗雷格的方法论准则，并因此应当被认为是自然数。[19]

我们不应止步于此，认为这种重新概念化和贯彻弗雷格-罗素对算术知识的阐释的方式已经被明确地确立。相反，它仍是一项正在进行的工作。不过，在本章的结尾，关于从事逻辑和数学基础研究的哲学家正在做什么，已经做了什么，以及他们如何试图推进我们对认知生活的各个方面的理解，读者应该已经有了一些了解。尽管这些方面是简单的且对我们之所是至关重要的，但却不是容易理解的。

除了这条持续不断的哲学探究路线之外，从弗雷格-罗素为数学奠基的尝试中还发展出了哪些重要且明确的成就呢？他们最重要的进步是发明了一些强大的新逻辑系统。这些系统对于各个科学领域的演绎推理都是重要的。另一个进步是，他们为集合论的发展提供了动力,使其集合论成为能够统一数学的主要基础系统。在接下来的两章中,我将解释弗雷格和罗素的贡献是如何让我们通向计算这一形式化的观念(这一观念引发了数字时代,引发了当代认知科学的发展),如何为仍然年轻的关于语言意义的科学以及使用语言来编码关于世界的信息的科学奠定了基础。

第 6 章

逻辑、计算与数字时代的诞生

现代逻辑的基础；逻辑系统的结果；如何逻辑地证明逻辑的局限性：哥德尔第一不完全性定理背后的策略；哥德尔的原始方法；较低阶与更高阶的逻辑；哥德尔第二不完全性定理；证明、能行可计算性，以及作为真实计算机的数学原型的图灵机。

弗雷格在1879年发明了现代符号逻辑，在之后的四十余年中，现代符号逻辑被弗雷格和罗素用于哲学，并在1929年至1939年间成为一门独立的科学学科。这一成就主要是通过四位具有哲学头脑的数理逻辑学家取得的空前进步实现的，他们是库尔特·哥德尔（Kurt Gödel，1906—1978）、阿尔弗雷德·塔斯基（Alfred Tarski，1901—1983）、阿朗佐·丘奇（Alonzo Church，1903—1995）以及阿兰·图灵（Alan Turing，1912—1954）。就是在那时，现在对于什么是逻辑，逻辑能胜任什么工作，以及哪些问题被证明为超出了逻辑的限度的标准理解才被确定下来。也正是从那时起，逻辑与可计算性以及最终所达到的数字可计算性之间的联系才被塑造出来。这一联系带来了对信息的电子处理，而这改变了我们生活的时代。

这一改变始于弗雷格的新系统——谓词演算，它大大增强了逻辑系统的表达力。与之伴随的是能行可判定的（effectively decidable）证明程序，亦即，一个给定的"证明"是否确实是一个证明能够通过纯粹的机械程序毫无疑问地判定。在弗雷格后的数十年间，被称为**逻辑后承**的保真性（guaranteed truth preservation）形式——证明正是用来核查这一性质的——得以被定义。这种定义使得我们可以通过对证明程序的数学探究来确定（i）是否只要存在从A到B的证明，B就是A的逻辑后承，以及（ii）是否只要B是A的逻辑后承，就存在从A到B的证明。这些数学探究确立了具有满足（i）和（ii）的证明程序的谓词演算版本，同时也确立了具有更强的表达力但只满足（i）的版本。哥德尔认为算术理论包含着由能行可计算的公理构成的集合的所有逻辑后承，之后，在这一基础上，哥德尔证明了不可能构造一个使我们恰好能够证明所有初等算术真理的证明程序；事实上，任何不能证明出矛盾的系统都遗留了无穷多无法证明的算术真理。

也正是从那时起，逻辑与计算之间的关联才变得明晰。当能够有效地确定一个自然数是否属于一个自然数（或自然数序列）的集合时，存在一个初等算术语言 LA 的公式（有时是一个非常复杂的公式）恰好适用于该集合的所有成员。同时，亦存在公理化的算术理论 T，满足对任意可判定的自然数（或自然数序列）集 S，都存在 LA 中的一个公式 F 和 T 中的定理 T_{yes}，其中后者表达了当特定的自然数 n（或特定的自然数序列）确实属于 S 时，F 适用于 n（或那一自然数序列）；同时，亦存在 T 中的定理 T_{no}，表达了当 n（或特定的自然数序列）不属于 S 时，F 不适用于 n（或那一自然数序列）。以此为基础，**我们就能够将系统化的定理搜索作为判定自然数（或自然数的序列）是否属于某一可判定集合的能行判定程序**。由于哥德尔已经展示了如何使用自然数来编码不是自然数的事物，这一结果就能够推广到对任意可判定集合以及任意直觉上可计算的函数的判定程序上。

至此，我们距数字时代仅一步之遥。剩下的这一步是由图灵完成的。他清楚地阐述了一个能够将**可计算函数**（computable function）这一想法形式化的全新数学框架。尽管图灵眼中的可计算函数与哥德尔和丘奇眼中的可计算函数相同，图灵计算它们的手段却具有深远的意义。他给我们提供的是运算由 1 和 0 所组成的序列的逻辑-数学操作指南。由于这些运算是数字性的，序列中的 0 和 1 就可以被视为模拟了一个电路的两个位置——开和闭。这意味着他的操作指南可以被视作编码了被想象出来的机器的内在状态。尽管受到了第二次世界大战的影响，这些抽象的模型还是很快被做成了真实的机器。

下文中的内容将会在上述梗概的基础上增加足够的细节，以满足那些希望对论证主线有所了解的读者，同时，我将搁置那些最令人却步的技术细节（这样的细节是非常多的）。由于这一领域中的成果在 20 世纪的诸多智力进步中是最为突出的，所以，即便是在本章所讲述的简化叙事中也可能会包含某些对初习者而言充满挑战的内容。本章的目标是为感兴趣的读者提供足以深化其知识的内容。我将用星号（*）标识出涉及更多技术材料的小节；对其他内容更感兴趣的读者可以略过这些小节。

现代逻辑的基础

在逻辑学中最重要的概念是**真**、**证明**以及**保真性**。如果 B 是 A 的一个**逻辑后承**，那么若 A 被判别为真，则 A 为真将保证 B 为真。在这种情况下，我们或许会试图构造一个从 A 到 B 的证明——一个由显而易见的步骤构成的序列，其中每一步都是之前步骤的**逻辑后承**。虽然我们或许会**希望**每当 B 是 A 的逻辑后承时都存在从 A 到 B 的证明，但我们所能**要求**的事实上只有每当存在一个这样的证明，B 就是 A 的逻辑后承。有一些逻辑系统实现了我们的愿望，因为一集句子（a set of sentences）的所有逻辑后承都可以从这个集合中证明出来。然而，正如前文指出的，在其他的情况下，逻辑系统的表达力使这一点不可能完成。

要精确地理解上述想法，需要我们理解在何种意义上"当 B 是 A 的逻辑后承时，A 的真保证了 B 的真"。直觉上的想法是，若 B 是 A 的逻辑后承，则不可能 A 为真而 B 不为真。此外，这种不可能必须不能依赖于 A 和 B 的特殊的主题，即 A 和 B 中的词项所指涉的那些对象和属性的本质。而是，这一必然联系必须单单是因为句子 A 和 B 的结构或形式。最后，如果一个人知道 A 而不知道 B，那么他应该能够在不依赖于 A 和 B 之外的信息的情况下知道 B，因为他能够通过显而易见的步骤从 A 推出 B，其中每一步都是之前步骤的逻辑后承。

尽管这些想法始终引领着对逻辑系统的建构，弗雷格对现代谓词演算的发明将这些想法提升到了一个更高的水平。通过将（从斯多葛学派以来为人熟知的）**命题演算**（propositional calculus）的真值函数逻辑与一种对句子的新分析［这种分析用"所有"和"存在"来构造通称断言（general claims）］相结合，弗雷格得到他的系统。弗雷格的关键成就在于，决定将亚里士多德逻辑中的主词/谓词之分替换为一个更为清晰的扩展版本，即数学中的函数（function）/变量（argument）之分。这使得他能够为他的逻辑语言中的无穷多个公式指派函数——这些函数将对象（或对象的序列）映射到真或假。当"所有"或"存在"附在公式 F 上时，所得到的公式为真，当且仅当 F 所指示的函数将所有或某些对象映射到真。由此，无穷多的逻辑有效的推理框架得到了确立。[1]

从弗雷格的现代意义上来说，一个逻辑系统总是始于一种被精确地规定的语言①，其中包括（i）名称、简单谓词符号、函数符

---

① 译者注：这样的语言通常被称为对象语言。

号等符号的详尽清单，(ⅱ) 一个规定了如何组合符号来形成简单（原子）句子的无歧义规则，以及 (ⅲ) 规定如何使用简单句子来形成复杂句子的其他规则。如此定义的结果是一集具有良好形式的（well-formed）句子和公式[1]，使得我们能够毫无疑问地确定一个符号串是否属于这一集合。

我们进一步地在这一语言上附加一个证明程序。在弗雷格那里，一个证明程序是由一集从对象语言中选取出的公理加上确定数量的推理规则构成的。正如我已经在第 5 章中解释的，一个系统中的证明是一个有穷的公式序列，其中每一行公式要么是一个公理，要么是由在前的公式通过推理规则推出的。原则上，一个东西是否被算作一个证明必须能够只通过以下步骤被判定：观察每一行公式，并确定它 (ⅰ) 是否是一条公理，(ⅱ) 如果它不是一条公理，那么它是否与之前的公式具有某些必需的结构关系，使得它能够通过推理规则从之前的公式中推出。因此，公理集本身就必须是一个能行可判定的集合，即必须存在一个纯粹机械的程序，能够在任何情况下判定一个公式是不是一条公理。类似地，推理规则必须被清楚地陈述，以使得一个公式是不是由之前的公式推出的能够被在相同的意义上能行地判定。当以上要求被满足时，某个东西是否被算作一个证明这一问题总是能够得到解决，因而，我们就能够预先排除了证明某一东西是证明的需要。

弗雷格解释其逻辑语言中的公式和句子的方法（已经在第 5 章中有过阐述）为我们提供了一个对该语言中的每个句子的真值条件的指派。所谓的**模型**（models）是**对对象语言的解释**。这样的解释选取了一集对象 D 作为论域，并将 D 中的对象指派为名称

---

[1] 译者注：亦称合式公式。

的指称,将 D 中的对象(或对象的二元组、三元组等)所构成的集合指派为谓词的指称,并将定义在 D 上的 n 元函数(例如,当 D 包含了所有自然数时的加法函数)指派为 n 元函数符号(例如"+")的指称。

这使得我们可以定义**在模型中的真值**(truth in a model)。根据这一概念,我们可以进一步定义逻辑后承。一个对象语言中的句子 B 是一个句子集 S 的逻辑后承,当且仅当 B 在所有 S 中的句子都为真的该对象语言的模型(解释)为真。现在,我们能够看出在什么意义上,当 B 是一个句子或一集句子 S 的逻辑后承时,S 的真保证了 B 的真。S 的真是 B 的真的充分条件,无论它们所涉及的词项——名称、谓词以及函数符号——被如何解释,也无论我们在讨论哪些对象以及多少对象。因为这种保真性是由句子本身的形式所决定的,因此独立于句子的主题。因而,不可能用 S 做出的断言为真而用 B 做出的断言不为真。最后,假设一个人理解 S 中的句子并且知道它们表达了某些真命题,同时能够理解 B,但不知道 B 所表达的断言是否是真的。原则上,他可以仅仅通过推理——如果他能够通过一个证明来从 S 推出 B,且证明中的每一行句子都(在我们上文所说的意义上)是之前句子的逻辑后承——就能够知道 B 所表达的断言,而不需要诉诸更多的信息。

这些观念在理解由弗雷格开创的现代逻辑的传统时是举足轻重的。然而,必须说明的是,**模型中的真值**这一概念(根据它,现代意义上的**逻辑后承**概念被定义)在弗雷格的著作中一直没有被清晰地说明,直到塔斯基在两篇经典文章——1935 年出版的《形式语言中的真值概念》("The Concept of Truth in Formalized Languages")以及 1936 年出版的《论逻辑后承概念》("On the

Concept of Logical Consequence")[2]——中引入这些概念。这两篇文章的重要性在于，它们使得在一段时间之前被不言而喻地理解的东西变得十分准确。[3]

逻辑的范围和限度

塔斯基的形式化工作使得我们能够通过构造数学化的**元理论**（metatheories）来探究弗雷格式逻辑系统（以及将这些系统包含在内的更广泛理论）的逻辑性质。尤其值得一提的是，我们能够证明关于以句法方式定义的（一个特定逻辑系统中的）可证句子和以语义方式定义的**逻辑真理**之间关系的元定理（metatheorems）。我们同样能够证明关于特定算术理论（其中包含了逻辑公理和严格的算术公理）中的可证句子和这些公理的**逻辑后承**之间关系的元定理。其中一些元定理令人惊讶。

1930年，哥德尔证明了第一类元定理中非常重要的一条。[4]他证明出，为弗雷格式的谓词演算构造一个**可靠**（使我们能从A推出B，仅当B是A的逻辑后承）且**完全**（每当B是A的逻辑后承，我们总是能从A推出B）的证明程序是可能的。在这样一个系统中，我们能从A推出的所有逻辑句子恰好就是A的所有逻辑后承。因此，如果B是A的一个逻辑后承，我们总是能够找到对B的证明，只要我们看得足够长。

这一结果仅仅适用于**一阶**（first-order）谓词演算。这类逻辑语言是**一阶**的：在这种逻辑语言中，做出通称断言的句子是那些包含"所有"和"存在"的句子，在这些句子中，"所有""存在"这样的表达式（它们被称为"量词"）仅与那些取值为个体对象且在公式中与代表对象的专名占据同样位置的个体变元（例如 x，y，z）相结合——例如，对所有 x（如果 x 是人，那么 x 会死）。而一个**二阶**（second-order）语言同样具有一些做出通称断言的句子，其中的"所有"和"存在"能够与谓词及/或函数变元相结合，后者的取值为（i）任意个体对象（或个体对象的序列）的集合及/或（ii）函数，（iii）并且在公式中占据与谓词常元或函数符号相同的位置——例如，对所有 P（如果苏格拉底是 P，那么苏格拉底是 P）。尽管弗雷格的原始系统既允许一阶量化也允许二阶量化，这一系统的一阶片段在哥德尔于 1930 年——弗雷格提出其系统的五十年后——所证明的定理的意义上是**完全的**。弗雷格当时所不知道的是，对于二阶系统，不可能存在完全的证明程序。我们将在下文中看到，这是从哥德尔另一个革命性的元定理中得出的推论。[5]

哥德尔第一不完全性定理背后的策略

哥德尔对一阶谓词演算的完全性所做的证明最早出现在他 1929 年的博士论文中。同样在 1929 年，他与其他十三位维也纳学派的创始成员一道出现在该学派的创始文章《科学的世界观》（"The Scientific Conception of the World"）中。该文宣告了逻辑经验主义是一个以逻辑和科学哲学为中心的全新哲学学派。[6] 在 1931 年，哥德尔证明了两个革命性的定理。其中一个如今被称为**哥德尔-塔斯基定理：算术真理无法被算术地定义**。[7] 这一定理之所以引起人们的兴趣是因为我们之前已经知道**任意能行可判定的自然数的集合 S 或关系 R 都是算术可定义的**，即对任意能行可判定的集合 S（或关系 R），都存在一个算术公式使得这一公式适用于自然数 n（或一个自然数序列 n…m），当且仅当 n 属于 S（或 n…m 具有关系 R）。我们同样知道有些自然数集合在算术中是可定义的，哪怕这些集合的成员性不是能行可判定的。哥德尔-塔斯基定理告诉我们算术真理的集合不是这样一个集合。

这一定理使用了"哥德尔编码"（Gödel Numbering）来为算术语言 LA 中的表达式指派数。一个表达式的哥德尔数是它的数字编码。使用这样的编码使得我们能够将 LA 中的公式（它们明面上就是关于自然数如 1，2，3…的）视作做出了关于 LA 自身的断言，例如，关于 LA 的某些句子可证 / 不可证的断言。不可定义性定理指出了，不存在这样的 LA 公式：这些公式刚好适用于编码了 LA 中的真句子的数的集合。在某些哥德尔编码的系统中，一个复杂表达式的数字编码是由以下方式取得的阿拉伯数字所指示的数字：将编码了这一表达式中的每个符号的阿拉伯数字按照符号的顺序（通常是从左到右）排列。如此，便存在一个能够判定任意 LA 表达式的数字编码的判定程序，同时也存在一个能够判定给定的自然数所编码的表达式（如果存在）的判定程序。

哥德尔-塔斯基定理是对说谎者悖论（liar paradox）和非自谓性悖论（heterologicality paradox）的应用。首先，我们将只有一个自由变元的公式称为一个谓词。[8] 其次，我们规定，语言 L 的一个谓词 / 公式是**非自谓的**（heterologic），当且仅当它不适用于自身。例如，日常语言中的谓词"x 是一个人类"不适用于自身，因为句子"谓词'x 是一个人类'是一个人类"是假的；因此它是非自谓的。相比之下，谓词"x 是一个谓词"就是**自谓的**（autological）而不是非自谓的，因为句子"谓词'x 是一个谓词'**是一个谓词**"是真的。那么谓词"x 是非自谓的"呢？它是不是日常语言中的非自谓的谓词，这取决于它到底是不是日常语言中的谓词，因此也就取决于句子"**谓词'x是非自谓的'是非自谓的**"是不是一个日常语言中的句子。如果这是一个句子，那么它必须要么为真要么不为真。由于根据定义，它为真当且仅当它不为真，因此它无法处于这两种情况中的任何一个。因此，我们必须做出结论："x是非自谓的"不是日常语言中的一个谓词。相反，它是日常语言的技术化扩充中的一个谓词，而我们可以使用这样一种技术化扩充的语言来谈论日常语言。总的来说，一个语言中能包含谓词"非自谓的"，这个谓词为另一些语言定义，而后面这些语言中并不包含"非自谓的"这一谓词；而如果将这样一个谓词放进其所定义了的谓词的范围内，就会导致荒谬的结论。

哥德尔-塔斯基关于算术真理的算术不可定义性的定理是上述结果在算术语言 LA 中的应用。为了证明这一定理，我们将 LA 中的谓词理解为，单个变元"x"自由出现（即不被任何量词约束）。如果 P 是这样的一个谓词，P 的一个**自我归赋**（self-ascription）是将 P 中自由出现的"x"替换为命名了 P 的数字（哥德尔数）而得到的句子。现在我们考虑如下关系：自然数 n 和 m 具有这一关系当且仅当 m 是谓词 P 的编码而 n 是 P 的一个**自我归赋**的编码。由于这一关系是能行可判定的，存在 LA 公式"**自我归赋（x, y）**"满足它适用于数 n 和 m，当且仅当 m 是一谓词 P 的编码且 n 是 P 的自我归赋，即句子"P 适用于它自己的编码"的编码。最后，假设存在一个 LA 公式 T（x），它适用于且仅适用于 LA 中所有真句子的编码。那么，公式"**存在 x（自我归赋（x, y）&~T（x））**"是 LA 的一个非自谓性谓词；它适用于 m 当且仅当 m 是一个不适用于自身的编码的 LA 谓词的编码。令 h* 为指代这一非自谓性谓词的哥德尔数的数字。那么"**存在 x（自我归赋（x,** h*)&~T(x))"是一个 LA 句子。它表达了，这一非自谓性谓词的某个自我归赋不是真的。由于**这一句子本身是非自谓性谓词的一个自我归赋，它表达了自己不是真的**。换句话说，这个句子是一个说谎者句，它表达了"**我不是真的**"，所以它为真当且仅当它不为真。因此，"存在一个适用且只适用于所有 LA 真句子的 LA 谓词"这一假设导致 LA 包含了一个如果为真则不为真，如果不为真则为真的句子。由于我们假定了一个句子必须为真或不为真，且不能同时为真和不为真，所以我们得到的结论是不存在如上描述的句子。因此，导致这一结果的假设——算术真理是算术可定义的——是假的。这正是哥德尔-塔斯基对**算术真理不是算术可定义的**的证明。

这一定理是对哥德尔第一不完全性定理的一个应用。后者表明了，对一阶算术的任意一致的证明程序而言，都存在其不可证明的句子对 S 和 ~S。由于一个证明是一个有穷长的公式序列，所以我们可以为每一个证明指派一个哥德尔数。现在，考虑这样一个证明关系：n 和 m 具有这一关系当且仅当 n 编码了 m 所编码的句子的一个证明。这一关系是能行可判定的，因为我们总是能够判定，对任意 m 和 n，m 是否是一个句子的编码以及 n 是否是一个以 S 为结尾的公式序列的编码，并且给定任意这样的序列，我们总是能够判定其中的每一个公式是不是一个公理，是不是之前的公式通过推理规则而得到的一个后承。

由于这一证明关系是可判定的，那么存在一个 LA 公式"**证明 (x, y)**"，满足其适用于数 n 和 m 当且仅当 n 是 m 所编码的句子的一个证明的数字编码。接下来，考虑公式"**存在 y (证明 (y, x))**"——或简写为"**证 x**"——它适用于**可证句子**的编码。由于这一集合在 LA 中可定义，但正如我们在上文中看到的，算术真理的集合在 LA 中是不可定义的，算术真理集也就不同于可证句子集。因此，如果所有的可证公式都是真的，那么就存在不可以在该系统中被证明的真理。这是哥德尔第一不完全性定理的最简单版本。

哥德尔的原始方法 *

哥德尔自己证明上述结果的方法有少许不同。他的证明中的关键谓词是 G1，对 G1 的自我归赋是 G2：

G1. 存在 x（x 是 y 的自我归赋 &~ 存在 z（证明（z, x）)
G2. 存在 x（x 是［k］的自我归赋 &~ 存在 z（证明（z, x）)

G1 适用于且仅适用于那些其自我归赋是不可证明的谓词的编码；简而言之，G 适用于不能被证明适用于自身的谓词。令 k 为 G1 的编码，"［k］" 为指代 k 的数字。G2 表达了 G1 的一个自我归赋是不可证的。由于 G2 自身就是 G1 的自我归赋，G2 表达了 G2 是不可证的。因此，要么它是真的且不可证的，要么它是可证的且是假的。如果我们假定了系统中不能证明假命题，那么这一句子只能是真的且不可证的。

当我们如此呈现哥德尔的结论时，我们——在对（用于谈论语言 LA 的）日常语言的技术性扩张中非形式地——证明了：一个表达了其自身（在一个一致的证明理论 theory T 中）不可证的 LA 句子不是 T 的一个定理（即在 T 中不可证）。在 T 中，存在断言了我们上述断言的定理吗？哥德尔证明了确实存在。他证明了，存在 T 中的定理——"G 当且仅当 ~ 证 g"（其中 g 指代了 G 的哥德尔数）——表达了 G 是真的当且仅当 G 在 T 中不可证。从这一点我们可以得到 G 不是 T 的一个定理，因为假如它是的话，就会存在自然数 n，使得 n 是在 T 中对 G 的一个证明的哥德尔数。在这种情况下，"**证明 (n*, g)**"就会是 T 的一个定理（其中，n* 是指代 n 的数字），并因此使得"**存在 x (证明 (x, g))**"——"**证 g**"——也是 T 的一个定理。这是不可能的，因为假如 G 是一个定理，这就意味着"证 g"和其否定"~ 证 g"都是定理。因此，T 的简单的逻辑一致性就保证了 G 不是 T 的一个定理。

由此，我们同样知道了对任意自然数 n，"~ 证明 (n, g)"都是 T 的定理。看上去，我们或许能直接得到"~G"不是一个定理，并因此得到 T 是不完全的。但是，由于某些困难，如果我们不使用一个比逻辑一致性略强的一致性概念的话，就无法得到这一结果，而哥德尔在 1931 年的文章中就使用了较强的一致性概念。巴克利·罗塞尔（Barkley Rosser，阿朗佐·丘奇的一位学生），在 Rosser（1937）中证明了，通过聚焦于一个略微不同的不可证句子的类，简单的逻辑一致性也足够的。[9]

一阶与二阶谓词演算之间的区别 *

到这里，我们可以讨论一下在一阶逻辑中构造的算术理论和在二阶逻辑中构造的算术理论之间的差别。回想一下，一阶逻辑具有形如"对所有 x (…x…)"的陈述。这些陈述做出了关于某一语言——在这里是算术语言 LA——的模型（解释）的论域中的所有个体对象的通称断言。在此之上，二阶逻辑还具有形如

"对所有 P（…P…）"的陈述。它们做出了关于论域中的对象的集合的断言。[10] 如果论域是自然数集，那么一阶谓词演算的句子能够做出关于所有自然数的陈述，而二阶谓词演算的句子还能够做出关于所有由自然数构成的集合的陈述。一阶与二阶算术理论之间的一个关键区别是，大多数令人感兴趣的一阶理论包含了一阶的数学归纳**公理模式**，而大多数令人感兴趣的二阶理论则包含了二阶的数学归纳**公理**。

前者被表达为：

$$[(F(0) \& 对所有 x(F(x) \to F(S(x)))) \to 对所有 x(F(x))]$$

将这一**公理模式**放进一个理论中意味着将其无穷多的实例作为这一理论的公理。每一个实例是根据以下步骤形成的：(i) 将"F(x)"替换为 LA 中的一个一元（1-place）谓词——一个只有变元"x"自由出现的 LA 公式；(ii) 将"F(0)"替换为在上述公式中用"0"替换"x"的自由出现所得到的结果；以及 (iii) 将"S(x)"视作指示了"x"所指示的数的后继。在如此理解下，这一模式的一个实例（即这一模式所引入的无穷多个公理中的一个）为真，当且仅当对于替换了"F(x)"的那个谓词，**如果它适用于 0 并且适用于其所适用的对象的后继，那么它就适用于论域中的所有对象**。当论域仅由自然数组成时，这些公理中的每一个都告诉我们，如果 0 属于公理中给定的谓词所适用的对象集，并且如果每当一个数属于这一集合其后继也会属于这一集合，那么所有自然数都会属于这一集合。相比之下，**二阶**的归纳公理被表达为：

对所有 P [(P (0) & 对所有 x (P (x) → P (S (x)))) → 对所有 x (P (x))]

这一句子为真当且仅当**任意**由自然数构成的、包含 0 且包含其任意成员的后继的**集合**包含了所有自然数。

上述公理模式和单个公理有所不同，因为自然数构成的集合比一阶算术语言中的谓词多得多。因此，由自然数构成的集合比一阶算术语言中的谓词所指示的自然数集合多得多。因此，二阶算术理论的逻辑后承集比一阶算术理论的逻辑后承集包含了多得多的关于自然数的陈述。事实上，很容易就能证明 LA 中所有为真的一阶句子都是某些算术理论加上二阶数学归纳公理的逻辑后承。这意味着，一致的二阶算术理论在哥德尔第一不完全性定理所证明的一阶理论不可能具有的完全性的意义上是完全的。[11]

但这并没有推翻之前的定理。尽管所有一阶算术真理都是某个二阶算术理论的逻辑后承，二阶逻辑并不在哥德尔所证明的一阶逻辑的完全性的意义上是完全的。在一阶逻辑中，任意逻辑真理都能够从一个一致的逻辑公理和推理规则集中得到证明。类似的，一个一阶句子 A（或一个可判定的一阶句子集 A*）的任意逻辑后承 B 都能从 A（或 A* 的一个有穷子集）得到证明。相反，二阶逻辑并不在这一意义上是完全的。对任意二阶逻辑的一致的证明系统而言，都存在在这一系统中不可证的逻辑真理，并且会有一些二阶句子的逻辑后承并不能在系统中从这些句子得到证明。因此，尽管相关的二阶算术在"对任意一阶算术句子 S，都有 S 或 ~S 作为逻辑后承"这一意义上是完全的；但不存在二阶逻辑的完全的证明程序——在一阶证明程序是完全的的意义上——这一事实意味着不存在能行的对一阶算术真理的肯定性测试。因此哥德尔第一不完全性定理证明的核心教益并没有被影响。

哥德尔第二不完全性定理 *

哥德尔第二不完全性定理通过证明如皮亚诺算术一样强有力且逻辑一致的一阶算术系统无法证明其自身的一致性——尽管它们不会证明出矛盾，但也无法相对于一个哥德尔编码系统证明表达了"它们不会证明出矛盾"的定理——来扩展了不完全性结论。[12] 简单而言，他的思路如下。我们从哥德尔第一不完全性定理得知，如果一个足够强的算术理论，例如皮亚诺算术（PA），是一致的，那么 G 在 PA 中不可证，但 "G↔~证 g" 在 PA 中是可证的。（实际上，G "断言了"其自身的不可证性。）

这在 PA 中得到了表达，因为 "一致$_{PA}$→~证 g" 和 "G↔~证 g" 都是 PA 的定理，其中 "一致$_{PA}$" "表达了" PA 相对于哥德尔编码而言在以下意义上是一致的：当就这一系统进行推理时，我们能够得到，"一致$_{PA}$" 是 PA 的一条定理当且仅当 PA 的定理集是逻辑一致的。假如 "一致$_{PA}$" 在 PA 中可证（并因此是一条定理），那么 "~证 g" 和 "G↔~证 g" 将都是定理。进而，G，以及 "证明(n*, g)"（其中 n* 是指代 G 在 PA 中的证明的哥德尔数的数字）也将会是 PA 中的定理。这将使得 "存在 x (证明(x, g))" ——"证 g" ——也是一个定理。但如此，PA 的定理就会是不一致的，因为其中会包含 "证 g" 和 "~证 g"。由于我们知道皮亚诺算术是一致的，这就意味着 "一致$_{PA}$" 在皮亚诺算术中不可证。简而言之，一致的一阶算术理论不能证明其自身的一致性（就算它们事实上是一致的）。[13]

证明与能行可计算性

哥德尔的结果的一个重要教益是：**能行可计算性**（effective computability）与一个形式系统中的**证明**之间具有紧密的联系。系统中的证明是一个能行可判定的概念，对证明的系统性搜索能够被用作判定程序，来确定可判定自然数集合中的成员。数学家兼哲学家阿朗佐·丘奇和他的学生巴克利·罗塞尔、斯蒂芬·克里尼（Stephen Kleene）、阿兰·图灵在20世纪30年代对可计算性和逻辑之间的紧密关系做过研究。在1934年，哥德尔引入了对能行可计算函数这一概念的一种数学形式化；1936年，丘奇证明了他自己的形式化与哥德尔的等价。[14] 他也使用了哥德尔第一不完全性定理来证明不存在总是能够判定一个一阶逻辑的句子是不是逻辑真理（或者是不是其他一阶句子的逻辑后承）的能行程序。[15]

他的证明基于一个哥德尔句 G，这一句子"表达了"：相对于哥德尔数对句子的编码，G 是不可证明的。G 是对这样一个 LA 谓词的自我归赋：这一谓词适用于且仅适用于不能被证明适用于自身的 LA 谓词的哥德尔数。由于**证明**编码了一个可判定的关系，每当两个数具有这一关系时，我们的算术理论中的某个定理将会表明它们确实具有这一关系，并且每当它们并不具有这一关系时，某一定理会标明它们不具有。基于这一点，考虑一元谓词"**存在 x(证明(x,y))**"。尽管它适用于且仅适用于编码了可证句子的数，这并不能保证每当一个句子**不是**可证的时，都存在 PA 的定理表明它不是可证的。假如能够保证的话，正如哥德尔已经证明的，G 在 PA 中不可证这一事实就会使得"**存在 x(证明(x,g))**"的否定可证，而从这一点我们能够得到 G 是可证的。这意味着当一个句子**不是**该理论的公理的逻辑后承时，该理论不会总能告诉我们它不是。

这证明了丘奇的不可判定性定理。假设一阶的逻辑后承关系是能行可判定的。那么我们的理论的公理的逻辑后承集将会是可判定的。由于一阶逻辑的完全性，我们的理论的逻辑后承都是它的定理。因此，假如逻辑后承是可判定的，我们的理论的某条定理将会告诉我们 G 在这一理论中是不可证的。由于我们已经证明了没有定理能够告诉我们这件事，于是我们知道一阶逻辑是不可判定的。[16]

丘奇未来的学生阿兰·图灵使用一种对可计算函数这一直觉概念的新数学模型，以不同的方法独立证明了相同的结论。[17] 在丘奇对图灵的工作的评论中，丘奇将这一（被证明为与他自己以及哥德尔的形式化等价的）模型称为**图灵机**。[18] 实际上，一台图灵"机"是一种抽象的数学程序，它只运行在想象中。这台被想象出来的机器在一条无穷长的带子上运作，带子被分成小方格，每一格要么是空白的，要么被印上了一个点。它每一次沿着带子移动一个方格，检查它当前所在的方格是不是空白的。它同样也可以在之前为空白的方格上印上一个点，或擦除有点的方格上的点。它具有有穷数量的内在状态；其指令集告诉了它，基于它在给定时间的状态，它应该做什么——向左移动、向右移动、擦除一个点或印上一个点。[19]

图灵机具有几个关键特征。第一，它们是数字的，即在 0 和 1（空白的方格和有点的方格）上进行操作。这些 0 和 1 模拟了电路的两个状态，开和闭。第二，它们的指令集——这些指令决定了在每个时刻机器的操作——能够被一阶谓词演算的句子所编码。第三，它们是普遍的，也就是说，图灵机能够计算任何可以以任何方式被计算的函数。第四，不存在那种判定程序，用以判定在任何情况下，在对任何一台图灵机输入任意启动后，图灵机是否最终会停机（并且给出一个可解释的输出）。

然而，假如存在一个判定程序，能够确定任何一个一阶逻辑的句子是不是另一集任意的一阶语言的句子的逻辑后承，那么就存在上述判定图灵机是否停机的程序。对每一个图灵机 T，都有一集对其指令进行编码的一阶逻辑句子 IT，并且对于 T 的每一个输入都存在一个描述了这一输入的句子 S。在一阶逻辑中同样存在一个句子 H，满足其为真当且仅当 T 停机。H 是 IT 加 S 的逻辑后承，当且仅当 T 停机。因此，如果我们总是能够判定一个东西是不是另一些东西的逻辑后承，图灵机的停机问题就将是可以解决的。由于我们知道它是不可解决的，所以一定不存在能够判定一阶逻辑后承的判定程序。这是图灵版本的丘奇不可判定性定理。

由于丘奇的结果略先于图灵的结果，所以对图灵的证明的关注没有集中在它所证明的结论上，而是集中在图灵用来证明结论的天才可计算性模型。它不仅在概念上清晰，在技术上也是可实行的，因此能够为电子计算提供数学基础。这一工作在他的发现问世不久之后就展开了。简而言之，由弗雷格、罗素、塔斯基、哥德尔、丘奇和图灵所发起的逻辑和语言转向就是这样引导我们走进现代数字时代——一个对我们如今的生活世界做出了巨大贡献的时代。

除了带来轰轰烈烈的技术进步，数字计算机也帮助我们开启了如今被称为认知科学的研究，这一研究结合了心理学、人工智能和计算理论。在那之后不久，我们就清晰地看到，数字计算机能够模仿、复制或实际地执行一系列技艺精湛的人才能执行的困难思维任务。这引起了下述问题：这些任务的范围在哪儿？它们有界限吗？假设计算机能够至少在原则上模仿需要智力的人类活动——这看起来是自然的——那么有什么能阻止我们将它们视作有智能的思考者呢（如果我们需要去阻止的话）？图灵本人在他 1950 年发表的文章《计算机与智能》（"Computing Machinery and Intelligence"）中谈到了这些极有吸引力的哲学猜想。无论我们如何看待就此展开的猜测，如今已经很清楚的是，对人类和计算机的认知架构所做的研究是相辅相成的，两者都对对方产生积极的影响。

第 7 章

语言的科学

对自然语言的科学研究的兴起：乔姆斯基对语言学理论的构想，以及句法在串联有意义的音节中的作用；自然语言意义的经验科学在哲学逻辑中的源头；以语言编码的信息的早期模型；作为真值条件的意义概念；认知方面的突破性进展：信息作为认知的类型；当前的挑战：理解变化的语境信息与固定的语言意义如何在交流中互动；在法律解释中的应用。

关于人类，没有什么比我们超凡的语言能力更能说明我们是谁以及我们与其他动物有何不同。是语言使我们能够与过去、未来以及当下接触到的人相沟通。沟通还不是全部。语言同样是我们最复杂、最包罗万象的思想的载体。如果没有语言，我们几乎不会对从未遇到过的事情有任何想法。我们将难以认识历史也无力跳出当下。我们的精神世界会变得很小。

人类语言极为复杂。它是由多个相互作用的子系统构成的。这些子系统分别负责（i）制造以及识别口语中能够被清晰辨别的声音，（ii）形成词语的过程，（iii）将一连串词语组织成句子所依照的句法原则，（iv）根据我们对句子各部分的理解而得出的对句子的解释，以及（v）由若干句子构成的言谈所承载的动态信息流。每一个子系统都是关于人类自然语言的科学这一新兴科学的某个正在发展的分支所研究的主题。对应于上述（iv）和（v）的分支学科——对控制（在多种语境中被使用的）句子解释的原则，以及对控制由若干句子构成的言谈中的信息流的原则所做的研究——是语言学中最年轻的分支，同时也是与上世纪的哲学发展关系最密切的分支。

将关于一门自然语言（如英语）的经验理论当作囊括了上述子系统的整合理论——这一构想是从诺姆·乔姆斯基（Noam Chomsky）的工作中发展出来的。从 1955 年到 1965 年，他在《语言学理论的逻辑结构》（*The Logical Structure of Linguistic*

Theory）、《句法结构》（*Syntactic Structures*）和《句法理论的若干问题》（*Aspects of a Theory of Syntax*）中为新兴的语言科学奠定了哲学基础。[1] 在这些著作中，他阐述了关于句子结构的句法理论，关于句子结构如何与意义相关联的语义理论，以及关于被内化的对规则的遵守（他认为这种对规则的遵守是我们具有语言能力的原因）的认知理论。

英语的句法理论——又称**语法**——被视为一组形式规则。这些规则生成了那些作为（具有正确形式的）**句子**的词语串，并且将每个句子拆分为有层级的短语结构，以便把握句子应该如何被理解。这种理论**预测**了哪些字符串会被说话者识别并被用作句子，哪些字符串没有或不会被如此使用和识别。由于包含 20 个或更少单词的英语句子大约有 10^{30} 个（相比之下，一个世纪也不过 3.15×10^9 秒），所以，制定一个预测精准的语法绝不是个简单的任务。[2]

在《语言学理论的逻辑结构》和《句法结构》中，乔姆斯基使用了两组规则：**与语境无关的短语结构规则**（context-free phrase structure rules），它生成了一组具有层级结构的最初词语序列；以及将这样一些结构映射到另一些这样的结构之上的转换规则。在《句法理论的若干问题》中，他对上述规则的运作增加了一些约束。首先，短语结构规则生成了语法的**深层结构**。然后，应用了强制性的和可选择的转换规则——前者必须应用于满足其应用条件的任何层级结构，而后者可以但不必应用于这样的结构。最终的结果是生成且仅生成了该语言的所有句子。

对我们而言最关键的要点在于，每一个句子都与一个**表层结构**（这一层级结构表征了所说的单词）以及**深层结构**（表征了句子的意义）相关联。前者是对语法的**音韵部分**（phonological component）的输入，它准确地描述了构成句子发音的声音序列。

后者是对语法的**语义部分**（semantic component）的输入，其工作是指明句子的意义。因此，人们认为，自然语言的乔姆斯基式生成语法能够解释被发出、被感知到的声音如何与说话者头脑中的句子意义联系在一起。

乔姆斯基对这些理论的心理主义构想既有启发性又充满争议。通过假设一个复杂的**语言普遍性**（linguistic universals）——人类社群中所有语言的语法中的共性——的系统，他将语言学当成认知心理学中一个非实验性的分支，这一分支不仅描述了说话者脑中的句法、语义以及音韵规则，还描述了一个丰富的先天系统，它使得儿童能够学会语言学家认为自然语言具有的极其复杂的系统。这很有启发性，因为这看起来是研究人类认知的一个核心方面的新路径。这同时也有争议性，因为，使用一组形式规则来生成符合或类似日常说话者所生成的输出（即句子）的能力，并不足以保证说话者所用的那些机制符合或接近于语言学家所用的机制。尽管这个问题仍然存在争议，但毫无疑问，如今的语言学家对语言的形式化和抽象化研究能够启发真正的实验性认知心理学（同时也被后者所启发）。[3]

语言学上的乔姆斯基式革命使自然语言的研究走上了一条新的道路，这源于他对这一问题所做的深刻的哲学再概念化，源于他在技术和科学上的才能。这为对新兴的语言科学做出更严格的哲学贡献打下了基础。正如之前提到的，自然语言的完整理论通过语言的句法将被说出的声音与说话者从中提取的意义联系起来。自从乔姆斯基1965年在《句法理论的若干问题》中讨论这个问题以来，理论家们一直在将这一联系概念化。通常，这些方法仍然涉及对理论的语义部分的输入（通常被称为**句子的逻辑形式**），以及涉及表征了其意义的输出，这一输出与语境要素相结合，生成了话语的断言性内容或其他沟通性内容。然而,这引发了一个问题。语言学中的传统并没有提供关于意义是什么或者如何研究意义的构想。因此,语言学家指望哲学。他们所找到的是一条基于逻辑的进路。在过去的半个世纪中,语言学家和哲学家共同为这条路径做出贡献。

当代关于语言意义的科学——**语言学中的语义学**(linguistic semantics)——脱胎于逻辑学发展,这一发展从19世纪末弗雷格发明现代逻辑开始,并在20世纪初通过罗素对这一工作的完善及应用而发展起来。到了20世纪30年代中期,哥德尔、塔斯基、丘奇和图灵已经将逻辑学作为一门独立学科,构建出其范围、限度以及概念上的独立性。正如我们已经看到的,现代逻辑系统的一个方面是解释其句子的技术。那种技术几乎立即成为研究自然语言中陈述句的意义的模板。尽管祈使句和疑问句只得到(并且仍然只得到)较少的注意,但普遍认为,对它们的解释可以被处理为类似于对陈述句的正确说明。

核心的观点在于,语言大体上说和知觉和思想一样,是表征性的。被表征的东西是我们知觉、思考、谈论的东西。它们被表征的方式是我们的词语、知觉或思想赋予它们的属性。我们的视觉经验将我们所看到的事物表征为具有诸多特征的——例如,是红的,是圆的。我们的非语言性的思想将更大范围的事物表征为具有更多样的属性,同时,被语言表达出来的思想大大地扩张了我们的表征能力。当我们将某一事物表征为以某种方式存在的,这一事物或许正是如此,或许并不。如果它确实如此,那么这些表征——思想、句子或知觉经验——就是**真的**或**真实的**。

知觉和非语言性的思想是某一类认知;以语言编码的思想是一种特别的认知,而句子是文化产物,是由社群所创造的认知工具。由于在原则上，同一串词语或声音在不同的社群中可能意味着不同的东西，所以，某个社群的语言中某个句子的意义取决于该社群的规定惯例。考虑一种最简单的情况：有一个惯例规定了某一名称"N"被用于指称一个特定的男人，约翰；另一个惯例规定了"H"被用于表征个体处于饥饿状态；第三个惯例则认为"N 是 H 的"被用于表征约翰处于饥饿状态。要理解这一句子，就要理解它所表征的那些事物性质，也即，要使该句子为真，事物所必须是的东西。要知道一个句子的组成部分（例如一个名称、一个谓词或一个从句）的意义，就是要知道它对它所出现于其中的句子的意义有什么贡献。

但什么是意义呢？我们的例句"N 是 H 的"的意义表征了约翰处于饥饿状态，并因此确定了该句子为真当且仅当约翰是饥饿的。大体来说，一个陈述句的意义是关于事物如何存在的一条信息（或一条虚假信息）。这些信息被称为**命题**。由于了解一个句子的意义包含着了解其组成部分的意义，用一个句子所表达的命题也必须将其句法组成部分的意义包含在内，在我们的例子中，这些组成部分的意义是约翰这个人（名称"N"的意义）和性质**是饿的**（谓词"H"的意义）。最后，命题是我们所断言的、相信的、否认的或怀疑的东西，同样也是主体的许多相关认知态度的对象。它们在沟通性的信息交换中从一个认知主体传递到另一个认知主体。

为了将这些非形式的想法转化为研究语言的框架，我们必须（a）指明句子类表达的意义，（b）清楚地说明它们如何结合，形成复杂表达的意义，（c）表明由句子所表达的命题将事物表征为以某种方式存在，并且这些命题为真当且仅当那些事物就是那样存在的，以及（d）阐明主体对命题的认知态度——信念、知识等，并且记住知识和信念虽然是语言使用的核心，但并不局限于使用语言的认知主体。

最后一项任务——解释认知态度如何将认知主体与命题联系起来——凸显了我们所面临的艰巨挑战。该任务是要解释并指明思想是什么，区分（人类和非人类的）不同种类的思想，以及解释思想如何被传递。在战胜这一挑战之前，我们无法理解人类是什么，人类如何区别于其他认知主体，以及心灵与身体之间的关系这样的问题。我们才刚刚开始通过发展关于语言、心灵和信息的真正科学来接受这一挑战。

尽管已经取得了重大的进展，但上文所述的任务（a）—（d）对任何一种人类自然语言来说都还没有完全完成。这在一定程度上是由于自然语言的复杂性。但这也同样是由于关键的语言学观念在概念上不清晰，尤其是关于命题或信息的观念。尽管在如何指明亚句子①类表达式的意义，如何根据句子的部分的意义和指称来计算句子的真值条件方面，弗雷格和罗素已经提出了合理的想法，但他们在命题方面遇到了麻烦。

他们将命题视为抽象的柏拉图式结构，这种结构以一种初始的且不可定义的方式被心灵"把握"或"享有"，因此他们无法解释是什么使得命题具有表征性，或者在相信命题或将命题带入心灵中时涉及了什么。[4] 以一种回顾的眼光来看，我们或许会善意地将这些抽象结构视作理论家的模型或是总有一天会被真正的事物替换掉的占位符。但弗雷格-罗素的命题在20世纪的大部分时间里并没有被视为仅仅是一些模型——尽管这件事最终还是发生了，弗雷格和罗素也并没有把它们当作模型。他们关于命题的有

---

① 译者注：即可以作为句子的部分的表达式，如名词短语等。

瑕疵的主张是为了指明真实的东西所做的早期尝试。[5]

他们的问题源于颠倒了正确的解释次序。弗雷格和早期的罗素并不是将心灵作为表征的源头（当它们将事物知觉、想象或思考为以特定的方式存在时）并从心灵中推衍出表征性的命题，而是从另一端出发。他们采用了纯粹抽象的结构，假设这些结构自身是表征性的，并认为心灵是通过在心灵之眼中被动地知觉那些结构来进行表征。以此为起点，他们注定会失败。[6]

到了1910年，罗素转变了想法，他抓住了两个基本真理："心灵是表征的来源"以及"其他事物只能通过与心灵之间具有正确的关系来进行表征"。不幸的是，他并没有认识到这一洞见事实上能够被用于建构一个关于命题的新构想，并消除他之前的观点遇到的难以解决的问题。[7]因此，他开始认为不存在任何东西充当了命题过去被认为所是的那些东西——句子的意义，真和假的承载者，以及被断言、被相信、被知道的东西。维特根斯坦的《逻辑哲学论》（*Tractatus Logico-Philosophicus*，出版于1922年）似乎对此做出了最终的定论。

维特根斯坦拒绝了弗雷格-罗素式的关于命题的构想，并认为任何东西都不是句子的意义。当然，确实有一些东西将对象表征为以某些方式存在，并因此在事物确实以那些方式存在时为真，在其他情况下为假。他甚至把它们称作"命题"。但他认为它们就是有意义的句子本身——或者，也许更好的说法是，**对有意义的句子的使用**。在这之后，命题——曾经被视为被有意义的句子所表达的非语言的存在物——在几十年来一直被视为黑暗的造物。然而，与罗素的情况一样，这种全面拒绝有讽刺意味，因为我们现在已经能够看到，维特根斯坦是多么接近于为一种认知上实际的命题概念奠定基础，这种命题概念在21世纪的前十五年最终赢得了追随者。[8]

在暂时不考虑命题的情况下，对意义的科学研究的发展集中在意义与真理之间的关系上。由于有意义的陈述句将事物表征为以某些方式在世界中存在的，所以人们认为，我们可以通过研究什么能使句子为真来研究它们的意义。这一工作是通过构造世界的模型并检查哪些句子在哪些模型上为真来实现的。这些模型源自第 6 章中讨论过的塔斯基的**模型中的真值**概念。依照塔斯基的工作，将一个已解释的逻辑语言视作向一个未得到解释的逻辑演算添加一个有意设计的塔斯基式模型（解释）以及模型中的真值理论而得到的结果，并以此对每个句子指派真值条件，这已经比较常见。使用真理理论**赋予**未得到解释的句子真值条件，从而赋予其意义——这种做法鼓励了一种想法，即真理理论同样也可以用来**描述**已经有意义的句子的意义，只要我们足够聪明，能够分辨出在这些句子背后的逻辑结构。由此，通过扩展和应用**形式（或逻辑）语义学**的逻辑技术，哲学家们开始尝试建立一种关于自然语言中的语言意义的经验科学。[9]

到了 1940 年，（源自弗雷格的）"经典逻辑"开始启发专门化的扩张。其中一个是模态逻辑（modal logic），它引入了一个新的算子"必然地"（it is necessarily true that）。当这一算子被加在一个逻辑上为真的句子之前时，会得到一个真句子。由于这一算子是根据在类模型的元素（model-like elements）"上"或"中"——或"根据这些元素所得到的"——真值得到定义的，因此模态演算的逻辑模型必须包含这些元素。这些元素被称为"可能的世界状态"，这些状态被认为是**世界可能存在的方式**。这强化了一个想法，即说一个（陈述性的）句子 S 有意义，就是说 S 将世界表征为以某种方式存在，也即对世界强加了为使 S 为真而必须满足的条件。由此，意义以这种方式被研究：用句子的句法结构加上句子各部分的表征性内容，来推导出句子的真值条件。例如，一个意大利语的语义理论被预想为能够推导出陈述"Firenze è una bella città"在一个可能世界状态 w 上为真，当且仅当在 w 状态上**佛罗伦萨是一个美丽的城市**——这以一种技术化的方式陈述了使得世界满足这个意大利语句子所表征的东西所需的**充分必要条件**。

因为知道这些条件就是知道了接近句子意义的某些东西，所以知道这些条件的人就掌握了基本的意大利语沟通能力。假如一个人学会了一个理论，这个理论能够为所有意大利语句子推出类似陈述的真值条件，那么他就会掌握更广泛的能力——或许这能够被算作是理解了意大利语。到了 1960 年，以这种方式思考的理论家们认为他们或许已经理解了意义是什么以及信息是如何被语言编码的。

从那时起，哲学家和理论语言学家扩展了这一框架，使其能够囊括自然语言的更大片段。他们的研究计划始于经典逻辑中那些公认的逻辑构造，并增加了算子"必然地""可能地""假如是如此这般，那么就会是如此那般"，并且增加了涉及时间和时态的类似算子。逐渐地，更多的自然语言构造，包括形容词的比较级形式、状语修饰语、量化副词（如"通常""总是"）、内涵性的及物动词（如"崇拜""寻找"）、索引词（如"我""现在""你"，以及"今天"）、指示性的词或短语（如"这些""那些"和"那个 F"）以及命题态度词（例如"相信""期待"和"知道"），被加入到正在研究的语言片段中。在每一个阶段，一个我们已经具有其真值理论的语言片段都被扩充至能够包括在自然语言中被发现的更多特征。随着这一研究计划的推进，那些我们已经在真理理论上很好地掌握的语言片段变得更充分地接近自然语言。尽管有人可能会怀疑是否自然语言的所有方面都能被挤进这一基于逻辑的范式,但迄今为止,扩展已经取得的结果具有良好前景,这一良好前景支持了乐观的观点,即我们仍然能够从这一策略中学到很多东西。

实际上,假如没有这些真理理论研究所提供的模型,没有关于言语行为的哲学理论,没有对断言性表达的会话和沟通的含义所做的哲学说明,那么如今蓬勃发展的关于语言意义和语言使用的经验科学——由包括芭芭拉·帕蒂(Barbara Partee)、安格莉卡·克拉策(Angelika Kratzer)、艾琳·海姆(Irene Heim)、克雷奇·罗伯茨(Craige Roberts)、杰弗里·普伦(Geoffrey Pullum)和保罗·埃尔伯恩(Paul Elbourne)在内的杰出语言学家所实践的科学——就不会存在。因此,如果我们要问,"从弗雷格到20世纪中期的语言哲学家为我们对语言的理解做出了什么贡献"?那么回答是,他们为我们提供了我们如今所知的对语言意义的科学研究的理论核心。

然而,如今我们已经认识到,在这一在哲学上具有主导地位的范式中所完成的工作具有局限性。由于强加了必然等价的真值条件(即世界为满足句子所表征的内容而必须满足的条件)的句子可以具有相当不同的意义,所以,句子的意义不可能等同于这样的真值条件。我们所断言、相信和知道的东西也不能等同于满足这些条件的可能世界状态的集合。20世纪80年代中期,当人们清楚地认识到这些问题不能通过把关于"在可能世界状态中为真"的理论换成任何种类的"在特定情境中为真"的理论来解决时,人们对弗雷格-罗素命题的兴趣开始复苏。它可以作为对"在可能世界状态中为真"的理论的补充(而不是将其全盘取代)。[10]

然而,半个多世纪的时间流逝并没有抹掉那些曾经影响弗雷格-罗素命题的基础的问题。对罗素而言，命题是有结构的复合物，由对象和属性以不可解释的方式结合而成。对弗雷格而言，被称为"涵义"（senses）的神秘实体像拼图一样组合在一起，尽管它们不是空间性的。对于他们两人而言，命题的表征性属性——它们之所以具有真值条件所依赖的属性——是不言而喻、不需要解释的，而认知主体则是通过与神秘的、未被理解的命题之间无法解释的关系而将事物表征为以特定方式存在。简而言之，弗雷格和罗素将命题理解为自成一体的抽象对象（在时间与空间之外独立于我们而存在），这种构想使我们无法解释命题如何表征事物，认知主体如何得以相信它们，以及为何认知主体需要识别它们才能将事物表征为以特定方式存在的。

在这个节点上，有些哲学家和理论语言学家开始认为心灵本身或许就是表征的来源，以及，被断言、被相信和被知道的事物——同时也是真或假的首要承载者以及（有些）陈述句的意义——在本质上可能是认知性的。尽管不同的理论家以不同的方式对此进行概念化，但大体的思路是（现在依然是），命题是认知性的行为、运算、状态、产物或过程。[11]

根据这一想法的一个主要发展，当认知主体知觉、形象化、想象或以其他方式将事物思考为以不同方式存在时，他们将事物表征为以这些方式存在。**那么，命题就被认为是可重复的、纯粹表征性的认知行为类型或运算**。例如，当一个认知主体知觉到、想象到或思考到 B 是热的，他用"是热的"来谓述 B，并以此将 B 表征为热的。这一认知行为在某种意义上——类似于一种派生性意义，在这种派生性意义中，一些特定的社会行为可以被称为**冒犯的**或**不负责任的**——将 B 表征为热的。粗略地说，如果做出某一行为就是在冒犯他人，那么这一行为就是冒犯的；如果做出某一行为就是在忽视自己所承担的责任，那么这一行为就是不负责任的。**表征**所具有的类似派生性意义可以被用于评估认知的准确度。当将 o 知觉或思考为 F 就是将 o 表征为它的真实状态时，我们识别了一个实体，即一个特定的认知——一种心理运作或行为——以及一个当其准确时就会具有的属性。这个实体就是一个命题，也即将 o 表征为 F 这一心理行为或心理运算类型。这一属性则是真的，这一心理行为是真的——当且仅当某人做出这一行为就是在将 o 表征为 o 的真实状态。

断定 B 是热的，就是以一种肯定的态度用"**是热的**"来谓述 B。这包括形成或加强在认知和行为上对 B 采取行动的倾向，其方式取决于一个人对热事物的反应。**相信** B 是热的就是倾向于断定 B 是热的。**知道** B 是热的，就是相信 B 是热的，并且 B 确实是热的，并且如此这般的相信是可靠的或得到支持的。由于相信 p 并不要求认知到 p，任何能够知觉或思考定义 p 的对象和属性的有机体都可以相信 p，无论这种有机体是否使用语言或是否能够用属性谓述命题。知道**关于**命题的东西要求能够区分一个认知主体的各种认知行为或认知运算。能做到这一点的有自我意识的认知主体能够将态度归属于他们自身以及其他认知主体，而且能够用属性谓述命题。当他们专注于自身的认知时，他们将不同的命题识别为不同的思想，这使得他们将真视为一种准确性。[12]

通过这种方式，我们就能够解释一个不具有命题概念或不具有认知命题的能力的有机体为何也能知道或相信一个命题。我们也能够解释更有智力的认知主体如何获知命题的概念，以及如何知道关于命题的东西。那么意义呢？命题 p 是句子 s 的**意义**，这是什么意思？它的意思是，说话者在遵循其所属社群的语言习俗的情况下，使用 S 来做出表征性的认知行为 p；学会一门语言就是学会如何使用这门语言的句子来做出在习俗上与之相关的心理行为。例如，一个理解"柏拉图是人类"这个句子的人用其中的名称（"柏拉图"）来挑出这个男人，用其中的名词（"人类"）来挑出人类性，并用短语"是人类"来谓述这个男人，从而进行认知行为——用人类性来谓述柏拉图，这就是句子的意义 p。

然而，令人惊讶的是，p 并不是说话者以此表达的唯一命题。因为使用句子"柏拉图是人类"来用人类性谓述柏拉图本身就是一个纯粹表征性的认知行为，所以它也能被算作是一个命题 p*。它不同于 p，而又与 p 紧密关联。由于做出 p* 就会做出 p，但反之不然（正如做出行为"开车去上班"就会做出行为"去上班"，但反之不然），所以命题 p 和 p* 在认知上是不同的，尽管它们将相同的东西表征为以相同的方式存在的，并因此在表征上相同。

在表征上相同而在认知上不同的命题的重要性可以由下列句子"1a—1b"体现。这两个句子都表达了命题 p——用"是一颗行星"来谓述金星：

1a. 长庚星是一颗行星
1b. 启明星是一颗行星

正如"去上班"一样，存在着若干种做出这一谓述的方式，包括（但不限于）使用谓述目标（金星）的一个名称——如"长庚星""启明星""金星"——来指出该对象，或看到这一目标并将注意力聚集到它身上。把握这一点后，考虑 1a 和 1b 这两个表达。一个人如果说出了 1a，那么他除了断言了命题 p（即用"是一颗行星"来谓述金星，无论他如何指明金星），也同时断言了命题 p_H，即使用"长庚星"来指明金星并用"是一颗行星"来谓述它。

一个说出了 1b 的人除了断言了 p 之外，还断言了一个认知上不同但表征上相同的命题 p_P，即**使用"启明星"来指明金星**并用"是一颗行星"来谓述它。由于 p_H 不同于 p_P，所以被某个真诚地说出 1a 的人所相信并断言了的那一对命题 p_H 和 p 也就不同于被某个真诚地说出 1b 的人所相信并断言了的一对命题 p_P 和 p，尽管每一对中的共同成员 p 是上述两个句子的意义或语义内容。

类似的例子说明了另一点：与能够使用一个句子在语言学上被确定了的语义内容相比，理解这一句子需要更多东西。理解一个句子还涉及了按照使用者所在的语言社群中广泛持有的预设来使用这一句子。例如，尽管那些能够使用名称"启明星"和"长庚星"的人并没有被要求知道这两个名称指示着同一个事物，但他们**确实**被期待去知道下面这点，即使用这两个名称的人通常会预设"长庚星"代表黄昏时分在天空中可见的某个东西，而"启明星"代表了日出前后在天空中可见的某个东西。把这两点混为一谈——把"长庚星"理解为早上的叫法而把"启明星"理解为晚上的叫法——的人则误解了这两个名称。因此，对 1a 的通常使用断言并传达了一个信息，即**见于黄昏的**星体长庚星是一颗行星，而对 1b 的通常使用则断言并传达了另一个信息，即**见于日出的**星体启明星是一颗行星。[13]

对 1a-1b 的使用的上述处理，可以被推广到所有产生了表征上相同而认知上不同的命题的认知形式中，也可以被推广到使用句子来表达认知态度的情况里。令 p 为一个简单命题，p 涉及了聚焦于对象 o 并用属性 F 谓述它。假设在一个特定情况中，"聚焦于 o"这一子行动可以通过使用 o 的一个名称，或通过（用视觉或听觉）知觉 o 来做到。仅仅把这一变动考虑在内就给我们提供了数个表征上相同而认知上不同的命题——命题 p，以这样或那样的方式用 F 谓述 o；命题 p*，使用 o 的名称来认知 o，并用 F 来谓述 o；以及命题 p**，通过视觉来认知 o；等等。

接下来，假设某人通过内省的方式认知自身（这不同于通过任何其他方式来认知自身），并用某个属性来谓述自身。在这里，再一次地，一个更大的命题性行动——谓述——的基本认知的子行动以一种特别的方式被做出了，结果是，认知主体同时做出了用 F 谓述某人或某物这一一般行动，以及用一种特定的方式——在这一情况中是通过内省来指明谓述的目标——来做出这一行动这一更具体的行动。因为如此，一个人也许会无法对一个以自省的方式认知他自身并用 F 来谓述自身的命题持有特定的认知态度（例如信念或知识），哪怕他确实相信或知道以其他方式认知他自身并把 F 归于自身的命题。例如，假设我在头部受到重击之后忘记了自己的名字，但仍然相信"斯科特·索姆斯"是一个教授的名字，那么我也许仍然可以相信"斯科特·索姆斯是一个教授"但暂时不会相信"我是斯科特·索姆斯"，并且怀疑我自己是不是一个教授。

这一点也适用于，在一个命题中，某人通过主观的体验认知到了现在这一时刻，并用一个属性谓述这一时刻；相比之下，在认知上不同但表征上相同的另一个命题中，某人通过一些客观的呈现方式——如日期（和时间）——来认识到相同的时刻，并用相同的属性谓述它。正如对每一个人 p，都有一个内省的、第一人称的认知 p 的方式，使得他人不可能以此方式来认知 p，对任一时刻 t，也有一个直接的、"现在时态"的认知 t 的方式，使得不可能在其他时刻以此方式来认知 t。假设我计划参加一个在 t 时刻（3 月 31 日正午）举办的会议。因为不想迟到，所以我今天早上提醒自己。然而，随着上午慢慢过去，我忘记了时间。因此，当我听到正午的时钟敲响时,我说"会议开始了!"并改变了我的行为。**以现在时态的方式**相信在 t 时刻会议已经开始了使得我赶紧动身。假如我没有如此相信,我就不会这么做,哪怕我仍会相信会议在 t 这一特定的时刻开始。在这一情况中,我用以新方式来相信旧东西的方式来相信新的东西。我之所以说在 t 时我才刚刚意识到会议开始了,是因为我刚刚"理解到"的那个命题要求**以直接的、现在时态的方式去认知 t**。通过类似的考虑,研究者们开始在之前难以解决的问题上取得进展。[14]

以下认识是一个相关的发展:(某些)句子的语言学意义最好不要被视为该句子通常用来断言的单个命题,而是被视为一系列约束,这些约束决定了在不同情况下该句子可能断言的命题的范围。这类认识的一些最简单例子早已为人所知。正如哲学家大卫·卡普兰(David Kaplan)指出的,要知道包含索引词的句子——如"我饿了""会议现在开始"——的意义,就是要知道:说出前面那句话的人断言的是他自己饿了,而在 t 时刻说出后面那句话的人断言的是会议在 t 时刻开始;上述句子在不同的时刻或被不同的认知主体表达时表达了不同的命题。[15] 但下文中的例子将会揭示出,这一现象可以更加广泛。我们所断言的内容(即在说一个句子时我们说出或断言的东西)通常完全地取决于我们断定地说出的那些句子的语言学意义——这个老观念已经被新的观念所取代,即我们所断言的内容是由简洁的语言学意义、语境的信息以及由语境所规定的推理之间的复杂活动所决定的。

例如,句子"2a—2c"在语法上是完全的,但在语义上不是;2a 要求"完成"关系的第二个元,2b 要求"准备"的语义内容所必须运算的一个活动,而 2c 要求一个参照点:**在什么的附近?**——我们当前的位置,比尔当前的位置,还是他或我们下周将要拜访的一个地点？这些都依赖于语义。

2a. 比尔完成了。
2b. 比尔准备好了。
2c. 比尔正在前往一家附近的餐厅。

当使用这些句子时，所需要的补全有时是由说话语境的不同方面提供的，例如比尔正在做的事情，比尔正筹备的事情，或在 c 的情况中，需要补全的内容说话者的位置或受访者的地址。然而，这种补全也能够由包含"2a, 2b, 2c"在内的更大言谈中所提及的活动和地点，或由说话者和听者所共有的预设内容所提供。由于这些表达的可能补全有很多，所以**这不是语言学上的多义**问题（这种多义是由于特定词语被多种语言习俗所规定）。这只是一种情况：语言学的意义是未明确的，因此需要语境的补全才能确定被断言的命题。[16]

包含纯数字量词（bare numerical quantifiers）"N 个 F"（N Fs）的句子是类似的，其中 N 是一个数字而 F 是一个名词性谓语（**两个小孩，三只狗，四辆自行车**）。根据说话的语境，量词可以被解释为"至少 N 个 F""恰好 N 个 F""至多 N 个 F"或"高达 N 个 F"。如前文所述，这不是一个多义的情况，而是未确定的情况。这些句子的意义对语境可能指派的多种可能补全而言是开放的。[17]

另一种相关但又不同的不确定性种类是关于包含日常**量词**（例如，形如所有 / 任一 / 某些 / 没有某物的短语）的句子。这些短语的语言学意义决定了它们在谈论某物时的使用，但是，这些短语对包含着它们的句子所断言的东西做出的贡献可能会被说话者在具体语境中讲话的要点所限制。例如，假设一户人家正在地下室里举办小朋友们的过夜聚会，这家的父母或许会说出"3a, 3b, 3c"以做出对应的黑体断言。这些断言并不是关于所有人，甚至不是关于屋子里的所有人，而只是关于楼下的小朋友。

3a. 所有人都睡着了。　　　　楼下的所有人都睡着了。

3b. 有人躺在地板上。　　　　楼下某人躺在地板上。

3c. 没有人想早上 9 点　　　　楼下的人中没有人想在早上
前起床。　　　　　　　　9 点前起床。

类似地，一个想要避免对方球队知道自己在大赛的策略的橄榄球教练可能会对他的队员们说出"4"：

4. 没有我的允许，没有人可以与任何记者说话。

以表达，没有他的允许，没有任何队员可以与任何记者谈论**即将到来的比赛**。这并没有限制那些正在竞选学生会干部的队员与记者谈论他们的候选资格。

我们也能够在美国宪法第一条第十款的盟约条款中找到这种语言现象："未经国会同意，任何一州……不得与他州缔结协定或盟约"。这一条款，更明确地说，表达了这一命题：**未经国会同意，任何一州不得与他州缔结破坏联邦最高权力的协定或盟约**。这才是对盟约条款的恰当解释（这种解释并没有禁止各州间的所有协定），而这一事实并不是新闻。新鲜的是，该解释并不像著名的法学评论家们有时标榜的那样，是法官主导的**宪法解释**——根据新的事实或诉讼所引发的进一步司法思考而对某一条款的原有内容进行修改。相比之下，所谓宪法解释仅仅是对该条款原本断言的内容的认识被贴错了标签。标签错误的原因是，美国最高法院在做出如此裁定时，并没有意识到这只是对原本被断言了的内容的认识，因为当时没有像我们现在这样，对语言学意义与断言内容之间的关系有着成熟的理解。

接下来让我们考虑名词所有格短语"NP 的 N"（NP's N）。要解释它们，需要指明所有者词项 NP 的指称和该短语所指示的个体之间的所有关系（possession relation）R。当 N 是一个关系性名词时，它提供了一个默认的所有关系。"汤姆的老师"的默认指称是与汤姆具有师生关系的某人；"汤姆的学生"的默认指称是与汤姆具有上述关系的反关系的人。类似的想法也适用于"汤姆的母亲""汤姆的老板"和"汤姆的出生地"。然而，重要的是，这一默认选项是可以被推翻的。想象两个记者，汤姆和比尔，分别被派去采访当地的一位学生。当预设这一点后，我们可以用"汤姆的学生"来指称**被汤姆采访**的学生，而用"比尔的学生"来指称**被比尔采访**的学生。在这些情况下，被断言的东西并不完全取决于被使用的句子的语言学意义。

这可以延伸到涉及非关系性名词（如"车"和"书"）的名词所有格短语。对于非关系性名词而言，一个潜在的所有者也许会与之具有多个不同的关系。"汤姆的车"可以被用于指示他所拥有的车、他正在开的车或他在印第安纳波利斯 500 英里大奖赛中下注的车；"帕姆的书"也许会被用于指示她写过的一本书、她计划写的一本书、正在读的一本书或向图书馆请求借阅的一本书。如前文所述，这不是一个多义的情况，而是一个未确定的情况。"NP 的 N"的意义要求它指示某一个 N 所适用于并且与 NP 的指称具有 R 关系的某物。但该句子的意义并没有确定 R；是使用这一句子的语境确定了它。因此，包含名词所有格短语的句子的语言学意义常常并不是它们被用于断言的东西。

时间修饰语也可以是不完全的。描述性的短语（如"系主任"和"哈里森街的房子的主人"）缺少对时间的确定说明。根据语境，前者可以被理解为**现在的系主任、过去的系主任或将来的系主任**。"哈里森街的房子的主人"也是同理。如果一个人在那间房子被烧毁后说出"哈里森街的房子的主人暂时出差去了"，他所表达的是曾经拥有哈里森街的房子的人暂时出差去了。在其他语境中，同一句话断言的东西可以是**当下拥有**那间房子的人离开了。描述性短语的语言学意义缺少对时间的确定说明，只有根据语境补充说明，我们才能获得一个能够被断言的命题。

缺少时态的描述性短语同样出现在关键的法律语境中。在美国宪法的第一修正案的如下片段中，我们能看到两个突出的案例："国会不得制定关于下列事项的法律：……**限制言论自由或出版自由**。"这一陈述承诺了，政府永远不会限制两件事——言论自由以及出版自由。要理解这一承诺，你必须要知道，你不能限制某个还不是现实的事情。限制《战争与和平》就是对原著进行删减。因此，要限制言论自由和出版自由就是要限定、约束、删减或以其他方式削弱已有的表达、写作、沟通以及出版的自由。什么时候的这些自由呢？当然是宪法被通过的时候。但是那时已有的这种自由并不能被限制。因此，第一修正案的上述片段最初断言的内容大概如下：

> 国会不得限制（约束、删减或削弱）那些在英格兰已经长期获得承认并在美国当时（1788年）已经被享有的表达、写作、沟通、出版以及传播信息和观点的自由。

对于语境信息和语义信息之间无所不在的相互渗透的新认识为研究语言学意义和语言的沟通性使用开辟了第二个新前沿。这个新前沿为上一种前沿做出补充——后者由对命题的一种更现实、更具认知性的认识所驱动，并将命题理解为信息的碎片。这第二个新发展带来了两个重要问题：**刻画了诸多语言沟通的那些理性、高效而合作的信息交换被哪些规范性原则所支配？正常的人类语言使用者在提取断言信息和传达信息时涉及了哪些心理过程？**自20世纪60年代中期以来，上述两个问题都得到了探究。哲学家保罗·格莱斯（Paul Grice，1913—1988）展示出，那些指导着理性而有效的信息交换的非形式会话原则是如何在被说出的句子的语言意义之外为日常语言使用所传达的信息增加额外内容。[18]

基于这一想法，当代语言哲学家正在寻找更有力的工具，以深化和拓展格莱斯的洞见。他们追问，充分理性的说话者和听话者如何就句子的使用所断言或传达的信息达成共识，而这些句子的语言学意义仅仅是约束了而非完全决定了被传达的信息内容。由于现代的决策和博弈理论提供了关于理性信念和行动的复杂数学模型，这些模型与回答上述问题直接相关。出于这个原因，一些具有语言学和数学眼光的哲学家正试图探究如何调整已有的多人信号博弈，将其与合作博弈中的具有传统意义的语言信号（即融入自然语言中的话语）结合起来，在合作博弈中，玩家通过沟通关于世界的准确信息来实现利益最大化。如果能从这项尝试中产生一条富有成效的新研究路线（看上去有可能），这将是对关于语言、心灵和信息的年轻科学的最新的根本性贡献。哲学家们已经为这些科学贡献良多。

第 8 章

理性选择的科学

对于在非确定条件下被实施的、作为达成所欲求的目的的工具的行动的理性评价；概率的法则如何约束理性的行动；拉姆齐为关于理性决策和行动的一般理论建立的哲学基础；主观概率以及相对于主体的效用；在如今社会科学中的开创性应用。

与哲学对关于计算的数学理论——它带来了数字时代，带来了关于语言、心灵以及信息的新兴科学——所做的改变世界的贡献一样，在过去一百年的哲学发展中，少有成果能够像对概率的主观主义解释（subjectivist interpretations of probability）的哲学源头及其在现代决策论（decision theory）中的应用那样具有社会影响。这一路径始于剑桥哲学家 F. P. 拉姆齐（F. P. Ramsey），在半个世纪内由其他重要哲学家的工作所接续，并在社会科学以及哲学的一门新的子学科——形式知识论——中获得了指数级的发展。

从这一路径中获得的关于理性行动（rational action）和信念（belief）的模型基于一个常见的想法，即通常来说，行动是信念和欲望（desire）的产物。我们通过采取我们认为最适合的行动来达成所欲求的目的。我们所相信的命题表达了我们对世界的看法，而我们的欲望则表达了我们对于正被考虑的诸行动的不同可能结果的偏好。在仔细考虑该做什么时，这两者都至关重要。深思熟虑是为了选择出这样的行动：它们能够最大限度地利用我们拥有的有限信息，为我们带来最渴望的结果。一个将这一点说清楚的关于理性决策和行动的理论并不试图描述行动主体在做出决策时总是或通常经历的那些心理过程。它是一个关于合理地做最优的事情的理想化模型；它旨在指明：给定某人所具有的信息，在一系列可能的行动中，哪一个行动最有可能促进他的利益。简而言之，这一理论是规范性的。

如果这一理论是成功的，那么熟悉这一理论的行动主体或许有时能够将这一理论作为工具，来改善那些他们原本会非形式地做出的决策。在一定的限制下，这一理论同样可以被描述性地使用。如果许多个人和组织确实能够理性地与促进其利益的东西相协调——无论他们使用了多么诡异的决策过程——那么关于理性决策的规范性理论就能够帮助我们解释当他们在相似的情况下对相似的回报结构做出反应时，随着时间的推移而产生的大体行为倾向。这正是顶尖的社会科学家使用决策论的通常方式。

为了理解这一点，我们需要理解这一理论是如何将信念和欲望视为具有不同程度的。就欲望而言，这一想法是易于把握的。比起其他东西，我更想要某些东西。当比起 y 我更想要 x，并且比起 z 我更想要 y 时，比起 z 我更想要 x。就在此刻，比起三根香蕉我更想要两个橙子，而比起两个橙子我更想要一个苹果；所以，比起三根香蕉我更想要一个苹果。而在信念的情况中，我们首先搁置那些我们在理性上确定无疑的命题——例如逻辑真理或重言式，以及它们的否定，逻辑谬误或矛盾式。剩下的命题——有些我们相信，有些我们既不相信也不怀疑，有一些我们（或多或少强烈地）怀疑——全都是为真的候选。这些命题中没有一个是完全被保障的，也没有一个是完全无保障的。我们对一个命题 p 的相信程度——也称我们对 p 的**置信度**（或 p 对于我们而言的置信度）——在决定我们基于 p 而理性地愿意去采取的行动时，起到了重要的作用。置信度越低，就越没有意义去采取一个产生所欲结果的效力依赖于 p 之为真的行动——除非那一结果的价值高到足以补偿我们对 p 的低置信度。

可以用简单的赌博来说明这一点。当掷出两个骰子时，我们预先知道有 36 种结果——一种两个朝上点数加起来为 12 的结果，两种加起来为 11 的结果，三种加起来为 10 的结果，四种加起来为 9 的结果，五种加起来为 8 的结果，六种加起来为 7 的结果，五种加起来为 6 的结果，等等。如我们知道这一骰子是公平的，就会说掷出和为 7 的胜负比是 1 比 5，这意味着掷出不是 7 的概率是掷出和为 7 的概率的五倍，因此掷出 7 的概率是 1/6。这意味着，在其他条件均同的情况下，在掷出 7 返还 500 美元，掷出非 7 返还 100 美元的重复赌博中，我们应该愿意站在任意一方。

其他条件均同这一限制非常重要。什么时候条件会不同呢？当某人对赌博有着道德上的厌恶时；当某人厌恶风险，因而从不会冒损失一笔可观数额的钱的风险时；当某人认为赌博是一种刺激的享受，并甘愿为此在更低的胜率下买单时；或者当某人对美元的边际效用是非线性的，以至于高于（或低于）一定数额的美元比低于（或高于）这一数额的美元更值钱或更不值钱时。例如，如果你刚好缺 500 美元来支付一场能够拯救你的孩子的手术费用，用 100 美元下注以博得赢取 500 美元的机会对你而言可能是理性的，因为你赢下这笔钱后能够购买的东西（拯救生命的手术）的最大价值的 1/500 远超过为了赢得它所下注的单个美元的价值。类似地，如果你承担不起输掉 50 美元，可能会因为拖欠贷款而被关进监狱，那么不下这一数额的赌注可能是理性的，哪怕别人开出了其他情况下诱人的赔率。在这些情况中，某人赢得或输掉的金额并不能衡量其赢得或输掉的真正价值。

以上考虑强调了由简单的几率博弈所描绘的理性决策模型的局限性。金钱本身并不总是能很好地衡量我们在决定采取什么行动时对可能结果赋予的价值。在一般性的理论中应该克服的另一个局限是，我们为确保所欲结果所需的命题赋予的概率，常常比简单的几率博弈中的概率更加难以把握。如果我们想要将关于简单博弈中的理性下注策略所做的毫无争议的观察转化为关于在不确定的情况下所做的理性决策的一般理论，那么我们必须克服这些局限。我们将看到，这正是对现代决策论做出重要哲学贡献的地方。

然而，首先，我们应该更多地说明为什么简单的几率博弈中显而易见的策略是**理性的**。一个原因是由博弈所定义的，仅仅是人为规定的可能结果的范围，再加上根据一个被**假定**不会偏向其中某个结果（因为骰子被假定是公平的）的程序对特定结果（例如骰子所呈现的数字）的决定。在这些参数的限制内，我们可以从给定类型的结果（例如六种掷出 7 的方式）与可能结果的总数（36 种组合）的比例中读出简单命题的概率。那么将 1/6 视为骰子掷出 7 的概率是否合理就成了一个平凡的数学事实——这一游戏的规则加上"骰子是公平的"的**假定**使其为真。

但还有另外一个因素。理性给我们对不同的命题集合赋予的不同概率之间的关系附加了什么约束呢？简单命题的概率如何与复杂命题——否定、合取、析取、全称或存在概括等——的概率相联系，以使得对命题的概率的整体赋值是有理性的？这一问题类似于一个关于（源自弗雷格的）演绎逻辑系统的问题。这样的系统从来不指定任何**简单句子**的真或假；这是观察、经验以及科学该做的工作。但现代逻辑系统确实告诉了我们哪些**复杂句子**一定是真的（逻辑真理或重言式）以及哪些一定是假的（逻辑谬误或矛盾式）。它们同样也告诉了我们句子的集合什么时候是不一致的并因此不能同时为真，因为它们**违反了逻辑的法则**。在告诉我们这一点的同时，演绎逻辑的系统将约束置于理性信念之上。对于基于行动后果的可欲性以及基于施行这些行动将会产生这些结果的概率来评价某些行动的模型，我们可以做出类似的评论。它们在其对引导行动的命题所赋予的概率之上附加了什么约束，以及为什么违背了这些约束的赋值是非理性的呢？

为了寻求这一问题的答案，我们首先令对简单命题（逻辑上互相独立的命题）的概率赋值为 0 到 1 之间的任意赋值。[1] 我们禁止任何命题具有超出 1 的概率。接下来，我们陈述来自被广泛接受的科尔莫戈罗夫（Kolmogorov）概率论的一般原则。[2]

被广泛接受的概率法则

命题 p 的否定 ~p 的概率等于 1 减去 p 的概率。

析取式 p 或 q 的概率等于 p 的概率加上 q 的概率减去 p 和 q 均为真的概率。

如果 p 和 q 不相容（因此不能都为真），那么 p 或 q 的概率等于 p 的概率加上 q 的概率。

如果 p 和 q 均不蕴涵对方或对方的否定，那么合取式 p 且 q 的概率等于 p 的概率乘以 q 的概率。

令 p 为一个以有穷种或可数无穷种方式为真的命题。p 的概率等于这些方式的概率之和。[3]

p 的概率等于 p 且 q 的概率加上 p 且 ~q 的概率。

如果 p 逻辑地蕴涵 q，那么 p 的概率小于等于 q 的概率。

逻辑等价的命题的概率相等。

概率演算的另一个基本概念是 p 在条件 q 下的条件概率（the conditional probability of p given q）——例如，**在骰子的点数为奇数的条件下点数为 7 的概率**。这一概率——记为 prob p/q——不是某个单一命题的概率；它是对于一对命题之间关系的特殊衡量。它是由 p 且 q 的概率除以 q 的概率得到的（前提是 q 的概率不等于 0）。换句话说，它是 p 且 q 均为真的情况在 q 为真的所有情况中的比例。例如，**在骰子的点数为奇数的条件下点数为 7 的概率**是骰子点数为 7 且为奇数的概率（恰好就是点数为 7 的概率）除以点数为奇数的概率。因为前者的概率为 1/6 而后者的概率为 1/2，在点数为奇数的条件下点数为 7 的概率是 1/3。这是能够理解的，因为在 18 种骰子点数和为奇数的组合中有 6 种组合点数和为 7。

条件概率与有条件的赌注的公平价格密切相关。考虑这样一个赌注：购买一张彩票，在两个骰子的点数和为奇数的条件下，如果点数和为 7 则获得 6 美元。由于骰子点数和为 7 的概率是 1/6，一张**无条件的**在点数和为 7 时返还 6 美元的彩票的公平价格是 1 美元（从而你可以赚 5 美元）。但是一张**在点数和为奇数的条件下**，如果点数和为 7 则返还 6 美元的彩票呢？如果你购买了这样一张彩票并掷出了 7，你就会获得 6 美元（再从中减去彩票的花费）。如果你掷出了 7 之外的奇数，你就输掉了购买彩票的花费，但如果你掷出了偶数，你的花费就会被返还。由于这种赌法排除了骰子点数和为偶数的所有组合，而这些组合占到了所有组合的一半，所以这种有条件赌博的价值就是无条件赌博的两倍。因此它的公平价格是 2 美元，而**在点数和为奇数的条件下点数和为 7**

的条件概率是 1/3（这意味着一次 4 美元的净收益可以弥补两次 2 美元的损失）。这体现了条件概率规则

prob p|q=prob（p 且 q）/prob q

而这是有时被称为乘积规则（product rule）的规则的一个推论

prob（p 且 q）=prob（p/q）×prob q

这两条规则均为标准的概率演算的法则。

这些法则都很容易在上文讨论的那种简单几率博弈中得到验证。在这种有限的意义上，这些法则的合理性与我们对单个掷骰子结果的简单命题所做的计算的合理性是一致的。然而，至关重要的是，这些法则也对理性施加了更普遍的约束，而这一约束独立于我们认为理所当然的那些简单案例（例如"骰子的点数和为 7"这一命题）的概率。毕竟，这些骰子可能不是公平的；它们或许被特意制作得使一些组合比另一些组合出现得更频繁。因为认知主体意识到了这一可能性，我们可以想象，他们接受了不同的情境中关于骰子的不同猜想，从而导致对关于骰子掷出的点数的命题的不同概率赋值，这些赋值可能相互冲突并且与我们上文假定的概率相冲突。在某些情境中，它们做出的相互冲突的赋值可能是合理的。每一个认知主体都可能有证据（基于他或她自身的经验，再加上来自通常可靠的他人的证言），以采用某一个特定的关于骰子的猜想。因此，没有一个认知主体可能是非理性的，在这种情况下，以不同主体可获得的证据为基础的概率赋值也不会

是非理性的。

但这并不适用于违背**概率法则**的情况。违背概率法则的赋值可以被证明为非理性的。正如无论世界处于什么可能状态,一集与演绎逻辑法则**不一致**的命题不能都是**真**的一样,与概率法则不一致的概率赋值只会产生那些无论世界处于什么状态下都**必输**的赌注集合,哪怕它们对于某些采纳了这些概率的主体而言是可接受的。事实上,令一主体对命题的**信念度**(degrees of belief,即对命题概率的评估)符合概率法则这一理性要求很可能比保证该主体所具有的简单信念(这里的**信念**是在这样一种意义上而言的:对任意认知主体 A 和命题 p,A 要么相信 p 要么不相信 p,没有中间余地)不会构成一个逻辑不一致的集合这一理性要求更强。

尽管相信任何假命题都可能有代价,但代价有时会被获得其他真信念的价值所超越。例如,对于一份被很多人认购的彩票,我们可以在相信每一张彩票都会输的同时也相信每一张彩票都会赢,这是合理的,尽管这种信念在逻辑上不一致。[4] 一个人可以对一系列关于日常事物的命题中的每一个命题保有信念,同时也认识到自身的可错性,并因此认为上述命题中至少有一个是错误的,这同样是合理的,尽管这将使他的信念集在逻辑上不一致。相比之下,很难看得出采纳一集"如果有条有理地根据其行动,就能够保证自己的目标受挫"的置信度(信念度)有什么值得一提的东西。因此,尽管最优化的理性**并**不要求人们从**不**相信一组逻辑不一致的命题中的所有成员,但最优化的理性可能会要求人们的决策和行动所基于的置信度**总是**遵从概率法则。

一个认知主体的置信度的最优化理性同样涉及条件概率。我们对简单命题(例如骰子的点数为 7)的概率赋值通常基于证据。如果我们怀疑骰子是不公平的,我们可能会带着这个问题收集证据，例如通过掷出它们 2,000 次并计算其中点数和为 7（或其他任何可能的点数结果）的次数的比例。如果观察到的比例符合或近似于预期的比例（例如点数为 7 的比例是 1/6），那么，在其他条件均同的情况下，我们将会自然地对命题"下一次掷出的点数和为 7"这一命题具有这样的置信度。更一般地说，我们对"下一次掷出的点数和为 7"的验后非条件概率（post-test unconditional probability）应该等同于（或近似于）m/n，当且仅当骰子在我们的试验中以 m/n 的比例点数和为 7。在这种情况下，我们对于"在多掷 n 次的条件下，骰子点数和为 7 的次数为 m 次"的验后条件概率为 m/n。粗略地说，这是对我们的置信度的另一个约束。简单地说，一旦我们证实了证据 e 且知道它为真，命题 p 的非条件概率就应该符合"在 e 的条件下 p"的条件概率。这适用于很大范围的命题 p 和 e（包括 p 是一个科学理论而 e 是支持它的证据的情况）。如果某人对于一个做出了某一重要但未被检测的预测 p 的理论 T 的置信度为 x，那么通常来说，他对于"在 p 的条件下 T"的条件置信度将会是 x 加上某个正数，同时，他对于"在 ~p 的条件下 T"的条件置信度将会是 x 减去某个数。当他发现 p 为真或为假时，他对于 T 的非条件置信度将会是更大或更小的数值。我们可以合理地认为经验证实就是这样运作的。

一个关于理性决策和行动的一般理论的哲学基础

理性的规范——置信度应该遵从概率法则——由主观概率论的创立者 F. P. 拉姆齐注意到并发表在其 1926 年的开创性文章《真与概率》（"Truth and Probability"）中。[5] 认知主体 A 对于命题

p 的主观概率是 A 对 p 的真所具有的信任程度。在称这一概率为"主观的"时，我们并不是在责难或赞成 A 对 p 的信任程度的准确性或合理性。这里并不存在一种与"p 为真"的"真的"或"客观的"概率之间的隐含对比（假如这种概率在"A 在考虑 p"的情境下是有意义的）。我们仅仅是在衡量 A 有多么强烈地相信或倾向于相信 p。在列出了概率法则之后，拉姆齐强调，一个持有与这些法则不一致的概率的主体总会受制于"荷兰赌局"，也即一组尽管能够（在基于该主体的主观概率的赔率下）被接受，但无论世界处于哪种状态，都会令该主体成为彻底的输家的赌注。[6] 我们可以通过下面这个简单的例子进行说明。

假设 X 对于一个析取句子"A 或 B"（其中 A 和 B 为**不相容的析取肢**）的概率估计**低于** X 对 A 和 B 的概率估计之和，也即违背了不相容析取的概率为析取肢的概率相加这一法则。我们可以想象，X 对 A 赋予的概率是 1/5，对 B 赋予的概率是 3/10，对"A 或 B"赋予的概率是 49/100，尽管关于"A 或 B"的法则要求这一概率是 5/10。为了推出 X 的亏损，我们可以进行如下推理。首先，我们从 X 手里以 49 美元买入一个"A 或 B"为真的赌注，如果赢了，我们就能获得 100 美元，也即，我们在当前花费 49 美元，以使 X 同意在这一析取句子为真时付给我们 100 美元。这一赌注的价格，即 49 美元，低于赌 A 赢的赌注（赢了获得 100 美元）的价格（20 美元）和赌 B 赢的赌注（赢了获得 100 美元）的价格（30 美元）之和。因此，在从 X 那里买入赌"A 或 B"赢的赌注之后，我们分别以 20 美元和 30 美元的价格向 X 卖出单独赌 A 赢和赌 B 赢的赌注。我们之所以能够这样做，是因为基于 X 对上述析取句子和两个析取肢的置信度，X 愿意站在上述赌约的任何一方。但现在，无论单独 A 为真，单独 B 为真，还是 A 和 B 都不为真，X

都会亏损：(i) 如果两者均不为真，那么 X 在他的两个赌注中输掉 50 美元，同时从他卖给我们的赌注中赢得 49 美元，最终净亏损 1 美元；(ii) 如果只有 A 为真，那么 X 从赌 A 赢的赌注中获得 80 美元，在 B 上亏掉 30 美元，同时在卖给我们的"A 或 B"的赌注上输掉 51 美元，再一次净亏损 1 美元；(iii) 如果只有 B 为真，X 净亏损 11 美元。这一结果具有普遍性。如果你的概率违背了**任何一条概率法则，一个不利于你的荷兰赌局总是能够被设立**。[7] 如果你的概率赋值与法则相一致，就不可能设立一个不利于你的荷兰赌局。[8]

在离开了那些遵从"不同的分支选项具有相同的可能性"这一假定的几率博弈之后，接下来，我们要找到为命题赋予相对于认知主体的主观概率的一般方式。要做到这点，我们必须面对一个具有挑战性的问题：说一个认知主体对命题 p 的信任程度或主观概率是 n，究竟是什么意思？拉姆齐具有开创性的回答首先指明了他试图衡量信念的哪一方面。对他而言，"概率所关心的那种对信念的衡量是……对作为行动的基础的信念的衡量"[9]。他提议，通过找到该主体会愿意对这一命题的真下注的最低胜负比来衡量这一点。但他认识到，金钱的边际效用会使得金额上的胜负比并不能一般地用来计算效用。他同时强调了其他因素（例如对赌博的享受或厌恶），这些因素会对这一想法——一个人在赌博中愿意接受的金额赔率可以作为准确衡量这个人对某个给定命题的真实性的信心的基础——带来影响。正如我们将看到的，他相信能够找到准确的衡量标准。

这使他断言："我们以那种我们认为最有可能实现我们所欲求的对象的方式来做出行动，因此一个人的行为完全取决于其欲望和观点。"[10] 拉姆齐假定人所寻求的价值是可相加的，并观察到人

"总会选择那些在他看来会带来最大总和的好处的行动方案"[11]。继而，他引入了这样一个想法：我们如此行动，以便将**预期效用**（或**预期价值**）最大化。

> 我建议，我们将以下命题作为一条心理学法则引入：（一个主体的）行为是由被称为数学期望的东西所控制的；这意味着，如果 p 是他不置可否的一个命题，那么从他的观点看来，那些以 p 为其实现的充分必要条件的好处或坏处，在进入他的计算时都被乘以相同的分数。这个分数被称为"他对 p 的置信度"。因此，我们以一种预设了对数学期望的使用的方式来定义信念程度。我们或许可以采取不同的方式。假设他对 p 的置信度是 m/n；那么他的行动就会是这样：假如他不得不重复这一行动恰好 n 次，其中 m 次 p 为真，其余次数为假，那么他就会选择这一行动。（在这里我们或许必须预设在 n 次中的每一次，他都没有对之前次数的记忆。）[12]

尽管这一想法是有吸引力的，但我们不应该认为它指向了产生行动的任何确定心理机制。特别是，我们不应该认为这一想法是建议认知主体或者有意识或者无意识地去施行能使效用最大化的数值计算。（我认为）它同样也不应该被视为建议主体总是最大化预期效用（预期价值）——后者产生于将概率法则应用于这些主体的效用加上这些主体对简单命题的信念程度。拉姆齐的观点应当被理解为，它容许主体有些时候违背这些法则，同时，在这种情况下，主体的行动就会与他们在理性上的价值要求加上他们对简单命题的置信度而得到的结果不一致。

然而，在提出将他的构想当作心理学法则时，拉姆齐实际上是提议将它作为一个大致符合我们所作所为的模型。如果像我们通常假定的那样，大多数人能够意识到自己想要什么，并且能合理地协调可以增进其利益的东西，那么——无论他们经历了什么样的实际决策过程——一种关于理性决策的规范理论或许能够模拟个体在相似情境中对常见的回报结构做出反应的大致行为倾向。事实上，有人可能会说，如果人类没有被自然选择养育为有良好理性的、能够将预期效用最大化的生物，这种物种大概就不会变得那么成功。

拉姆齐以这种方式描绘他的模型：试想一个有理性的主体 A 正在前往目的地 Z 的途中，来到了一个岔路口。A 认为右边的岔路比左边的岔路更直接地通向 Z。因为人们在 Z 等着 A，所以 A 想尽快地到达。带着对右边岔路略微更多的信任，A 走上了右边的岔路，同时寻找问路的机会。在走过一小段路程后，A 看到一个农民在半英里外干活，于是 A 认真考虑是否应该过去问路。这是拉姆齐的决策问题。

假设 A 对右边岔路是直接道路的信任度是对另一边的两倍，即，A 对"右边岔路是直接的道路"的主观概率是 2/3。接下来，是否要问路这一问题就依赖于以下结果的价值：(ⅰ)（通过直接的道路）在**正确的**时间 R 到达 Z，(ⅱ)（通过另一条路）在一个稍差的时间 W 到达 Z，以及 (ⅲ) 向农民问路需要的时间 D。给定 A 对右边岔路是直接道路的置信度为 2/3，我们可以通过想象 A 面对这一决策三次来评估 A 的不同选择。A 从决定三次"不问路"中能够期望的总价值为 3 × 2/3 × **在 R 时到达的价值**加上 3 × 1/3 × **在 W 时到达的价值**。这等于 **2 × 在 R 时到达的价值**加上**在 W 时到达的价值**。相比之下，A 从三次决定"问路"中能够期望的价值（假定农夫知道正确的道路并且如果 A 问就会告诉 A）是 **3 × 在 R**

时到达的价值减去 3 × 问路所花费的时间 D 的价值。

因此，为了使 A 去问路在理性上是值得的，问路所关联的数值必须比不问路所关联的数值大。为了实现这一点，D（问路所花的时间）必须小于（在 R 时间到达的价值 - 在 W 时间到达的价值）× 1/3。

$$2R+W<3R-3D$$
$$3D<3R-2R-W$$
$$3D<R-W$$
$$D<(R-W)\times 1/3$$

注意，1/3 等于 1 减去 A 对命题 p（右边岔路是直接的道路）的主观概率。我们可以看到，这意味着，如果决策要与 A 对 p 的置信度相一致，问路所花的时间 D 就必须小于在 R 时到达的价值减去在 W 时到达的价值 × 1 减去 p 的概率。这一结果能够推广到一般情况。对任意 m 和 n，如果 A 对 p 的置信度是 m/n，那么问路的花费必须小于在 R 时到达的价值减去在 W 时到达的价值 × 1 减去 p 的概率（即 1 减去 m/n）。

在这一例子中，我们首先考虑 A 对"正处于通往 A 的目的地的正确道路"的主观概率。从这一点，我们计算 A 所能够合理花费的最大时间损失，并得出，这个数值为在一个时间到达目的地的价值与在另一个时间到达的价值之差的一个函数。但是，我们找到的类法则（law-like）关系同样使得我们能够在给定其他信息的情况下计算其他变元。例如，给定 A 愿意花在询问信息上的最大时间 D 的特定值，我们能够计算出使得问路是合理的所需要的 p 的主观概率。由于 D 的值等于在 R 时到达的价值减去在 W 时到达

的价值 ×1 减去 p 的概率，D 的值除以在 R 时到达的价值减去在 W 时到达的价值必须等于 1 减去 p 的概率；因此 p 的概率就等于 1 减去 D 的值，再除以在 R 时到达的价值减去在 W 时到达的价值。

$$D=(R-W)\times(1-\text{Prob}(p))$$
$$D/(R-W)=1-\text{Prob}(p)$$
$$\text{Prob}(p)=1-D/(R-W)$$

在这里，我们只是假定我们能够衡量主体的效用。要进一步地推广这一例子，我们需要一种解释这意味着什么的方法。我们所需要的并不仅仅是关于主体对不同结果的偏好的线性排序，而是一个去衡量主体认为某些特定结果比其他结果**好多少**的衡量标准。简而言之，我们需要一个对主体的效用赋予数值的方法。首先，让我们看看当我们有了这样一种衡量标准之后能干什么。接下来，我们可以探究相对于主体的效用究竟是什么。（由于这一部分讨论可能包含很多更具专业性的内容，想要略过的读者可以直接跳到本章的最后一节"社会科学上的应用"，这不会带来不连贯。）

主观概率与相对于主体的效用之间的类法则联系

令 p 为一个偶然命题（即在世界处于某种情况下为真而在另外一些情况下为假）。令 A，B 和 C 为（代表着世界可能处于的状态）结果且对于某一特定主体具有效用 U（A）、U（B）和 U（C）。（在进行这种计算时，我们假定我们知道这些结果是什么并且能够赋予它们数值。）我们选择的结果 A、B 和 C 满足该主体对于确定地取得U（A）和如果p为真则取得U（B）且如果p为假则取得U（C）是中立的。换句话说，U（A）是这样一个赌博的价值：如果p为真则取得U(B)，如果p为假则取得U(C)。那么，该主体对p的主观概率就取决于他愿意以什么赔率接受这一赌博。

假设该主体愿意以3比5的胜负比赌p为真或为假的任意一方，这意味着如果最终p为真，该主体将会获得价值为5［即U（B）］的结果，而如果p为假则获得价值为3［即U（C）］的结果。这可以直接改写为：对p的主观概率为3/8，而对~p的主观概率为5/8。这意味着U（A）=（3/8×5）+（5/8×3）=30/8。给定这一U（A），我们可以看到［U（A）-U（C）］/［U（B）-U（C）］=（6/8×1/2）=6/16=3/8。

拉姆齐正是这样定义p对于该主体的主观概率的——前提是，在我们所设想的赌局中，U（B）大于U（C），正如在前面的例子中那样。因此，当该主体愿意以7比3的胜负比接受关于p的任意一方的赌注时，我们就会根据一个等价的、以3比7的胜负比赌~p的真值的赌博进行计算。在这里，我们设置U（B）为7而U（C）为3。因此，如果结果~p是真的（而p是假的），该主体就获得价值7，同时如果~p是假的（而p是真的），该主体就获得价值3。这可以改写为，~p的主观概率是3/10而p的主观概率是7/10，这意味着U（A）=（3/10×7）+（7/10×3）=42/10。给定U（A）为这一值，我们也可以知道［U（A）-U（C）］/［U（B）-U（C）］=12/10×1/4=3/10。由于这一值为~p的概率，所以p的概率是7/10。

类似地，当该主体愿意以（例如）5比4的胜负比接受关于p的任意一方的赌注时，我们就会根据一个等价的、以4比5的胜负比赌~p的真值的赌博进行计算。这为我们给出了~p的主观概率为 4/9，以及 p 的主观概率为 5/9，这意味着 U（A）=（4/9×5）+（5/9×4）=40/9。因此［U（A）–U（C）］/［U（B）–U（C）］=4/9。由于这是 ~p 的概率，所以 p 的概率是 5/9。简而言之，给定 A、B、C 的效用，我们总是能构造出一个能够将该主体对一命题的主观概率衡量为［U（A）–U（C）］/［U（B）–U（C）］的赌局。

对相对于主体的效用做出定义

如果我们能够对一主体的效用赋予数值的话，那么以上这些都可以自然地得到。但我们如何做到这一点呢？拉姆齐以一个向该主体提出选择方案的计划来做出回应。

现在，让我们舍弃好处是可加的且直接可衡量的这一假定，并且试着用尽可能少的假定建立一个系统。首先，我们要假设……我们的主体……将会按照在他看来会为他的行动带来最好的总体结果的方式去行动。如果我们拥有全能者的权能……我们就能够通过给主体提供选择，发现他是如何根据价值来排序世界的所有可能进程的。在这种方式下，所有的可能世界将会被置于价值的秩序中，但我们（仍然）没有用数字表征它们的确定方法。"（结果）α 与 β 的价值之间的差和 γ 与 δ 之间的差是相等的"这样的断言也（仍然）是无意义的。……我们能通过问他下述问题来测试其对不同命题的信念程度。你是愿意在任何情况下（即，确定无疑地，没有偶然性地）都拥有一个 α 世界；还是愿意在 p 为真的情况下拥有一个 β 世界，而在 p 为假的情况下拥有一个 γ 世界？这时，假如他确信 p 为真，他就会简单地对 α 和 β 进行比较并在它们之间进行选择，就像没有其他条件被附加了一样。[13]

现在，拉姆齐在他所提出的选项——α 确定无疑；或如果 p 为真则 β，且如果 p 为假则 γ——中的命题 p 上做出了两个限制。首先，为了避免混淆（这些混淆可能会对该主体涉及逻辑复杂断言的计算造成麻烦），拉姆齐要求 p 为一个简单（原子）命题。其次，他要求 p 是"伦理学上中立的"，这意味着该主体对于如 p 所描述的世界没有价值评判上的关切；他不会偏好 p 为真或为假。例如，我对以下命题是中立的：在 1899 年的第一个有偶数天数的月份，下雨的奇数天与下雨的偶数天不一样多，且下雨的奇数天超过了偶数天。我没有对它的真假赋予任何价值。

接下来，拉姆齐定义了以 1/2 的信念程度去相信伦理学上中立的命题 p（即将其主观概率指定为 1/2）意味着什么。令 α 和 β 被该主体赋予了一些价值，并且因此，主体在两个结果之间有所偏好。一个主体以 1/2 的信念程度相信 p，当且仅当该主体在以下选择中没有偏好：如果 p 为真则 α，且如果 p 为假则 β；和如果 p 为假则 α，且如果 p 为真则 β。哪怕这个主体（比方说）更偏好 α。尽管在给定 p 为真时该主体会偏好前一个选项，而在给定 p 为假时会偏好后一个选项，但主体对于两个选项是中立的这一事实反映了下述事实（或者更准确地说，它就是下述事实）：该主体对于 p 的信念程度是 1/2。

这正是拉姆齐的阿基米德支点。因为 p 是伦理学上中立的，我们可以定义具有 1/2 的置信度意味着什么，而**无须首先衡量该主体的效用**。由于我们无法完全独立于 A 的置信度来衡量 A 的效用，我们需要这些特别的置信度来为我们提供 A 的效用的衡量标准。拉姆齐用置信度（信念程度）为 1/2 的定义去定义"α 与 β 的价值之差和 γ 与 δ 价值之差是相等的"意味着什么。一旦有了这一定义，我们将能够对相对于主体的效用赋予数值，从而量化它们。当这些数值就绪之后，我们就可以用上文中描述过的（主体的主观概率和主体的效用之间的）关系来为命题赋予该主体的（不等于 1/2 的）主观概率。于是，我们已经完成了我们的概念任务，即提供足以为现代的理性决策和行动理论提供奠基的、得到精确定义的概率概念和效用概念。

下图给出了我们思考的过程。我们已经完成了前面两步。我们同样已经看到，一旦我们完成了第三步和第四步，第五步和第六步就将从前面的讨论中得出。现在的任务是解决步骤 3 和步骤 4。

1. 简单偏好
↓
2. 以 1/2 的信念程度被相信的伦理学上中立的命题
↓
3. 结果 α 与 β 之间的价值的差 = 结果 γ 与 δ 之间的价值的差
↓
4. 对相关于主体的效用赋予数值
↓
5. 使用相关于主体的效用来确定主体赋予命题的主观概率
↓
6. 计算行动的期望效用

拉姆齐的概念路径

步骤 3 是我们已经完成的工作的一个变体。对拉姆齐来说，对于一个主体 A 而言，说 α 与 β（更偏好前者）之间的价值差等于 γ 与 δ（更偏好前者）之间的价值差，就是在说对任意以 1/2 的信念程度被相信的伦理学中立命题 p，A 在以下选择中没有偏好：(i) 如果 p 为真则 α，如果 p 为假则 δ；和 (ii) 如果 p 为真则 β，如果 p 为假则 γ。这告诉我们，(i) 对于 A 的价值，即 <u>α 的价值加上 δ 的价值</u>的一半，等同于 (ii) 对于 A 的价值，即 <u>β 的价值加上 γ 的价值</u>的一半。因此，α 的价值加上 δ 的价值等于 β 的价值加上 γ 的价值。这能够成立，仅当 A 所损失掉的 α 与 β 之间的价值差［被反映在 (i) 和 (ii) 的前半部分（当 p 为真时）］恰好能够被 A 所取得的 γ 与 δ 之间的价值差［反映在 (i) 和 (ii) 的后半部分（当 p 为假时）］所弥补。换言之，<u>α 减去 β 等于 γ 减去 δ</u>。根据拉姆齐的定义，这正是 α 与 β 对于 A 的价值差等同于 γ 与 δ 对于 A 的价值差的意义。尽管这本身并不能决定我们为相对于主体的效用赋予了哪些数字，但它极大地约束了赋值的范围。例如，如果 α 被赋予 9 而 β 被赋予 4，那么赋予 γ 和 δ 的数字之间的差将会是 5，这符合 α 和 β 的差。

我们的最后一步是，使用以 1/2 的信念程度被相信的伦理学中立命题 p，来进一步详述拉姆齐对相对于主体的效用的赋值。这是通过展示如何在数值上估计<u>主体所偏好的任意给定结果（世界状态）α 与主体不那么偏好的结果（世界状态）β 之间的价值</u>的刻度来做到的。我们从选项 (i) <u>如果 p 则 α，且如果非 p 则 β</u> 开始。我们令 W (1/2) 为一个世界状态，满足假如主体视自己处于其中，那么在向他描述了这一选项之后，他会对买入或卖出这一选项采取中立。其对于该主体的价值被定义为，β 的价值加上 <u>α 和 β 的价值差的一半</u>。［因此 W (1/2) 在价值上居于 α 和 β

之间。]接下来，我们找到另一个在伦理学上中立的 p*，它对于该主体来说在概率上独立于 p，且以 1/2 的信念程度被相信。我们令 W（3/4）为一个世界状态，满足假如该主体视自己处于其中，他就会对买入或卖出选项（ii）如果 p* 则 α，如果非 p* 则 W(1/2) 采取中立。这一选项的价值是 α 和 W(1/2) 的价值差的一半——这正是 W（3/4）的效用。

采用同样的思路，我们可以构造一个在世界状态 W（1/4）上被评价的选项（iii）如果 p# 则 β，且如果非 p# 则 W（1/2）。该选项对主体的价值为，β 的价值加上 β 和 W（1/2）的价值差的一半。（和前面一样，W(1/4) 在价值上处于 W(1/2) 和 β 之间。）在完成了对在 α 和 β 之间的 A 的价值的差值的划分之后，如果我们愿意，我们可以对已经指出的五个点赋予效用 1，2，3，4 和 5，或它们的任意倍数。此外，只要我们能够继续找到在伦理上中立的、以 1/2 的信念程度被相信的、在概率上相互独立的命题，这一过程就能被不断重复。通过这种方式，我们可以为对于该主体而言比 β 更受偏好但不如 α 的所有结果的价值赋予数值。

社会科学上的应用

本节完成了对主观概率和相对于主体的效用的哲学构想的说明。弗兰克·拉姆齐最先表达了这些构想，哲学家和有哲学眼光的社会科学家又以各种方式发展了它。[14] 这些想法如今对于许多略有差异但相互关联的关于理性决策和行动的哲学理论至关重要。社会科学家用该想法的不同版本描述在经济上、政治上和社会上重要的行为，并用它们批判政治和经济制度。

要理解这些应用，我们必须谨记，这一形式模型并不是要直接描述或推荐认知主体和行动主体应当以怎样的详细过程来做出决策。其目标是，指明那些作为达到所欲结果的手段而影响了行动之有效性的因素，以及指出如何衡量这种有效性。我们做出决策时所依靠的真实心理过程取决于我们的资质、我们思考所需的时间、相关证据的性质和可获取性、搜寻新证据需要花费的时间、精力以及错过的机会，以及一系列其他因素。这些因素根据不同的主体和不同的情况而有所不同。但是，无论我们在做出某个决策时使用了哪些过程，"我们在调整我们的行动以达到目的这方面有多成功"是衡量我们的选择有多成功的标准。我们对这一评价的决定因素了解越多，我们在更好地达成未来的目标上就有更多的机会。最后，我们不应该认为，具有最优效力的理性选择就是具有最优效率的自利选择。几乎每个人都重视他人的福祉，我们为某些被挑选出来的人的福祉赋予了相当大的价值，哪怕这些福祉有时只能通过我们自身的付出来取得。理性选择在实现圣人的目的和实现罪人的目的上一样有价值。

具有相对于主体的概率和效用的理性决策理论能够使人们将（以美元和美分作为衡量标准的）对理性经济行为的阐释扩展到更广泛的情况中的效用最大化行为。因此，引领这一发展的自然是那些赢得诺贝尔奖的经济学家，例如肯尼思·阿罗（Kenneth Arrow）、詹姆斯·布坎南（James Buchanan）、加里·贝克尔（Gary Becker）、乔治·斯蒂格勒（George Stigler），以及其他顶尖经济学家，例如邓肯·布莱克（Duncan Black）、安东尼·唐斯（Anthony Downs）、威廉·尼斯卡宁（William Niskanen）、曼瑟·奥尔森（Mancur Olson）以及戈登·塔洛克（Gordon Tullock）。他们对决策论方法的应用非常广泛，涵盖了——尤其在贝克尔（1930—2014）的研究中——社会歧视的经济代价、教育投资的社会效用、某些类型的负面刺激对于遏制犯罪的影响，以及婚姻和家庭方面的新趋势。[15]

下面这段话截自贝克尔1992年的诺贝尔奖获奖发言，这段话强调了在他看来，拉姆齐相对于主体的效用的多元主义模型如何将传统的经济学思考推广到通常范围之外。

> 我所说的经济学方法并不假定个人的动机仅仅是自私或利益。这是一种分析的方法，而非对特定动机的假定。和其他人一样，我一直试图让经济学家摆脱对自利的狭隘假定。行为是由一系列更丰富的价值和偏好所驱动的。这一分析假定，无论是出于自利、利他、忠诚、怀恨或是受虐的动机，个体总是将他所认为的福祉最大化。他们的行为具有前瞻性，并在一段时间内保持一致。具体地说，他们总是尽其所能地预测其行动的不确定后果。[16]

在这段文字之后是贝克尔对以下领域的贡献：（i）歧视的原因和代价，以及最有希望最大限度地减少歧视的方法；（ii）侦查和定罪概率的变化对犯罪行为的影响，以及与不同类型、不同持续时间的惩罚相关的效用；（iii）多种类的教育和培训对个人、社会以及经济的影响；（iv）家庭的形成、结构和解体。

除了贝克尔之外，大多数**公共选择派**的经济学家将他们的决策论方法聚焦在政府、政治和经济之间的互动上。这种新兴的社会科学方法论通常被描述为将**经济推理**应用于新的领域，但从根本上说，这是一种对拉姆齐创建的评估手段-目的（means-end）决策的哲学框架的野心勃勃的应用。拉姆齐本人，除了是20世纪早期的一位顶尖哲学家,也是一位杰出的(尽管是非专业的)经济学家。[17] 在下面这段摘自英国经济学家埃蒙·巴特勒(Eamonn Butler)的《公共选择:一个入门》(*Public Choice: A Prime*)的文字中,我们可以看到那种常见的术语挪用——它将理解所有手段-目的推理的模型描述为经济推理的模型。

下一座山的风景是否值得我们付出攀登的努力?我们应当花费多少时间来为一位朋友挑选最合适的生日贺卡?这不是钱的问题,但仍存在某种宽泛意义上的经济决策。其中包括,我们衡量为了取得我们的目标而值得花费的时间和精力,以及我们在不同的可能性之间做出选择。**经济学实际上关于我们如何选择花费任何可用的资源(例如我们的时间和精力)来实现我们看重的其他事情——这不仅仅是金钱上的选择。**[18]

公共选择理论将早已被人熟知的**市场失灵**(market failure)问题与重要但以前概念化不足的**政府失灵**(government failure)问题联系在一起,我们可以从做出这一联系的方式中对公共选择理论有所了解。首先我们来看市场失灵。自由竞争市场的美妙之处在于,典型的交易是各方自愿交换商品和服务,每一方都用有价值的东西换取他或她认为更有价值的东西。一个自然的想法是,如果大体来说每一个参与者都能够最好地判断在当前情况下什么对于他或她而言是最好的东西,那么交易通常会为所有参与者带来收益。亚当·斯密的**看不见的手**理论将这种情况假定为通常情况,它断言了在公平竞争的条件下,通过自愿交易来最大化其效用的各主体最终使得社会的效用作为一个总体得到最大化,尽管他们的目标并非做到这点。

斯密的想法很有力，但增加各方效用的自愿互动通常会在多大程度上聚合起来从而增加总的社会效用，这只能诉诸猜想。而无须诉诸猜想的是，存在着并非如此的重要情况。当各方之间的自愿交易给非交易方施加了成本（或降低了效用）时——例如，当它们给他人带来健康和安全风险时——就会发生这种情况。当这些被称为**外部性**的成本超出了原初交易所带来的获利时，积聚的效用就降低了。这被称为**市场失灵**。当反复发生的此类失灵能够被发现时，它们通常需要政府的矫正。

它的近亲，**政府失灵**，尽管有熟悉的思路，却在公共选择理论之前并不被人熟知。它之所以被人熟知是由于公共选择理论家观察到，与**私营部门**的行为者（个体、商家、企业和工会）类似，**公共部门**的行为者（通过选举上台的官员及其工作人员，以及监管机构的成员）同样是具有自身的效用和主观概率函数的决策制定者。当我们将他们的行为当作其效用和主观概率的函数加以检视时，我们会发现一些情境，在这些情境中，这些试图使效用最大化的主体对一些有时会减少而非增加社会效用的刺激做出回应。这些刺激甚至可能有损这些主体当初制定的法律和法规所陈述的目标。这些情况被称为**政府失灵**。指明这些失灵并减轻其带来的问题，正是公共选择理论领域的工作的主要焦点。

其中一个失灵效应被塔洛克（Tullock, 1967）命名为**政治寻租**（political rent seeking），其中涉及了政府的限制——包括不必要的许可费（例如针对出租车司机、美容师和美甲师等的收费）、过度的注册和报告要求、关税、配额以及特别补贴。这些几乎总是有利于已有成就的企业，它们会使得新的商家更难以进入现有的市场，从而限制了竞争，提高了价格，并对公众强加了成本。由于那些受青睐的企业获得的收入可能是相当大的，因此这些企业有理由将更多的资金投入在游说、竞选捐款和其他形式的幕后政治操作上,并以此转移了那些原本可以有效利用的资源。由于政府的行动对公众附加的成本——以商品和服务的更高价格以及更低的可获取性为形式——对于消费者来说通常是不可避免的,并且其原因对于普通选民来说是不可见的,所以,政治或政府领域的行为者通常从对公共福祉有害的政策中获利极多而损失极少。

其他公共选择理论家,包括经济学家乔治·斯蒂格勒(1911—1991),在研究政府对商业和工业的监管时,也发现了由类似的相互激励逻辑产生的类似结果。斯蒂格勒怀疑,少数人的集中利益与多数人高度分散而难以被察觉的成本以相同的方式相结合,会给监管者带来不正当的激励。他收集的经验证据表明,许多监管最终会使行业中的老牌企业获益,而牺牲后来者和公众的利益。1962 年,他与他的合作者克莱尔·弗里德兰(Claire Friedland)发现,对电价的监管在压低电价上作用很小,而在 1971 年,他主张,政府监管非但没有减少有针对的垄断的有害影响,反而倾向于通过减少竞争来加强垄断。[19] 这些想法不仅是斯蒂格勒获得诺贝尔奖的原因之一,同时也使美国在 20 世纪 70 年代对民用航空、交通以及天然气产业方面放松了监管。斯蒂格勒还因开创了获取、组织和传播信息的经济学而被诺贝尔委员会表彰。

从公共选择理论家那里获得最多关注的研究计划当属从个体的偏好和主观概率中提取出合理的公共选择。尽管已经取得了有限的结果,但最重要的大问题仍未解决。在理想情况下,我们可能会希望从一个集体的成员的相对于主体的效用中提取出相对于集体的效用和主观概率。但似乎没人知道这该如何达成。需要克服的主要障碍来自另一位诺贝尔奖得主肯尼斯·阿罗在其《社会选择与个人价值》(*Social Choice and Individual Values*,1951)中得到的一个结果。在该书中，他证明了不可能找到一种一般的方法，来将至少三个选项上的任何实际的（无数值性的效用的）个体偏好集——在公平对待个人偏好排序的看似必要条件的情况下——转换为一个可接受的社会偏好排序。数十年来，人们试图对阿罗的原始条件进行修改，但仍然没有发现普遍且被广泛接受的解决方案。假如将输入换成**个体效用**（即带有数值的偏好）的话，情况会不会发生改变呢？这仍是值得怀疑的。一部分原因是，我们不知道如何客观地去比较不同个体的相对于主体的效用。因此，或许那种完全通用的**社会**决策理论仍不存在。[20]

然而，我们已经取得了一些涉及个体的投票行为以及一些关于个体的政治行为人（individual political actors）的行动的具有重要社会意义的结果。其中一个结果来自安东尼·唐斯的《民主的经济理论》（*An Economic Theory of Democracy*）。他在书中指出，由于在当今社会，一张选票决定选举的概率接近于零，因此投票的理性效用似乎极小，并且，人们可能会认为投票的不便会轻易地抹消这点效用。这个想法的确有说服力，但并不是故事的全部。有相当多的人确实参与了投票。为什么？是他们不理性，还是有其他不取决于某人青睐的候选人是否获胜了的效用牵涉其中？大概是后者。在这些效用中，可能包括"投票是人的道德责任"这类意义，但也可能包括能够实现说"我已经投票了"的愿望（从而表明自己的德性，维护社会关系，使自己在自己所认同的团体中地位更加稳固）而且无须承受说谎的不安以及害怕谎言被发现的恐惧。

当然，通过投票来实现这些目标是一回事；收集必要的信息来投出一张合理的选票是另一回事。因为收集和评价必要的信息以使自己的选票变得合理（在时间和精力上）的成本是非常高的，所以许多人会随意地投票。这正是为什么党派和候选人把自己的形象简化（无论是否准确）对于影响缺少信息的投票人而言如此重要。同时，这也是为什么候选人不仅去辱骂或嘲弄他们的政敌，还要辱骂和嘲弄他们的支持者。因为这样能够降低某人将自身认同为这样的支持者的主体相关效用。

这样的问题正是现代民主政府固有的许多缺陷之一。为了与这些缺陷做斗争，除了其他努力，我们还需要客观而开明的出版和教育系统，以及大范围传播准确信息的能力和意愿。作为公共选择理论的创始人，诺贝尔奖获得者詹姆斯·布坎南（1919—2013）坚持认为，我们还需要一套宪法来鼓励共识，限制政府的权力范围，约束多数人将其意志强加于少数人的权力。他所说的宪法指的是一系列基本决策规则，旨在代代相传，指导决定日常政治事务的程序——例如，控制选举的规则、控制政府不同部门运作的规则，以及阻止政府在没有绝大多数人授权的情况下做出某些事情的规则。[21]

在评估可接受的宪法规则时，他采取了一种可以被视为分析性虚构的手段。他坚持认为，这样的规则必须能够在一场假设的、理想化的制宪会议上，被理性的、试图优化期望效用的主体一致接受，这些主体具有关于人性和我们栖居的世界的知识，但并不知道随着时间推移自己会占据什么样的社会和经济地位。他意识到，没有一部宪法可以保证将社会效用最大化，同时避免对少数人的压迫；但他相信，可以客观地证明某些宪法要强于其他宪法。这些宪法正是他所想象的（理想的、有理性的、试图优化期望效用的）主体能够一致接受的。历史上实际存在的宪法应当根据与被如此采纳的宪法的相似性得到评判。

尽管布坎南认为，确定合理的宪法规则是一种高度理想化的、持续进行的探究,但很明显,他对这些规则的构想与美国国父的构想非常相似。因此,他以下面这段话来结束1986年的诺贝尔奖发言也就不足为奇了。

  1987年,美利坚合众国为那场为美国政治秩序提供了基本规则的制宪会议举办了200周年庆典。这场会议对政治规则进行了深思熟虑的选择,这在历史上是少见的。那些启发了詹姆斯·麦迪逊的思考的政治视角在本质上与那些启发了克努特·维克赛尔(Knut Wicksell)的政治视角并无不同,但后者在广度上略逊一筹,且更聚焦于对税收和开销的分析。两人(麦迪逊和维克赛尔)都拒绝那些认为国家比作为其成员的个体在智慧上更为优越的构想。两人都试图利用所有可用的科学分析来解决持续存在的社会秩序问题:我们如何能够共同生活在和平、繁荣、和谐的社会中,同时又保留我们作为能够并且必须创造自身价值的自治个体的自由?[22]

  20世纪的哲学家奠定了对概率的主观主义理解的基础,并将其纳入(能够适用于任何领域的个人和机构行为者的)理性决策和行动的逻辑模型,他们为自己在社会科学领域的同事提供了最强大的工具之一,而其应用才刚刚开始。

第 9 章

心灵、身体与认知科学

经典的心-身问题；心灵、意义与表征的新视角，新的心-身之辩；理解、命名、必然性与概念上的可能性；关于心灵的功能主义；反对将人类的疼痛等同于神经生理学事件的一个失败论证；我们所处的位置；计算、认知心理学以及心灵的表征理论。

经典的心-身问题

笛卡尔想象了一个著名的情境。在这一情境中，尽管他具有所有日常思想、感受以及感觉，但他实际上在做梦，或者更糟的是，他被一个邪恶的魔鬼欺骗了。他意识到，假如这是真的，他就不会知道绝大多数关于他自身以及周遭世界的基本事情。他甚至不会知道自己身边确实有这么一个世界；他也不会知道自己有一个物理身体，亦不会知道存在着任何除了他自己的思想和经验之外的东西。尽管如此，他还是会知道自己的存在，因为他具有思想以及经验这一事实本身就表明了他的存在。因此，他推出，我们一定可以知道自己的存在，哪怕我们并不知道我们的身体、我们的大脑抑或任何物理事物的存在。由此，他得出结论：他，笛卡尔，并不等同于任何身体、大脑或物理事物（即他与这些东西不是同样的事物）。

尽管这一论证并非完全没有吸引力，但这一魔幻梦境与实际发生的事情或许有所偏离。这一点很容易确定。想象你在漆黑中醒来，无法移动身体，也无法看到身体和周围的事物。你唯一感受到的是一个小小的光点以及一段模糊的音乐声。尽管你完全能够思考，却不知道发生了什么。在这样的情境中，你所知道的可能比"我具有思想和经验，因此我一定存在"要多。你所知道的是什么？并不单单是"**存在（某一类）思想和经验**"或"**某人有**

这些思想和经验"。你知道一些比这更强也更明确的东西。

你知道什么？考虑与你对句子"我存在"或"N存在"（其中"N"是你的名字）的使用相关联的命题。这两个句子断言了同一个人的存在。由于不存在进一步的谓述，所以它们所表达的命题在表征上是同一的。然而它们是不同的，因为你可以对它们具有不同的认知态度。事实上，你在使用这两个句子时可以引入三个命题：其一要求你以第一人称的方式指出你自己，其他认知主体也可以用同样的方式指出他或她自身；其二要求用名称"N"来指出你，其三并不要求用哪种特定的方式来指出你这个人。[1] 由于这三个命题具有相同的真值条件，所以不可能其中一个为真而另外两个为假。但是，对于某个认知主体而言，他可能相信或知道那两个要求更高的命题中的一个而不相信或不知道另一个，也有可能相信或知道那个要求更低的命题而不相信或不知道另两个高要求的命题。

更进一步。用"B"来命名你的大脑、你的整个神经系统或你的身体（即任何可能被认为是"你"的候选物的物理事物）。带着B这个名称，我们回到那个你在黑暗中醒来，只意识到你的思想和感觉的场景。你知道你存在，但很难说你知不知道B存在。尽管你不知道需要通过名称"B"来指出那个假定的存在的命题，你可能知道那个没有强加这种要求的要求更低但在表征上同一的命题。你知不知道后者取决于你是否就是B。如果你是，那么当你知道"你存在"时，你谓述了自身（即B）的存在，并且知道"B存在"。如果你不是B，那么就不是如此。这一观察对于笛卡尔的论证而言是致命的。因为你无法在不首先决定你是否就是B的情况下决定你是否知道一个谓述B的存在的命题，所以你就不能使用关于你知道什么、不知道什么的结论来决定你是不是一个纯粹的物理存在。

这一点可以被推广到更一般的情况。没人会仅仅因为有些人知道（i）马克·吐温（Mark Twain）写了《哈克贝利·费恩历险记》（*The Adventures of Huckleberry Finn*）而不知道（ii）萨缪尔·克莱门（Samuel Clemens）写了《哈克贝利·费恩历险记》，于是就幻想着论证马克·吐温不是萨缪尔·克莱门①。如果这两个知识断言是对的，那么命题（i）和（ii）——其中一个被知道而另一个不被知道——一定不同，而这反过来意味着，在某些时候，名称对使用它们的句子所表达的命题所做的贡献一定超过了提供出它们所指称的内容。正如我们在第7章中看到的，这里涉及了一个哲学家们已经给出了解决方案的谜题，但这一谜题是关于思想和语言，而非关于心灵和身体的。

对笛卡尔论证的上述反驳并不表明他的观点——我们是精神性的存在，不同于我们的身体——是错的。这只表明他的论证没有提供出相信这一观点的理由。所有经典的立场都仍然保持开放——我们是纯粹物理的，我们是纯粹非物理的，或我们部分是物理的而部分是非物理的。

心灵、意义与表征的新视角

尽管笛卡尔对于心/身二元论的论证并不是成功的，但他的这一观点——思想（或者更宽泛地说，表征）是心理之物的本质——已经成为过去几十年中哲学的核心。心灵在思想和知觉中

---

① 译者注："马克·吐温"是萨缪尔·克莱门的笔名。

表征世界中的事物以及它们自身；而思想和直觉又反过来使得指向目标的行动和语言交流成为可能。正如我们在第 8 章中看到的，主体依据自己的信念做出行动，试图带来他们想要的变化。而正如在第 7 章中看到的，像知识、信念和断言这样的心理概念是知道、相信或断言的主体与被知道、被相信或被断言的事物（命题）之间的关系。

将命题理解为纯粹表征性的认知行为或运算（operations），我们看到，心灵是表征和意义的共同来源。命题——一块块的信息或假信息——做出表征，因为它们是主体用以表征事物的认知行为，通过命题，主体将事物表征为这样或那样的。它们也是一些句子的意义或语义内容。说一个语言 L 中的句子 S 的意义是 p（或者说对 S 的使用具有语义内容 p）大抵上就是说语言 L 的使用者对句子 S 的使用就是做出了 p。句子是语言工具，用于做出表征性的行为，用于使一个主体的表征与其他主体的表征相协调。理解句子"地球是圆的"的人会用这一名称挑出这一行星，并用"是圆的"来谓述它。要做到这种使用，就要做出作为该句子的意义（语义内容）的行为类型。因为不需要其他的认知活动，知道句子 S 在语言 L 中的意义是什么并不要求任何关于 p 或 L 的思想，更不用知道 S 与 p 和 L 之间具有一种复杂的理论关系 R。

语言是一种社会建构，它扩大了我们的认知视野。它是通过使我们能够相信或者不相信某些命题来做到这一点的——我们对这些命题的认知依赖于他人。例如，我相信天王星是一颗遥远的行星，尽管我从未观察到它，从未看到它的照片或与它进行任何直接的接触。我相信这一命题是因为我从其他人那里学会了这一名称，并意图用它来指示他们用它来指示的东西。我还被告知它是一颗远离地球的行星。因为我不仅理解"天王星是一颗遥远的行星"这个句子,而且还接受了它,所以我算是相信它在英文中所表达的命题。这并不要求能够将这一名字与某个能够在其出现的句子中与它相互替换而不改变句子意义的识别性描述语[①]相联系。事实上,我对这个名称的主要识别性描述语是寄生于(我的使用所依赖的)他人对这个词的使用之上的。正如我对它的使用那样,这个名称指称**他们用它来指示的任何东西**。然而,哪怕"天王星"这个名称从未存在,**我所相信的东西仍会是真的**。所以,我所持有的"天王星是一颗遥远的行星"这一信念并不关于这一名称;它单纯是在用"是一颗遥远的行星"来谓述一个特定的对象。

类似的思路也能够适用于许多称呼人、地点和事物的专名,以及那些实际上是自然类(nature kinds)——例如**铝土矿、钨、海牛、狐猴和红杉**——的共同名称(common name)的通称词项(general terms)。[2]那些包含了这些词项的句子所表达的命题将对象或对象的种类表征为具有或缺乏某些性质的,而这些性质假如不是处在认知主体与其他使用了该词项的使用者的沟通链条中,就无法被主体纳入思考。由于理解和接受包含这些词项的句子被算作是相信了它们所表达的命题,那么当涉及语言时,即使是某个主体的最离群索居的思想也具有社会维度。由于在许多这样的情况下,我们并不能在理解句子本身之前就把握了句子所表达的命题,那么这表明了:理解一个句子并不总是要在我们先前可把握的命题储备中搜寻,以便在我们的语言社群中找到其他人用该句子来表达的命题。这所涉及的只是使我们的语言意图与他人的

[①] 译者注:描述语(description),指用于指称具有特定属性的一个或一些个体的表达式,如文中"一颗遥远的行星"等。这一术语在哲学文献中通常翻译为"摹状词",但为了让非专业的读者更容易地理解,我们在此采用了更为直观的翻译。

语言意图相一致，而他人使用语言的模式决定了起支配作用的语言习俗。近些年来，哲学上传统的心-身之辩已经以一种对这些语言问题敏感的方式被重新表述。[3]

新的心-身之辩

在 20 世纪 50 年代和 60 年代，包括 U. T. 普莱斯（U. T. Place）、J. J. C. 斯马特（J. J. C. Smart）、大卫·刘易斯（David Lewis）和大卫·阿姆斯特朗（David Armstrong）在内的一群著名哲学家将心-身之辩转到了一个新的方向上。并非像笛卡尔那样采用纯粹的哲学论证来证明一个立场或其他立场的正确性，或满足于反驳其他人给出的论证，他们主张：心理状态和过程能否被等同于物理状态和过程是一个科学问题。在观察到物理学、化学和生物学中取得的巨大进步之后，他们强调，那些出乎意料的理论同一性命题已经成为这一时代的秩序。[4] 例如，他们坚持认为，科学已经发现了热是平均分子动能，金是原子序号为 79 的元素，生物基因是 DNA 序列，闪电是一类放电（electrical discharge），事物的颜色是被精确定义的频率之内的反射光波的性质，水是 H_2O。因为这些进步所具有的解释力来自已经得到广泛认可的用以探索自然世界的物理主义框架，这些哲学家认为，我们有十足的理由去期待能够在同样的框架中取得理解心灵方面的进展，亦即，将心理状态和过程等同于物理状态和过程。这些心理-物理同一性理论的早期哲学支持者认为，疼痛、感觉以及意识本身，都能够以某种方式等同于神经状态和过程。他们并没有具体说明哪些神经状态和过程同一于疼痛状态、感觉状态或意识。这是神经科学家的工作。哲学的工作是击败对"这种识别可能是正确的"所做的概念上的反驳，以及阐明将心理事物纳入物理科学所具有的解释优势。

根据这些理论工作者的说法，将一个心理类型（例如疼痛）等同于一个神经化学类型（它被称为"C 纤维激活"）在概念上并不比将闪电等同于一类放电、将热等同于平均分子动能，或将水等同于 H_2O 更有问题。必须承认，关于这一想法有很多可以讨论的内容。然而，这里也有一个陷阱。这些哲学家理所应当地认为，与科学中其他的理论同一性命题一样，这些将心理状态和过程等同于物理状态和过程的陈述是偶然的，并且只能通过经验证据而得知。事实上，这两点是相关联的。说科学同一性命题只能通过经验证据而得知，就是在说它们不能仅通过哲学论证就被确定，因为我们需要观察和证据来排除它们为假的可能性。由于这预设了存在这样的可能性，因此似乎，这些同一性命题尽管为真，但本可以为假——因此它们是偶然的，而非必然真理。尽管这些适用于所有科学的想法看起来很简单，但事实证明它们比最初设想的更加难以捍卫。

理解、命名、必然性和概念可能性

1970 年 1 月，时年 29 岁的神童索尔·克里普克（Saul Kripke，1941—2022）在普林斯顿大学发表了三场题为"命名与必然性"的系列演讲，这三场演讲改变了 20 世纪的哲学进程。在他年仅 17 岁时，还是内布拉斯加州奥马哈市一名高中生的他就提出了后来成为关于**必然性和偶然性的逻辑**的形式系统的第一个系统性且被广泛接受的语义学（意义理论）——这一问题已经被探索了四分之一个世纪，始于 C. I. 刘易斯（C. I. Lewis）、C. H. 朗福德（C. H. Langford）、露丝·巴尔坎·马库斯（Ruth Barcan Marcus）以及鲁道夫·卡尔纳普等人。[5] 在 1962 年获得哈佛大学的学士学位后，克里普克立即进入了哈佛学会，他先是在耶鲁大学和普林斯顿大学轮流授课，直到成为洛克菲勒大学（纽约）的全职研究教授。

在普林斯顿大学的那几场讲座主要发展了一种基于现实的、以世界为基础的对必然性和可能性的理解。这种理解不同于概念上的必然性和可能性。以下例子展现了他的主要论点。

1. 格雷格·索姆斯 ≠ 布莱恩·索姆斯（格雷格和布莱恩是我的两个儿子）。
2. 如果索尔·克里普克存在，那么索尔·克里普克是一个人。
3. （指着办公室中的一张桌子说）这张桌子不是由金属制成的。
4. 如果这张桌子存在，那么它由分子构成。

由于这些命题为真，根据克里普克的观点，它们必然为真。为什么？的确，格雷格和布莱恩是两个不同的人。他们中的每一个都可能在另一个不存在的情况下存在，并且每一个都可能具有与其实际具有的属性不同的属性。格雷格可能在新泽西州的普林斯顿，而不是在康涅狄格州的纽黑文出生（实际上他是在这里出生）。布莱恩可能在纽黑文而不是普林斯顿出生（实际上他在普林斯顿出生）。但他们两个人不可能同时作为一个个体而存在。假如存在一个可能的个体格布，与以上两人同一（即与以上两者是完全相同的个体），那么，由于格雷格和布莱恩实际存在并且并不同一，格布就会实际存在，而同时又不同一于自身。这是荒谬的。因此格雷格和布莱恩不同一（即不是同一个个体）这一事实意味着他们不可能同一。从这里我们可以推出，"他们不同一"这一断言是一个必然真理。

这一论点也可以被表述为，非同一性是任意一对不同一的事物所具有的本质属性。类似地，克里普克论证道，"**是一个人类**"是任一人类的本质属性。这意味着如果克里普克确实是一个人类，那么他不可能不作为人类而存在。在这种情况下，如果"2"为真，那么它就是必然的。"3"和"4"也是如此。事实证明，我办公室中的那张桌子——我正在用的这张——始终是木制的，不是金属制的。它同样也由分子构成。如大多数事物一样，它可能具有它实际上不具有的某些其他属性。但**由金属制成**和**不由分子构成**不是这样的属性。无论宇宙处于什么样的可能状态，假如在宇宙中有一个由金属制成的桌子，或者假如在宇宙中有某个看上去像桌子、被当作桌子使用，但不是由分子构成的东西，那么它就**不会**是我正在使用的这张桌子。因此，如果"3"和"4"为真，那么它们就必然为真。

尽管这些论点在当时和现在都是简单易懂的，但它们在当时和现在都具有冲击性。尽管"1—4"都是必然真理，但它们既不是根据定义为真，也不能通过从自明的真理（即其否定是矛盾式）中被演绎地推出而为真。相反，它们只能够基于经验、观察和经验性的证据而为人所知。这怎么可能呢？一个必然的——无论世界处于哪种状态都会为真的——命题，怎么可能需要与世界之偶然所是相关的经验证据才能为人所知？

克里普克的回答诉诸了我们关于本质属性和关系的知识。我们仅仅通过理解词项"人类""并非由金属制成"以及"由分子构成"就会知道，它们所表达的属性——**是人类、是并非由金属制成的东西以及是由分子构成的**——是具有这些属性的任何事物的本质属性。我们同样仅仅通过理解非同一谓词"≠"，就知道了它所表达的关系"不同一于"为实际上具有这一关系的任何二元组所本质地具有。换句话说，我们具有以下先行概念的、先验的知识：如果任一对象实际上具有这些属性，或与另一对象具有"**与之不同一**"的关系，那它们在它们存在于其中的任何真正可能情况下，都具有这些属性或处于这一关系中。因此，我们具有以下概念的、先验的知识：命题（1—4）**如果是真的，那么它们就是必然的**。当然，发现它们实际上为真需要收集经验证据。这意味着，为了发现某些东西在**任何状态的世界中**都会是事实，我们有时必须**首先**经验性地去探索**世界所处的状态**，以便发现它们是不是事实。类似地，为了发现哪些东西可能或不可能是事实，我们有时必须**首先**探究哪些是事实。

这一想法依赖于概念的可能性和真正的可能性之间严格的区分——即事物可以**被设想为**的方式和事物可以**实际上**所是（或所曾是）的方式之间的区分。根据承自戈特弗里德·莱布尼茨的术语，当代哲学家们用**可能世界**（possible worlds）——或更准确地说，可能世界状态（possible world-states）——来做出这一区分。对克里普克来说，可能世界状态是真实具体的宇宙所能是的最完全的方式——宇宙所能具有的最完全的属性。在概念上的可能世界状态是宇宙所能被融贯地设想的最完全方式——**宇宙能够被设想的最完全的属性**，而我们不能仅通过（无须经验证据的）推理就断定宇宙不具有这样的属性。

这两类属性是不同的。就像存在着日常对象可能具有的属性以及它们不可能具有的属性，也存在着宇宙可能具有的最完全的属性（真正可能的世界状态）和宇宙不可能具有的其他属性（真正不可能的世界状态）。正如对象不可能具有的某些属性是人们能够**设想**它们具有并且无法先验地知道它们不具有的属性，宇宙不可能具有的某些最完全属性（某些不可能的世界状态）是我们可以**设想**宇宙具有并且无法先验地知道它不具有的属性。这些世界状态在**概念**上是可能的。因此，对"1—4"这样的必然真理的知识所要求的经验证据是用来排除**真正**不可能但在概念上可能的、"1—4"在其中为假的世界状态。

下文是克里普克自己对可设想性和真正的可能性之间关系的阐述。

我们将以下两对概念严格地区分开来：一对是后验真理和先验真理，另一对是偶然真理和必然真理。因为尽管"这张桌子如果存在，就不是由冰制成的"这一陈述是必然的，但它肯定不是我们先验地认识到的……这看上去像木头。它摸上去不冷，假如它是由冰制成的，它大概摸上去会冷。因此，我得出结论，它大概不是由冰制成的。在这里，我的整个判断是后验的……给定它事实上不是由冰制成的而是由木头制成的，我们无法想象在某种情况下它可能是由冰制成的。因此我们不得不说，尽管我们无法先验地知道这张桌子是不是由冰所制成的，但如果给定它不是由冰制成的，它就**必然**不是由冰制成的……如果 P 是陈述"这张桌子不是由冰制成的"，某人通过先验的哲学分析知道了某一形如"如果 P，那么必然 P"的条件句。如果这张桌子不是由冰制成的，它必然不是由冰制成的。那么，另一方面，我们通过经验性的探究知道了 P，该条件句的前件是真的——这张桌子不是由冰制成的。我们能够通过肯定前件得到结论：

P ⊃ 必然 P
P
必然 P

结论——"必然 P"——说的是，这张桌子必然不是由冰制成的，并且这一结论是被后验地知道的，因为它所基于的前提之一是后验的。[6]

在克里普克的论证中，我们无法先验地知道 P——这一事实意味着我们无法先验地认识到，一个 P 在其中为假的世界状态不是世界实际所处的状态。这样的状态能够被融贯地设想，因此在概念上是可能的。我们先验地知道"**如果 P 那么必然 P**"——这一事实意味着我们先验地知道，如果一个 P 在其中为真的世界状态是实际的世界状态，那么 P 在其中为假的任何世界状态都不可能是实际的世界状态。因此，当我们经验地发现 P 为真，我们就认识到 P 在其中为假的那些在概念上可能的世界状态不是真正可能的。

带着这些澄清，让我们回到心-身同一论的支持者的主张。他们相信，在物理学、化学以及其他科学中被广泛接受的理论同一命题能够被当成模型，用来理解基于经验的、将心理状态和过程与物理状态和过程等同起来的陈述。记住，早期的心-身同一论支持者认为科学中的同一命题是**偶然的**，这大概是因为我们需要用经验证据去证实它们为真。克里普克不无道理地论证道事实并非如此。由于金和具有原子序号 79 的元素就是同一个东西，所以金不可能在不具有这种原子结构的情况下存在。因此，这个同一陈述是一个必然真理。陈述"水是 H_2O"和"热是平均分子动能"也是如此。前者断言，水这一物质和由两个氢原子和一个氧原子组成的分子这一物质是同一种东西。由于这是一个必然真理，从中可以推出，对任意的真正可能状态 w，假如世界处于状态 w，那么任意量的水都是一定量的 H_2O，反之亦然。类似地，在热的情况中，同一断言的真保证了：对世界的任意真正可能状态 w，以及对任意 w 中存在的一对事物 x 和 y，假如世界处于状态 w，那么 x 将会比 y 热，当且仅当 x 的分子的平均分子动能大于 y 的分子的平均分子动能。

当纳入了这些内容之后，克里普克和其他人做出结论，**将心理事物等同于物理事物的陈述必须和科学上的其他同一性陈述一样，如果为真则必然如此**。这带来了一个问题，因为我们尚不清楚它们是否能够被这样看待。

关于心灵的功能主义

为了确定那些将心理状态和过程等同于物理状态和过程的陈述的地位，我们需要更仔细地审视例如**疼痛**这样的心理概念。由于疼痛是意识体验，所以我以觉知到其他意识体验（例如我的视觉或听觉体验）的方式觉知到我的疼痛。我同样知道，我的疼痛是由某些事件——常常是受伤——引起的。一旦被引起，疼痛以特有的方式改变了我的思想、动机以及行动。当理解到这些关于我的事情后，我通过观察他人对与在我身上引起疼痛的事件相似的事件做出的言语上或非言语上的反应,来识别出他们的疼痛。

这些想法能够用来建立一种精妙的对心灵的功能主义分析。根据这种分析,一个有机体的心理状态是以系统的方式相互作用的内部状态,以调节感觉输入和行为输出。[7]根据这些分析,感觉输入与信念、欲望和偏好相互作用,通常会改变它们并发起行动。不同的心理状态扮演着不同的因果角色。偏好为某些后果赋予高优先度。相信某一事态往往会伴随着将高的价值赋予当这一事态为真时所产生的结果。欲求某一事态(例如某人想要找到放错地方的车钥匙)往往会引起他认为能够带来这一事态(例如找到钥匙)的行动。将疼痛纳入这一幅图景,意味着将它视为**对身体损伤的内部知觉**,主体十分想要避免的一种内部知觉。通常来说,这种知觉会引起旨在最大限度地将损伤最小化的行动,以及避免未来出现类似损伤的意图。

概括地说,我们可以将一个有机体在某一特定时刻的事件或状态称为一种疼痛,当且仅当它是一种探测到损伤的内部状态,这些损伤的实例在该有机体的生活中起到某种功能性的作用。为了避免错误的精确化,让我们简单地称这种角色为"疼痛角色"。那么,由"疼痛"所指示的状态即为**有机体 o 满足以下条件的内部知觉状态,它的功能是探测 o 的损伤,它的实例通常在 o 中扮演疼痛角色**。谓词"是疼痛"适用于且仅适用于下述状态的所有实例,即,适用于且仅适用于如此知觉以及在一个有机体中扮演如此角色的体验。

根据这种分析,哪种生理状态被视为疼痛很可能因不同物种而有所差异。据推测,哺乳动物、爬行动物、鱼类、如今已灭绝的物种、在未来可能进化的物种都能够感觉到疼痛。它们所共有的是一种内部知觉状态。这种状态具有下述功能:探测身体损伤,诱发通常引起意在结束或最小化当前损伤的行动，产生或强化避免未来出现类似损伤的欲望和意图。

我认为，这非常符合我们关于疼痛的概念。如果这就是疼痛之所是，那么某些类似于理论同一性陈述 5 的东西就既是真的也是必然的。

5. 有机体 o 中的疼痛是在 o 中扮演**疼痛角色**的状态。

如果确实有许多有机体能够感受到疼痛，尽管它们的内部生理机能有很大不同，那么在每一个能够感受到疼痛的生物体那里，能够在神经科学的语言中被描述的等同于疼痛的生理状态就不可能是单一的。或许最终会发现，对每一种不同类型的 T 生物，都有一种以神经科学中的表达式 XXX 描述的物理状态使"命题 6"为真，但没有一种单一的 XXX 选择使"命题 6"适用于所有类型的生物。

6. 对类型 T 中所有的个体有机体 o，以及所有 o 的内部状态 y，y 是 o 处于疼痛中的状态，当且仅当 y 是类型 XXX 的一个神经生理学状态。

如果确实如此，那么疼痛是一种功能状态，而非一个特定种类的物理状态。尽管如此，你或许会问，人类的疼痛是不是纯粹的物理事件？要回答这个问题，我们需要进一步探究。

反对将人类的疼痛等同于神经生理学事件的一个失败论证

反对在心理学-物理学上将人类的疼痛等同于神经 C 纤维所受的激活——这一论点中最为人熟知的论证之一基于克里普克在《命名与必然性》(*Naming and Necessity*)中对"7"和"8a"这类陈述的讨论。

7. 人类的疼痛 = C 纤维激活

8a. 热 = 平均分子动能

克里普克指出,尽管以上两个句子**乍一看**是偶然为真或偶然为假的,他坚持认为,两者如果为真,则它们必须**必然**为真。他认为,尽管这对"8a"所具有的真正的必然性而言不是一个问题,但对于"7"(被声称)所具有的必然性而言是有问题的。

他推测,认为"8a"是偶然的这一错觉根源于这一事实,即我们通过热在我们身上导致的感觉来非直接地识别热。他论证道,正因如此,我们将"热"与**严格指称的描述语**"某特定感觉 S 的原因"联系了起来。克里普克指出,在我们将这种感觉当作"我们关于热的概念"的一部分的时候,我们错误地把这一描述语当成了"热"的一个同义词,这就导致我们混淆了必然真理 8a 和偶然真理"8b"。

8b. 感觉 S 的原因 = 平均分子动能。

由于哪怕不存在能够具有感觉的有感存在物,许多东西仍然能够是热的，因此"8b"可能为假。因此，克里普克做出结论：我们对"8a"和"8b"的混淆导致我们误以为"8a"可能为假。[8] 然而，当这一错误被指出后，我们可以接受"8a"如果为真，则它一定是必然的。

克里普克认为，同样的策略不能用来消除这样一种印象，即人类确实可以在没有疼痛的情况下体验到 C 纤维激活。我们不会说，"好糟糕的感觉！让我们用'疼痛'来指称这种感觉的原因"。相比之下，我们是用"疼痛"来指示这种感觉本身。由于我们不使用任何描述语来固定"疼痛"一词的指称对象，也就没有能被混淆为"疼痛"的同义词的严格指称短语，也没有能与"7"相混淆的**偶然真理**。结论是，我们**并不能将如果"7"为真则它是偶然的这一印象当作幻觉加以消除**。相反，如果"7"是真的，那么它一定是偶然的。事实上，由于克里普克认为他已经证明了所有这类理论同一性陈述如果是真的就是必然的，所以他主张"7"为假。

这一论证的失败有两个原因。其一来自对为真的（如克里普克所说，必然为真的）理论同一性陈述所带有的"偶然性的幻觉"的错误刻画。这种错误刻画适用于"7"和"8a"，基于我们如何识别热和如何识别疼痛之间的一种值得质疑的差异。尽管有这么一种差异，但它并不是克里普克所想的那一种。最基本的差异是，热是我们知觉到的某种东西，而疼痛是我们对某种东西的知觉。我们的**热感**是对热的知觉；它是一种特殊种类的体验，能够可靠地探测到热量，但也可能出错。类似地，我们的**疼痛感**是我们对损伤的知觉；它是一种特殊种类的知觉体验，可以可靠地探测到损伤，但也可能出错（想想幻肢痛）。不存在没有"疼痛的体验"的疼痛，因为疼痛是知觉体验。

与克里普克的观点相左，我们**并不是**通过首先知觉到一个感觉 S 来识别热，然后将热视为导致了 S 的**不知什么东西**。那种感觉**正是**我们对热的知觉，正如对我家的狗莉莉的一个视觉经验正是对它的知觉。莉莉确实引起了我的视觉经验，但当我识别它时，我是直接识别它的，而不是将我的视觉经验当成注意力的对象，然后将它定义为其原因。如果我问自己，"我用'莉莉'来指称什么东西"？我看着它说，"指称它"。如果我问我自己，"我用'热'来指称什么"？我靠近火焰或火炉说，"指称那个"。由于这里不存在"严格指称的描述语"，我没有将上述两个词项中的任何一个当成与一个描述语同义。我们也没有将包含了莉莉或热的可设想的场景与其他引起了我的经验的场景相混淆。

当我说我可以设想热不是分子运动或莉莉不是动物时，我**并没有错误**地描述我**确实**正在设想的**某种其他可能性**。我并没有真正在考虑感觉 S 由不热的其他东西所导致，或是在考虑由一个机器人导致的我的"莉莉知觉"。我只是认为热或莉莉缺乏一个本质属性 P。因为 P 是本质的，所以"如果 x 存在，则 x 具有 P"是必然的。因为如果没有经验证据，我无法知道 x 具有 P，关于这一必然真理的知识要求这样的证据，以排除可设想的（但并不是真正可能的）令人不安的情境，这些情境无法以任何其他方式被消除。

这同样适用于自我谓述。假设 P 是一种性质，如果没有 P，我就无法存在（例如 P 是"**具有一个分子构成的身体**"或"**是人类**"），但我无法在没有经验证据的情况下知道我具有 P。那么我所说的"如果我存在，那么我具有 P"就会表达一个必然真理。尽管这一真理可能错误地**看起来**是偶然的，它被误认的理由**并不是**我错误地将对"我"这个词的使用视为与一个严格指称的描述语同义。这样的描述语并不存在。当我使用这个代词时，我并非将自己识别为被一个具有特殊地位的描述语所指示的无论可能是谁的生物。因此，当我说我正在设想一个**我没有 P** 的情境时，我**并不是**在把我自己与另外某个事实上被我的严格指称描述语所指示的人——**误为-我**（Mistaken-Me）——混淆起来，并以此错误地描述了另一种他（误为-我）不具有 P 的可能情境。

在所有真正的克里普克案例——例如，热和平均分子动能，莉莉**和是一个动物**，我**和是人类**——中，教益都是一样的。在每一个例子中，错误地将一个如果为真则必然的命题当成是偶然的是由于这一事实：证明其真需要能够排除其假的经验证据。令人惊讶的是，这些经验性的发现到头来竟是必然真理。同样令人惊讶的是，需要经验证据来证实这些陈述的原因不是为了排除能够否定这些陈述的**可能性**；而是为了排除那些能够否定这些陈述的**不可能性**——我们不能仅靠理性就知道它们不是实际情况。

这正是克里普克对真正的可能性和纯粹的可设想性所做的开创性区分背后的核心洞见。因此，**假如心理-物理同一性陈述"7"确实是一个正如"8a"一样的必然真理**，那么"如果它为真则为偶然的"这一所谓幻象也能够用与"8a""如果为真则为必然的"这一真正幻象相同的方式得到解释。这足以削弱克里普克对心理-物理同一论的反对论证。然而，我们并未就此停步。仍有一个问题有待解决。"7"一定是如果为真则为必然的吗？

必然性和可能性的角色

直到现在，我们都是按照"7"如果为真则一定必然来进行推理的。但在这么做的过程中我们忽略了一个想法，即我们关于疼痛的概念是关于某个扮演了特定功能角色的东西的概念。这些角色包括（i）知觉到特定种类的身体损伤，（ii）诱使有机体当前的动机结构发生变化——这种动机结构能够带来意在结束或最小化当前损伤的行为，以及（iii）形成或强化避免在未来出现类似损伤的欲望和意图。要明白为什么这种对疼痛的功能刻画会产生不同，想象一下，假如科学研究已经为我们提供了基础，让我们相信一个当代人类 x 的每一次疼痛都是 x 的 C 纤维的一次激活，且每一次这样的激活都导致 x 的疼痛。那么我们就有理由相信"9"为真。

9. 对任意 y，y 是人类的疼痛，当且仅当 y 是 C 纤维的激活。

但我们不能据此就有理由相信"9"是必然的。或许在进化史的早期，人类的疼痛曾是一类更为原始的神经物质的激活，在那时这种物质可能扮演了 C 纤维如今所扮演的疼痛角色。假如的确如此，那么"9"将至多是一个偶然真理。假如我们有理由相信在未来的进化压力下 D 纤维会取代 C 纤维，那么我们也能得到相同的结论。事实上，想要反驳"断言 9 如果为真则为必然"，所需要的不过是这样一种可能性，即人类进化可能已经或即将以不同的方式发展，从而使 C 纤维激活之外的某些其他东西在人类这里扮演着疼痛角色。

简而言之，我们一直在考虑的关于"什么是必然的，什么不是必然的"的事实，并**不能**为我们提供确凿的证据来反驳下述观点，即特定"心理"现象（例如人类的疼痛）同一于（因此并不多于）扮演了特定功能性角色的神经事件。对这些考虑的轻微变化将会容许人类 C 纤维的持续存在，即使对它的激活并不扮演疼痛角色，因为，在相关的可能世界状态 w 中，C 纤维与人类大脑中的其他神经系统相互作用，这些神经系统并没有出现在此时此地的实际世界状态下的人类大脑中。因此，就我们所知的而言，或许存在真正可能的状态 w，在其中，作为疼痛的（因为它们现在扮演着疼痛角色）C 纤维激活不作为疼痛而存在——在这种情况下，与克里普克所认为的相反，**是人类疼痛**将不是任何特定的人类疼痛的本质属性。上述"可能性"当然是猜想性的。但由于《命名与必然性》中并没有对它们的反驳，因此可以得出这样的结论，克里普克对"9"所表达的身心同一性论题的反驳是不成功的。

我们所处的位置

这里的讨论偏向于一种想法：不仅疼痛，还有一般的心理状态和过程，都可能是在感知主体的生活中发挥着功能性角色的物理状态和过程。如果上文对关于人类疼痛的心理-物理叙事的辩护是方向正确的，那么情况最好是这样。然而，击败当代哲学中将人类疼痛与神经事件联系起来的最有力的反对意见并不能证明这种联系是正确的。由于我们自由地使用了其他心理概念——**知觉、信念、欲望、意图**以及**动机**——我们的叙事受制于关于这些心理状态的类似叙事的可靠性。C 纤维激活确实是**知觉**吗？还是说它们仅仅是伴随着真正的心理知觉的物理事件？值得强调的是，我们仅仅将这些概念——**知觉、信念、欲望**等——用于有意识的生命体。例如，我无法想象与当前技术生产的机器人按照同一条路子被构造的先进机器人能做出比模拟心理现象更多的事情。为什么？缺了什么？在获得有说服力的答案之前，我们不应太快地断言这样的答案必须是纯粹物理主义的。尽管我们或许已经取得了一些进步，我们仍未彻底解决心-身问题。

计算、认知心理学以及心灵的表征理论

上述讨论追踪了从心-身问题的传统进路向后行为主义心理学的科学框架转型的过程。20世纪60年代早期，学术心理学正从一个以寻找环境刺激与行为反应之间的法则为主导的更早时代脱颖而出。由于心灵或大脑中的事件被视为超出了科学观察的范围，对内部原因和结果的假定被认为是不科学的，而学习常常被理解为习得由奖励所形塑的有条件行为。在正在兴起的新范式中，心灵开始被视为以生物为基础的计算机，根据图灵机的模型而被理解，亦即，心灵具有相互连接的子系统功能结构，这些子系统处理信息，将其输出，传送到下一个子系统，并生成了一个贯穿感觉输入和行为输出的内部原因和结果的序列。

在新的框架中，心灵被视为对内部元素——例如映射（maps）、草图（sketches）或其他符号的序列——进行计算操作。这些元素表征了世界中的对象、它们的属性，以及将这些对象关联起来的可能事态。不同的认知系统——例如知觉、记忆、有意识的推理——能够在不同程度上互动，为其他系统提供信息输出，并从其他系统接受输入。至关重要的是，连接信息输入和输出的计算并不需要内部解释器（internal interpreter）的**未被解释的智能**（unexplained intelligence）。相反，它们**解释了**主体所具有的智能。主体的认知结构是一个由处理信息和生成行动的诸子系统构成的协同系统。正如图灵机能够——通过执行一系列不需要智

能的小任务——解决所有可以使用智能方法来解决的问题一样,有智能的心灵被认为也能做相同的事情。因此,人们希望,智能能够被解释而非被预设。

在这一点上可能会听到三种反对意见。首先,尽管探索人类思想和行动的内在解释也不是不好,但当然,可能会有人假定,我们所探求的内在原因必须是神经学上的大脑过程;没有神经科学就没有认知科学。对此我们的回应是,"对也不对"。诚然,神经过程在实现和塑造我们采取的行动以及我们具有的思想上发挥着不可或缺的因果作用。但在通常情况下,我们为之寻求心理解释的行动和思想,是那些将我们与我们身体之外的现实联系起来的行动和思想。我们如何获取、储存以及检索关于我们所处的环境、他人、其他地点以及其他事物的信息?我们如何学会识别那些对于我们来说重要的人和事物,学会理解并偶尔影响那些对我们造成影响的事件,如何学会塑造我们的行动以便实现我们的目的?由于心灵的本质功能是将个体与世界相关联,认知科学最基本的问题是,**心灵是如何试图表征世界并构思改变世界或适应世界的方式的?** 尽管神经科学在回答这一问题上具有一定的重要性,但它是对认知科学的一个补充,而非替代。

对探寻人类认知能力的内在计算/表征解释的第二个自然的反驳是:意识在这幅图景中居于何处又如何居于其中仍尚未明确。对此,我们必须承认意识仍然是一个谜。尽管如此,我们不应该预先地判断我们的认知能力有多少是来自亚意识的表征和计算,有多少又不是。到目前为止,从对物体、面孔以及言谈的知觉的研究,以及对语言的使用和习得的研究来看,回答似乎是"相当多"。

第三个担忧在于,没有能够观察和识别**无意识**的认知过程的方法,因此也就没有对它们进行科学研究的方法。然而这并不是很正确。举一个很容易想象的例子。从对逻辑学中的证明过程的研究中，我们得知，是有可能去构造在计算上大不相同但均承认同一类逻辑后承的证明程序的。存在着在公理上较为经济的系统，在推理规则上较为经济的系统，在两方面都经济的系统，以及在两方面都不经济的系统。甚至有一些系统能够模拟那些会使得前提为真而推定的结论为假的模型的生成。当这样的生成被证明为不可能的时候——因为结论确实能够从前提中推出——系统总是停机并告诉我们这一结果。这些系统在计算上大为不同这一事实意味着，尽管它们最终得到的是相同的结论，但某些在一些系统中简短、快速而轻松的证明在另一些系统中却是冗长、费事而费力的。

带着这种考虑，假设我们面对的是一个黑箱，它被编程为使用上述系统中的一个进行推理。尽管我们不知道黑箱所运行的程序，也无法窥视箱子的内部，我们却能够测量它获得诸多结论所需的时间，并以此来支持某些关于其内部计算流程的猜想，消除其他猜想。如果在此之上再给我们提供一些关于该程序以及该机器的内部结构的信息，我们或许甚至能够确定这些流程。你可以将这看作关于一个黑箱的认知科学。

在**认知心理学**中，被试并不是不透明的黑箱。人类生物学、遗传学以及神经科学帮助心理学家，引导他们设计具有潜在信息价值的测试。在这些测试中，被试从他们获得的信息中得出结论。想象一个测试，被试被询问，哪些陈述可以逻辑地从其他哪些陈述中推出（并向他们解释这个问题是什么意思）。通过记录他们做决策花了多长时间，他们何时得到正确的结论、何时犯错、何时无法得到结论，何种因素介入了他们的决策，以及在他们认知发展的哪一时期他们获取了正在被测试的那种能力，心理学家能够获得有关无意识认知过程的证据。菲利普·约翰逊-莱尔德（Philip Johnson-Laird）在《心理模型》（*Mental Models*，1983）中提出了沿着这一路径发展的最为有趣的关于推理的心理学理论之一。该书是对约翰逊-莱尔德和 P. C. 华生（P. C. Wason）在 1977 年编辑的一本最为前沿且内容广泛的文集《思考：认知科学读本》（*Thinking: Readings in Cognitive Science*）的补充。

在过去的五十年中，在发起和发展对心灵的表征性理解以及如何对其进行科学研究，并使之概念化和系统化方面，做了最多工作的哲学家是杰里-A．福多（Jerry A. Fodor，1935—2017）。他的下述三部著作很好地介绍了他的思想：《心理学解释：心理学哲学导论》（*Psychological Explanation, An Introduction to the Philosophy of Psychology*，1968）、《语言的心理学》[*The Psychology of Language*，1974，与 T. G. 毕弗尔（T. G. Bever）及 M. F. 盖瑞特（M. F. Garrett）合著] 以及《表征》（*Representations*，1981）。在这里，我想讨论一下《表征》中的一篇文章，《命题态度》（"Propositional Attitudes"）。

这篇文章关注于信念和欲望这两种"态度"，以阐明认知心理学中的一个用于解释行为的范式。和几乎其他所有人一样，福多假定我们的大部分行为源于我们的信念和欲望。正如他所说，"约翰相信如果他洗车就会下雨。他希望下雨。因此约翰做出了类似洗车的行为"[9]。在这里，约翰的行动被归因于一对内在的认知原因——一个信念和一个欲望，两者协同作用。福多所探求的许多解释都符合这一图景，因此可以按照"10"的思路来解释它们。

10. X 做出行动 A 是因为：(i) X 欲求 S，(ii) X 相信做出 A 能够带来 S，并且 (iii) X 相信 X 可以做出 A。

为了提供有价值的并且植根于科学的这一类解释，认知心理学必须告诉我们什么是信念，什么是态度。

和大多数哲学家一样，福多用动词"相信"来表示一个相信者（例如你我）和被相信的东西（如"地球是圆的"这一命题）之间的关系。其中，后者被句子"约翰相信地球是圆的"中"相信"后面的从句所指示。由于这个句子将地球表征为具有其实际具有的形状，所以它是真的。尽管很久以来，命题究竟是什么仍然是一个谜，但一种将它理解为表征性的认知行为或操作（见第7章中对这一问题的概述）的新构想为我们提供了某种或许能被用于福多式认知心理学的东西。

对他在《命题态度》一文中的主要论点的最佳陈述（粗略地说）是，**主体A（在t时刻）相信命题P，当且仅当P是A的心灵（在时刻t）中的一个心理表征M的内容（即是M所表达的命题）且A与M具有某种关系（例如A内在地肯定或倾向于肯定M）**。[10] 因此，相信者和被相信的东西之间具有的关系，是以与一种内部心理表征的认知关系为中介的。后者将该信念的内容呈现为一个公式、一个草图或一个符号串，心理演算对这些呈现形式进行操作。坚持这样一个表征的要点在于，要为认知的计算处理提供足够的结构，以在不同的内部公式具有相同的**命题内容**——它们的内容将相同事物表征为以相同方式存在，因此在相同的情境下为真或为假——的情况下解释从**不同的心理表征**中得出的**不同推论**。尽管在福多的文章之后顺利发展起来的新的**关于命题的认知构想**大大减少了命题的表征内容和其对相信者附加的认知要求之间的不一致，但新的构想或许并未消除对他所想象的那种进一步的符号结构的需求，在那种情况下，他的提案能够容纳关于命题的新观点。

福多在以下段落中所表达的从本质上说正是这一点，即需要心理表征来为认知主体和命题之间的信念关系做中介。

一个关于命题态度的理论详述了一种对这些态度的对象（被欲求、相信、知道…的东西）的理解。我们能够确定这样一种理论能否被证明为与关于心理过程的"成本核算"（例如这些过程有多复杂，有多耗时，有多困难）的自圆其说的叙事相契合。一个成本核算函数不过是一个根据相对复杂性对心理状态排出的（偏）序。继而，这样一个序能够对多种类型的经验数据——不仅有直观的也有实验的——做出反应（这些经验数据能够被用于确证或否证关于有意识及无意识的心理功能的假说）。大抵来说，当我们能够从一个关于命题态度的对象的理论对一个心理状态（或过程）指派的对象（例如命题或它的一个符号型心理表征）预测这一状态（或过程）根据一个得到经验保证的成本核算法所得的相对复杂度时，我们说这一成本核算法与这一关于命题态度的对象的理论相"契合"。……要求那些假定存在的命题态度的对象对该态度的成本核算做出预测，就是要在（典范的）信念归属语句（即报告了一主体相信某事的句子）的*记号*上施加经验性的约束。因此，举个例子，如果我们将一命题态度的对象取为…信念归属语句（"约翰相信 S"）的（补语 S），我们显然会得到与将其取为例如……（与 S 逻辑等价的某个十分复杂的句子 S*）不同的关于信念的相对复杂度的预测。[11]

带着这一想法，让我们追问，福多所展望的这种心理学理论如何能够产生"10"所描述的那种对行为的解释。

10. X 做出行动 A 是因为（i）X 欲求 S，（ii）X 相信做出 A 能够带来 S，并且（iii）X 相信 X 可以做出 A。

他认为，它必须通过制定和确认（大抵）具有以下形式（且受到多重限制）的一般心理规律来做到这一点。[12]

11. 如果任一个体 x 相信 A 是 x 能够做出的行动，并且如果 x 相信做出 A 能够带来 S，并且如果 x 欲求 S，那么 x 会以一种旨在做出 A 的方式去行动。

尽管这或许有可取之处，但值得注意的是，一般而言我们并不能期望具有"11"的形式的断言是真的、无一例外的全称真理。

理由是显而易见的。一个人能够通过肯定（或倾向于肯定）心理表征"12"来相信做 A 会带来 S。在"12"中，S 是心理表征 M_1 的命题内容。

12. 如果我做 A，那么 M_1。

同时，人们可以期望 S 与和 M_1 具有相同命题内容的心理表征 M_2 有适当的动机关系，尽管 M_2 在符号和计算上与 M_1 不同。由于信念和欲望将主体与其周围世界中的人和事物相联系，其信念和欲望的命题内容也就依赖于外在于主体自身的环境和其他因素。[13] 正因如此，可能会出现——有时也确实出现了——一种情况，即具有相同命题内容的心理表征并不会被视为具有相同的内容，因而被区别对待。[14] 因此，我们的主体或许完全没有做 A 的动机，哪怕他认为 A 是可做的，并且相信做 A 能够带来 S，同时强烈地欲求 S。类似的情况是"11"的反例。这证明了认知心理学并不能合理地希望去制定关于这一一般形式的为真且没有例外的普遍法则。

这并不应该引起恐慌。形如"11"的全称判断在任何情况下都要求**其他情况均同的**条件。我们的例子表明，这些条件中的一部分应该明确，主体在引发相关的信念和欲望的认知状态里以相同的方式（即通过相同的心理表征）理解内容 S。此外，无论更具体的概括所需的细节可能会带来什么样的疑问，这些疑问都不会削弱对信念和欲望引起的特定行动所做的许多解释的正确性。约翰或许因为欲求 S 并相信做 A 会带来 S 而做了 A，尽管不是每一个带有这一信念和欲望的人都会做 A。这并不比约翰可能因为踩在香蕉皮上滑倒并摔断了腿，尽管不是每个人踩在香蕉皮上都会有类似的命运更神秘。因此，一度可能被某些人视为内部表征（福多相信，我们需要用它们来追踪和解释我们的思想和行动中的认知过程所扮演的角色）和我们的信念以及其他认知态度的命题内容（它们反映了我们与世界中的事物的认知联系）之间的预定和谐的东西的部分失效，并不会对由类似杰里·福多和菲利普·约翰逊-莱尔德这样的哲学家和心理学家所推动的正在蓬勃发展的认知心理学带来什么困难。

认知心理学、神经科学与心-身问题

正如我所强调的，认知心理学中的法则和假说的内容并不是神经科学中的法则和假说的内容。在这两种科学中被使用的词汇以及被表达的概念和命题均有所不同。神经科学与化学之间，以及化学与物理学之间也是如此。我们可以认为，这些科学是不同的但它们之间有等级关系。每一种科学所谈论的对象都是实在的，被赋予它们的属性（在顺利的情况下）也是这些对象实在地具有的。但看上去合理的是，具有更高的抽象层次的对象和属性（以某种方式）奠基于那些处于较低层次的对象和属性，并且所有对象和属性或许从根本上说都奠基于物理学所承认的那些对象和属性。

有些时候我们能够发现什么奠基于什么——例如，基因这一生物概念奠基于化学结构 DNA。但这并不是常态。尽管单个科学之间互相关联，但它们在很大程度上是自主的，具有其独有的能够进行富有成效的理论建构的领域。但心灵是一个独立的研究论域这一事实并不意味着其所谈论的事物——信念、欲望、知觉（更不用说疼痛）——与那些我们随意称为"身体的"的东西毫无关联或者在根本上有所不同。这也是以另一种方式说，我们对经典的心-身问题还没有最终的解决方案。好消息是，我们并不需要一种最终的解决方案来推动哲学家、心理学家、神经科学家以及其他工作者当前正在取得的进步。

第 10 章

哲学与物理学

数个世纪以来物理学范畴的延续性；具有哲学思想的物理学家与受到物理学训练的哲学家之间的合作；爱因斯坦论哲学的重要性；关键问题：物理学理论中不可观察的部分告诉我们关于宇宙的哪些事情？18 世纪围绕绝对空间的争论以及 19 世纪对无绝对空间的牛顿式理论的陈述；狭义相对论对绝对时间的舍弃；光、引力与广义相对论；量子力学的谜团与解释。

物理学是最基础的科学。它的任务是解释宇宙是什么样子的，包括微观和宏观的事件何时、如何又为何按照它们实际发生的方式发生。这项任务中的很大一部分要求澄清这样的解释所需要的核心概念——时间、空间、物质以及运动。这些概念在16世纪以前居于主导地位的亚里士多德物理学中至关重要。在17世纪末，它们在牛顿的《自然哲学的数学原理》中仍处于核心，并经历了重要的修改。直到20世纪早期，它们仍然具有核心地位，只不过已经被彻底地重新思考。

物理学哲学是关于物理学的；它试图解释物理学告诉了我们什么。这或许听上去有些奇怪。为什么我们需要一个额外的学科来解释另一个学科说了什么？这是个好问题，但它在某种程度上陷入了误区。物理学哲学并不是一个不同于物理学的研究领域。它是一种具有哲学意识的做物理学的方式。无论如何，这始终是事实。回想亚里士多德《形而上学》中的第一句话，"求知是所有人的本性"。在所有事情中，人类最想知道的莫过于，广阔的宇宙——与它相比，我们看上去如此微不足道——实际上是什么样子的，在我们出现之前它是如何，在我们离去之后它又是如何。

大约2,400年前，亚里士多德将他对这一学科的想法系统化地阐述于《物理学》(Physics) 一书中。许多个世纪之后，跟随着他的脚步的有13世纪的罗杰·培根，14世纪的奥卡姆的威廉、让·布里丹（Jean Buridan）、尼古拉斯·奥雷姆，16和17

世纪的尼古拉·哥白尼、约翰尼斯·开普勒、伽利略·伽利雷和勒内·笛卡尔,当然,还有17世纪末至18世纪初的艾萨克·牛顿。这些人中有的是僧侣或神学家,有的是数学家,有的是敏锐的观察家或实验家,还有的三者皆是。但是,无论他们具有什么其他身份,正如牛顿的巨著《自然哲学的数学原理》的标题提醒我们的那样,他们都在一定程度上是哲学家。这同样适用于阿尔伯特·爱因斯坦(Albert Einstein,1879—1955)以及我们时代的其他许多伟大的物理学家。因此这一学科最初的名字——**自然哲学**——仍然是恰当的。

当然,那些主要工作在物理系或实验室的专家和那些主要工作在哲学系的专家有着十分显著的差异。但这并没有抹消具有哲学头脑的物理学家和受到科学影响的物理哲学家之间的交集。哲学家使用概念澄清工具,通过对论证的严格评估来揭示重要的科学推理中的潜在缺陷和预设,如果这些问题不加以解决,可能会遮蔽我们对物理学理论的理解,并抑制其进一步发展。这就是为什么当今的物理哲学家通常不仅是受过训练的哲学家还是物理学家,以及为什么某些最顶尖的物理学家(如爱因斯坦)具有哲学头脑。

爱因斯坦本人经常承认这一点。在他的自传中,他这样提到他的哲学研究的重要性:

> 当然,今天每个人都知道,只要时间的绝对性或共时性的公理仍无意识地未被认识,那么任何想要成功地澄清这一〔涉及(导致了狭义相对论的)光的本性的〕悖论的尝试都将注定失败。清楚地认识到这一公理及其任意性已经暗示了解决这一问题的要点。就我而言,阅读大卫·休谟和恩斯

特·马赫的哲学作品决定性地推动了发现这一关键点所需要的那类批判性推理。[1]

早在1915年,爱因斯坦在一封寄给莫里茨·石里克(Moritz Schlick)——一位受过科学教育的哲学家,同时也是逻辑实证主义的创始人——的信中也写下了类似的内容。

> 1915年12月14日于柏林
>
> 我昨天收到了你的论文并仔细研读。这篇文章是迄今为止关于相对论最好的文章之一。在此之前,关于相对论的哲学方面,还没有文章写得这么清晰。与此同时,你已经完全掌握了这一理论本身……你对相对论与康德及其后学的哲学之间关系的讨论是极为高明的。只要认识到"先天综合判断"没有一个是有效的,就会严重地动摇他们对这类判断的"无可辩驳的确定性"的信任。你对实证主义暗示了相对论而非要求了相对论的阐明也是十分正确的。同时你也正确地认识到,这种思想路线对于我的工作,实际上还有对马赫乃至休谟的工作,都有着重要的影响。在我发现相对论之前不久,我还怀着热情和敬意研读了休谟的《人性论》。[2]

爱因斯坦从休谟和马赫那里学到的并不是关于空间、时间和运动的任何东西(尽管这两位都有很多关于这些问题的想法,休谟就认为,没有能脱离物体的运动的时间概念)。倒不如说,爱因斯坦认为具有启发性的是,这些思想家向他生动地展现了一个断裂——我们习以为常的、直接但往往不加批判地来源于感觉经验的思维方式,与真实地描述实在所需要的恰当概念之间的断裂。

对爱因斯坦有所帮助的并不是这些哲学家的学说内容，而是重新思考并修改我们最为基础的（看上去坚如磐石的）常识概念的意愿，只要这样做能够增长我们的知识。[3]

对爱因斯坦而言，需要修改的概念涉及了我们对空间、时间和共时性的前理论构想。他思维中的哲学家认识到，无论这些概念对我们的日常生活有多实用，无论它们在我们由生物学决定了的知觉和认知架构中有多深刻，都不能保证这些日常概念能够适用于理解宇宙的基本结构。他思维中的伟大科学家认识到，宇宙正在告诉我们这些概念需要被修改。他的天才就体现在他看到了该如何做到这一点。

如果说在今天，**物理学与物理学哲学**之间的关系跟爱因斯坦的时代相比有什么不同，那就是这一关系在今天更为紧密。要理解为何如此，我们可以将物理学理论理解为对实在所做的一系列抽象的、在数学上很精妙的表征的集合。这些表征与受检验的观察相结合，使我们能够预测进一步可观察到的事件。若这些事件发生，该理论就得到部分的证实（尽管不是决定性的证明）；若它们不发生，常常就需要修改会带来错误预测的理论。这种理解理论的方式——将之理解为生产预测的对实在的表征——带来了三个自然的疑问。对实在的理论表征的哪些方面仅仅是为了使做出观察性预测所需的计算顺利进行而采用的约定性的手段？理论的哪些方面确实是表征性的，并因此做出了关于实在本性的（超出直接观察的）断言？我们所拥有的最好的物理学理论告诉了我们关于实在的哪些（超出直接观察的）东西？

一种曾经较为流行的观点将关于非观察性事项的理论断言视作仅仅是计算手段，认为它们不具有超出其所做出的观察性预测的表征性内容，从而拒斥了上述第二个和第三个问题。在这种观点失去热度的数十年间，物理学哲学家和具有哲学思维的物理学家已经努力试图回答"我们的物理学理论告诉了我们关于宇宙的哪些事情"这个问题。物理学家们对这项事业的参与程度各有不同。可以理解，一些物理学家更为关心用物理学理论来计算精确的解决方案，以解决能够清楚地在经验上被陈述的问题，而另一些物理学家则同样重视他们的理论中不可直接验证的方面，对这些方面确切地告诉我们的东西加以概念化。这些物理学家与当今的物理学哲学家互动得最深——当然，这种互动并不是到哲学家那里去谋求新的物理学理论，而是与物理学哲学家一同工作，以便弄清楚他们自己的物理学理论正在告诉我们什么东西（而这又可能引发新的进展）。

为了说明这一点，我将暂时回到牛顿。在第3章中我们谈过，牛顿之所以接受绝对的空间和时间，一部分是因为它们是极其直观的，而另一部分是因为，采用它们来表述物理定律使他能够解释旋转的桶中水的运动。如果不如此解释，这样的现象就是令人迷惑的。因此绝对的空间和时间并不是在经验上毫无来由的构造。然而，它们确实给予了牛顿比他所需的更多的结构，并因此带来了进一步的困惑。在牛顿的三维欧氏空间中，绝对空间的一部分中的物质分布（原则上）可以在一条直线上重新定位到另一个位置，保留所有相对的空间位置和大小，不会对物理学规律产生任何影响。因此，"我们在绝对空间中身处何处？"这一问题看起来根本就不可回答；类似地，关于绝对速度的问题也是如此。

牛顿认识到了这一点。他认识到，只要我们不引入新的圆周运动（如旋转的水桶）或在初始状态就消除这种运动，我们就可以想象，整个物质集合在一个方向上以恒定的速度直线运动，而不会改变任何物体之间的物理关系。这之所以令人费解，是因为它表明了在我们的宇宙处于哪种状态这个问题上,没有任何经验性的证据可以拿来作为证明。

这一情形(以及其他一些情形)导致了德国哲学家戈特弗里德·莱布尼茨(1646—1716)和英国哲学家塞缪尔·克拉克(Samuel Clarke, 1675—1729)——一位比牛顿略年轻的同时代人,同时也是其捍卫者——之间的激烈争论。莱布尼茨认为绝对空间是在经验上空洞的幻想,他更倾向于自己的相对性概念。尽管他的系统是形而上学的而非科学的,因此并不是牛顿理论的真正对手,尽管对绝对空间的假设有助于牛顿对一些观测到的事件进行解释,但莱布尼茨还是有道理的。如果关于绝对空间中的位置或绝对速度的某些问题无法得到解答,或者甚至无法得到经验数据的支持,那么我们或许会合理地怀疑,是否可以在我们的理论中替换掉绝对空间,从而既能避免无法回答的问题又不会失去解释力。如果确实如此,那我们似乎应该这么做。

我们现在已经知道,牛顿定律可以被转化为一种保留了绝对时间但放弃了绝对空间的理论。[4]保留绝对时间,是通过保留牛顿的线性的、可以由数值测量的时刻结构——不同时刻以固定频率一个接着一个——而实现的。尽管空间仍是三维欧氏的,但已不存在在时间中持存的绝对空间的点。相反,在宇宙中持存的时间被理解为一系列(在时间中一个接着一个的)共时性板块(simultaneity slabs),其中每一个板块由一系列在给定时刻发生的时空时刻(space-time moments)或事件(并且允许位于没有发生任何事情的地方的事件)所组成。在一个这样的板块中的时空点之间有可测的三维欧氏关系,尽管在一个板块上的时空点和其他板块上的时空点之间没有空间关系。换句话说,没有在时间中持存的共同的(绝对的)空间位置。

然而，我们可以追踪持存于时间之中的不同对象之间的相对空间关系。要使这些关系的变化视觉化，我们可以想象这些板块垂直堆叠在一起，用线连接较低板块上对象的出现和（代表较晚的时间的）相同对象在较高板块上的出现。一板块上的对象之间的方向和距离可以与较早或较晚板块上的相同对象的方向和距离相比较，这表示了它们随着时间的相对运动。一个在给定时间范围内不受外力影响的对象——在牛顿原本的系统中，这样的对象在这一时间范围内要么静止不动，要么保持匀速直线运动的状态——在新系统中被表征为沿着一条从较低到较高板块的直线轨迹（也就是说，在保持静止和随时间惯性运动之间没有区别）。

在这一框架中，牛顿第一定律告诉我们，一个不受外力作用的物体的轨迹（在一定时间内）是一条直线。他的第二定律表达了，当一个力施加于一个物体时，该物体从较低到较高板块的轨迹向这个力作用的方向弯曲，曲率与力的大小成正比，与物体的质量成反比。因此，在旋转水桶案例的一个变体中，两个由绳索连接并围绕贯穿绳索中间的轴线旋转的球体，在从较早的共时性板块运动到较晚的共时性板块的过程中，彼此之间将保持恒定的距离，但由于施加在它们身上的恒定力，它们在时空中的轨迹将是弯曲的（如下图左侧所示）。

阿尔伯特·爱因斯坦在其 1905 年的文章《论运动物体的电动力学》（"On the Electrodynamics of Moving Bodies"）中提出了狭义相对论，这迈向了对物理学中的空间和时间所做的现代理解。该文章中提出的理论描述了一个单一的惯性参照系（在这样的惯性系中，除了一个有限的物理系统中的对象之外，我们不需要考虑其他对象的运动）。它针对时间共时性这一概念，放弃了绝对时间和绝对空间，因此改变了我们对共时性的理解。[5] 要理解这一变

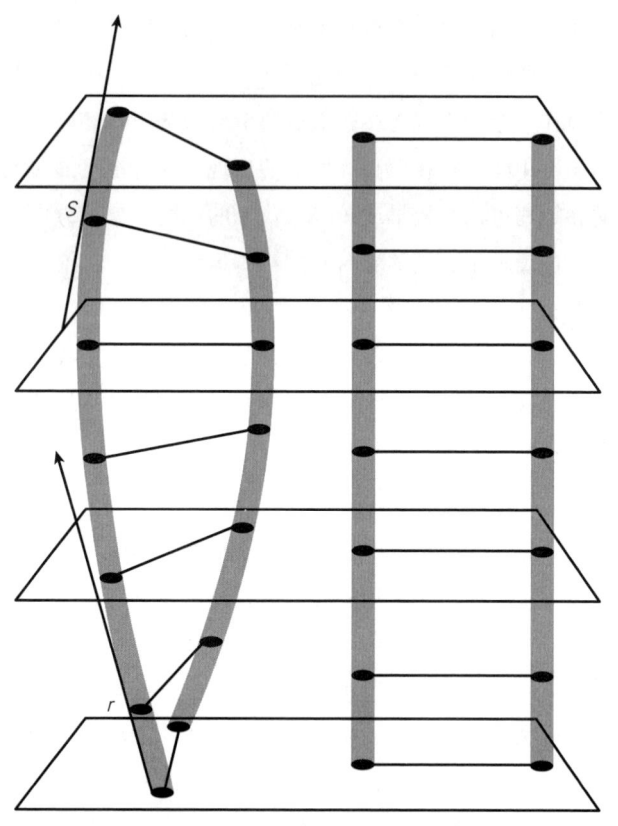

旋转的小球（左）与静止的小球（右）的图示
选自 Maudlin（2012），第 56 页

化，我们可以想想我们通常是如何确定相隔一段距离发生的两个事件的共时性的。在日常生活中，当我们看到视野内两个邻近的事件在同一时间发生时——当从一个事件和另一事件那里分别发出的光同时影响我们的眼睛时——我们判断它们为共时的。由于这样的距离常常非常短，这一方法良好地适用于日常的目的。但当我们让事件彼此之间的距离以及每个事件与观察者之间的距离

发生变化，并且变得任意大，我们就需要一种方法，来将"光在光源与观察者之间的传递并不是瞬时的"这一事实纳入考虑。

要描绘这一想法，我们可以想象，在与观察者相距任意距离的两个事件 A 和 B 旁边，放置着两个同步的（理想中的）时钟。每一个时钟都从对应的事件发生时开始转动。接下来，两个时钟分别以不同的速度通过不同的路径传递到观察者那里。如果它们的传递速度不会影响它们的运转，那么一个知道它们通过的距离和速度的观察者可以在它们到达的时候简单地检查它们的读数。如果其中之一经过了两倍路程，但运动的速度也是两倍，那么相同的时钟读数将记录事件的共时性。

然而，根据相对论，时钟的活动被它们在空间中的传递所影响。[6] 如果这听上去不融贯，大概是因为你把这里的时钟设想为某种形而上的东西。根据定义，这种东西记录时间的流逝，而时间，根据定义，则独立于任何物理现象而存在。但这样的想法是毫无根据的。"一定有某种与被这样设想的时间相似的东西存在着"这个想法并不**先验地**为真。相反，我们所想象的时钟必须被当成物理机制，因此受到物理定律的制约。因此，"它们的运转不会被它们在空间中的运动所影响"并不是显而易见的。相对论坚持认为它们的运转受到了影响，因此质疑前理论的共时性想法。

假设我们试图将这一前理论的想法替换为一个适用于相隔一定距离的事件的、在物理学上被定义的共时性概念。让我们说，如果相隔一定距离的事件在物理学上是共时的，因此在时间上没有间隔，那么（从本质上说）它们之间就不可能有因果联系（例如从其中一个发出的光到达了另一个那里）。爱因斯坦 1905 年的论文中的论证证明了，尽管被这样理解的物理学共时性是一个对称关系（如果 x 与 y 共时，则 y 与 x 共时），但它并不是传递的（尽管 x 与 y 共时且 y 与 z 共时，但 x 与 z 不共时）。

要形象化地体现这一结果，让我们设想一个事件序列 A、B、C 和 D，它们在空间中的点 1 以这一时间顺序发生，同时设想另一个事件 Δ，它在与点 1 相隔的点 2 处发生。事件 A 是一光线从点 1 发射向点 2。它到达点 2 这一事件为 Δ，并且由于光线传播需要时间，所以 Δ 比 A 发生得晚。这一光线立即被反射回点 1；到达点 1 这一事件为 D，D 又晚于事件 Δ。由于光线的传播不是瞬时的，所以事件 B 和 C（位于点 1，在 A 之后 D 之前发生）无法通过光线与发生于点 2 的 Δ 相连。（因为 B 在 A 之后，所以从 B 发出的光只能在 Δ 已经发生后到达点 2，而又由于 C 在 D 之前，从 Δ 发出的光无法在先于 D 发生的 C 发生时刻到达点 1。）因此，不存在能够将发生于点 2 的 Δ 和在 A 和 D 之间发生于点 1 的任何事件因果地联系起来的物理关系。[7] 这似乎表明，在 A 和 D 之间发生于点 1 的事件 B 和 C 在物理上都与发生于点 2 的 Δ 共时，尽管 B 在时间上先于 C。

但这似乎是不可能的。由于我们并不希望一个事件与两个在时间上不重叠的、一先一后的事件共时，所以我们需要调整对这些关系的理解。这样做的一种方法是，令"共时于""先于"和"后于"这三个关系对以 Δ 为其中一个元、以在 A 到 D 这一区间中发生于点 1 的任意事件为另一个元的一对事件无定义。如果我们这样做，这些时间关系就会是物理学上有基础的，但只是部分被定义的。另一种解决方式是，在点 1 的那段不确定范围内选择一个唯一的事件，并简单地规定这就被算作是与发生于点 2 的 Δ 共时的发生在点 1 的事件。采纳这样一条规则意味着，嵌入该理论中的共时性关系将部分地是约定或便利的产物，而不是一个完全客观的物理关系。[8] 爱因斯坦选择了第二个选项，为共时的事件提供了一个部分约定性的同步规则。这使得他能够为光速赋予一个固定的数值，尽管如果规定了不同的约定，就可以赋予不同的值。

由于在狭义相对论中，我们放弃了绝对空间和绝对时间，所以我们还必须修改我们关于运动、距离和速度的日常观念。当它们被修改后的概念替代后，替换后的概念并不具有原先观念的所有属性。狭义相对论没有采用独立的时间以及三维的欧氏空间，而是假定了一个四维的时空连续统。这一连续统由被表征为坐标 <t, x, y, z> 的点构成，其中，坐标的每一个元表征了这些点的一个方面或维度。尽管 t 被称为时间坐标而其他的元被称为空间坐标，表征事件的数值四元组之间的数学关系揭示了这些维度之间的物理相连性，这与绝对时空中的维度的独立可变性大为不同。而这进一步产生了涉及运动、距离和时间的令人惊讶的结果。

在产生这些结果的过程中涉及一条狭义相对论定律，它是这样一条被实验证明了的假说：光在真空中的运动与光源的物理状态无关。具体地说，两个光源在真空中朝相反方向运动，在经过对方时它们都会发光，这两束光同一时间到达宇宙中的任意一点。这并不适用于两个最初朝相反方向运动，并在经过对方的时刻受到相同方向（即两者之一的运动方向）的相同外力影响的物理对象。爱因斯坦对这一事实的认识是狭义相对论的发展中至关重要的一步。在《相对论的基本思想和方法，按其发展的陈述》("Fundamental Ideas and Methods in the Theory of Relativity, Presented in Their Development")一文中，他说道："这种磁电感应（magnetico-electric induction）现象迫使我提出了（狭义）相对性原理。"[9] 根据麦克斯韦（Maxwell）的理论，一个处于（绝对）静止状态的磁铁周围围绕着一个磁场，但当它运动时，该磁场发生变化，并产生了一个"受感应而产生的"电场。由于电流的出现与否在原则上应该是可探测的，因此电流的出现与否应该能够告诉我们该磁铁是否在绝对空间中运动。然而，爱因斯坦知道它并不能发挥这一作用，因为受感应而产生的电场是否能够被探测取决于观察者是否在绝对空间中与磁铁同步运动——而这在原则上是无法确定的。

爱因斯坦的解决方式是使空间和时间相对化，从而使电场的出现与否变成磁铁——相对于具有其时空轨迹的潜在观察者——的运动的一个客观而可观察的结果。但这又带来了另一个问题：如何调和爱因斯坦接受的麦克斯韦关于光的电动力学和相对论？根据麦克斯韦的理论，光是由电磁场中的波构成的。那么，我们应该如何概念化光速？在19世纪末的牛顿式框架中，从一个运动的光源发出的同方向的光的速度是光源的速度加上恒定的光速——对麦克斯韦而言，这一数值是186,000英里每秒。（对于与光源运动方向相反的光，我们会用恒定的光速减掉光源的速度。）这样的理论被称为"光的发射理论"。当爱因斯坦放弃这一理论——假定光源的运动状态不会影响光从一个点到达另一个点的时间——时，他就能够将麦克斯韦的理论纳入狭义相对论中。[10]

狭义相对性的另一条定律陈述了，从真空中的一个光源发出的光线的路径是一条直线。我们可以在一个二维平面中视觉地表征这一点：一个垂直的时间轴t，一个水平的空间轴x，以及一个处于时空点p的发光事件e。忽略空间维度y和z（并从空间平面的角度进行思考），我们可以从p出发，画两条互成直角的线，每条线以45度角向上爬升（所以x值和t值总是以同样的增量沿线变化）。这两条线之间的所有东西被称为事件e的未来光锥（future light-cone）。

```
        t ↑
         |
  ↖      |      ↗
    ↖    |    ↗
      ↖  |  ↗
        ↖|↗
─────────●─────────→ x
         e p
```

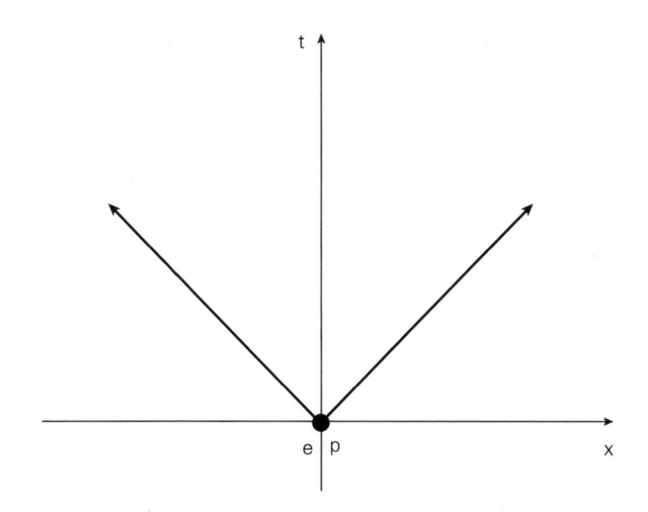

没有什么比光速更快了——这一想法由另一定律给出：一个经过事件 e 的未来光锥的物理存在物的路径总是不会超出 e 的光锥（要做到这样需要 x 值变化得比 t 值更快）。在此之上我们可以加上相对论的惯性定律：任何不受外力作用的物理存在物（光或具有质量的物体）的轨迹总是一条直线。[11]

有了这些，我们可以了解在狭义相对论中时间是如何被测量的。运动由直线或其他线表征，这些线连接了某物——物理对象或光——经过的时空点。这些点由四维数值坐标所表征。通过把数学公式应用于两个点的四维坐标，可以得到两个点之间的间隔。基于此，我们可以描绘狭义相对论所假定的时间、空间与运动之间的假设关系。

假设一对对象 A 和 B 在时空点 o 相对于彼此保持静止。简单起见，我们对 o 赋予时间坐标 0，以及对每一个空间坐标 x，y 和 z 也赋予 0。蒂姆·莫德琳（Tim Maudlin）在《物理学哲学：空间与时间》（*The Philosophy of Physics: Space and Time*）中解释道，

A 和 B 是一对处于各自的火箭飞船上的同卵双胞胎。[12]B 自始至终保持在同一位置。而 A 没有。她发动了火箭，仅沿着 x 空间维度运动，到达了点 p，点 p 的时间坐标（t）为 5，x 坐标为 4，y 和 z 坐标保持为 0（这反映出她只在三个空间维度中的一个上面运动）。接下来，A 沿着相反的 x- 方向返回，到达了 B 所在的点 q，其时间坐标为 10，x、y 和 z 坐标为 0。（B 没有在任何空间维度上运动。）我们将这个图像画在一张二维图上。连接 A 和 B 开始时所处的时空点 o 和两者（B 原地不动而 A 通过运动到达）最终所处的时空点 q 的线是一条垂直的直线。[13] A 从 o 到 p 的运动是从 o 到 p 的一条斜直线；A 从 p 到 q 的运动是类似的，这形成了一个等腰三角形。

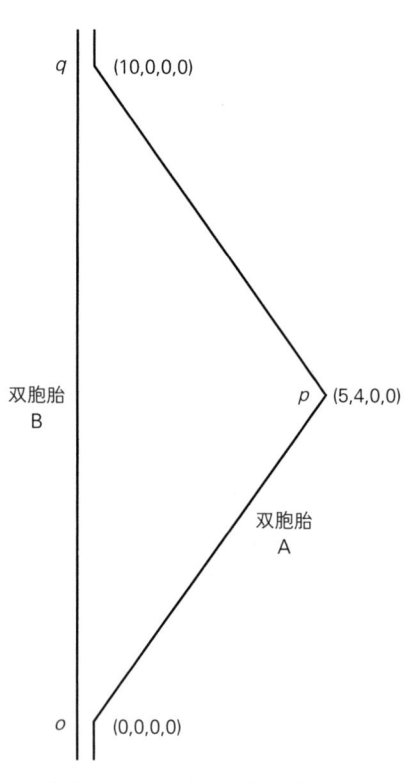

以 o、p、q 为顶点的三角形的边表征了时空间隔。用来测量它们的狭义相对论公式是，对 o 到 q、o 到 p、p 到 q 三条线的端点的 <t, x, y, z> 坐标做简单算术计算。对于每一条线，我们得到的测量其时空轨迹的数值是 n 的平方根，其中 n 等于：端点的时间坐标差的平方，减去它们的 x 坐标差的平方，

选自 Maudlin（2012），第 78 页

减去它们的 y 坐标差的平方，再减去它们的 z 坐标差的平方。[14]由于在我们的例子中，y 坐标和 z 坐标是无关的，从 o 到 q 的间隔被指定为 10^2 减 0 的平方根，即 10。A 从 o 到 p 的运动历程的间隔是 5^2 减去 4^2 的平方根（其中 5 是 t 坐标上的差，4 是 x 坐标上的差），即 3。毫不奇怪，A 从 p 点到 q 点的运动历程的间隔是一样的。因此 A 从 o 到 q 的整个过程的测量值为 6，而 B 的运动历程的测量值为 10。

因此，狭义相对论告诉我们，A 在时空中的运动历程要比 B 的短——事实上它是 B 的运动历程的 3/5。但是你可能会问，被测量的东西是什么呢？是时间被测量了。A 离开 B 去往 p 并在 q 回到 B 身边所度过的时间，要比 B 等待 A 归来度过的时间短。[15] 因此，尽管（我们可以想象）A 和 B 在她们一起在 o 时年龄完全相同，但现在 A 已经比 B 年轻了。无论 B 从点 <0, 0, 0, 0> 到点 <10, 0, 0, 0> 经历了多长时间，比如说 100 天，A 都经历了这一事件的 6/10，即 60 天。如果两个人都带着精准的时钟（无论什么样的物理机械能算作这样的东西），A 在到达 p 时会记录 30 天，在到达 q 时记录 60 天，而 B 在到达 q 时会记录 100 天。实际上，A 的时钟会比 B 的走得慢。但它并不会无法保持正确的时间。根据狭义相对论，两个时钟都是准的。这一例子向我们展现的是空间与时间之间本质上的相互依赖，而非相互独立，以及这对我们理解空间和时间中的运动带来的影响。狭义相对论告诉我们，这才是时空真实的样子，这与我们直觉上倾向于认为的样子大不相同。[16]

到目前为止，我们只是假定了我们例子中的时钟是精确的。在这里，关于什么物理过程算作时钟，可以说的不过是（i）如果它们在同一轨迹上（没有哪一个远离或靠近另一个），那么在被对过时的情况下，它们会显示同样的时间，并"一同跳动"，（ii）如果它们正在背向运动（正如 A 远离 B 时 A 和 B 的时钟），每一个时钟相对于另一个看上去走得要慢，并且（iii）如果它们正在相向运动（正如 A 返回 B 身边时 A 和 B 的时钟），每一个相对于另一个看上去走得要快（尽管总体而言，A 在运动历程中花费的时间比 B 静止不动花费的时间要短）。[17] 当然，归根结底，这些时钟必须是按照该理论所预测的那样去运行的物理存在物——我们可以通过实验检验去证明这一点。

尽管这些实验检验既困难又复杂，但已有一些这样的证明。这个想法通常这样呈现：想象两面镜子之间有一道光线来回反射——这道光在镜子之间的一次往返被算作时钟的一次"跳动"。[18] 为了使该机制算作一个时钟，每次跳动所测量的间隔必须相同。正如莫德琳所解释的，除非像爱因斯坦所提出的那样，这两面镜子在时空中运动时被一根坚硬的棍子所连接，否则这一条件就会被违反。狭义相对论预测，如果没有这根棍子，作用在这两面镜子上的一个力所导致的速度变化会在这个力作用之后将间隔拉长，进而破坏这一系统作为一个精确测量整个运动历程所需的时间的时钟而运作的能力。根据相对论，那根连接两面镜子的坚硬棍子在力作用时进行物理上的收缩，将两面镜子拉近恰当的量，以使光线在两面镜子之间来回传播的间隔保持相同，从而避免了上述情况。[19] 换言之，从原始参照系的视角（在力作用之前）测量出的两个镜子之间的空间距离，以一种保持光经历的间隔的长度的方式收缩了。就是在这个意义上，在狭义相对论中光速是恒定的，尽管没有独立于任何参照系而客观地测量速度所需的绝对空间和绝对时间。

对狭义相对论进行经验检验是很复杂的，因为在实验室中，镜子之间往返的间隔太短，无法用普通时钟可靠地测量。但"光速按照相对论所预测的方式是恒定的"这一事实能够被经验地检验。一个这样的检验中涉及了一对由一根快速旋转的棍子连接的快速旋转的圆盘（一个位于另一个的后面，并保持一定距离），以及从这对圆盘之后的空间位置 p 发出的光源。每一个圆盘中间有一个光能从中穿过的缝隙。光源照在后面的圆盘上，导致一些光在其转动的过程中穿过它的缝隙。如果穿过的光到达了第二个转动的圆盘的缝隙所占据的空间，光就会穿过它并照亮整个装置背后的屏幕；否则它就会被第二个圆盘挡住。通过调整圆盘的速度以及缝隙的位置和角度，可以将这一系统调整为从 p 发出的光总能穿过的状态。相对论预测到，这总能保持为真，无论在 p 处发光的光源是静止的还是朝向或远离装置运动。这已经被证实。

另一个实验将这一装置放在一个能转向任何方向——例如东、西、南、北——的飘浮平台上。在进行测试之前人们就知道，由于地球的自转和围绕太阳的公转，由于这套装置相对于地球自转产生的方向上的变化，以及地球在不同时间围绕太阳运动的速度的变化，穿过装置缝隙的光的速度可能会发生微小的变化。如果是这样，当装置在实验室中的方向发生改变时，或者在一年中的不同时间被使用时，该装置就必须被重新校准。狭义相对论预测到这永远不会发生，事实上它也没有发生。[20] 我们也可以让装置在一条直线上运动，根据光源是随装置运动还是相对于装置静止，来确定是否需要调整缝隙以使光线通过。狭义相对论所预测的是，它们不需要被调整。

爱因斯坦的**广义相对论**是在他发展狭义相对论的十年后出现的。这一理论引入了一种理解引力的新方式。这一新的理解方式又伴随着对时空结构的一种新的相对论理解。在这种新的结构中，两点之间的最短距离是一条曲线，这条曲线在一个球体的表面上。

此外，与同一直线成90度角的两条平行线，在延伸得足够长的情况下会相交，就像尽管地球表面的经线与赤道成直角，但仍在两极相交一样。然而，爱因斯坦并没有认为时空具有均匀的球面几何结构。相反，它的曲率是可变的。与球体上的平行线不同，在具有凹面曲率的部分时空上，平行线在延伸时可以相互偏离。作为一个整体的时空并不没有被理解为在每一处都有单一类型的曲率。

如果时空的几何结构——如爱因斯坦所言——是可变的，那么什么决定了（或者至少影响了）这种可变性？答案是，宇宙中物质的分布。这正是引力的用武之地。正如我们所知道的，牛顿将引力理解为一个作用在物体之上，与它们的质量成正比，改变它们在绝对时空中的轨迹，将它们拉向对方的力。相比之下，在发展广义相对论时，爱因斯坦开始将物体的质量理解为使时空本身的曲率（与物体质量成正比的）弯曲。由于光总是遵循时空的几何结构，这意味着，来自一个遥远物体的光的轨迹会围绕一个在其路径上的大质量物体而增加其曲率，对于一个位于该物体另一侧的观察者来说，光的轨迹似乎围绕着物体而"弯曲"。这一事实被亚瑟·爱丁顿（Arthur Eddington）在1919年通过实验证实。他的日全食照片展现了这样一种弯曲效应。尽管这被正确地称赞为证实了广义相对论，但"弯曲"的说法不应该被误解。在沿着局部弯曲的路径时，光在做它一直在做的事情：沿着空间中最短的在物理上可能的路径，从一个点运动到另一个点。

更近期的观测进一步证实了广义相对论。其中一个涉及一个距离地球80亿光年的类星体（quasar），以及一个距我们4亿光年的，在我们和这一个类星体之间的星系。这一星系是大量物体的一个集合，它使光所穿过的时空弯曲，从而使我们看到由同一恒星的四个像组成的团。此外,已经证实,地球的自转对其周围时空造成扰动;根据广义相对论,这是由大质量物体的自转导致的。这在 2004 年以一颗卫星——引力探测器 B(Gravity Probe B,简称 GP-B)——上的陀螺仪的轴的变化的形式被观察到。该项目的首席研究员斯坦福大学的弗朗西斯·埃弗里特(Francis Everitt)这样解释这些结果:

> 想象地球浸泡在蜂蜜中。在这颗行星自转时,围绕着它的蜂蜜会形成漩涡,空间和时间也是如此。GP-B 证实了爱因斯坦式宇宙的两个最深刻的预言对整个天体物理学研究产生了深远的影响。[21]

关于广义相对论中理解引力的方式,最吸引人的讨论之一是理查德·费曼(Richard Feynman)对伽利略的著名实验的讨论。这一实验证明了不同质量的物体(如一个保龄球和一颗弹珠)从一个塔上掉落的速度不被它们的质量所影响;不考虑空气的反作用力,它们以同样的速度落下,并同时落地。[22] 在牛顿的框架中,这一现象的原因是,尽管另一物体在一个物体上的引力效应与后者的质量成正比,但后者对前者的引力效应的反作用力以相同的程度与其质量成正比。因此,质量的这两个特性相互抵消,牛顿解释道,弹珠和保龄球同时落地。

相比之下,在广义相对论中,保龄球和弹珠在被放开之后不受任何力的影响,因此按照直线的(即最短的)空间轨迹运动,就像我们前面例子中的双胞胎 B,在 A 运动而她保持静止的过程中不受任何力影响。在伽利略的例子中,塔和塔顶或塔底的任何时钟都持续受到地球运动产生的力的影响而运动——就像双胞胎

A 发动她的火箭驶离双胞胎 B 那样。带着这一想法，假设塔底有两个被校准同步的时钟。其中一个，时钟 A，留在原地；另一个，时钟 B，恰好在伽利略放开弹珠和保龄球的同时被向上扔——并且被以恰好的力扔出，以使其与弹珠和保龄球同时落地。正如双胞胎 A 相对于双胞胎 B 的加速运动导致了 B 在 A 离开又返回的过程中度过了比 A 更多的时间，费曼观察到，广义相对论中对于引力的解释预测了，在时钟 B 飞在空中的过程中——其中后半段 B 不受力，因此没有经历加速——（在地上的）时钟 A 的加速运动导致了时钟 B 比时钟 A 度过了（也因此记录了）更多的时间。（这也适用于时钟与保龄球和弹珠同时被放下的情况。）据报道，这已经得到了证实。[23]

到目前为止，在谈到牛顿、爱因斯坦和其他人时，我所关心的大多是宏观的对象和事件。与之前相比，它们在 20 世纪得到了更好的理解。在 20 世纪，我们对于微观层面的宇宙——包括原子和亚原子状态以及粒子——的理解也得到了惊人的发展。先是马克斯·普朗克（Max Planck）和阿尔伯特·爱因斯坦在 20 世纪早期在辐射和光方面的工作，之后是尼尔斯·玻尔（Niels Bohr）的原子理论，以及由马克斯·波恩（Max Born）、沃纳·海森堡（Werner Heisenberg）、埃尔温·薛定谔（Erwin Schrödinger）以及保罗·狄拉克（Paul Dirac）发展的描述亚原子世界的数学形式系统。这带来的结果是量子力学在精确地测量和预测亚原子事件和过程方面令人瞩目的成果。矛盾的是，我们在使实在的微观层面与宏观层面相联系上的能力，甚至是我们理解"是哪些微观层面的事实使我们能够做出在微观层面上被良好检验的预测"的能力，都还不能与这一在预测上的成功相匹配。简单地说，量子物理学正在告诉我们关于宇宙的一些东西，但我们还不知道这种东西是什么。

　　这一点可以用一个简单的抽象例子来说明。假设我们安排 P 类型的粒子通过两条可能的路线（A 和 B）中的一条或另一条，来穿越一个空间区域。粒子从 A 或 B 出现，继续前进，并最终到达 C 或 D 处。我们具有检测一个粒子走了 A 路线还是 B 路线的能力，并且想要知道当它通过这些路线时会到达两个可能终点中的哪一个。因此，我们设立了一个不显眼的测量装置，它根据粒子所走的路线显示"A"或"B"。当我们进行这个实验时，我们发现通过路线 A 的粒子中有 50% 到达 C 而 50% 到达 D。对于路线 B 也是如此。因此，我们认为我们可以关掉监视器，并且知道，让更多粒子穿越这个空间区域也总是会得到 50% 到达 C、50% 到达 D 的结果。然而，令人惊讶的是，我们错了。当关掉监视器时，100% 的粒子会到达 C 而没有粒子会到达 D。[24]

　　这是怎么可能的呢？诚然，我们可能倾向于认为，要么存在这两条路线之外的路线，要么监视这两条路线的测量器是有问题的。然而，事实证明，不存在更多的路线，我们也没有错误地测量穿过路线的粒子；每一个测量设备都得到了相同的结果。因此，我们被逼迫着去做出这一结论：对这些粒子的测量在某种程度上改变了我们试图测量的实在。但这是怎么来的呢？关于这一点，量子物理学家和物理学哲学家还没有达成共识。

　　然而，有一套公认的词汇用来描述这样的情况以及做出概率性的预测。在量子物理中，人们通常会说，一个粒子的某些属性在被测量之前并不存在——或至少，直到你测量它们之前，说它们具有这些属性或不具有这些属性是没有意义的（它们在你测量的时候是一定具有或一定不具有这些属性的）。我们并不清楚有什么东西（如果真的有的话）可以被认为（在测量之前）就存在，但听起来好像存在一个与该粒子（或其他存在物）相关联的**波函数**（wave function）——一种能被数学函数表征的能量涂片（smear of energy），该数学函数包含以正数和负数编码的信息。[25]将这些数字理解为测量了该波的振幅（amplitude）——波峰（正数）或波谷（负数）。根据这些，我们计算出一个存在物具有一种或另一种属性的**概率**。该概率是波的振幅的测量值的平方，因此在标准情况中，根据一个正数指派 n 和它对应的负数 –n 计算出来的概率是相同的。然而，正如我们将看到的，在特殊情况下，在计算最终概率之前，对同一个可能结果赋予 n 和 –n 的赋值会被抵消。这对于预测被测量的粒子与未被测量的粒子之间的行为差异而言至关重要。

量子物理学的哥本哈根解释——这种解释曾一度作为标准——的支持者有时似乎想说一个**未被测量**的粒子（或其他存在物）有一定的概率具有某个特定属性 P，而他们拒绝说这个粒子在被测量之前要么有 P 要么没有 P。他们主张，有 P 和没有 P，这两个断言都是无意义的。这对经典逻辑带来了棘手的挑战。这一部分是因为我们不清楚：如果断言"x 具有 P"要么是无意义的，要么是一个不可能为真的断言，那么说"'x 具有 P'的概率是……"这样的陈述为真（因此是有意义的）意味着什么。将一个概率赋予一个我们不**知道**或可能无法**知道**其是否为真的断言是一回事；将概率赋予一个我们认为无意义的（或我们知道**不可能为真的**）断言是另一回事。

如果我们对上面这一（或许是不谨慎的）刻画做适当的修改，情况就会有所改善。这可以通过简单地称"一个**未被测量**的粒子（或其他存在物）有一定概率被测量为具有属性 P"这一断言为真——同时仍然将"它有一定概率具有 P（或不具有 P）"这样的断言当作无意义的——来做到。尽管这一术语上的修改并没有消除对经典逻辑的违背，至少它做出的断言并不那么明显地不融贯。这一修改也没有解决下述谜团：单纯的测量如何能够**导致**与一粒子相关联的波函数"坍缩"，以及该粒子**开始具有**看上去独立的属性 P 或非 P。[26]

带着这一想法，让我们回到粒子穿越 A 和 B 两条路线到达终点 C 和 D 的例子。当测量粒子所走的路线时，我们发现，观察到的穿过路线 A 和穿过路线 B 的粒子中，有一半最终到达位置 C，其余的则到达位置 D。但当没有对轨迹进行测量时，它们最终都会到达 C。量子物理学有一种容纳这一现象的方法。允许与粒子相关联的波函数在其数值中取负数，使我们能够做出"某些可能性会以产生确定结果的方式相互抵消"的预测，尽管在其他情况下不会发生这种抵消并且只能预测概率。

在我们的例子中，当没有测量穿越路线 A 或 B 的粒子时，赋予该粒子的波函数会产生一个确定的结果——到达位置 C。首先，赋予通过路线 A 到达 C 数值 0.7071（对其取平方，能够得到 0.5 的概率）；同样的数字也被赋予通过路线 A 到达 D。其次，赋予通过路线 B 到达 C 数值 0.7071（并不令人惊讶），但赋予通过路线 B 到达 D 的值是 -0.7071。由于我们赋予了**同一结果**（即到达 D）正值和负值，量子力学的规则告诉我们，在决定最终的概率之前要把这些值加起来。由于它们的和是 0，而 0 的平方还是 0，我们做出了到达 D 的概率为 0 的预测。这一结果，加上到达 C 的增强的值，最终得出到达 C 的概率是 100% 这一预测。[27]

那当我们**测量**通过路线 A 和 B 的粒子时发生了什么呢？由于我们知道测量会影响结果，相关的波函数**并不仅仅**与一个粒子相关联，而是与由该粒子和测量设备组成的对（pair）相关联。我们可以想象，这个测量设备会在测量之后立即处于两个状态，显示"A"或显示"B"。和之前一样，波函数为我们提供了四个状态的数值：(i) 粒子被正确地测量为通过路线 A 到达 C——这一状态的值为 0.7071，简称 **0.7071**（粒子到达 C，设备测出"A"）；(ii) 粒子被正确地测量为通过路线 A 到达 D——这一状态的值也为 0.7071，简称 **0.7071**（粒子到达 D，设备测出"A"）；(iii) 粒子被正确地测量为通过路线 B 到达 C——这一状态的值为 0.7071，简称 **0.7071**（粒子到达 C，设备测出"B"）；(iv) 粒子被正确地地测量为通过路线 B 到达 D——这一状态的值为 -0.7071，简称 **-0.7071**（粒子到达 D，设备测出"B"）。

注意，涉及到达 D 的两个加粗值中，一个为正数，一个为负数。因为被分配给这些振幅的状态包含了测量设备的不同状态，所以，分配给正数和负数的状态本身就是不同的。因此，测量的闯入使得对这些数值的相加或组合成为不可能的。这意味着不存在和为 0 的东西，也不存在没有测量时存在的抵消。因此，一个被正确测量为穿过了 A 的粒子，有 50% 的概率最终到达 C，有 50% 的概率最终到达 D。被正确测量为穿过 B 的粒子也类似。这符合我们的观察：在被测量为穿过 A 的粒子中，一半最终到达 C，一半最终到达 D；并且，在被测量为穿过 B 的粒子中，一半最终到达 C，一半最终到达 D。

让数学以这样的方式运作是一种成就。这一成就一旦被系统化并为人掌握，就能使物理学家们做出精确得不可思议的、出人意料的预测。但是对量子状态赋予概率究竟描述了何种实在呢？在我们的例子中，测量是如何又为何阻止了可能结果的抵消的呢？抵消和不抵消又表征了什么物理实在？假设我们这样理解它。（在未被测量的情况下）粒子的状态和（当我们测量通过的路线时）粒子-测量设备对的状态是无法因果地交互的物理情境。粒子在未被测量且不被干涉的情况下总是到达位置 C；物理定律决定了这一结果。但当测量被引入时，我们就得到了概率相同的两个可能性——到达 C 和到达 D。

如果我们不说测量改变了物理定律——因为看上去我们不应该这么说——那我们就必须要么说测量引入了某种实在的（但在之前未被想象的）元素，要么说测量在某种程度上出错了。物理学家大卫·玻姆（David Bohm）所赞同的一种可能性是，一定有某种隐藏的、不被测量设备因果地影响但在某种程度上与之交互的其他元素或变元参与了进来。[28] 休·艾弗雷特三世（Hugh Everett III）在他 1957 年在普林斯顿的物理学博士论文中发展出了另一种不同的想法，在被忽略了数十年之后，这种想法现在开始获得更多的关注。[29]

艾弗雷特想象到，假设测量（在某种意义上）导致了一个单一的"粒子加测量设备"分裂为一对这样的系统——"粒子 p1 加测量设备 1"与"粒子 p2 加测量设备 2"。进一步假设这两个粒子中有一个到达了 C，并且被其对应的设备测量为如此，同时，另一个到达了 D 并被类似地测量。**我们并没有观察到后者，因为 p2 尽管与 p1 类似，但它与 p1 在因果上是绝缘的，因此无法与 p1 以任何方式交互，包括在 p1 到达 C 时被我们观测为到达 D**。从 p2 产生的那一刻起，它就处于宇宙中无法被我们和我们的测量设备所通达的那一部分。物理学定律决定了每当一个 P 类型的粒子被测量到经过了路线 A 或 B，一个复制品就会被创造。当原本的粒子到达 C 时，这一复制的粒子将会到达 D。

当然，这并不是全部。在与 p1 无法交互的同时，p2 也无法与任何与 p1 有因果关联的事物交互，包括我们、我们的测量设备、任何与我们或我们的设备有因果关系的事物、任何与与我们或我们的设备有因果关系的事物有因果关系的事物等等，以至无穷。简而言之，某些量子事件，包括（但不限于）那些在实际的、有意识的测量中发生的事件，打开了实在的新维度，即在艾弗雷特的意义上的"世界"。这些维度遵守着与我们这一维度（世界）相同的决定论定律。这些维度可以被理解为是由我们维度中的所有存在物的"副本"——包括我们、我们的测量设备、与我们或我们的设备有因果作用的等等，以至无穷——所组成的。除了走向了不同的未来，这些涌现出的存在物与我们和我们同维度的事物共享同一个历史。

实际上，我们或许并不一定要将不同维度（"世界"）中的任何元素都理解为副本。或许在测量之后，只有一个粒子、一台测量设备和一个观察者，在不同的维度的不同历史中继续存在。正如在"我在 t1 时刻是一个年轻哲学家"和"我在 t2 时刻不是一个年轻哲学家"之间不存在矛盾，因此在（i）**我在维度 1** 观察到 p1 到达 C 而不是 D，与（ii）**我在维度 2** 观察到 p1 到达 D 而不是 C 之间也不存在矛盾。因此根据这种概念化的方式，当我**在维度 n** 测量到一个粒子经过路线 A 或路线 B 时，我**在维度 n** 观察到该粒子最终到达 C 或 D 其中之一，但在**维度 n+1**，我观察到它到达两者中的另一个。显然，当观察到更多粒子经过线路时，这能够被不断迭代。相比之下，在任意维度，如果我将一个粒子送进一条线路，但没有检查它，我就总会看到它最终到达 C。以这种方式，我在不同维度的经验将会符合从量子力学中推出的预测。

这就是所谓量子力学的"多世界"解释的极度简化形式。尽管艾弗雷特在哲学和数学上都很出色，但可以理解的是，他令人震惊的想法对于他那个时代的建制派物理学家和哲学家们来说过于激进，而且在概念上尚不充分。然而，随着时间的推移，他的想法更加充实，如今已经成为量子力学的主要解释之一。现在，它已经被牛津大学物理学教授大卫·多伊奇（David Deutsch）、南加州大学哲学教授大卫·华莱士（David Wallace）、加州理工学院物理学教授肖恩·卡罗尔（Sean Carroll）以及其他诸多杰出学者辩护和详细阐明。[30] 它的日益成功看上去可以归功于（i）它假定实在与量子理论的数学形式系统紧密相关，这使它能够被解读为对可见和不可见的世界的直接描述，以及（ii）它以一种与决定论的物理学定律相容的方式解释了该理论预测的概率。其他主流解释则不能如此。

然而，多世界解释仍然十分有争议性，部分原因是它引发了令人深感困惑的哲学问题。出于这个原因，看起来，关于"最前沿的物理学理论正在告诉我们什么"的争论在未来很可能在物理学和哲学的共同领域中展开。至少，这不应该算得上令人惊讶。在亚里士多德观察到求知欲是所有人的本性的二十四个世纪之后，无论是这种欲望，还是对试图满足这种欲望时遇到的令人困惑的可能性进行哲学澄清的需要，都丝毫没有减少。

第 11 章

自由、正义与良好社会

20 世纪中叶,哈耶克以休谟和斯密的精神在《自由宪章》中复兴政治哲学和经济哲学;约翰·罗尔斯的《正义论》与其同时代的洛克式批评者罗伯特·诺齐克;21 世纪,杰拉尔德·高斯在《理想的暴政》中提倡对政治哲学的核心目标和方法进行反思;卡尔·马克思:一个警示性的故事。

今天的政治哲学可能正要到达一个转折点，这个转折点可以与五十年前科学哲学面对的转折点相提并论，那时科学哲学还是一个单一的、抽象的学科，专注于各门科学所共有的普遍议题——例如，理论与观察之间的关系，经验确证的逻辑，以及解释的本质。在那之后，科学哲学已经演变为一系列专门的研究，包括很多以特定科学为中心的研究——物理学哲学、生物学哲学、心理学哲学等等。正如在第 10 章中阐明的那样，这一转变已经拉近了哲学与各门独立科学之间的距离，促进着具有科学头脑的哲学家和具有哲学头脑的自然和社会科学家之间卓有成效的互动。人们可能会预期甚至希望政治哲学也会发生类似的演变，从关注（作为其传统焦点的）良好正义社会的高度普遍化的抽象概念，转到更加具体地对关于社会的不同方面——法律体系、经济和货币体系、社会分层体系、军事和民事机构，以及对政府职能和管辖范围的划分——做具体的研究。这样一种演变，虽然还没有像在自然科学和最先进的社会科学中走得那么远，但在政治哲学中已经初露端倪。

在下一章中，我会把当代法哲学分出来单独讨论。在这一章，我会把 20 世纪的两部政治哲学伟大经典［弗里德里希·哈耶克（1899—1992）的《自由宪章》（*The Constitution of Liberty*）和约翰·罗尔斯（1921—2002）的《正义论》（*A Theory of Justice*）］与一部 21 世纪的作品［杰拉尔德·高斯的《理想的暴政》（*The

Tyranny of the Ideal）]进行对比，后者对政治理论研究的更加注重经验的新方向提供了论证。[1] 在本章结尾，我将检验一条历史性的进路，即19世纪哲学家卡尔·马克思的进路，这一进路与本章开头提到的那些20世纪和21世纪政治哲学家的进路形成了鲜明的对比。

弗里德里希·哈耶克：《自由宪章》

哈耶克政治哲学的核心概念是自由。在他看来，自由的意思是不受他人强迫地出于自身决定而行动的能力。因为人们通常比别人更清楚他或她自身的利益以及提升它们的手段，哈耶克坚信高度的个人自由往往会促进个人福利。既然追求我们的目标需要我们使用别人提供的商品和服务，那么让别人自由地获取、分享知识并从他们所获得的知识中受惠就是至关重要的。正如哈耶克所观察到的那样，在文明社会中，人们做的每一件事实际上都依赖于大量自己所没有的知识；文明程度越高，依赖程度就越大。我们不仅要依赖从正规教育中获得的理论知识，还要依赖从经验中获得的各种实践技能。这两种知识经常从尝试和犯错中产生，失败乃成功之母。这种持续不断的实验要求最宽泛的可能实现的自由，它需要与对于所有人来说都类似的自由——去探究、去做计划，以及不强迫他人也不受他人强迫地行动——相兼容。

哈耶克坚持认为，支撑着现代生活所依赖的持续创新的巨大知识宝库过于庞大和分散，以至于不能把它集中到任何小范围的统治精英手中。试图将其集中起来只会抑制知识的生产和共享，威胁未来的进步和当下的福祉。正如把我们从工业时代的黎明带到现在的文明水平的创新对于我们的祖先来说是不可预见的，我们的未来所依赖的创新对于现在的我们来说也是不可预见的。我们不仅不知道我们最需要的将会是什么，而且也不知道我们不断演变的善的概念将会要求什么，所以哈耶克认为我们必须自由地即兴发挥，不要封闭可能会被证明为切实可行的选项。对哈耶克来说，所有的机构，从家庭到政府，以及介于两者之间的一切，都会改变这些机构所依赖的条件和知识，反过来也会被这些新条件和新知识所改变。因为我们无法预测一个理想中的良好公正社会看起来会是什么样子，更别提制定一个通往它的路线了，所以我们必须维护最大的创新自由。

创新的自由既意味着成功的自由，也意味着失败的自由。因为成功有回报而失败没有，所以自由会造成不平等。虽然这无疑是一个难题，部分地要通过提供社会最低保障来处理，但哈耶克认为，如果要在未来为所有人带来前所未有的好处，不平等本身是必不可少的。

> 新知识和它们的好处只能被逐渐地传播。……这样去思考那些新的可能性是误导性的——就好像它们从一开始就是社会的共同财产，可以被社会成员从容不迫地分享。……在新知识可以被充分使用之前，它不可避免地要经历长期的采纳、遴选、结合和改良。这意味着总会有人已经从新成果中受惠，而另一些人还没有接触到这些成果。[2]
>
> 实验的支出在今天看来可能是铺张甚至浪费的，因为它只被少数人使用……，这种实验是一种生活方式，它终将被普及。被尝试并在之后普及所有人的东西……其范围被当前收益的不平等分配极大地扩大了。……如果在更好的东西能

够被提供给所有人之前，所有人必须等待，那么很多时候那一天永远不会到来。即便是今天最贫穷的人，其相对的物质上的福祉也是源于过去的不平等。[3]

下面的图表展示了这一观点的经验基础，它说明了与人类历史的其余部分相比，自由市场经济最近的有效性。

人均国内生产总值（以 1990 年的美元计）

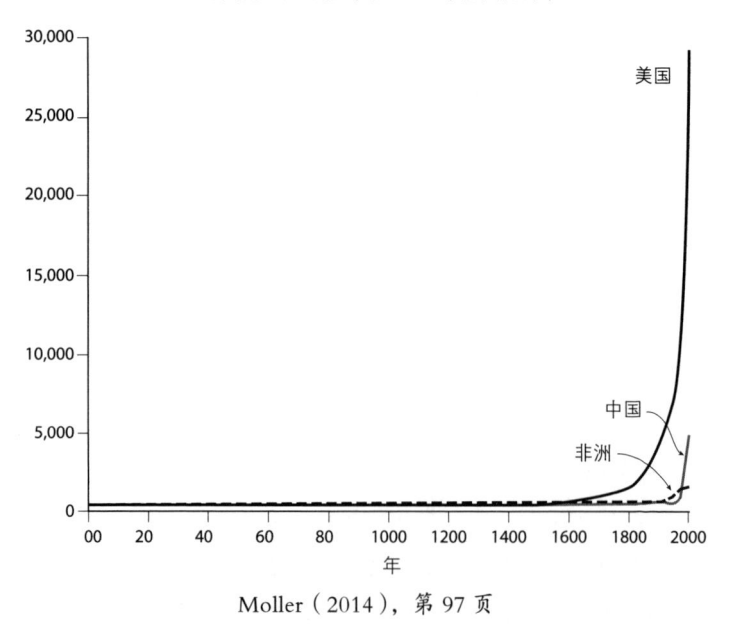

Moller（2014），第 97 页

尽管哈耶克对消除**绝对贫困**的关注令人钦佩，但人们可能会反驳道，他忽视了**相对贫困**带来的不幸福。但他并没有。他指出，在最发达的社会中，贫穷已经成为一个相对的概念,而不是绝对的概念。这并不能减轻它的苦涩。虽然在一个发达的社会中,未得到满足的需求通常不再是物质需求,但是文明的结果……在每个阶段,在大多数人想要的东西中,有一些只能提供给少数人。……我们所争取的大部分东西,都是因为别人已经有了我们才想要。然而,一个进步的社会……认为它创造的欲望只是进一步努力的动力。它忽视了被别人所做的示范唤起的未实现欲望带来的痛苦。它看起来很残忍,因为它增加了所有人的欲望,却只增加了给一些人的赠礼。然而,只要它仍然是一个进步的社会,就必须有一些人必须领路,其余的人跟随。[4]

有时我们看到别人在享受我们不知道任何人可能会拥有的东西,于是我们自己也开始欲求它们,仅仅是因为它们可能会带给我们的快乐或好处。然而,在其他时候,我们的相对贫困充斥着嫉妒、愤恨,以及剥夺相对优势者的社会经济优势的强烈欲望。

群体	出生时(或 20 岁时)的期望寿命
近代觅食者	30 多岁 (40 多岁)
意大利地方执政官,公元 223 年	25 (33)
英国 1550—1599 年	38
前工业时代的英国 1750—1799 年	20 (34)
美国 1850 年	38
美国 1900 年	48
美国 1950 年	68
美国现代	77

Moller(2014),第 98 页

就相对贫困的痛苦来源于未实现的第一类愿望而言，正如哈耶克所观察到的，这是追求用最快、最有效的手段来减少人类痛苦并将以前无法想象的利益传播给更多人所要付出的不可避免的代价。但他认为，就这种痛苦是嫉妒和对缺乏社会地位的强烈愤恨的产物而言，它永远不可能被消除，而是只能被管理和最小化。

与对物质利益的欲求不同，对地位的欲求是一场零和博弈；A的地位的提升必定伴随着B的地位的丧失。由于对地位的欲求是最持久的人类情绪之一，控制它的最好方法是，鼓励基于人类的各种优点的诸多地位层级制度，从而增加个人在某些方面获得高度评价的机会。一个有良好条件做到这一点的社会是开放的、实验性的，它珍视自由，同时又容纳着由不同社会组织推动的不同、多面但又有所重叠的善好概念。

带着这种有关多样性的思考，我们转向哈耶克对**平等**、**价值**和**功绩**的理解。在哈耶克看来，**平等包括道德主体的平等、对我们共有的人类尊严的平等尊重**、盎格鲁-撒克逊法律体系中的（理想）意义上的**法律面前人人平等**，以及某种合理意义上的**平等机会**。法律面前的平等要求客观地、不带歧视地执行为共同利益制定的法律，保护所有人的自然自由，以及免受他人强迫的平等自由。平等机会要求，在没有国家所强加的人为的法律障碍的情况下，为社会的、经济的回报而竞争的自由。如果这是**平等机会**的全部含义，那么哈耶克就是这一思想的信徒。但是，如果**平等机会**被理解为要求所有人都有平等的人生起点，而且无论他们选择什么都有平等的成功前景，那么他就不是信徒。相反，他认为这种平等机会概念是不融贯的，因为没有办法使基因遗传或环境条件平等。甚至更糟糕的是，他论证道，试图（以一种超出社会最低限度的方式）通过惩罚自然优势者而偏袒劣势者来实施机会平等——这种乌托邦概念将会破坏自由，从而削弱所有人的代际福利。

对**结果平等**的要求也受到了类似的批评。哈耶克的一个批评思路是，不同的人类善好的多样性使得"用公共政策将它们平等化"这一想法变得荒谬。在如下观点中，哈耶克暗示了这一点，他说，这个想法将"意味着政府有责任确保没有人比其他人更健康，或拥有更快乐的性情、更般配的配偶、更有前途的孩子"[5]。他的第二个批评是，让所有人的前途平等否定了个人的责任。最后，他论证道，平等结果的政策破坏了自由，因而使得未来的进步变得不可能。

他还驳斥了"正义要求物质回报应该与道德功绩成正比"的观点。与之相反，他论证道，

> 物质回报应该在大体上对应于人们公认的（道德）功绩——这在一个自由的制度中既不可欲，也不可行……自由社会的一个本质性特征是，一个人的地位不应该必然地取决于他的同伴对他所取得的功绩的看法。[6]
>
> 在我们的个人行为中，我们通常依据一个假定而行动，这个假定是，决定了我们对一个人的义务的，是他的表现的价值，而不是他的表现的功绩。……在我们与他人打交道时，我们觉得，如果我们用同等的价值来补偿价值，而不去询问个人为我们提供这些服务可能花费了多少（时间、金钱和精力），我们就是在做正义的事情。决定我们的责任的，是我们从别人提供给我们的东西中获得的好处，而不是他们提供这种好处的功绩。[7]

哈耶克将我们从与他人的交易中获得的价值同那些提供商品或服务的人的道德功绩区分开。与我们交往的一些人拥有自然的禀赋——遗传的智力、美貌，或者运动、音乐或艺术天赋——他们在道德上并不对此负责。其他人则受益于并非由他们自己创造的丰裕环境。无论哪种方式，拥有社会意义上可欲的特征可能会使一些人——在没有非凡的努力、动机或者牺牲的情况下——生产出对其他人有足够价值的商品和服务，从而获得丰厚的回报。相比之下，那些天赋较低的人可能会以一种值得高度赞扬的方式埋头苦干，但却无法生产出任何可与之媲美的价值。当然，熟知这两个群体中的一些成员的人可能会给予后者他们没有给予前者的友谊与尊重。尽管如此，社会、政治和经济制度没有系统的办法来使物质奖励与道德功绩保持匹配。

当然，关于什么是道德价值，我们并没有完全达成一致。但即使我们达成了一致，我们也并不熟知如何使经济成就与之相称。哈耶克补充说，试图将两者更紧密地协调起来所需要的社会成本，对于那些在协调尺度上排名不高的人来说，可能会造成心理上的极大破坏。

> 一个社会预设了高收入是功绩的证明，而低收入则是缺乏功绩的证明，人们普遍相信职位和报酬与（道德）功绩相对应，除了获得大多数同伴对其行为的认可以外没有其他成功之路；另一个社会则坦率地承认，（道德）功绩和成功之间没有什么必然联系。对于不成功的人来说，前者很可能要比后者难以忍受得多。[8]

尽管他反对将平等宽泛地阐释为一种社会规范，还反对将物质奖励与道德价值联系起来，但他有时似乎赞同这样一种观点，即个人在自由社会中赚取的物质奖励与**他们为社会创造的价值**密切相关，而且应该如此。哈耶克认识到，社会需要激励行动者去做产生最大社会价值的事情，他认为物质回报确实应该与其所创造的社会价值紧密关联。

> 如果（一个人的努力所获得的）报酬与一个人的努力所创造的对同伴的价值不相符，那么他就没有依据来决定一个特定的目标是否值得为之付出努力和风险。[9]
>
> 市场通常会为任何一种服务提供它们为受益者所提供的价值。[10]

这一点并不是显然站得住脚的。在（相对）自由的社会关系中，收入与人们（总的来说）愿意向那些提供给他们想要的商品和服务的人支付的金额有关。正因如此，人们可以想象，如果（i）需要为工人支付的工资的价值与工人所生产的社会善好的价值总是相等的，（ii）每个人都能可靠地判断什么对他或她是真正有价值的，以及（iii）社会总善好就是所有个人善好的总和，那么收入与社会价值之间的普遍关联既是在规范性的意义上可欲的，也是在一个自由社会中大致可以实现的。但（i）很可能是假的，（ii）是可疑的，（iii）可能很难成立。

为了看清（i）的不合理性，想象 widget 和 gidget 这两样东西，它们对一个社群的社会价值很大而且相等。虽然这个社区中每个人只需要其中的一个，但能制作 widget 的工人很多，能制作 gidget 的工人很少。和 widget 制造者所需的财政激励相比，需要提供更多的财政激励去吸引所需的 gidget 制造者远离其他可能的追求，因此后者的工资会高于前者，尽管事实上每种工人生产的产品具有相同的社会价值。[11]

就（ii）而言，似乎很明显，我们大多数人——包括我在内——对于"什么对我们最有益"的判断是极不可靠的。我们做出的许多决定最终都适得其反。有时候，这是因为我们不知道达到目的所需的手段。其他时候，这是因为关于我们自己最重要的目的真正是什么——关于归根结底什么才是对我们最有益的——我们的掌握是被误导的或者不牢靠的。这种太人性的无知并不意味着我们应该把自己的决定权交给别人。在大多数情况下，全盘考虑，没有人比我们自己更了解什么对我们来说是更好的，也没有人像我们自己一样关心最大限度地提高自己的善好。至于（iii），不用说，没有哲学王知道我们中任何一个人的个人善好，更别提如何最大限度地提高所有人的总体善好了。有鉴于此，很难看出"在一个公正的社会中，一个人的收入和其他物质奖励应该与他所负责的社会善好的总量相对应"这个命题如何能够成立。

对于像哈耶克一样珍视自由的人来说，最好的结论是罗伯特·诺齐克（Robert Nozick, 1938—2002）得出的这一结论：**没有哪种规则，能够根据个人的需求、功绩、贡献的价值、努力或者这些因素（或类似因素）的任何组合来决定收入或财富应该如何公正地分配给个人。**[12] 不可能有这样的规则，因为自由颠覆了模式。在任何崇尚自由（包括在不伤害或胁迫他人的情况下处置自己有权获得的资产的自由）的社会中，会有许多合法地获得、失去或转移物质利益的方式，而一旦这些方式开始运作，将会颠覆一切分配规范。

正如诺齐克所观察到的那样，物质持有的总量在一切时候都源于这样的活动，其中：

一些人得到他们的边际产出（他们的工作所产生的金额），一些人在赌博中获胜，一些人从配偶的收入中分得一杯羹，一些人从基金会获得赠礼，一些人从贷款中获取利息，一些人从仰慕者（或从对亲属的继承）那里收到赠礼，一些人从投资中获得回报，一些人自己制作很多他们拥有的东西，一些人捡到东西，等等。[13]

由于这种多样性，没有任何方式能将财富和收入与任何可预见的社会特征集合规范性地联系起来。为了归谬，假设某个分配规范 DN 是正确的。假设财富和收入的分配在时间 t 满足 DN，因而是公正的；每个人在 t 时都有资格拥有他或她的物质财产。有了这个资格，每个人都可以自由地使用或处置这些财产——献给自己，满足自己对赌博的渴望，捐赠给自己支持的事业，送给所爱之人，或者投资赢利。由于每个人都有资格以这些方式行事，那些从交易中获益的人——无论是自己还是其他人——都有资格拥有他们得到的。虽然这可能会产生违反 DN 的新分配，但新分配出现的方式保证了它一定是公正的，因此证伪了 DN。简言之，如果不反对（a）一个人可以以不伤害或胁迫任何人的方式自由地使用或处置他有资格拥有的东西，或者（b）以这种方式从有资格的人那里获得资产的人因此就有资格拥有这些资产，那就没有什么分配规范是可以接受的。既然哈耶克接受（a）和（b），他就应该接受诺齐克的结论。[14]

在他书中的下面这个著名段落中，诺齐克阐述了他的观点。他从假设某个公正分配的规则 D1 是正确的开始。

> 现在假设篮球队十分需要威尔特·张伯伦。……他与一

支球队签订了以下类型的合同。在每场主场比赛中，每张门票价格中的 25 美分将归他所有。……人们兴高采烈地去看他球队的比赛；他们购买门票，每次从入场费中单独拿出 25 美分放进一个印有张伯伦名字的特殊盒子里。……这些比赛是值回票价的……在一个赛季中，有一百万人出席他的主场比赛，威尔特·张伯伦最终获得了 25 万美元，这是比其他任何人的所得都多得多的一笔钱。他有资格享受这笔收入吗？这种新的分配 D2 是不公正的吗？如果是的话，为什么？关于每个人是否有资格控制他们在 D1 中持有的资源，是**没有疑问的**。……每个人……**选择了**从他们的钱中拿出 25 美分给张伯伦。……如果 D1 是一个公正的分配，而且人们自愿从它移动到 D2，把他们在 D1 条件下被给予的所得（如果不用来做点什么的话有什么意义呢）转移出去几部分，那么 D2 不也是公正的吗？……还有谁能以正义为由口吐怨言呢？[15]

约翰·罗尔斯：《正义论》

在社会科学和分析哲学中，罗尔斯 1971 年的经典著作受到的欢迎远远超过哈耶克的《自由宪章》。在过去的一百年里，哲学里没有什么能够与之匹敌。对它的热情部分地是由于分析哲学中有影响力的规范性研究已经黯淡了几十年之久，而罗尔斯为之画上了句号，部分是由于他为自由福利国家的主导意识形态提供了哲学支持。[16] 但最重要的是由于他的学识与他为了那一愿景在论辩上付出的努力。

罗尔斯把现代社会视为一个错综复杂的社会合作网络，与霍布斯或洛克笔下的社会外生活（即自然状态）相比，我们从现代社会中受益匪浅。既然我们在道德上是平等的，而且每个人都依赖于他人的合作，罗尔斯推理道，在制定用来分配社会合作所带来的负担和由此产生的利益的基本规则时，我们每个人都应该享有同等的权重。他认为，那些规则中最重要的是支配个人自由的范围和财富分配的规则。因为这些规则必须得到武力的保障，而且它们约束着一个人为自身利益行事的自由，所以必须以行动者认可的方式来证明这些规则的合理性。因此，他寻找会在**公平的决策程序**中被理性的、自利的行动者一致采纳的分配利益和负担的规则。

他找到的规则是（i）和（ii），其中（i）被赋予了比（ii）更高的优先级。

（i）每个人都应该有平等的权利去享有与所有人的类似自由相兼容的最广泛的基本自由。

（ii）财富和收入等基本益品（无论一个人可能想要其他什么东西，这些益品都是有利的）应该以最大限度地提高社会中最弱势成员的地位的方式在人口中分配，并且，这些益品应该从在机会平等的条件下通过公平竞争获取的职位中获得。

罗尔斯得出（i）和（ii）的尝试建立在**公平程序**的概念之上，这个概念决定了我们共享的社会契约条款。他认为，如果一个人为了自己不应得到的东西而坚持偏向自己的条款，那会是不公平的。既然没有人天生就应该拥有其生物遗传特征（好的或坏的）或因其童年和青少年环境（幸运的或不幸的）而产生的特征，那么，罗尔斯认为，那些雄心勃勃、精力充沛、聪明伶俐、有创造力、勤奋、有艺术细胞、善良、诚实、有天赋，或者以任何符合社会期望的方式有吸引力的人，为了一个奖励这些特征的社会契约而讨价还价——这是不公平的。毕竟，为什么其他在这些维度上排名较后的人（尽管这不是他们自己的过错）也应该同意这样的交易呢？由于缺少足够的社会资本去与那些拥有更多交易资本的人讨价还价，这些不那么受上天眷顾的行动者将别无选择，只能接受指定给他们的条款。尽管这或许会导向姑且算得上是协议的结果，但罗尔斯认为，这种结果不会源于一个**公平的决策程序**，因此不会产生每个人都可以期望据以生活的公平中立的正义原则。[17]

这种公平概念使他提出了正义问题，其中，处于"原初状态"的行动者在**无知之幕**后面权衡社会契约的条款，不知道关于自身的任何事实。

> 我们想要定义原初状态，以便得到期望的解决方案。如果允许我们了解细节，那么结果就会因为任意的偶然因素而产生偏差。……如果原初状态要产生正义的协议，那么各方必须处于**公平**的地位，并且作为有道德的人被同等地对待。世界的**任意性**（例如，导致个体具有不同性质的生物或环境因素）必须得到纠正。[18]
>
> 我们必须设法消除特定偶然因素的影响，这些因素使人们产生分歧，诱使他们利用社会环境和自然环境为自己谋利。现在，为了做到这一点，我假设各方都位于一张无知之幕的后面。……没有人知道他在社会中的位置，他的阶级地位或社会地位；他也不知道他在自然资产和能力的分配方面的命运，他的智力和力量，等等。此外，也没有人知道他对善的理解，他的理性生活计划的细节，甚至他的心理特征，例如他对风险的厌恶、乐观或悲观的倾向……我假设他们都不知道自己社会的具体情况。……不知道它的经济、政治状况，

或者它已经达到的文明程度。处于原始状况的人不知道他们是哪一代人。……他们知道的唯一具体事实是，他们的社会受制于正义的环境（例如，存在稀缺资源，开发这些资源需要社会合作）。……他们（也）知道关于人类社会的一般事实……经济理论的原理；他们知道社会组织的基础和人类心理的定律。[19]

显然，这种设定排除了能够把一个人和另一个人区分开的所有特征。这将罗尔斯的决策过程从有时被描述为的一项**社会任务**（在这项任务中，现实中的人试图找到各方都能接受的互动条款）**转化成了独立任务**（在这项任务中，理性的、自利的、无性别的、康德式的抽象人选择未来的社会，尽管这个人对自己一无所知，只知道自己是特定科学定律所描述的物种中的一员）。在纯化了行动者之后，罗尔斯相信，**无论它选择了什么规则，这个规则都一定是正义的**，因为用于得出这些规则的决策程序是公平的。

罗尔斯进一步规定了两个抽象条件。他要求他的理性的、自利的行动者（或行动者们）没有嫉妒，也没有对他人福利的任何关注，无论是正面的还是负面的。嫉妒被排除，是因为处于原初状态的行动者被假定为理性的，而理性告诉我们嫉妒会让一个人更糟糕。排除对他人的感情则更为复杂。[20]

一旦我们考虑到契约理论，就很容易认为它不会产生我们想要的原则，除非各方至少在某种程度上被仁慈所打动。……（但是）互不关心和无知之幕的结合达到了与仁慈相同的目的。因为这些条件的结合迫使每个处于原初状态的人都要把他人的利益考虑在内。[21]

这似乎令人费解。虽然那些处于原初状态的人不知道他们进入社会时最看重的会是什么，但他们仍然寻求最大限度地获得基本益品，这些资产将使他们能够推进其最终目的，无论他们的最终目的是什么。这一点——而不是任何对他人福祉的支持或反对——是唯一指导了他们的选择的东西。

> 那么，互不关心的理性这个假设是说：处于原初状态的人试图承认能够尽可能地推进其目的体系的原则。他们通过试图为自己赢得最高的基本社会益品指数来做到这一点，因为这让他们能够最有效地推行他们对善的概念，无论它是什么。各方并不寻求互利互惠或者互相迫害；他们不为感情或怨恨所动。彼此也不试图得到比对方更多的好处。他们既不嫉妒也不自负。……他们争取尽可能高的绝对分数。[22]

处于原初状态的行动者如何**被迫考虑他人的利益**？在一种近乎琐碎的意义上他们必须考虑。由于他们不知道无知之幕被揭开时自己将是谁，所以他们不能忽视正被考虑的社会中任何人的利益，因为这将有忽视自身利益的风险。不过，我认为罗尔斯想得更多。他非常重视一个事实，那就是处于原初状态的人被**预设**为拥有**正义感**。[23]

> （这一预设）意味着各方可以相互依赖……依照最终一致同意的任何原则去行事。一旦原则得到承认，各方就可以相互依赖，遵从这些原则……他们的正义感确保了那些被选出的原则将会被遵守。……如果一种正义概念不太可能使自身得到支持（也就是说，如果一个社会围绕着它来组织就不

会赢得其公民的忠诚）……那么这一事实是不容忽视的。……（各方）是理性的，他们不会达成他们明知自己无法遵守的或者只能带着巨大困难去遵守的协议。……因此，在评估各种正义概念时，处于原初状态的人们应该假设他们所采用的正义概念将会得到严格的遵守。[24]

简言之，罗尔斯假设，处于原初状态的行动者不会选择任何这样的原则：它们一经实行就会被知晓自身的利益、知晓自己所处的社会地位的现实中的自利的人广泛地拒绝或漠视。

对于"处在原初状态的人必须对他人的利益抱有强烈的兴趣"这一论点，上述限制提供了两个潜在的支持来源。首先，**如果罗尔斯是对的**，即原初状态中的权衡确实表现了一个理想的公平程序，那么那些处于原初状态的人就会认识到他们选择的正义原则是公平的。基于这一理由，他们会相信，在一个围绕着那些原则组织起来的社会中，每个公民都能看到他或她自己的利益得到了与正义相符的最大程度的保护。其次，既然那些处于原初状态的人知道人类的心理定律，他们就知道人类是多么热衷于提升他们自己的利益，同时也意识到父母与孩子、丈夫与妻子、朋友与亲人之间可以有多强的依恋。因此，那些处于原初状态的人不会选择这样的规则：遵守这些规则将会要求公民放弃提升自我的积极尝试，或者要求他们严格限制自己让亲近的人受益的能力以便让不认识的陌生人受益。

有鉴于此，我们现在转向罗尔斯的论点，即在原初状态中他的两个原则将会被选择。他的主要竞争原则根据基本益品的平均持有量对社会进行排名；越多越好。如果一个人判断，他最终达到或接近中位数的可能性大于他处于最不利地位的可能性，那么这个竞争原则似乎很有吸引力。然而，罗尔斯相信，处于原初状态的行动者不会选择平均效用最大的社会。他们不知道自己最终进入任何一个社会类别的可能性有多大，也不了解自己将要进入的社会有多少财富，或者那个社会所认可的自由，所以，即使位于中等水平的生活是舒适的，他们也不能排除最不富裕的人可能会陷入绝望的可能性。除了严重的贫困，底层的人还可能没有自由。[25] 他们可能还有后代要去担忧。对于"希望自己［在原初状态上］的决定可以对被影响到的后代负责[26]这种愿望"，罗尔斯评论道：

> 与让我们自己冒险相比，我们更不愿意让他们去冒很大的风险。除非是在无法规避这些不确定性的时候，我们才愿意这样做；或者是根据客观信息估计，可能收益如此巨大，以至于在他们看来拒绝这些被提供的机会是不负责任的，即便如果接受这些机会带来的结果可能是坏的。[27]

因此，罗尔斯设想，处于原初状态的行动者将会追求对自由的保障，追求自身福利的最大化，即使他们最终处在社会的最底层。[28]

最后，他又回到了这样一个观点：**无论我们发现自己处于怎样的社会环境中**，在原初状态上采纳的原则都必须是我们可以遵守的原则。

> （各方）不可能达成可能会产生他们无法接受的后果的协议。……（处在原初状态的）人们是在最终地选择支配其人生前景的标准……没有第二次机会。此外，当我们达成协议时，我们必须能够在发生最坏可能性的时候也遵守它。[29]

那些处于原初状态的人不能真诚地同意基于平均效用的社会契约，不过他们可以同意基于他的原则（i）和（ii）的社会契约，于是罗尔斯得出结论，认为这些原则将会被选择。他无法**证实**这一点，因为包括科学知识在内的原初状态无法被足够准确地陈述以便提供证明。但是他提出的非正式案例足够有说服力，值得受到更仔细的考察。

使原则（ii）看起来合理的是，处于原初状态的各方极度无知。因为在正被考虑的社会中，一些人面临的深重苦难和极度贫困并没有被排除出去，所以那些处于原初状态的人如果发现自己身处底层就会试图将自己的苦难降至最低，这似乎是合理的。理性是否**指定了**这种规避风险的策略，这是可以商榷的；至少它并不是显然不合理的。但是牺牲原则（i），确保所有人的最大个人自由也并非不合理——如果这样做能够减轻足够贫穷的人所遭受的痛苦。因此，很难证明处于原初状态的人会将（i）和（ii）都选出。或许他们会选择（ii），同时把（i）换成一个只是宣布奴隶制不合法的原则。这将违背罗尔斯赋予（i）的优先级，但很难看出他设定在原初状态中的选择怎样能够排除这种可能性。[30]

然而，罗尔斯的讨论的最大问题在于，他推测在原初状态中被选择的任何原则都一定是正义的，因为这个过程是公平的。罗尔斯设计这一过程是为了反映他未经论证的假设，即所有在社会方面可欲的特质——"甚至，**想要去努力、去尝试，继而在通常意义上应有所得的这种意愿**"也包括在内——归根结底都是不应得到的，他由此得出结论说，不存在先在于无所不包的政治正义理论的、在道德上重要的**应得**（desert）概念和**资格**（entitlement）概念使得政治正义理论必须遵守它们。[31] 相反，他预设了我们关于资格和应得的日常概念在概念上依赖于一个全面的、事先被证成了的政治正义理论。我相信这是前后颠倒的。

想必，罗尔斯认为所有在社会方面可欲的特质归根结底都是不应得的，因为它们的因果前件包括了一个人无法控制的生物因素和环境因素。**如果为了应得 x，一个人必须做一些事情去带来 x**，那么，当然，我们不应得到共同决定了我们是谁的基因遗传或早年环境。因为我们没有做任何事情来让我们的父母爱护和支持我们，在相关的意义上，我们也不**应得到**他们的爱与支持或者任何源自他们的东西，包括他们的基因。但是，事情在这种琐碎的意义上并没有什么道德重要性，即使有，也是微不足道的。

在我们父母对整个社会的义务之外，他们是否有义务去爱护和支持我们？是的。他们是否**有资格给予**我们他们的爱、时间、精力、指导，以及一些他们节省下来的东西？他们当然有。由于他们有资格做他们所做之事，我们也有资格使用他们所给予的东西——首先发展他们希望灌输给我们的在社会上被期望的技能和特质，然后将这些技能和特质运用到工作当中，在不伤害或胁迫任何人的情况下造福我们自己和他人。因为我们与不熟悉的他人一同生活在这个社会中，所以我们可能会在道德上受到约束，不得不付出一些努力去协助他们。但是这与罗尔斯的断言——一个人的自然禀赋和被社会所期望的特质是所有人的共同财产——相去甚远。[32] 它们是我们自己的一部分，我们有按照自己认为合适的方式从中获利的优先权，尽管这种权利并非没有限制。

由于罗尔斯忽略了这种前政治权利的首要性，他的论辩策略带有自毁的危险。公平——他最高的评价性概念——远远不是我们评价他人的唯一方式。我们也认识到自己有义务不去伤害无辜的他人，只因为他们是人类（不论是不是我们社会的成员）。在许多情况下，我们准备走得更远——帮助陌生人，当这样做对他们可能很重要而不会给我们带来负担的时候。简言之，我们承认无辜他人的假定道德价值，同时预设他们的福利应该得到一些尊重。然而，当我们超越这种宽泛而温和的仁慈时，其他人的被期望或不被期望的特质——尽管在罗尔斯的超凡意义上它们归根结底是"不应得的"——对于我们与他人在道德上的重要关系而言**总是重要的**。

虽然真正的公平是我们道德观的一个组成部分，但罗尔斯的公平却不是。按照通常的理解，**公平**涉及合作性的活动、关系和协议，它们带来互惠的期望，而这些期望反过来又产生了义务。但也并非所有的协议都是这样。在特定条件下，不共戴天的敌人——想象一下人类对抗太空入侵者——可以达成双方都认为有利的协议，而不以任何方式重视对方的福利。如果这样的协议受到了严格的监督，各方都可能出于纯粹自利的理由仅仅为了避免报复而去遵守这些协议。但是由于没有产生真正的**道德义务**，所以公平问题也就不会出现。

当各方在我勾勒过的温和意义上被预设为道德平等时，公平的问题就会出现。那样的话，一个人有道德义务去真诚地讨价还价，不去欺骗或误导他人，不去同意自己不愿遵守的条款或者违背自己已经达成的协议，即使自己的违约行为没有被察觉。尽管罗尔斯认识到了这一点，但他的公平概念走得远得多。如果各方决定选择一个自愿的协议，那么不能够将他们的参与建立在一个合作性的、由规则支配的、大体上按照各方贡献价值而获利的活动或者关系之上——尽管这一点是罗尔斯公平概念的一部分，却不是我们正常公平概念的一部分。在这样的活动或关系中的参与者，不管多穷困，不管多不愿意施舍别人，都应该致力于**最大化**某些个体的利益，这一点同样不是日常公平概念的一部分，尽管这是罗尔斯的公平概念的一部分。

简言之，公平是一个前政治的社会概念，必须先理解它，然后才能确立组织复杂社会的正义基本原则。要理解公平，我们需要了解公平是如何与我们赋予他人的价值、我们赋予自己与他们的关系的价值联系在一起的。我们不是在与康德式的抽象人打交道。当我们与人们打交道时，我们对公平的渴望的强烈程度、程度和本质——我们关于"什么是公平的"的概念——取决于我们重视什么，取决于与我们打交道的人，也取决于我们每个人对彼此的合理期望。在任何一个被给定的情况下，公平需要什么取决于互动的本质、各方的社会关系、他们的需要以及由他们的资产和优势所产生的先在资格（antecedent entitlements）。如果一个更加抽象的公平概念要被纳入一个社会正义理论，它必须以某种方式将公平交易的日常实例的这些特征吸收进去；它必须把它们纳入社会正义的整体计算之中。由于原初状态是为了不这么做而设计的，所以，以它为基础的罗尔斯式决策程序在分配社会福利和负担方面并不是一个理想的公平程序。

如果这是对的，那么，去表明处于原初状态的行动者会选择原则（ⅰ）和（ⅱ）（就算这能够被表明）也并不会证成这些原则。那么这些原则本身呢？如果不考虑原初状态，可以说什么来支持或者反对它们？原则（ⅰ）规定了所有人的最大自由，它承认自由在人类生活中的基本价值，同时含蓄地包含了这样的智慧，即财富的创造——以及医疗、科学、技术和智力上的进步——需要相对自由的市场，需要对计划经济的拒绝以及去探究和实验的广阔自由。哈耶克非常赞同这一点。尽管原则（ⅱ）存在一些问题，但它的一个方面——比较有优势的人需要做出一些牺牲来帮助比较弱势的人——并不是不合理的，而且事实上，如果执行得当，可能会以使整个社会受益的方式增进社会团结。在这个意义上，有很多支持罗尔斯的愿景的理由。

尽管如此,这并非社会或政治的理想图景。我认为,为原则(ⅱ)提供理论基础的有缺陷的公平概念,会被很多清楚地理解它的人广泛地拒绝——从而增加了围绕着它而组织起来的社会中的不满和不稳定。因此,落实这一概念会引起争议,同时也会带来令人望而生畏的,甚至或许无法解决的实践难题和理论难题。例如,如何识别出"最弱势"的人?他们是那些在一段给定时期内收入最低的人?是收入加上财富最低的人?是收入加上(以某种方式)根据健康、年龄、地点、婚姻状况和其他家庭义务校正过的财富最低的人?是**最低收入加上根据其职业(包括其内在危险、可欲性或者未来晋升的机会)进一步校正过的财富最低的人?还是收入加上根据可用自由时间和对其他私方(private parties)提供的设施的免费使用渠道(access)再进一步校正过的财富最低的人**?等等。由于上述每个标准都有望获得自己的政治支持者,因而落实原则(ⅱ)所带来的实践难题很可能会导致社会冲突。

还有一个理论难题:我们不知道如何比较、衡量和加总构成整体福祉的不同益品。正如我们在第8章中看到的,我们不仅可以衡量和其他选项相比一个**单独的个体**更偏好什么选项,而且还可以衡量与其他选项相比这一个体在多大程度上偏好这些选项。但是,正如罗尔斯认识到的那样,对于"如何确定在 A 和 B 之间,和你相比,我有**多么更加**偏好 A"这一难题,并没有已知的解答。[33] 因此,没有精确的方法来衡量和比较不同个体的总福利(效用),也没有精确的方法去识别最不富裕的人。尽管罗尔斯使用的方法——对获得基本益品(尤其是财富和收入)的机会进行人际比较——是一条站得住脚的经验法则,但它没有解决证成问题。因为我们知道,除了财富和收入,幸福和福祉还涉及很多其他东西,所以我们可能会拒绝从(在其他维度上过得不好的)一些人那里拿走财富和收入去给予(实际上过得很好的)另一些人。

最后,罗尔斯无法摆脱哈耶克的窘境:任何试图通过限制社会中最具生产力的成员的自由来改善最不富裕人群的物质生活水平的尝试,长远来看,都很可能会降低每个人的生活水平。要明白这一点,先来看看社会 1。它采用了罗尔斯的原则(ⅰ)和(ⅱ),把钱从最富裕的人那里重新分配给最不富裕的人,直到后者的收入达到 X 美元,这一收入就不能再增加,因为进一步的再分配会使上层人士丧失动力,足以使国内生产总值(GDP)下降到不能保证底层人士获得 X 美元的水平。社会 2 在各方面都与社会 1 相似,只不过社会 2 的再分配方案为底层人群提供 X 美元的 90% 的收入,使得社会 2 中生产力较高的人群和他们的同行相比保有稍微多一点的收入。在允许保留更多收入的情况下,他们会多花费一点、多投资一点、多工作一点,从而增加了百分之 Z 的 GDP。

设想这些政策持续了数十年。在第一年年底,社会 2 的 GDP 会略高于社会 1。在第二年,从较高的水平开始,增幅将会复加;到第二年年底,两个 GDP 之间的差距会比以前稍大一些。由于复加仍在继续,差距将继续扩大。在某个时间点,社会 2 将比社会 1 富裕一倍,社会 2 中最贫穷的人的物质生活水平与社会 1 中的相比也会高出将近一倍。(社会 2 的财富每年比社会 1 多增加 1%,每年复加,七十年后社会 2 将比社会 1 富裕一倍。)由于健康、长寿、教育和文化倾向于随着 GDP 的增长而增长,社会 2 很可能会为所有人提供比社会 1 更好的生活。那些出生在社会 1 中的人以这种方式被剥夺了他们本可以拥有的更好生活,这几乎不像是*正义的*。

在任一固定时间段 T 中,无论被选择去落实罗尔斯原则(ⅱ)的非零数值 X 是什么,这个论证都成立。不过,当然,人们倾向于认为，一定会有某种政策，它会在无限期的未来最大限度地提高最贫困人群的地位。哈耶克和诺齐克很可能会同意将 X 设为 0。也就是说，他们会说，随着时间的推移，一个**不会为了减少经济不平等而再分配**的政策，将会增加最不富裕的人群的利益。尽管如此，我认为，他们会认为提供某种最低限度的社会保障是合理的。然而，关键在于，他们的社会最低标准不会根据其与上层人士的财富或收入水平的关系来定义。恰当的原则会提供在当代环境中过上体面生活所需的最低保障，而不会要求现在的公民为了未来的公民而做出低于这一水平的牺牲。不过，它将要求受益者在能力允许的范围内为公共利益做出合理的贡献。

虽然这显然不是罗尔斯的想法，但我认为，这将罗尔斯正确的部分与哈耶克和诺齐克不可或缺的洞见合理地结合了起来。至于它是不是一个理想社会的蓝图，这就是另一个问题了。事实上，"存在着理想社会这种东西，它必须遵循某种确定的蓝图"这一预设并不显然正确。近年来，对这样一个理想社会所做的哲学探索的有效性和可行性已经受到了批判性的考察。当代哲学家杰拉尔德·高斯是主要的怀疑者之一。

杰拉尔德·高斯：《理想的暴政》

罗尔斯用想象中的关于首要原则的共识勾勒出了一个理想制度，他希望这一制度能够帮助我们改善所处的社会；与罗尔斯不同，高斯认为，并没有理想化的共识，应该用更现实的模式来达成更有限的协议，来取代这种理想化的方法。他认识到，复杂的社会是由具有不同的社会理想和政治理想的群体所组成的，进步取决于不同群体的信念和理想的实质性重叠,以及他们是否愿意在所有人都认为更好的事情上达成一致,即使没有人认为它是最好的。对高斯来说,所有的社会视角和政治视角都是片面的。因为没有人通晓人类的社会互动的全部潜力,所以每个人都有通过与他人互动而成长和改变的空间。当这使得善的不同概念的支持者之间达成了有限的协议时,新制度就出现了。当这些制度被视为有益的,由此产生的新知识可能会扩展原来的视角,使可能达成的新协议产生进一步的进展。使进步得以发生的不是共识,而是关于善的分歧(这些分歧发生在很多事情上具有重叠性协议的背景之下),这一过程原则上可能是无止境的。因此,高斯认为,既没有现实的需要也可能没有现实的可能去找到一个用来指导我们的全面政治理想。

他的书考察了我们应该如何思考社会政治规范。与罗尔斯一样,高斯使用了一个模型概念,它由三部分组成:(ⅰ)用来评估一个社会何时优于另一个社会的标准,(ⅱ)对要去应用这个评价标准的社会的特征所做的描述,以及(ⅲ)被评价的可能社会的范围和评估结果。对罗尔斯而言,(ⅰ)衡量了不同社会对于处于原初状态的自利理性行动者来说有多令人向往,(ⅱ)将这一标准应用到了社会中的自由和基本益品(财富和收入)的分配之上,(ⅲ)衡量了任何可能社会与其余社会相比表现如何。[34]

与罗尔斯不同的是,高斯没有最偏爱的模型,也没有要求所有可能的社会都被模型化。由于他的目标是去理解使用模型对社会和政治现实进行推理遵循着怎样的逻辑,因此他允许一个模型使用它所希望使用的任何评价标准,依据相关的任何社会制度和政治制度——例如,一个社会的社会、政治、经济、教育、文化和宗教制度或实践、它的税收和国家服务政策、它的负债以及向未来贷款的程度，它对自然资源和其他资源的使用，等等——去给一个社会的整体善好排名。把这些评价标准应用于相关的社会制度和社会实践，就得出了每个社会的"内在正义分数"（实际上是一个内在善好的分数）。为了简化，我们可以设想提取出一个偏线序（partial linear ordering），在其中，对于每一对被模型化的不同社会而言，要么其中一个社会比另一个排名更高，要么它们的排名相等。如果我们的社会是被模型化的社会之一，我们就可以利用它在排序中的位置去确定哪种可能的改变会使我们排得更靠前，只有当任何进一步的改变都会显著减少分数的时候，我们才停止改变。

从思考一个现实的社会 @ 出发是有用的，例如思考我们自己的社会。我们已经对自己的社会有很多了解，我们知道已经改变的制度和实践，也知道好的改变和坏的改变的特征。这些可以用来构建一个简化的模型，它包括沿相关维度对 @ 的描述，以及用来评估前所未见的变化发生时可能会做出的修改的一系列标准。我们的目标是绘制 @ 的未来可能地图——@1、@2 等等——我们可能会在改善 @ 的计划中使用它们。

通过添加对于其他真实社会及其可能变体的描述，拓展我们模型中的评价标准以应用到它们上面，我们可以拓展这一模型。然后，通过标注和评估当模型发生变化的时候我们的一个现实社会中发生了什么，我们可以测试那些模型是否符合现实。如果我们的模型能够准确评估新变化，我们就认为它得到了确证；如果没有达到这个程度，我们就对其进行修改。十分粗略地说，这就是高斯所预设的那种基于模型的研究。

这些模型根据每个社会的内在特征来衡量其善好，而不是首先确定它与想象中的理想社会的关系——这对于谋划可能的改进来说并不必要。如果调查的体制范围是有限的，那么最终，某个体制的排名可能会比其他体制都高。但模型不必评估所有可以设想的体制。即使我们囊括了无限多个体制，也不需要存在最高分，因而也不需要理想的体制。而关键的一点则更加基本：如果一个社会的善好完全由它的内在特征决定，可能就没有必要找到一个指导进步的**理想**。

要想让事情**不是**这样（也就是说，要想让事情变成我们**必须首先**承认一个理想的体制以便尽可能地改善我们的社会），规范性的现实应该是什么样的呢？要使这一点成为必需的，那么，当把我们社会的替代品视为改善社会的可能垫脚石的时候，我们对它们的看法必须不仅取决于我们的体制及其替代品的造善特征（good-making features）的内在价值，而且还取决于**它们与理想的整体相似性**。促成这一点的最明显方式涉及这样的案例，在其中，减少一个政治体制的**内在善好**会让它更加**接近理想体制**。

这种事怎么可能发生呢？想象一下你是列宁或者斯大林。你相信理想的马克思主义未来，但为了实现它，你认为你必须让你现在的社会在最初的时候变得不那么好，以便用新的制度取代它，使它走上通往理想的道路。幸运的是，今天几乎没有人觉得这很有说服力。不过，它阐明了牺牲现在的善好来换取未来更大的善好的逻辑。抛开这个例子的怪诞历史特征。难道不能设想，"**为了实现政治理想**"这一理由可能会使在当下降低一个社会的内在善好的做法具有合理性吗？高斯对此持怀疑态度；他认为，当我们仔细追溯这种尝试背后的逻辑时，我们会遇到严格的限制。

要理解其中缘由，请设想一个场景，其中有 11 个可能的体制，第 11 个是理想的，第 10 个是与之最为相似的，依此类推，到最不相似的第 1 个体制为止。设不同体制的内在善好分数 S（X

为：S（1）=10，S（2）=20，S（3）=15，S（4）=30，S（5）=25，S（6）=40，S（7）=25，S（8）=21，S（9）=30，S（10）=39，S（11）=45。如果社会中与善好相关的特征是制度，而这些制度的价值以重要的方式依赖于该社会的其他制度，那么就可能出现这样的分布。高斯同意，当我们把使一个制度变得更糟并**降低社会整体善好**的改变与其他现存制度相结合时，可能会缩短**与更好社会之间的距离**，从而使我们走上进一步改变的道路，如果沿着这条道路前进，最终会提高我们社会的整体善好。[35] 下面的图片阐明了这一点，其中一个社会的**善好**由它在 y 轴上的高度来表示（越高越好），而**两个社会之间造善特征的相似性**则由它们在 x 轴上的距离来表示（也就是说，两个社会之间的距离越短，从一个转变到另一个所需的改变就越小）。

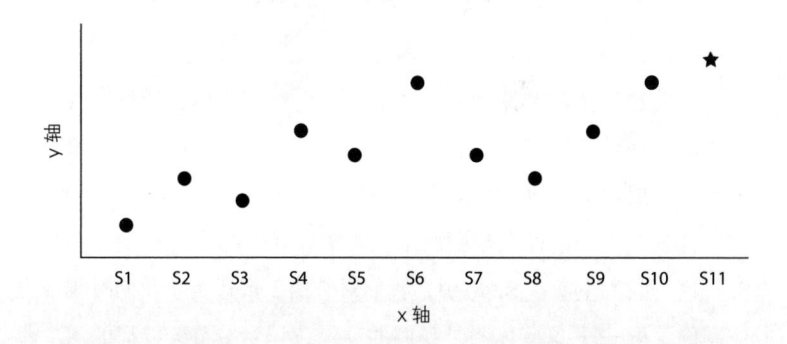

如果规范性的现实看起来是这样的，那么对乌托邦式理想 S11 的识别在原则上可能会在改善我们自己的社会上扮演有用的角色。但是，正如高斯所强调的那样，假定的理想能够扮演这一角色的可能构造的范围是有限的。为了让理想帮助我们规划出一条通向更好社会的道路，一个可能体制的整体善好必须与那些与之最邻近（即最相似）的体制的善好之间有合理的关系；善好与邻近性（相似性）之间随机或任意的关联必须被排除。否则"正在接近理想点却没有实现它就没有任何意义：（因为）它的近邻可能根本就不是正义的"[36]。只有在可能状态满足一个令人生畏的"微调条件"（fine-tuning condition）时，我们才需要一个完美社会的概念，用来引向我们希望在真实社会中发生的改变。高斯是这样说的：

> 如果实现正义的问题不够复杂（如果与理想的相似性和内在正义关联过于紧密）……我们就只需要竭尽所能做出最佳的配对选择，我们不需要确定我们的长期目标（使政治理想变得多余）。如果问题过于复杂（如果与理想的相似性和正义之间的关联不够紧密），理想也不会有帮助，因为任何"朝着它努力"的举动本质上都是在黑暗中跳跃。[37]

即使这一微调条件（允许微小的改变对一个社会的整体善好产生恰到好处的影响）被满足了，还有另一个约束条件限制着对理想社会的哲学识别的潜在效用。假设我们的政治哲学告诉我们，规范性现实正如前面那幅图所示。再假设我们知道我们的社会是S2。因为我们生活在S2之中，我们对它的了解远大于我们对其他体制的了解——这些体制是我们的理论认识到的造善特征的想象中的变化（社会制度和经济制度的变化）所产生的可能性。考虑到这一点，我们会问：**我们能对模型的准确性有多大信心？**

如果我们对这11个体制中每个体制所做的评价都和对我们自己体制的评价一样准确，那就太好了。但是高斯认为我们不应该相信这一点。

我们当前的社会世界在这个领域之中（它是我们模型中的体制之一），而且和纯粹的可能世界相比，我们有更多证据基础去判断我们真实生活的世界的公正性（亦即，如果我们模型中对它们的描述可以实现的话，对它们的社会制度和社会实践及其公正程度做出判断）。对于所有不存在的（仅仅可能的）社会世界，我们必须在很大程度上……依赖于预测模型来判断它们的社会实现；对于我们当下的世界（我们自己的社会），我们可以用我们最好的模型去理解它，不过我们也有大量关于其实现的直接证据。实际上，我们的模型往往是从我们目前的数据中发展出来的。[38]

除了对我们自己的社会有更多的了解之外，我们有理由认为，同与之不那么相似的其他可能社会相比，我们对与之邻近的社会——会因对我们现有制度和实践的相对较小的改变而产生——了解得更多。由于想象中的从我们的社会到一个更遥远的社会的路线是一系列前所未有的变化，随着我们进一步远离我们自己的社会和它的近邻，我们对这些变化的表征和评价就更有可能出错。

这就引出了高斯的**邻域**（neighborhood）概念，他用它来挑战政治哲学中理想理论的捍卫者。

一个邻域界定了一组邻近的社会世界，它们被类似的与正义相关的社会结构所刻画。在这个社会世界的粗略连续体中，有些社会世界在我们自己的社会世界的邻域之内（而许多则不在）；与不在我们自己社会世界的邻域之内的社会世界相比，我们对邻域内的社会世界的正义的理解要深刻得多。……随着我们离开我们的邻域，我们对社会世界的正义的估计的精确度和准确度急剧地下降。……随着我们进入越来越陌生的世界,(我们的)模型的可靠性也迅速地降低。相比之下,在我们的邻域内,可能存在着相对明显的局部最优,我们对此的判断是相当可靠的。[39]

选择。如果我们的邻域内有一个明显的最优,这个最优需要我们背离我们对理想的理解,那么我们要么选择相对确定的(可能是很大的)局部正义改善,要么去追求一个会产生最优正义的相当不确定的理想;我们必须经常做出这样的选择。[40]

如下图所示,这就是高斯所想的那种选择,其中 S5 是我们的实际体制,S4 和 S6 在邻域之内,S4 是局部最优的,S1、S2、S3、S7 和 S8 在邻域之外,S8 是想象中的那个理想体制。

假设我们在 S5,正在试图变得更好。我们的模型告诉我们,从 S5 向上移动到 S4 将会实现这一点,而向下移动到 S6 将使我们变得更糟糕。由于两者在我们的邻域之内,我们有理由相信这些预测是正确的。所以我们倾向于移动到 S4,尽管事实是这样做会增加我们沿 x 轴到 S8 的距离,从而使我们**更加远离我们想象中的理想**,而移动到 S6 会减少我们沿 x 轴到 S8 的距离,从而使我

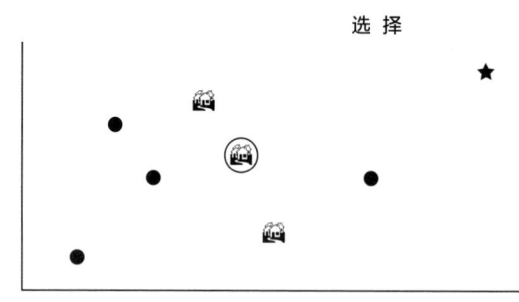

们**更加接近理想**。对我们来说，忽视这一事实是合理的，因为我们**知道**通往 S8 的道路会给现实中的人带来潜在的严峻困难，从而会（至少暂时地）让事情变得更糟，而我们**不知道**我们是否会获得我们现在归于 S8 的好处。既然我们意识到我们对这些好处的计算很可能是错误的，我们就不愿意也不应该愿意牺牲现实中的人，去换取那种可能被证明是理论家的幻觉的东西。实际上，无论我们在追求理想的过程中做了什么，我们那个理想的概念都可能会变化。

下面这段话表达了高斯对于这个选择的态度。

> 如果理想是……一个长期目标，理想理论家必须有时——有人会认为是经常——强调，我们应该追求理想并因此放弃通过背离理想而转向一些邻近的社会安排来创造一个更加公正的社会世界的可能性。需要强调的是，情况**必定**是这样的：如果理想理论家否认需要做出这样的选择，那么……我们可以在对正义的珠穆朗玛峰一无所知的情况下做得很好，只要爬上我们面前的小山就行了。但如果我们真的……（追求理想），那些承担这种追求的代价的人们将生活在一个不那么公正的世界里——他们的请求必定被轻视。……对我们来说，被理想理论所支配就是为了对未来有一个更宏伟的愿景从而忽视正义方面相对明确的改进。然而，这个宏伟愿景终究只是海市蜃楼，因为当我们向它靠近时，我们会发现它不是我们所想的那样。……对于那些还记得 20 世纪政治史的人来说，这种理论家说服自己去接受的立场太容易让人想起不那么民主的理想主义者了。[41]

高斯观点的全部力量在于，它要求我们认为，理想社会的概念对我们有用的**唯一**途径是，我们故意牺牲自己和同伴去追求一种可能性，而且我们不可能知道这种可能性是不是对我们当前状态的一种改善。在这种情况下，高斯令人信服地论证道，我们最好适度地追求理想。然而，这一教益并没有延伸到用理想社会的模型来引导社会变革的所有情况中。相反，它允许这样一种可能性，即**有时**一个看似合理的理想概念会提供有用的指导。这可能会发生在两种情况之中。

首先考虑这样一个场景，其中有两条改善我们社会的路径，A 和 B，每条路径的最初变化都涉及在我们的社会邻域里可以实现的同等改善。然而，在此之后，路径 A 趋于平稳，没有更大的改善，而路径 B 则持续向上，还在进一步地改善。在这种情况下，选择路径 B 将是合理的，因为这样做将增加我们可能获得的收益，而不会因此牺牲任何人的福利。[42] 接下来，考虑一个情景，在这个情景中，我们可以通过做出对政治体制的**内在善好**几乎没有负面影响的改变（无论是与其他可能的改变相比，还是和什么都不做相比），向想象中的理想移动。我们对理想模型的准确性的合理信心可能不是很高，但这并不妨碍我们将其作为此类情况下的指南。因此，尽管高斯的论证限制了社会善好的理想概念的效用，但它并没有使之变得无关紧要。

尽管如此，如果他是对的，那么我们可以相信，"构建更温和的模型来进行有限的改进"可能是那两项理论任务中更紧迫的一项。在他看来，这意味着我们要承认一个多样化的[43]、多中心的[44]、非优化的[45]、开放的[46]社会概念。他认为复杂社会是由不同的道德、政治、经济和宗教观点所组成的，从中不可能抽象出一个无所不包的视角，它足够强大以至于能够为重大问题提供权威解答。但是，他坚持认为，一个好的、公正的、开放的社会并不需要这种东西。在道德、社会和政治事务上达成集体协议当然是需要的，但对理想性的正义和善好的罗尔斯式基础判定则可能并非如此。我们需要的是关于社会规则的稳定的基本框架，一种**道德宪章**（moral constitution），它管理着持有不同评价视角的人们之间的互动，使他们能够在解决问题的方案上达成一致，这些解决方案被大多数人视为可以接受的，而且总比根本没有解决方案好，即使很少有人或没有人认为它是最优的解决方案。[47]

高斯论证道，讽刺的是，正是通过**不**坚持最优的解决方案，我们才能更好地接近我们永远无法实现的理想。

> 这种最优化的立场也是自我否定的。……我们的分析……得出的结论是，对正义的个人视角几乎肯定不能找到它的理想；由于被局限在一个邻域，对自己理想的识别将是难以把握的。然而……其他视角可以揭开邻域之外的部分景观；揭示着在自己的视野中并不突出的社会世界的特征，它们可以帮助人们更深入地看待自己的理想。但这需要……由相互联系的探究社群组成的网络。……开放社会的道德宪章为这种互动提供的正是这种框架。对道德宪章采用最优化的立场（即坚持别人只能按照你的特定视角所认为的最优方式与你互动），就排除了自己的视角参与这个探究框架的可能性（因为坚持最优化会阻碍持续的探究和达成共识）。……希望学习其他观点，同时又坚持只有自己的观点是正确的，所有人都必须依据它来生活——这很难成为一个共同探究的社群的基础。一个人如果以这种方式寻求最优化，那么他就在更好地理解其关于正义的承诺方面放弃了最优化。[48]

这种对渐进主义、开放社会，对我们道德、政治和经验视角的不完备性，对不受限制的探究和不断实验的需要的赞美，在很大程度上体现了哈耶克的精神。在某种程度上，即使是罗尔斯也同意，可以优先致力于最宽泛的基本自由——这与所有人的同等自由不冲突，而且不会因为追求财富分配方面更大的平等主义而遭到牺牲。然而，除此之外，罗尔斯退回到一种僵化的、先验的公平概念，他想要让它凌驾于我们与他人的社会生活的日常规范性视角之上。和哈耶克一样，高斯认为这是一个错误。他们尊重从历史上演变的社会制度的试错中产生的道德和政治智慧，不愿将其让位于任何纯粹抽象的推理。但他们也不认为这就是终点。他们认为，与普通的经验性知识一样，我们的道德和政治知识能够通过成功的社会创新和制度创新而不断进步。虽然他们谦虚地看待我们的现状，但他们对我们未来在道德和政治上取得进步的能力持乐观态度。

当被问到哈耶克、罗尔斯和高斯对政治和哲学理论界以及对我们所知的更广泛世界所做的贡献时，人们的判断是混杂的。哈耶克和罗尔斯是20世纪最有影响力的政治哲学家。他们都重视自由，理解自由市场在创造财富方面的效率，但他们关于政府角色的看法却大不相同。他们中的每一位都影响了世界上经济最发达的社会中的政治精英。尽管高斯的工作太新了，那种影响还没有发生，但他指出的方向，即政治理论中经验的、微观的分析，是一个非常有希望的进展，这个方向可能迟早会有相当大的影响力。

卡尔·马克思：一个警示性的故事

必须承认，卡尔·马克思（1818—1883）是有史以来最有影响力的政治哲学家。在改变世界版图，摧毁社会体制，以及创造改变了无数人的生活的新社会制度上，他的思想发挥了重大作用。哲学从来不是在象牙塔里玩的室内游戏，它努力去理解我们的存在的基本范畴，它的影响没有明确的边界。因为它可以影响到我们生活的方方面面，所以它应该受到严格的审查。到目前为止，我讨论的主要是它做出的巨大积极贡献。但账簿上既有贷方，也有借方。

马克思始终是一位继承了康德、费希特和黑格尔传统的德国哲学家，这些哲学家都专注于关于人类自由的不同寻常的概念。对康德来说自由是一个重要的难题，因为他相信，如果道德要有意义，我们的思想和行为就必须是自由的，但我们的决定和行动就像时空中的其他一切事物一样，只能被我们理解为是有其原因的，因此必然是不自由的。他尝试对这一悖论做出的解决诉诸他在感官的**表象**（appearances）与**实在**（realities）之间做出的区分，前者是后者的表象，不幸的是，我们对后者一无所知。

这种区分渗透到了我们自己身上。我们都意识到自己在时空中与其他"外在表象"事物——例如，植物、动物和无生命的物体——一起活动。以这种方式把自己感知为单纯的"经验自我"，我们认为自己的思想和行动是有原因的。然而，我们作为感知者，也是真正的"超验自我"，而经验自我仅仅是它的表象。由于我们对知觉、理解和知识的分类仅仅是组织表象的方式，所以我们不可能知道我们真正是什么包括我们是否自由。康德的解决方案是，通过**假定**我们是自由的来保留道德的可能性。

后来的德国哲学家试图做得更好。在《论人的尊严》(On the Dignity of Man, 1794）中，约翰·戈特利布·费希特（Johann Gottlieb Fichte）致力于将作为精神的人从（看起来的）自然的决定中解放出来。他宣称，人应该把自己视为"独立于他之外的一切"的；他"在自身之内，通过自身……并且借助他自己的力量绝对地存在。"[50] 这一振奋人心的话是作为行动指南而不是作为对独立的实在的客观描述而被提出的，后康德的德国哲学已经确信，独立的实在不能被有意义地谈论。既然对于我们来说，不可知的康德式物自身没有实在性，那它们就可以被忽略。迫在眉睫的实践问题是：**人应该如何运用自己的自由实现自身，亦即，人应该如何通过行动来塑造自身的命运？**费希特认为，人类历史就是我们进行这种尝试的进程。

格奥尔格·威廉·弗里德里希·黑格尔（Georg Wilhelm Friedrich Hegel, 1770—1831）割断了难解之结，他告诉我们，实际上，不要逃避不可知的康德式实在，也不要与之抗争，而是要通过承认意识本身是唯一的实在来消除它。但是，一定有人会问：这意味着什么呢？实在中有比个人更多的东西。人性也不能穷尽整个实在，不是吗？黑格尔说，是的，不能。但是实在、宇宙和它所包含的一切都可以是精神性的；它是一个单一的、不断发展着的神圣心灵，而人类心灵是其中不可分割的一部分。从这个角度看，地球上的全部历史，特别是全部的人类历史，都是实在本身——包含着我们的世界心灵——为完善自身而做出的斗争。

尽管历史看起来混乱无目的，但实际上它遵循着一种有目的的理性辩证法——进步，对立，在更高、更包容的综合中克服对立，然后是同样类型的进一步循环。这种辩证法的所有方面都超越了个人的动机。由于这种演化是由实在的规律导致的，所以它不能被人类的意志所阻挠、促动或修改。于是人类的自由就被悖论性地等同为对这一**必然性**的理解和顺应。随着文明的进步，人类的**自由**也在扩张，因为人们会根据**所有人**的普遍意志来调整自己的兴趣和抱负，这种普遍意志体现在统治国家的法律、制度和指令中。

国家本身可能是民主的，但它不是必须如此，因为黑格尔从来不认为普遍意志只是个人意志的总和。相反，他认为普遍意志代表着当时的世界心灵所能达到的最高水平的完满。尽管这听起来像是暴政的借口，而且确实也可能是这样，但黑格尔并不这么认为，因为他设想，普遍意志对个人意志的逐渐取代终将是自愿的。他并不否认在早期历史阶段存在着胁迫。作为在任何给定时间的世界理性的最高层次，在那个特定的时间上，国家必须是它与其臣民之间的任何冲突的最终仲裁者。这意味着，在不成熟的国家中，胁迫可能普遍存在。尽管如此，黑格尔相信，它将随着国家走向更高层次的完满而逐渐消失。这是马克思接手并修改的提纲。

和黑格尔一样，马克思相信，当普遍意志成为每个人的意志，从而消除了所有冲突的根源和任何胁迫的需要时，历史规律终将带来完整的人类自由。与黑格尔不同，马克思不相信国家是普遍意志的贮藏库，也不相信个人最终会被它吸收。对马克思来说，国家总是代表着统治阶级的利益，这意味着只有当国家和所有社会阶级都消失，从而消除了一切冲突、统治和胁迫的原因时，才会有真正的解放。

和黑格尔一样，马克思也相信，历史被一种反复出现的进步、对立和通过新的综合克服对立的辩证法所推动，使人类更接近最终的解放。与黑格尔不同的是，他并不把通向注定的完满的道路视为一个看得清改进的渐进过程。相反，他认识到冲突、苦难和暴力是不可避免的，而且他认为最后一步需要摧毁国家，而不仅仅是改变国家，这将需要越来越多的痛苦，最终将导致灾难性的动荡。

马克思还和随黑格尔一样认识到，虽然人类意志可以在推进历史前进上发挥工具性的作用，但历史的总体进程是不可改变的。然而，他与黑格尔的不同之处在于，他把社会阶级之间的冲突视为历史变革的主要工具。对马克思来说，人类史就是我们通过劳动从自然中夺取所需事物的奋斗史。因此，推动历史的力量是经济的，它关涉到被需要的产品如何被生产和分配。贯穿历史的权力之争，就是贵重产品的生产和分配过程中的控制权之争。不同的社会阶级在不同的生产和分配结构中占有不同的地位，是不同时期的主人公。他们占据的经济地位从根本上塑造了他们的兴趣、价值观、信念和生活方式。

马克思也拒绝了黑格尔的实在概念。黑格尔认为实在是纯粹精神，正朝向完满的自我意识状态前进，而马克思拒绝对**物自身**采取任何形而上学观点。相反，他坚持认为，我们关于自然和我们自己的所有知识归根结底都是实践性的，它们回应着我们对社会生活的需要，以及对我们在历史中的地位的需要。他认为，没有必要从我们日复一日的斗争中抽象出一种超验的立场，使得我们可以借此看到世界的本来面目。在这个方面，马克思比黑格尔更加自然主义。

然而，他的自然主义并不像乍看上去那样具有经验性。这可以从他最重要的一个概念中看出，即一个经济体系中可用于交换的有用产品的**价值**。要理解马克思在这个主题上的观点，就必须认识到，对他来说，**价格和价值**是截然不同的。前者是由供给和需求决定的，他认为供求在很大程度上被某些个人不正当的政治经济权力以及某些阶层的统治地位所影响。他将这与产品在满足自由平等个体的真正的人类需求方面的"真正价值"做对比。根据马克思的说法，一种经济产品的实际价值——正如科拉柯夫斯基（Kolakowski）所说——是"在人类能力和技术进步的特定历史阶段生产一件特定商品所需的平均时间"[51]。马克思认为，在这个意义上，具有**相同劳动价值**的产品具有**相同的**实际价值，不论它们的用途有多么不同，不论公众多么迫切地想要或需要它们，不论这种劳动需要多少知识或技能，不论这些知识或技能可能多么稀缺，不论生产这些产品所需的工作是多么危险或本质上令人不快。也不论生产和营销需要多少资金。

因此，在马克思的意义上具有不同的"实际劳动价值"的产品在价格上当然可能会有很大的差异。问题在于，他的定义到底是否挑拣出了任何真正的**价值**类型。当然，不存在能够忽视马克思所排除的一切的产品的**无所不包的**价值。他的概念最多只能确定一种类型的总价值，或者说是总价值的贡献者。但即便这一点也是值得怀疑的。仅仅告诉我们两种不相关的产品需要相同的平均生产时间，这对于产品的实际价值近乎于什么都没说，除非再告诉我们马克思所忽略的全部各种因素。最后，当考虑到得出一个数字所需的所有因素时，他听起来很无害的概念，即**生产一件产品 p 所需的平均劳动时间**，很可能是无法衡量的。

这些因素会是什么呢？除了（比方说）工厂的生产时间以外，我们还会需要添加（i）生产在 p 的生产中使用的所有工具（再加上制造这些工具的工具，依此类推，以至无穷）所需的劳动时间，（ii）为参与计划和组织对 p 的生产和营销的人提供培训和教育（以及为那些提供教育和培训的人提供教育和培训，依此类推，以至无穷）所需的劳动时间，(iii) 建造运输、储存和售卖 p 所需的所有基础设施所需的劳动时间，以及（iv）为 p 的生产和营销的每个方面获取必要融资所需的劳动时间。当然没有办法衡量所有这些，如果——就像马克思所坚持的那样——我们无法依赖价格来计算一个产品的生产和营销过程中的每一个项目。因此，虽然马克思声称要提供一种能够解释过去事件并预测未来事件的可以被经验检验的定律，但他的**生产一种产品 p 所需的平均劳动时间**的概念在阐述这种定律方面是没有用处的。

马克思坚持任何经济产品的实际价值就是它的劳动价值，这关联到他的这一信条，即生产经济产品所涉及的**资本**不会增加任何价值。由此，从规定性的定义可以推出他想要的结论——资本回报是一种盗窃，它剥夺着工人的劳动成果。但是有人可能会问：他怎么能认为这个定义是合理的呢？毕竟，他知道利用资本改进生产资料可以提高工人的生产力，从而增加社会财富。答案是，**他把资本的作用看作寄生性的**。他似乎认为，资本主义对机器进行投资以便提高特定行业工人的生产力，这只不过是在购买机器制造者的劳动。因此，由此产生的财富增长虽然是真实的，但在他看来，完全归功于直接或间接参与产品生产的工人。

这一论证有几个严重缺陷。第一，资本的投资本身就有风险，只有在有合理的预期回报的情况下才会有人理性地进行投资。第二，创造真正社会财富的成功投资不仅需要时间和精力，还需要非凡的技能和高度专业化的知识，如果投资的资本带来的可能价值要被实现，那么这些技能和知识必须得到补偿。第三，尽管人们可以想象一个仁慈的神，他有着为社会进行明智投资所需的知识和善意，但任何个人或人类机构都不可能拥有足够的广博知识或无私仁慈，能够与去中心化的资本市场的表现相匹敌。简而言之,总的来说,资本主义投资不是盗窃,而是实际价值的主要贡献者。

马克思没有认识到这一点。对他来说,资本回报是资本家从工人那里挪用的——它的定义是,工人在生产一种产品时所创造的价值的量减去维持他们目前状态所需的报酬的量。尽管马克思承认资本主义极大地提高了工人的生产力,从而在人类历史上第一次使真正的社会富裕成为可能,但他也相信,资本主义需要越来越多的剩余价值分配,增加工人的相对贫困(相对于他们生产的价值),并继续施加压力以使他们的报酬保持在维持生计的水平[52]。他推断,因为资本主义市场是由竞争支配的,所以任何水平的投资或技术都不能确保企业获得持久的优势。为了维持运营,新的改进、更高的投资水平以及进一步从工人那里夺取剩余价值,必然始终是当务之急。

除了导致持久的贫困和日益严重的不平等之外,马克思认为他所洞察到的动力只会导致一个日益低微和异化的工人阶级。《资本论》中的几段话阐明了他的意思。

> 制造业中的劳动分工……不仅为了资本家的利益而提高了劳动的社会生产力……而且这是通过摧残个体劳动者来实现的。它为资本对劳动的统治创造了新的条件。[53]
>
> (由机械化造成的)劳动的减轻……变成了一种折磨,因为机器并不会解放劳动者,而是剥夺了工作的所有利益。……不是工人使用了劳动工具,而是劳动工具使用了工人。[54]
>
> 提高劳动的社会生产力的各种方法……将自身转变为统治和剥削生产者的手段;他们将劳动者肢解为人的碎片,将他贬低为机器的附属物,摧毁他工作中任何剩余的吸引力,

将工作变成一种令人憎恨的苦差；它们……让他在劳动过程中遭受专制，这种专制由于其卑鄙就更加令人憎恨。……所有生产剩余价值的方法都同时是积累的方法；积累的每一次扩张又成为发展这些方法的手段。因此，随着资本的积累，劳动者的生活——无论他的报酬是高是低——都必定会变得更糟。一直平衡着产业后备军（相对贫困的潜在工人）的法律……建立了与资本积累相对应的苦难的积累。因此，财富于一极的积累，同时也是苦难、痛苦、苦役、无知、野蛮和道德败坏在相反一极上的积累。[55]

这些被证明是极度不准确的预测，是马克思下列信条的核心：资本主义将因其内在矛盾而从内部崩溃，并在过渡时期后，被没有生产资料私有制、没有强制分工、没有社会阶级、没有社会冲突的无国家社会所取代。资本主义的主要矛盾被认为产生于这样一个事实，即资本主义的核心经济过程——它有史以来第一次产生了足够的财富来满足所有真正的人类需求——将社会分成了不可调和的两个阶级，即资本主义剥削者和无产阶级工人。随着无产阶级的发展，随着它的困境不可避免地恶化，马克思认为，它最终会意识到它的阶级利益，意识到它的苦难的原因，从而暴力推翻压迫者。

马克思认识到，那时就需要无产阶级专政。它的作用将是消除资本主义的残余，进行必要的社会规划，以确保生产由真正的社会需求所支配，并保证工人获得其产品的真实价值，只对紧急情况下的保险、学校、医院和对无法工作的人的护理等必需品进行合法的扣减。[56] 后来，马克思认为，当人们内化了新体制的价值，生产水平达到人人都能满足的水平时，就不需要强制的劳动分工，体力劳动和脑力劳动之间的区别会被抹除，国家的所有活动——除了最低限度的活动以外——都会凋敝。[57]

在这里，对于黑格尔关于人类终极自由的理想化愿景（即根据**所有人的普遍意志**对自己的兴趣和渴望进行调整），马克思给出了自己的版本。与黑格尔不同的是，根据他的设想，这一愿景不是在国家权威的范围内发生的，而是发生在不需要国家权威的时候。正是在那时，新的社会主义公民看到自己最深的欲望和利益与自己作为造福大众的工人的角色没有冲突，根据设想，他们会完全赞同那句乌托邦式的口号"各尽所能，各取所需"。

简而言之，在马克思去世后的几年里激发了诸多事件的，就是这个精巧炫目的思想体系。鉴于那段历史，我们需要花些努力来理解他的智力创造如何能产生如此大的影响。我相信有三个主要因素牵涉其中。首先，工业革命和资本主义的兴起给我们的个人生活和集体生活带来了文明史上最深远的变化。虽然这些变化在很大程度上是很积极的，但它们不仅伴随着令人迷失的混乱，还伴随着破坏性力量的大量增长和使用。因而很自然，资本主义时代的变化在很长一段时间内既令人担忧又令人费解。所以难怪马克思以自由、平等和满足等传统价值的名义对它们所做的系统批判看上去很有说服力。

其次，尽管不确定是否能够说"马克思正确地找出了支配着社会、经济和历史变化的科学规律"，但"**的确存在（一些）支配着这些领域的不涉及个人的规律**"是有道理的；这一点当然没有被否证。不管人们还会说些什么，马克思的确捍卫了这一萌芽中的社会-科学思想，同时提出了关于社会阶级角色的提示性假设。最后，他的体系——它更接近黑格尔的哲学人文主义而不是科学理论——为传统宗教提供了一个抚慰人心的替代品，它配备着一个有历史指导意义的目标,一个最终的人间天堂,以及人们可以献身的事业。总而言之,对许多人来说,马克思的体系带有科学的权威和宗教的安慰,是困惑之人的指南;它当然启发了忠实的追随者。

当然,马克思主义思想确实有专门的批评者。但它也在欧洲文化和知识精英之中得到很多带有敬意的关注,同时也被一些狂热追随者所青睐,其中一些人将它诠释为获得权力的蓝图。它真的提供了一幅这样的蓝图吗?关于这个问题,我所知道的最具洞察性的简短讨论是科拉柯夫斯基的《马克思主义的主流》(Main Currents of Marxism)第一卷的最后一节"作为列宁主义源头的马克思主义"。

科拉柯夫斯基的结论是复杂的。他认识到,马克思的哲学并不包含任何具体政治行动所需的详细程度。例如,在马克思去世后,他的追随者们必须决定,如果他们可以做些什么来加速不可避免的革命的话,他们到底应该做些什么。马克思的著作中没有任何东西能明确地解决这个问题。

> 必然性和自由之间的争论在理论上是可以解决的,但到了某个时候,必须去决定,革命运动是应该等待资本主义在经济上成熟还是应该在政治形势允许的情况下尽快夺取政权。……那些依赖从资本主义向共产主义的逐步自动发展的人,以及那些强调革命主动性的创造性历史作用的人,都可以在马克思主义著作中找到支持。[58]

因为马克思对革命后的共产主义社会的描述也是抽象的,所以在提取具体政策之前也需要对其进行诠释。

可以这样说：根据马克思的观点，所有的社会对立都建立在阶级冲突的基础上。当生产资料私有制被废除，就不会再有阶级，也不会有社会冲突，除非是由占有阶级持续的抵抗所造成的冲突。马克思设想社会主义国家中不会存在"中介"：从实践角度说，这意味着废除自由资产阶级的分权，实现立法、行政和司法的统一。……简而言之，列宁-斯大林主义版本的社会主义是马克思学说的一种可能诠释，尽管肯定不是唯一的可能诠释。[59]

这些诠释是否有可能与马克思文献的重要部分相冲突？是的，尤其是早期部分。但是，体系性的哲学家的著作总是包含着冲突。一些冲突反映了想法的变化，而另一些反映了从未解决的张力。马克思似乎就是这样。

在讨论了对马克思思想的各种诠释之后，科拉柯夫斯基以更微妙的判断作为结尾。

很容易回应这样的反驳，即马克思（可能除了1848年革命之后的一小段时间）不仅没有质疑代议制民主的原则，而且认为这些原则是人民统治的必要部分，而且尽管他在两个场合中使用了"无产阶级专政"这个词……但他考虑的是权力体制的阶级内容，而不是清算民主制度。

列宁-斯大林主义版本的马克思主义是……一种将马克思以哲学形式表达的思想付诸实践的尝试。……自由是……根据社会团结程度来衡量的，阶级利益是社会冲突的唯一来源，这些想法是该理论的一个组成部分。如果我们认为可以有一种实现社会团结的技术，那么专制就是解决问题的自然方法，因为它是实现那一目的的唯一已知的技术。完满团结的形式是，废除所有中介制度，包括代议制民主和作为解决冲突的独立工具的法治。消极自由的概念预设了一个处于冲突中的社会。如果这等同于阶级社会，如果阶级社会指的是以私有财产为基础的社会，那么，认为一种废除私有财产的暴力行为会同时消除对消极自由的需要，就没有什么可谴责的。[60]

第 12 章

法律、宪法与国家

　　法律体制的本质：H. L. A. 哈特的《法律的概念》；宪法在一个法律体制中的角色；宪法解释的哲学进路；宪法外的变化；行政国家。

本章的目的是阐明什么是法律和法律制度，从而揭示现代民主社会所面临的两个相关问题。一个问题涉及到，将权力渐进地、未经授权地从民主选举产生的立法机构移交向未经选举产生的司法机构成员。另一个问题涉及到，以牺牲立法机构和司法机构为代价，行政权力的大幅提升。哲学在考察这些问题上的作用不是量化它们的程度，也不是提供详细的解决方案，而是厘清概念框架，在这些框架内可以评估问题并找到实际的解决方案。

什么是法律？

法哲学的第一个问题是**什么是一条法律规范？**或者，更笼统地说，**什么是法律体制？**我们都知道，法律是某种规则，通常以武力为后盾，一旦有人违反就可能受到惩罚。多亏了 H. L. A. 哈特（H. L. A. Hart，他被广泛地视为20世纪一流的法哲学家），我们现在已经明白了法律体制远不止于此。在《法律的概念》(*The Concept of Law*)中，他认为**法律权威存在于两极之间，一极来自胁迫，另一极来自道德和非道德价值。**[1]当然，法律体制确实通常包括以武力为后盾的规则，规定着对违规行为的惩罚。但是，正如哈特指出的，其中也包括赋予满足各种要求的行动者以权力的规则——例如，签订合同、缔结婚姻、仲裁纠纷、从事特定职业等权力。哈特还强调，即使是法律体制中的刑法典也不仅仅是一系列不容违反的命令。与法律不同的是，仅靠武力支持的命令不会产生义务。一个逼问着"要钱还是要命"的强盗可能会迫使你服从。你可能会说，尽管事实上你没有**义务**（obligation）去服从，但在别无选择的情况下，你**被强迫**（obliged）这样做。相比之下，法律中的某些东西，除了武力威胁之外，确实产生了**法律义务**。

这就把哈特引向了道德。法律和道德规则将行为分为被要求的、被禁止的或可允许的。通常，道德上被禁止的东西在法律上也是被禁止的。因此，法律和道德都产生责任（duty）或义务也就不足为奇了。但两者之间存在差异。法律义务产生于特定类型的**社会**规则，不同的司法管辖区可能会有所不同。相比之下，道德义务似乎是无条件的，因此它所基于的不仅仅是社会习俗。虽然在一个地方被法律要求的行为在另一个地方可能是被禁止的，但是应该以怀疑的眼光看待这种说法：同一个行为（在类似情况下）可能在这里是道德上正确的，在那里是道德上错误的（而不只是被视为如此）。

正如哈特强调的那样，社会规则不仅仅是行为规律性。有人可能会说，"作为一条规则，美国成年人早上喝咖啡"，但这只道出了一种**习惯**；并没有强制要求早晨喝咖啡的**规则**。真正的法律、道德、礼仪或社会机构的规则要求对违规行为进行制裁（批评或更糟）。它们同时也是内化了的行动指导规则，很多行动者承认它们为行动提供了理由。法律体制包含着这类首要的行动指导规则，它们被哈特称为**社会承认规则**（social rules of recognition），这些规则赋予了特定机构权威，使其能够制定和改变那些涉及行动指导规则的争论，并裁决相关纠纷。在美国，基本的承认规则是，应该遵守由美国宪法和若干个州的宪法设立并按照宪法运作的机构通过的法律，除非它们被公认的宪法程序所推翻。拥有这一权威的法律通常被许多人视作为他们提供了正当的（即便并不总是确凿的）行动理由。[2]

什么类型的理由？由于法律体制规定了对违反刑法的惩罚，所以遵守这些规定的一个理由是为了避免惩罚。但是，根据哈特的说法，在任何真正的法律体制中，这不可能是**服从的唯一来源**。为了能够作为一个法律体制，发布行动指导规则的权威必须是正当的，这需要相当一部分民众假定存在着遵守那些规则的初步理由，这些理由独立于对违反规则带来的惩罚的恐惧。当然，一个系统不会仅仅因为一些人认为它的一些规则没有意义而不再合法；它也不会因为大多数人发现它的很多规则不是最优的就失去这种地位。如果一个法律体制中的大多数行动指导规则所管制的是被广泛视为不需要管制的行为，或者，它所管制的是被认为需要管制的行为，但是它的管制方式被广泛视为严重不逊色于容易识别、容易制定的其他实践方案，那么这种法律体制的地位就会受到威胁。

相反，如果一个假定的法律体制中的大多数行动指导规则所管制的都是人们广泛认为需要监管的行为，而实施的管制并没有被广泛认为严重逊于容易设想的替代方案，那么相当一部分公民会认为自己有某种理由（也许是许多理由中的一个）去遵守法律，而且这个理由独立于对可能的惩罚的恐惧。他们不需要有详尽的法律知识，他们遵守法律的主要理由也不一定比对惩罚的恐惧多出什么。但是，必须有一些有影响力的群体（包括这一体制中的官员），他们确实有丰富的法律知识，并且认为自己有着与惩罚无关的充分理由去遵守法律。

这样的理由可能是什么呢？遵守某些法律的一个理由仅仅源于这一事实：社会中大多数其他成员都这么做。当法律将被人遵守的社会惯习（social convention）编纂成法典时，这一点是显而易见的，因为由他人的遵守所创造的示范使一个人的类似遵守变得更容易、更安全或更有利。例如，在美国，除非另有说明，法律要求司机在道路的右边驾驶。在英国，靠左行驶是强制的。在这些情况下，其他人的遵守为人们提供了遵守的理由，这独立于对不这么做的法律惩罚带来的威胁（尽管这是相关的，却是次要的）。由于协作行为的价值大大超过了不协作行为的混乱，所以大多数人都乐于遵守。

在这些情况下，得到遵守的不同规则是一样好的。在另一些情况下，不同的规则可能都比没有社会规则要好，即使拥有某些规则比拥有其他规则要好得多。考虑一条规则，它规定，因涉嫌诋毁名誉而引起的纠纷应该通过受法律管制的决斗来裁决，而不是通过将诋毁定为可判决的侵权行为来裁决。想必，这两种裁决方式都优于将对诋毁的报复视为法律体制不感兴趣的纯粹私人事务。不过，一项厘清诋毁标准、公正判决索赔的规则，还是要优于只规定了被允许的决斗形式的规则。因此，一个包含判决的系统比一个只包含受管制决斗的系统更能唤起一个人的忠诚。因此，法律体制的权威性通常不仅仅取决于这样一个事实，即它协调行为的方式比没有协调体制更好。

在将以武力为后盾的社会规则提升到权威法律体制上，至少有三个支持来源可能发挥了重要作用。第一个是**审慎性的**：在提高自己以及自己关心的人的福利上，很多公民可能会认为该系统就像被合理预期的那样有效。法律权威的另一个来源是**道德性的**。很多人可能相信：(i) 相对于其他可以实现的方案，法律体制提高了普遍福利；(ii) 它施加的负担和好处并非极其不公平；(iii) 所有人的自然权利都以某种重要的方式得到了保护。第三个权威来源是**参与性的**：这是一个广为接受的信念，即规则制定过程具有合理的代表性，因此能够被统治者所影响。

这些维度中的任何一个都不需要完美。法律体制的权威对它们的依赖程度各不相同。当一个体制在各个方面的排名都很高时，公民通常认为自己有强烈的服从法律的初步义务。然而，社会规则不一定要有这种程度的权威才有资格成为一个真正的法律体系。只要民众赋予该体制的指令一定的权威性，并相信自己有一些超越于对惩罚的恐惧的理由去遵守它们，这就足够了。[3]

哈特观点的这一方面使其成为某种形式的**法律实证主义**（legal positivism），在整个20世纪下半叶乃至更长的时间里引发了相当大的争议。作为一名实证主义者，他坚持认为，法律，就像大多数社会规则体制一样，即使不认可或否定其规则所表达的价值，也可以对它们进行描述和研究。当一个人把某些事物称为**法律**时，他就承认了一种非评价性的主张，即社会的某些部分认可支持着它们的价值。不过，正如哈特清楚地认识到的那样，可能有个别法律——甚至整个法律体制——总的来说是邪恶的。

这并不妨碍他认识到法律和道德之间有着深刻的联系。法律制度的中心目标是阐明和强制执行使人们能够共同生活的行为准则。他说：

> 当一个社会已经到了可以将社会道德和法律区分开的阶段，社会道德中都会包含某些义务和责任，要求人们牺牲私人的倾向或利益。牺牲私人的倾向或利益是任何想要持续生存的社会所必需的。……社会生活中显然需要的规则包括禁止（或至少是限制）使用暴力，在与他人相处时遵守某种形式的诚实和诚信，禁止毁坏或抢夺他人的实体财物。如果在

生活在一起的群体或个人之间，遵守这些基本规则并不被认为是理所当然的事，我们就会怀疑这样的社会算不算是社会，并确信它不会存续太久。关于义务和责任的道德规则和法律规则有非常显著的相似性。……它们也都规定了人类族群的和谐共存所需要的条件。[4]

哈特认为，法律体制必须促进人们的生存和福利才能建立和维护自身。由于他坚持认为这类制度的权威性都部分地依赖于很多成员不受强迫地将它视为行为指南，所以我们可以得出两个结论。第一，法律制度促进了被统治者的生存，而且在某种程度上也促进了他们的福利。第二，它们之所以被很多人自愿地接受，很大程度上是因为它们所做的事情被认为是好的。

然而，法律系统可能会因其漏洞而变得邪恶。例如，可能会压迫亚群体。

> 以权威为基础的强制力……可以用镇压来维持那永远处于劣势的被统治族群，相对于统治阶级，这些被统治族群或大或小，取决于……强制的手段。……受压迫者对体制没有任何忠诚可言，只有恐惧而已。他们是体制的受害者，而不是获利者。[5]

此外，甚至自愿接受一个法律体制的受益者也可能——在一定程度上——是出于与道德无关或不道德的理由才这样做的。

法律的强制力确实预设了其被（某些人）接受为权威。但是"只以权力为基础的法律"（哈特把这当作一个自相矛盾的说法)和"被接受为具有道德约束力的法律"这种二分法并不能穷尽一切。许多遭受法律强制的人们不仅不认为它具有道德约束力,甚至自愿接受体制的人也不一定认为这是他们的道德义务,即便这样的体制会十分稳定。事实上,他们对体制的忠诚可能基于很多不同的考量。[6]

哈特对法律与道德的关系的看法可以概括为以下几点。(i)人类在社群中共同生活的能力大大提高了人类的福利。对于这些社群来说,法律对其生存以及其成员条件的改善是必要的。既然所有的法律体制都允许我们逃脱霍布斯式的所有人对所有人的战争,那么它们就有必要和益处。(ii)作为一种规则,规范着行为的法律具有普遍性(而不是针对特定的或者甚至指名道姓的个人);它们禁止或规定在特定类型的条件下的某些普遍类型的行动。不过,由于即使是不道德或不公正的条文也可以用这些字眼写出来,所以不能保证一个法律体制从整体来看在道德上是可以接受的。(iii)即使被普遍客观地陈述的法律在道德上是好的,或者至少是可以接受的,但不公正的执法模式——惯常性地在一些情况下忽视一些明确的条件,或者在另一些情况下增加不明确的条件——可能会导致严重的不公正。

法权分立

在法律体制正常运作的社会中,行为受到法律的管制。这就要求某个人或某个团体负责制定法律,某个人或某个团体负责管理和执行法律,某个人或某个团体负责裁决关于法律要求什么的争议，负责确定被控告违法的人是否有罪，并决定对有罪者的处罚。在很多现代国家中，这些职能是由不同的、很大程度上相互独立的机构履行的，这通常是为了防止权力过于集中在一个机构中。尽管在不同的法律制度中三权分立的方式有所不同，但在民主国家，通常是由公民选举产生的立法机构制定法律，由行政机构（有时是选举产生的，有时是由立法机构选出的）实施和执行法律，而司法机构（通常是任命的而不是选举产生的）则裁决法律纠纷、审判被指控的违法者，并决定怎样处罚（通常是在立法机构设定的范围内）。由于机构行为者自然而然地试图将自己的权力最大化，所以政府的每个部门都会时而侵犯到其他部门。因此，一个法律制度有多健全往往取决于它尽可能减少这类侵犯并维持权力的适当分配的能力。

接下来，我们将看到两个当下的戏剧性事件，一个是司法机关与其他两个部门之间的斗争，另一个则是行政机关与其他两个部门之间的斗争。具体起见，我将集中讨论美国国内的斗争形式。

法官造法（judge-made law）：必要但有局限

要研究的第一个问题，通常是就**司法能动主义**（judicial activism）和**司法克制主义**（judicial restraint）的区别来讨论的。以这种方式思考问题会让人觉得我们是不是要讨论不民主的司法机构在多大程度上侵犯了民主立法机构。之所以出现这个问题，是因为近几十年来大部分民众对于很多重要话题持有强烈的意见，而这些问题却通过最高法院的决定被从民主政治的正常交换中移除了——例如，在学校中的祈祷、在性别和种族方面的综合教育、种族、性别和伦理偏好、堕胎、婚姻的定义和法律要求、公共财产上的宗教象征、对各种形式的言论自由的限制和不限制（包括针对政治活动以及很多其他话题的言论）。

这种"能动主义"现在已经到了在某些情况下被政治左翼批评，而在另一些情况下则被政治右翼批评的地步。这是我们早就应该意识到的一个迹象。真正的问题不是法院在推翻立法行为上有多积极。问题是：**法院有权这样做的依据是什么？以及当它这样做的时候，应该以什么普遍原则为指导？**我们回答这个问题的第一个任务是阐明一个概念框架，以此理解美国司法机构在解释法律和将其应用于案件事实方面的恰当角色。

美国宪法的第一条第一款说："本宪法授予的所有立法权均归美国国会所有……"要认真对待这一点，就要认识到，无论是法院、行政机构还是监管机关都无权制定法律。这意味着司法解释的首要任务是确定一部法律说了什么、断言了什么或规定了什么。**说、断言和规定**都是言语行为。每一个都涉及对使用语言来表达的内容采取特定的立场。去说或者去断言某件事，就是承诺该内容是真实的。去规定就是通过断言使之为真。一个恰当的权威规定高速公路的限速为每小时 60 英里，就是这个权威声明了限速为每小时 60 英里，而且做出这一声明的行为是使所言之物为真的某个（或唯一的）关键因素。

发现法律断言或规定了什么，就是发现立法者在采纳一个文本时断言或规定了什么。和在日常言语中一样，这有时不仅仅是字面意思在单独发挥作用，因为字面意思有时在上下文中是不完整的。例如，想想"我完成了"这句话。虽然它在语法上是完整的，但它缺少一个成分来标识出什么东西被完成了。由于它在语义上是不完整的，它必须由非语言的使用情境、更大的语篇或者关于说者和听者的预设来补全。"她要去附近的一家餐厅"也是类似的。什么的附近？我们现在的位置附近？她现在的位置附近？她或者我们下周要去的地方附近？这取决于语境。由于对类似话语的可能补充是无穷无尽的，所以，认为这些句子是模棱两可的就是认为它们有无限多的意义，这些意义源于无限多预先设定的语言惯例。但是这样的多样性并不存在。这些句子有单一的未被明确说明的含义，需要语境上的补全。

　　动词"使用"（use）也是类似的。当一个人使用某物时，他用它来做某事。当我们说"弗雷德用了锤子"时，我们经常在心里想着他用锤子去做什么。当这一目的不为听众所知时，我们会继续说，比如，"弗雷德用锤子打碎了窗户"。当目的显而易见的时候——去钉钉子——我们就让它隐含着，因为我们知道别人会明白。在地板上发现一把锤子后，我们可能会说，"我知道弗雷德用它做了某件事，但我不知道是什么事"。这只是对"弗雷德用锤子"的意义的一种可能补充。这句话缺少目的成分，它没有指明使用锤子的目的是什么，就像"我完成了"这句话没有指明什么被完成了一样。

　　一个普通的说话者在给定的语境中使用句子 S 断言了什么？粗略地说，所断言的就是一个通常的有理性的、专心的听者或读者，如果他知道 S 的字面意思，并且他意识到了该话语语境中所有相关的主体间可获得的特征，就会理性地认为说话者使用 S 是想要传达和承诺什么。在标准的交流中，各方都知道词语的字面意思、交流的目的、当前讨论的问题以及关于先前断言和接受了什么的相关事实。因为说者和听者通常都知道这一点，所以特定话语断言了什么通常可以等同于**说话者的意思是什么**以及**听者认为说话者**在该场合下想说的是什么。将这一点应用到法律解释中，我们寻找立法者的意思，寻找一个通常的有理性的、专心的人——他理解立法者的话的字面意思、公开的事实、立法语境下的近期历史，以及新条款期望与之相符的现有法律的背景——会认为那些话是什么意思。这就是法律的内容。

当然，（这其中）也有一些复杂之处，这一部分是因为语言使用者和他们的听众经常具有集体性的特征。立法者有时是一个立法机关，有时是行政机构，有时是发布命令的行政长官，有时是法官或法院里的多数派，他们的书面意见修改了以前的法律版本。这些机构行为者的言论行为之所以具有法律效力，是因为他们在以宪法为基础的法律体制中的地位，他们的机构受众和全体人民都承认这一体制的权威性。

在1993年的**史密斯诉美国案**中，斯卡利亚大法官（Justice Scalia）提出的异议阐释了这样一个任务，即发现被断言或被规定的法律内容。有关的法律条文如下：

> 任何……（在实施暴力犯罪或毒品犯罪的过程中）使用或携带枪支的人，除了针对这样的（一个）犯罪所给出的处罚外……还应判处五年以上的监禁。[7]

被告人史密斯，**用枪支换取非法毒品**，从而构成贩毒罪。这是否构成在该法规意义上的**使用枪支实施犯罪**？一个下级法院说可以构成，史密斯提起上诉，最高法院发现"使用枪支"的通常含义涵盖了任何形式的使用，维持了下级法院的判决。

斯卡利亚提出异议。

在寻找法定含义的过程中，我们赋予非技术词汇和短语其通常含义。……使用一种工具通常意味着将其用于预期目的。当有人问:"你用拐杖吗?"他不是在询问你是否在大厅里展出你爷爷的银柄手杖,而是想知道你是否拄着拐杖走路。同样,说"使用枪支",就是在说将其用于其独特的目的,即作为一种武器。可以肯定的是,"一个人可以以多种方式使用枪支"……包括用作一件交换物品……但这不是"使用"的任何一种通常含义。[8]

最高法院断言,这一论证中的"重大缺陷"是,"说'使用枪支'的通常含义包括了把枪支用作武器"与说"使用枪支"的通常含义"也排除了任何其他用途"非常不同。这两者确实是不同的——但我断言为真的恰恰是后者。"使用枪支"的通常含义不包括将其作为商业物品。我认为这非常明显,例如,如果检察官询问证人他是否曾"使用枪支",那名证人回答说"没有",这不会满足伪证罪所要求的客观虚假性,即使他曾将其祖父的恩菲尔德步枪卖给一位收藏家。[9]

在第一个段落中,斯卡利亚正确地指出了"你用拐杖吗?"这句话问的是什么。在第二个段落中,他正确地指出了当他的假想行动者对检察官的问题"你曾经使用过枪支吗?"回答"没有"时,**被断言的是什么**。将这一教训应用到史密斯案中,斯卡利亚的结论是,在采纳法律条文时,国会断言,将枪支用作武器(或以此目的携带枪支)应受到额外的惩罚。令人遗憾的是,他错误地陈述了他的结论,声称"任何一个使用枪支的人"的通常含义只与使用枪支作为武器有关。法院多数人指出,这是错误的:

当一个词在法律上没有定义时,我们一般按照其通常的或自然的含义来解释它。……当然，原告对待他的枪的方式在该术语的日常含义内可以被描述为"使用"（枪支）。原告"使用"他的枪，试图通过提出用它交换可卡因来获得毒品。[10]

当然，史密斯的行为**可以被这样描述**，而且，当然，法条是在其通常意义上使用"使用枪支"的。"使用 N"的字面意思**没有说明** N 是如何被使用的。因此，当"使用枪支"出现在句子中时，这一断言必须被**补全**，要么通过添加限定短语（例如，"作为武器"或"作为以物易物中的一个物品"），要么从对语言使用者的共同预设中提取出所需内容，在这个事例中，语言的使用者是国会及其听众——包括法官和大法官、检察官、警察、律师、媒体成员、知情的公众成员，其他可能属于法律范围的人，以及在援引该法律的案件中被传唤的公民陪审员。如果像看起来很自然的那样，人们已经合理地认为国会断言了**使用枪支作为武器**会受到额外的惩罚，那么这就是法律的内容。

这个例子阐示了我所认为的恰当的司法解释理论的首要原则。[11]

（i）法律条款的内容是立法者和／或审批者在通过条款时所断言或规定的内容。虽然文本的**字面意义**是决定内容的一个组成部分，但它不是唯一的组成部分。

第二个原则确定了例外情况，在这些情况中，将法律条款断言或规定的内容应用于在法院诉讼中的案件事实并不能产生恰当的判决。[12]

（ii）在把法律应用于案件事实的时候，法官的法律职责是做出被断言内容决定的判决，除非（a）该内容含糊不清，因此，将它与案件中呈现的事实相结合并不能得出一个明确的判决，或（b）内容、周边法律和案件事实决定了不一致的判决，或（c）这些内容加上立法者无法合理预期的新事实，明显且重要地与法律的预期目的不一致，而法律的预期目的是支持者预先证成的、公开声明过的目的。

这一原则涵盖了法官别无选择，只能以某种方式修改现有法律内容的情况。法院的工作是，在可能发生的众多不可预见的行为和旨在管制这种行为的编纂成法的一般原则之间进行调解。这往往需要法官将法律条款**精确化**，以便做出确定的决策。当相关法律的先在内容既不确定地适用于案件事实，也不确定地不适用于案件事实时，就会发生这种情况。不一致也是一个令人担忧的问题。由于现代社会的法律体制极其复杂，所以保持一致性的任务是永无止境的。通常情况下，这种不一致并非产生于两条完全矛盾的法律（即任何可能的行为模式都不可能同时符合这两条法律）。相反，它是由两个或两个以上的法律与一些可能的但出乎预料的行为相结合而产生的。由于这种行为——它们如果发生，将产生不一致——的范围是没有可预见的界限的，因此，无论多么谨慎，都没有任何立法程序能排除对不一致性进行司法解决的需要。法律的内容与其基本原理或目的之间的不一致也是如此，这些不一致是由法律通过后的意外情况引起的。

为了了解法官在这些案件中应该做些什么，最好先回顾一下我们在日常生活中是如何对待类似事例的，在这些事例中，我们得到的是模糊的、矛盾的或自我否定的指示。假设 A 的妻子对 A 说："请帮我从商店里买一顶便宜的大帽子。待会儿我们出门的时候我要用它来遮阳。"这个请求是**模糊的**，因为它没有准确地说明什么算**大**，什么算**便宜**。当 A 到达商店时，他发现没有一顶帽子明显是小的或大的。尽管它们的价格各不相同，但也没有哪个明显是便宜的。因为知道妻子的请求的目的，A 选择了一款遮阳效果很好的帽子，它不比任何一款遮阳效果同样好的帽子更贵。虽然 A 不能声称已经**准确地**按照妻子的意思去做了，但他把没有按照妻子的意思做的程度降到了最低，同时最大程度地实现了她的目的。当他回来时，妻子很高兴。在（iia）类案件中，法官被要求应用某条法律，这一法律对某个关键事实的规定是模糊的，但是它又必须被应用于其上，对于这种情况，上述事例可以带来启发。

至于类似于（iib）的情境，想象 A 的妻子说，"我特别想喝苏打水。请帮我把冰箱里最大的那瓶苏打水拿来"。到了冰箱，A 看到冰箱里装着两瓶相同大小的汽水。由于那个请求预设了有一瓶汽水比其他任何一瓶都大，所以请求与**相关事实不一致**，使得 A 不可能准确地按照要求去做。尽管如此，他并没有遇到任何麻烦。A 注意到一瓶苏打水是开着的，导致汽水失去了气泡，于是就把另一瓶拿给了他的妻子，从而满足了她的请求的目的，同时将他没有按照请求（即把最大的那瓶苏打水带过去）去做的程度降到了最低。

与（iic）类似的是前一种情况的轻微变体。在这一新案例中，A 的妻子提出了同样的要求，但冰箱里只有一大瓶打开的苏打水，已经没了气泡，还有两个较小的未打开的瓶子，一个比另一个大。A 知道妻子无法忍受没汽的汽水，意识到虽然他可以按照字面意思去做，但这样做会违背妻子的请求的目的。为了避免这种情况，他给她带来了未打开的瓶子里较大的那个，尽可能地满足了她的目的，同时最小化了他没有按照要求去做的程度。

无论在日常生活中还是在法律中，话语都可以用来指导行动，关于对话语的这种使用，上述例子阐释了一个事实。当话语指导我们的时候，我们计算话语使用的被断言（或被规定）的内容以及该断言（或规定）的明显目的。这些以及相关的非语言事实决定了我们的行动。在我们考察过的案例中，A履行了他妻子的请求所施加的义务，尽管要么因为请求模糊或不一致而无法做到字面上要求的事情，要么只能以使其自我否定为代价去做所要求的事情。在每种情况下，A都会将其行动偏离妻子请求内容的程度最小化，同时将其满足预期目的的程度最大化。

将这一教益应用到法官身上，我们得到了规则（iii），它支配着（ii）中的事例。[13]

（iii）在（iia-iic）类事例中，司法当局有权通过对法律所断言或规定的内容进行最低程度的修改来制定新的法律，以便最大限度地履行立法者在做出断言或规定时可辨别的预期目的。

支持（iii）的逻辑是显而易见的。每个人都同意，法院的工作是，通过将法律应用于案件中呈现的事实来**解释**法律。在疑难案件中——其中（a）该法律内容模糊不清，因此当与事实相结合的时候，不能决定一个明确的判决，或（b）该内容、周边法律和事实决定了不一致的判决，或者（c）该内容加上意外的新事实，明显且重要地与法律的可辨别的预期目的不一致——当法官被要求用最小的修改去最大程度地满足其预期目的时，原则（iii）授权他们去做我们在日常生活中为了履行义务而惯常去做的事情。

将（i）-（iii）作为法律解释的指导原则涉及承认解释的两

个不同方面。第一个方面可能被称为**纯粹的解释**，要求法官阐明法律文本中被断言或规定的内容，以及立法者规定或断言该内容的预期目的。在不棘手的案件中，不需要其他任何东西就可以忠实地应用法律。第二个方面也就是所谓的**修正**，涉及在必要的情况下对内容进行最低程度的修改，以最大化立法者的预期目的。以这种方式思考法官的法律义务就是认识到，虽然法官在有限的意义上是立法者，他们有时会改变法律的内容，但他们的法律义务——在美国等把立法保留给其他（民选）政府部门的国家中——要求他们对最初的立法者保有最大程度的遵从。[14]

一个宪法解释理论

到了1791年，美国宪法和《权利法案》全部获得批准。这是社会制度和经济体制不同的两组州份之间的妥协，这两组州份已经在奴隶制问题上有着严重分歧。这些法案同时也是一份哲学文献，借鉴了洛克、休谟和其他思想家的思想。作为"我们人民"和我们选择的代理人之间的契约，宪法是约束国家政府的法律。

它以这段序言开头：

> 我们美利坚合众国的人民，为了组建一个更完善的联邦，树立正义，保障国内的安宁，建立共同的国防，增进全民福利，并确保我们自己和我们的后代能安享自由带来的幸福，乃为美利坚合众国制定和确立这一部宪法。

随后，宪法规定了政府结构、政府机构、机构的任期、任命或选举方法、不同部门和公务人员的法律责任以及政府权力的范围和限制。没有任何机构或官员团体被认定为主权者或最高统治者。不过，如果你问**谁是主权者**？有一个答案。我们，公民，是主权者。最初，十三个批准州的公民是主权者；今天，五十个州的公民是主权者。我们集体选择领导人，并通过把对宪法的忠实作为我们最高的哈特式**承认规则**，为政府提供正当性。

在这一比喻——**我们美利坚合众国的人民……制定和确定**——之中，宪法把自己虚构地呈现为好像是由全体人民写成的，但实际上，这一比喻是它的作者-主权者和被授权代表他们行事的政府官员之间的一份合同。这份文件的真正作者——古弗尼尔·莫里斯（Gouverneur Morris）、费城会议起草委员会、詹姆斯·麦迪逊最初的修正案作者），以及其他人——以这种方式写给广大的、不确定的民众，希望这些民众能支持其产物，并邀请他们的受众接受他们的愿景，从而将其变成现实。由于这些话题引发了激烈的争论，所以他们并不显然会成功。但一旦宪法获得批准，派系基本上就消失了，因为争论中的赢家和输家会一同支持这个羽翼未丰的共和国。这是一个引人入胜的例子，一个构想努力成了现实并取得了成功，宪法是权威的，因为我们——它的假定作者——认为它是权威的。

多年来，《权利法案》之后的重要修订案已经改变了宪法。虽然宪法本身没有其他方面的变化，但**宪法性的法律**发生了变化。变化的一个来源隐含在宪法中，涉及最高法院的决策带来的变化，在这些决策中最高法院将宪法文本应用于提交给它的事实。最高法院的首要解释性任务是推导出宪法条款中最初被断言或规定的内容。当将这一内容应用于案件事实在逻辑上确定了一个唯一的结果时，法院有义务宣布判决。

然而，有时不能确定一个新案件的意外事实是否适用于宪法文本的原始内容。此时，法院必须通过对最初被断言的宪法内容进行最小幅度的修改来解决不确定性，最大限度地满足最初预期的宪法目的。由于这涉及到对两种价值的不精确平衡，所以最终可能得出一系列有限的结果，其中任何一种在法律上都是合理的。当法官选择一个结果并且使得该决定成为一个既定的先例，他们就修改了在他们的阐释之前就存在的宪法性法律——**无论所选择的结果是否落在客观授权的范围内**。但是宪法并没有改变。它原始的内容和目的仍然是检验由法官做出的新阐释的试金石，如果后来的法院证明新的阐释不如与原始宪法的内容和目的更协调的阐释，（那么这）有时会导致它们修订或无效。

当宪法条款被悄悄忽视并且被未经质疑的宪法外实践所取代时，宪法也发生了变化。例如，宪法第一条第八节将宣战的权力只赋予国会。然而，在朝鲜战争、越南战争以及第一次和第二次海湾战争中，这种权力都被削弱了。尽管朝鲜战争造成3.6万名美国士兵的死亡，国会却从未在朝鲜宣战。尽管其他战争是由国会决议批准的，但那并不是宣战，而且在越南，决议是在军事介入之后而不是之前做出的。可以说，这一结果已经改变了美国宪法。

贝拉克·奥巴马（Barack Obama）的"伊朗协议"就是另一个例子。尽管这显然是一项与外国签订的条约，宪法要求它在参议院以三分之二多数通过，但总统并没有将其提交给参议院。与有限战争一样，国会也提供了遮羞布。在我写到这里的时候，奥巴马的协议现在已经被新总统唐纳德·特朗普（Donald Trump）废除了。但是，如果奥巴马的做法不受惩罚地再三重复，有关外国条约的条款也可能成为一纸空文。

新的因素（即事实上的宪法变化）再加上最高法院在对原

先宪法负责的同时修改宪法的权力，使我需要上一节中概述的司法解释理论进行微小但重要的补充。我称之为"遵从主义"（deferentialism），它是我对被称为"原旨主义"（originalism）的一系列相关理论的我个人的版本。[15]

宪法遵从主义

　　C1. 宪法条款的原始内容是立法者和/或审批者在通过该条款时所断言或规定的内容。法院必须忠于断言的原始内容和原始预期目的。

　　C2. 在审理那些宪法条款的原始内容在其中被忽视并由法外实践取代的案件时，法院必须首先阐明实践的内容，纳入过去的先例（如果有的话），然后，要么用宪法条款最初断言的内容和预定目的取代它，要么加以修改，使其尽可能接近这一内容和目的，同时，不损害受法律约束的人在实践（和先例）中投入了不易恢复的宝贵资源而产生的重要且有充分理由的期望。

　　C3. 在将现行宪法条款——无论是宪法条款的原始内容还是根据之前的先例对宪法条款的修改——应用到案件事实上的时候，法院的法律责任是做出由该内容确定的判决，除非（a）该内容是模糊不清的，因此与案件事实相结合时，不能确定一个明确的判决，或（b）它与其他宪法条款和案件事实相结合时产生了不一致的判决，或（c）该内容加上在宪法条款通过时不能合理预期的新事实，明显且重要地与该条款的预期目的不一致，或者（d）发现之前的先例对原始宪法内容和目的不够忠实。

C4. 在（C3a–C3c）类案件中，法院有权通过对现行法律做最小幅度的修改，最大限度地满足其预期目的，制定新的宪法性法律。在（C3d）类案件中，法院有权用宪法条款的原始断言内容和预期目的来取代它或者修改它，以使其尽可能接近该内容和目的，而不损害相关机构所依赖的已经发展成熟的重要且正当的期望。

这一理论更新了前面勾勒的司法解释理论，考虑到了这样的事实——（ⅰ）宪法包含广泛的原则，其内容既包括显然确定的核心，也包括不确定的边缘；（ⅱ）将这一内容应用于新的情况需要定期的调整；（ⅲ）调整主要是最高法院的工作；（ⅳ）由于最高法院没有作为独立政治机构行事的权力，所以它授权的调整必须尽可能地保留宪法条款的核心内容，同时只做出那些进一步满足宪法条款的原始预期目的的修改。[16]

该理论——在 H. L. A. 哈特对法律体系的说明是描述性的这个意义上——是描述性的。美国制度的一个事实是，法官对法律文本的诠释被决定着其司法责任的规则所支配。虽然这些规则具有规范性后果，但"公民认为一套给定的规范具有权威性"的说法是描述性的。遵从主义意在阐明那些规范的内容。它是否做到了这一点则是一个有争议的问题。

这确实符合最高法院的大法官在为其决策辩护时的标准**说法**——总是声称要在宪法文本或权威先例中找到能够支持它们的理由。[17] 不过，他们在 20 世纪的大量决策似乎确实违反了遵从主义的原则。尽管这引起了人们对于遵从主义是否在法律界杰出人士中得到了足够支持的疑问，但这本身并不表明美国法律不是遵从主义的。毕竟，遵从主义并不拥护最高法院的不可错性。相反，它规定，由宪法原始内容设立并按其运作的机构通过的法律，其原始断言内容保有法律效力，**除非它们被宪法程序推翻**。它还承认，最高法院是在这些问题上的最高权力机构。因此，美国人将法院的决策接受为真正的法律，**无论他们是否相信案件得到了正确的裁决**，这与遵从主义是一致的。

不过，遵从主义还是有争议的。反对它的一个主要论证是这样的：（i）这个国家经常面临民选政府部门无法解决的严重问题。（ii）由于遵从主义——以及更宽泛地说，原旨主义——不会产生所需的结果，法院不得不用其他方式解决问题。（iii）因此，遵从主义（和原旨主义）不能对大法官在解释宪法时的法律责任给出一个正确的说明。

这一论证存在两个问题。首先，正如我在其他地方论证过的那样，（ii）是错误的，因为遵从主义可以让**布朗诉教育委员会案**这类重要案件的积极方面生效，同时还能够避免那些决策的推理中出现破坏性的失误。[18] 第二，即使（i）和（ii）是真的，这也不会证伪遵从主义者对于最高法院**在法律上被授权**去做什么的描述。毕竟，除了绝对统治者以外，任何官方职位的权威都会被限制。因此，无论人们想象法官的法律权威是什么，总有可能出现这样的情况，即在一个给定的案件中，如果不超过该权限，就无法在司法上实现道德上最好的政策结果。

那么，对司法权威之正当界限的遵从主义说明是正确的还是错误的？从正面来看，遵从主义是一大类通俗易懂、日趋成熟的理论的一个版本，这些理论被称为原旨主义，反映了美国人对宪法的持续敬畏，对宪法三权分立的尊重，以及他们对宪法把立法权只授予了国会的意识。虽然人们普遍认识到，大法官有时必须根据新的情况调整宪法内容，但人们期待他们在这样做的时候会最大限度地尊重宪法。从负面来看，大量政客、法学教授和法律界人士都反对原旨主义。如果他们团结起来，支持一个表述得当、广被接受的正面替代方案，这可能是决定性的，但他们并没有团结起来。

这些考虑提出了一个规范性问题：不管在美国决定着正当的司法权威之范围和限度的社会规范目前是什么，它们应该是什么？事实上，这个问题的一个版本已经隐含在遵从主义之中了。在承认法官有时被授权对现有法律内容进行最低程度的修改，以便最大限度地实现法律最初的预期目的的时候，遵从主义是在指导他们完成一项可以通过多种方式完成的任务。这些方案差不多一样好。法官在它们之间进行选择的时候应该以什么为指导呢？关于这个问题，现在还没有共识。

在这一点上，这个问题是直截了当的规范性问题。如果我们授权法官去做如下事情，会不会更好呢？

（i） 运用他们自己的道德判断，在可以接受去遵从的剩余政策备选方案中选择最好的那个；
（ii） 对手头的个案做出裁决，同时拒绝提供偏向于任何剩余的、同样遵从的备选方案的普遍理由，从而避开该决定的先例地位，将政策选择留给民选部门、选民，或者在宪法案件中留给修正程序；
（iii） 在替代方案引出的问题微不足道的情况下，行使他们自己的自由裁量权，将其视为先例，而将有广泛影响的政策问题留给人民或民选部门。

争论这一问题的时机已经成熟了。

约翰·麦金尼斯（John McGinnis）和迈克尔·拉帕波特（Michael Rappaport）在《原旨主义与良好宪法》（*Originalism and the Good Constitution*）一书中给出了支持（ii）或（iii）的一个有趣论证。[19]他们的指导性前提是，为公民带来最好结果——保障自由、稳定、共识和福祉——的民主政府形式，是一种依赖于超多数主义（supermajoritarian）规则和程序（如在美国，原始宪法的批准、修正案程序以及联邦制、三权分立和两院制立法机构的超多数主义特征）的政府形式。与这一理想相去甚远的莫过于，九名终身任期的非民选法官中的微弱多数能够将重要的宪法问题从民主政治的正常交换中剔除。

他们最感兴趣的一点涉及修正宪法的过程，从表面上看，这一过程似乎是更新一份已有两百多年历史的治理性文件的最佳方式。如今，这一过程通常被认为过于困难。但这是真的吗？自1791年《权利法案》的批准以来，宪法已被修正了十七次，其中包括20世纪中的十二次修正（只有一次在1972年之后）。为何现在缺乏修正了呢？麦金尼斯和拉帕波特论证道，从20世纪30年代中叶开始的猖獗的司法能动主义是一个重要但不幸的原因。尽管20世纪的经济巨变很可能证明了增强政府监督是合理的，但他们论证道，如果制定出基于充分信息的、有效率的宪法修正案，将会更好地实现这一点。毕竟，当时，新政民主党人的霸权很可能足以使他们在起草和批准修正案上发挥主导作用。不幸的是，所采取的路径依赖于对一个没有代表性的、经济上不成熟的最高法院的零星调整，它的强制裁决抢占了一个更具共识的程序本可以实现的目标。[20]更糟糕的是，一旦司法能动主义的浪潮获得势头，它就开始产生分裂的、党派性的结果，这削弱了公众的信仰，即可以相信最高法院不会颠覆宪法内容，无论是旧的内容还是新的内容。[21]

宪法外的变革：行政国家

在处理我们的下一个宪法问题时，我们继续遵循哈特的做法，把法律当成一种内在化的社会规则体制——也就是说，遵守它们不仅是因为它们有武力的支持，还因为它们被认为能够促进个人的和普遍的福利、保护自由、惩罚罪恶，并且以道德上可接受的方式分配利益和负担，同时还能够合理地回应被统治者的观点。规范行为的法律规则由承认规则确定，这些规则授权机构去制定行动指导规则。正如之前强调过的那样，决定美国法律权威的关键因素是对美国宪法的忠诚。

宪法有两个关键特征，一个是立法、行政和司法部门之间的权力分立，另一个是对个人权利的明确保障，这些权利历来受到最高法院的保护。这两个特征现在都受到行政国家崛起的威胁，这些国家由行政部门加上监管机构组成。前者包括卫生与公共服务部、住房与城市发展部、农业部、商务部、内政部、司法部、劳工部、教育部、能源部、财政部、交通部、国务院、国防部、国家安全部等等。后者是监管机构，包括 SEC（证券交易委员会）、NLRB（国家劳工关系委员会）、EPA（环境保护局）、FCC（联邦通信委员会）、OSHA（职业安全与健康管理局）、FTC（联邦贸易委员会）、FDA（食品药品监督管理局）、ICC（州际商业委员会）等等。

波士顿大学法学院的加里·劳森（Gary Lawson）教授描述了这些机构的特点。如他所说：

分权原则的破坏或许是现代行政革命的无上珍宝。行政机构通常将所有这三项政府职能（行政的、立法的和司法的）合于一体。[22]

他的例子是 FTC。

委员会颁布了实质性的行为规则。然后，委员会考虑是否对委员会的规则有没有被违反进行调查。如果委员会授权了一个调查，调查将由委员会进行，并向委员会报告调查结果。如果委员会认为调查结果表明有理由采取执法行动，便会提出申诉。委员会的设诉——关于委员会规则被违反了——随后由委员会起诉，并由委员会做出裁决。委员会的裁决既可以在委员会全体成员面前进行，也可以在（委员会雇用的）一个半自主行政法法官面前进行。如果委员会选择在行政法法官而不是委员会面前做出裁决，而该决定对委员会不利，委员会可向委员会提出上诉。[23]

在这些机构中，由一个单独的团体负责立法、调查以及控告和起诉被指控的违规者。这个团体还做出裁决，经常定罪和宣判，而不给予被告被独立法官或陪审团审判的宪法权利，以免自证其罪或质疑行政程序的合宪性。只有在被定罪并且通常是在支付了罚款后，被告才能在联邦法院提出质疑。

正如哥伦比亚大学法学院的菲利普·汉堡（Philip Hamburger）在《行政法是非法的吗？》（*Is Administrative Law Unlawful?*）一书中表明的那样，今天的行政法是早期不民主统治的极大扩展，这种不民主的统治源于英国王室试图逃避 1215 年《大宪章》

和1628年《权利请愿书》对王室权力的限制。[24]美国宪法的起草者们意识到,王室利用星室(the Star Chamber)和高级专员公署(High Commission)来实现议会和普通法的法律结构之外的结果。为了避免法律以这种方式被绕过,起草者们分离了立法权、司法权和行政权。正如汉堡所解释的那样,行政国家的崛起是对他们曾经决心避免的、被他们视为邪恶的东西的回归。

美国宪法第四修正案就是避免集权的一种手段。它宣布,在没有让一位独立法官确信一个人犯了罪的**可能原因**(probable cause)的情况下,发放允许搜查和扣押的**一般搜捕令**(general warrants)是非法的。

> 人民的人身、住宅、文件和财产不受无理搜查和扣押的权利不应该受到侵犯。除非是有可能原因,并且以宣誓或代誓宣言作为保证,并详细说明搜查的地点和扣押的人或物,否则不得发出搜查和扣押的令状。

1763年,英国裁定一般搜捕令是违宪的。但在某些背景下,王室继续使用它们的某些版本,即所谓的**协查令**(writs of assistance)。1761年,这类一般搜捕令在马萨诸塞州高等法院成了一项议题。美国律师詹姆斯·奥蒂斯(James Otis)对这些令状提出了质疑,将其比作王室绕过议会和普通法法院使用的特别**特权令**(prerogative warrants)。奥蒂斯论证道,殖民地马萨诸塞州的法律长期以来一直要求发出这样的令状,它们只有在"宣誓并可能受到怀疑"的情况下才能得到准许。他的结论是,"该法院的职责是摧毁这个压迫的怪物,把星室暴政的残余撕成碎片"。[25]虽然奥蒂斯没有在法庭上获胜,但他在媒体上获胜了,这助推了独立运动，也帮助取消了在没有发现可能原因的情况下的搜查和扣押。汉堡论证道，当今天的行政机构迫使人们披露与机构调查相关的所有个人或商业材料时，他们是在剔除第四修正案，同时恢复一个古老的法外政府体制，该体制在美国建国时就为人所知并遭到拒绝。

第五修正案也受到了威胁。

> 除非根据大陪审团的报告或起诉书，否则任何人不受死罪或其他重罪的审判……任何人不得因同一犯罪行为而两次遭受生命或身体的危害；不得在任何刑事案件中被迫自证其罪；**未经正当法律程序**，不得被剥夺生命、自由或财产；未给予公平的赔偿，私有财产不得充作公用。

在 18 世纪末，**正当法律程序**是一个法律专门术语，最初源于《大宪章》第 39 条：

> 任何自由人，如未经其同级贵族之依法裁判，或经国法裁判，皆不得被逮捕、监禁、没收财产、剥夺法律保护权、流放，或加以任何其他损害。

美国宪法第七修正案将陪审团审判的权利扩大到民事案件，并保护民事案件中的事实不被另一法院推翻。然而，如今，联邦机构制定规则，对可能的违规行为进行调查，在没有搜捕令的情况下索要私人记录，强迫一个人指证自己，并处以罚款，行使着行政、立法和司法权力，而不受宪法的限制。

这种事态在很大程度上是由于国会的权力委派是有问题的。

宪法是否给了国会法律权威，让其进行这样的委派？汉堡和劳森说，**没有**。宪法将立法权、行政权和司法权划分给不同的政府部门，确保没有任何机构将它们结合在一起。由于国会没有行政权或司法权，所以它不能委派这些权力。宪法列举了它的立法权，以及对于执行那些立法权来说**必要且恰当的**权力。由于宪法中没有**委派条款**，所以**委派其立法权的权力**不是一个被列举出来的权力。

对于执行其被列举的权力而言，它是一个必要且恰当的隐含权力吗？只有当国会不进一步委派权力给其他机构就制定不出它有权颁布的立法的时候，它才是。可以提出一个论证说，有时需要行政专业知识才能取得明智的，甚至只是可以适度容忍的结果。这样问题就变成了，**这些结果是否可以通过其他方式**——例如，通过向机构索要一系列可能的规则和关于如何评价它们的建议——而取得？证明这种做法行不通的举证责任落在了行政国家的支持者身上。

隐含权力除了是**必要的**，还必须是**恰当的**。国会转授其立法权的一部分是**恰当的**吗？汉堡认为不是。其论证从第一条第一款开始："本宪法授予的全部立法权，属于由参议院和众议院组成的合众国国会。"一个被他者赋予权力的代理者——国会——是否可以将它的一些权力转授给其他人？对于汉堡和越来越多的法律理论家来说，整个宪法就是将具体的权力从权力的源头——**我们人民**——委派给政府的特定部门，这些部门是我们的代理人。我们授权他们管理我们事务的特定部分。[26]

接下来我们要问：法律文书授权某人代表他人行事，这在18世纪末是如何被理解的？根据劳森的说法，监护人、执行人和按委托书办事的其他人，担任的是由**代理文书**（agency instruments）

授权的受托人。汉堡和其他人坚持认为,宪法是一份**至高的代理文书**。美国开国元勋詹姆斯·艾尔戴尔(James Iredell)最初是批准宪法的北卡罗来纳会议的成员,后来成为美国最高法院的大法官,他称宪法是"**一份伟大的授权书**。"[27]

最近一本同名的书更加详尽地发展了这一论点。[28] 它发现了一套丰富的法律规则,用于解释英国和殖民地美国的代理文书。根据这些规则,行使被下放的权力的代理者一般不能在没有代理文书本身明确授权的情况下将权力转授。罗伯特·奈特森(Robert Natelson)是这样说的:

> 当创建该关系的文书中没有授权的时候,受托责任是不可委派的。可适用的规则是"delegatus non potest delegare"(受委派者不能委派)。正如马修·培根(Mathew Bacon)在其《法律新简编》(*A New Abridgment of the Law*)中对这一规则的表达:"一个有权为其他人采取行动的人,必须亲自执行这种权力,不能把它转给另一个人,因为这是一种被寄予当事人的信任和信心,不能被指派给一个陌生人。"[29]

如果美国宪法被理解为一个代理文书,那么就会已经有一个假定,即委派给一个政府机构的权力不能再被转授给另一个机构。

汉堡也提出了一个类似的论点,他将对立法转授的禁止从洛克追溯到辉格党和保守党的历史,再到立宪前的美国。

> 如果委托人选择他的代理人是因为她的知识、技能、可信性或其他个人素质,那么他想必是把权力给予了她,而不是其他任何人。当然,委托人可以明确地授权转授,但是如

果他没有这样做，他不能被理解为曾经怀有这样的意图。……根据这样的推理，进行委派的委托人禁止任何立法权的再授权。在宪法中，人民将立法权委派给国会。此外，人民明确规定，他们将立法权授予"由参议院和众议院组成"的国会，其成员由特定方式选出。所以，对国会的委派是委派给了因其机构素质而被选择的团体，以及因其个人素质而被选民选择的成员。因此，国会及其成员不能转授他们的权力。[30]

有鉴于此，我们不妨注意一下宪法中涉及国会遴选、结构和运作的诸多条款。正如劳森评论的那样，"任何代理文书都不会包含如此详细的遴选程序，然后却隐含地允许绕过它们"[31]。简而言之，国会不能将其立法权转授给他者，这一点在1788年就已经很清楚了。

今天我们应该如何看待此事呢？当国会通过一项法律时，假定其中使用的每一个概念都能在该法律中得到严格定义是不现实的。假定执行这项法律的每一个细节都有详细说明，也是不现实的。其中一些工作必须留给行政部门或机构去做。那么，我们如何区分真正的立法内容和执行的实践细节呢？答案似乎必须通过扩大**解释**和**修订**之间的区别而得来，这是任何合理的法律文本解释理论都需要的。[32]

思考一下当法官将一条法规应用于案件事实时的情形。他的第一个任务是确定立法者在通过该法规时说了什么或规定了什么。这是恰当的解释。正如我们已经看到的，这有时是故事的结局，但也并非总是如此。当被断言的内容模糊不清，导致无法在相关备选方案之间做出决定时，就必须做更多的工作。如果它与其他断言发生冲突，或者如果它显然没有推进当下的交流目的，那么同样也需要做更多的工作。当类似的模糊、不一致或明显的不切实际出现在一个法院案件中时，法官或大法官有时必须**修订**立法者在通过该法律文本时颁布的法律。这样做的法律职责并不是自行立法，而是对法律内容做最小限度的修改，以便最大限度地满足立法者在通过该法案时的理由（即立法目的）。

在司法审查的规约下，这一程序可以扩大到由行政机关执行。当行政机关负责执行国会法案时，它应该阐明法律所断言的内容和国会做出这一断言的预期目的。面对不同的执行手段，该机关应从完全符合法律所断言的内容的实施手段中，选择最能满足国会预期目的的，它满足目的的程度可以在合理的具体程度上被分辨出来。当它们不能被如此分辨时，该机构不应该在没有进一步澄清立法的情况下对此事采取行动。当相关的被断言内容和预期目的足够具体时，只有当没有与被断言内容一致的执行体系能最低限度地满足该目的时，对它们的偏离才被授权。在这种情况下，应采用偏离被断言内容最少，同时最大限度地满足预期目的的执行体系。然后，该机构应该被要求将其结果提交给国会进行最终批准。

最后，这种机构-国会互动的新观念必须接受司法审查，而不是维持着现在所习惯的对机构的极端服从。这将需要让对机构规则和机构事实性执行记录的预设合法性的司法遵从的现存教条得到修改。对于法院来说，接受机关的事实性记录实际上就是剥夺了机关所针对的个人或机构接受陪审团审判的权利，因为在这种审判中，**陪审团是事实审的法官**。虽然在正常审判中，法官是法律问题的仲裁者，但在对行政处罚的上诉中，联邦法院通常会将机关早先的行为视为下级法院的行为。当然，联邦地区法院可以裁定该机构的行为不当，但在实践中，它们通常会遵守其法律解释。即使上诉成功，联邦法院通常也只是将案件发回机关重新审议。所有这些都不符合宪法。

这种对宪法的抛弃引发了一个令人不安的问题。**行政权力是不是已经成为现代政府的核心，以至于没有它就没有切实可行的实践方法了？**汉堡认为不是。他报告说，在社会保障管理局之外，各机关只雇用了 257 名特别行政法法官。原则上，这些法官可以由独立于这些机构的新的联邦地区法官所取代。那么行政规则的制定呢？由于这些机关隶属于行政部门，总统可以命令它们将对公民施加约束力性法律义务的主要规则提交给国会批准，从而为这一程序注入政治可问责性。其他的机关规则仅仅定义项目的福利水平以及实施福利的交付，这些规则可以被留给这些机关。

这些行动可以使行政国家更加符合宪法。对于宪法，先哲们——例如洛克、休谟和威瑟斯庞——通过主张严格的三权分立，主张主要政策制定者的政治可问责性和自然权利的执行，间接地做出了贡献（见第 4 章）。如今的挑战是：哲学家、历史学家、法律理论家和社会科学家能否关注这一问题，阐明当前做法的替代方案，从而塑造自由社会的未来。

第 13 章

道德的客观性

　　从休谟和康德那里继承下来的对自主的（非宗教的）伦理学的挑战；从事实性的"是"推出道德的和非道德的"应该"；对事实性的、与道德相关的前提的经验探索；人性中道德感的社会内容和心理生物学内容；社会从属关系的生物学基础；道德感的局限性及其历史扩展范围；社会经济制度在拓展以生物学为基础的道德上的作用。

挑战

在20世纪的大部分时间里，道德哲学一直处在大卫·休谟与伊曼纽尔·康德的阴影之下。虽然休谟认为道德来源于一种植根于我们共同人性中的对他人的仁慈之情，但他也宣布了事实与价值之间有一条不可逾越的鸿沟，那个著名的口号"无法从是中推出应该"所表达的就是这一点。康德同意道德植根于人性，但否认道德源于欲望、情感或任何人类激情。由于道德的要求是无条件的，他推论道，道德律令必须是绝对的，而不是假言的。当有人对一个学生说"你应该学习"时，人们预设这个学生有学习的兴趣，或者至少是想要通过这门课程。因此，审慎性的应该具有假言律令的效力——如果你想学习，或者想通过这门课，那么你应该学习。相反，康德认为，道德应该——你应该永不撒谎——从来不以行动者的任何偶然欲望或目的为条件。既然我们所有的目标——包括我们继续生存的欲望——在原则上似乎都是可以放弃的，那么似乎看起来没有什么道德义务——你应该做X——能够建立在我们的任何欲望或目标之上。简言之，从这样的**是**中推不出这样的**应该**。

康德的故事没有就此结束。他同意人性是道德的来源，认为最关键的元素是我们的理性。他认为，理性指导我们只按照规则行事，这些规则是我们理性地希望被普遍遵守的。他指出，普遍的撒谎和违背诺言将摧毁使它们成为可能的信任，他正确地得出人们不可能理性地希望撒谎和违背诺言被普遍地施行。然而他错误地得出结论说，这表明撒谎或违背诺言是不理性的。然而事情并非如此，而且，有时候撒谎并不是错误的。甚至，即便当撒谎是错误的，它也不需要有什么不理性的地方。一个人不能从行动者是理性的这个前提出发，得出他不应该撒谎或者违背诺言。

这些结果对道德探究的完整性提出了挑战。如果一个人不能借助关于人性的任何方面——理性的或非理性的——的断言来确立关于我们应该做什么的断言，那么就很容易得出这样的结论：道德知识是不存在的，客观的道德事实或许也是不存在的。20世纪大部分道德哲学所承受的就是这样的重担，直到最近才开始从中摆脱。

从事实性的"是"推出非道德的"应该"

要做到这一点，第一步是更加仔细地审视"一个人不能从**是**中推出**应该**"这一口号。虽然对它的标准理解是，没有什么评价性结论是事实性结论的**逻辑后承**，但这不可能是正确的。在形式逻辑中，一句话是不是另一句话的逻辑后承从来不取决于任何**非逻辑词**——"所有""存在""且""或""并非""如果，那么"和"="之外的词——的具体意义或阐释。所以，"玛丽应该去学习"不是"玛丽承诺去学习"的**逻辑**后承。出于同样普通的理由，"那个球是红色的"不是"那个球是深红色的"的**逻辑**后承，"约翰不会获胜"也不是"约翰没有意识到他不会获胜"的**逻辑**后承。在以上各例中，推论可以说是有效的，不过它并不算是**逻辑**的推论，因为它依赖于对前提和结论中的非逻辑词的阐释。

要使那个口号具有想要达到的效力,后承关系必须是概念性的,而不仅仅是逻辑性的——例如,这种关系必须是**必然的**或**先验的后承**。一个(被句子所表达的)命题 Q 是命题 P 的**必然后承**,当且仅当在 Q 不为真的情况下 P **不可能**为真——当且仅当对于世界可能处于的任何状态 w,如果假设世界处于状态 w,P 就会是真的,那么假设世界处于状态 w,Q 也会是真的。命题 Q 是命题 P 的**先验后承**,当且仅当"如果 P 为真,那么 Q 为真"可以仅仅通过演绎推理来确定,而不需要通过诉诸经验证据来证成。想必那些说不能从**是**中推出**应该**的人的意思是,关于一个人应该做什么的断言不是任何事实断言的**必然的**、**先验的**后承。

对于所谓的从**是**推出**应该**的不可能性,这种理解方式是更有趣的。要明白为什么,我们需要再多谈谈 A 应该做 X 这一陈述的真值条件。为了让事情更容易,让我们从这样的事例开始,其中**应该**陈述表达的不是一个关于"道德要求了什么"的判断,而是一个关于"对 A 来说什么是最好的"的审慎性判断,这里的"对 A 来说什么是最好的"被理解为(在相关活动的范围内)什么对 A 的福利贡献最大。什么是福利?人们很自然地认为,福利由对一个人最基本利益的提升和一个人最重要能力的发展组成,它们对于这个人的成长和为人最有助益。而这些又取决于人性。根据这里所提倡的观点,即人类是高度社会化的动物,我们的福利的基本成分可以说是:健康、安全、友谊、社群成员的身份、行动自由、身体和智力的发展、天生好奇心的满足、感官愉悦的享受、与他人一起兴奋地追求困难目标的机会、增加我们所关心的人的福利并从关心我们的人那里受惠的能力,以及对于自己正在为一项死后仍会持续的更伟大的人类事业做贡献的认识。

如果这样理解的话，福利是有程度之分的。普通人通常关心他们自己的福利并希望提升它，不过他们对其中各种成分的重视程度是不同的。他们也关心其他事情，为了这些事情，他们有时非常恰当地愿意牺牲自己的福利。此外，他们往往要么不懂，要么误解了他们的福利包括什么，以及什么会提升他们的福利。虽然他们通常想要过得更好——以增加其福利——但他们也经常想要或欲求与这一目标相悖的东西。

那么，一个人的福利与其行动的理由之间的关联是什么呢？第一，做出给定的行动 X 会（客观地）增加一个人的福利，这一事实会给他一个行动的理由，福利增加得越多，做出 X 的理由就越强——无论他是否意识到 X 会有这个效果。第二，意识到做出 X 会增加一个人的福利这一事实几乎总会使他有做出 X 的欲望或动机，即便（a）一个人欲望的强度不需要与理由的强度成正比，以及（b）即便它们成正比，一个人也可能有更强的理由或者更强烈的欲望去做其他事情。由此可见，审慎性的应然断言的真值条件是什么呢？把道德理由和完全为他人福利而考虑的理由放在一边，我们可能会把对 A 应该做 X 的审慎性使用当作正确的，当且仅当 A 有更多理由去做 X 而不是去做（在一系列相关的可替代活动中的）任何其他事情，简言之，当且仅当 A 做 X 会最大地提升 A 的福利。

在评估 A 有**更多理由**做 X 而不是做 Y 意味着什么的时候，有两个需要避免的混淆。首先，当我们在一个给定时间问 A 最有（审慎性的）理由采取哪些行动时，我们**不是**在问 A 目前感受到的最强烈或最迫切的欲望或利益是什么；我们问的是，总的来说，什么会使 A 的福利最大化，这里的福利被视为一个随着时间的推移而有起有伏的状态。对于那些在其他方面是理性的、但没有发展出必要的自律的行动者来说，他们的行为完全有可能被强烈的直接欲望所引导，从而做出明知有悖于自己的更大好处的行为。其次，回想第 8 章，我们不能将最大化 A 的福利等同于最大化 A 从一系列可替代行动中选择一个行动的（从 A 的视角来看的）预期效用（即 A 的效用与 A 做出特定行动将产生的预期结果的主观概率的乘积）。如果我知道 A 对相关事实一无所知，或者 A 的一些信念是错误的，那么我可能知道 A 的一些主观概率是不切实际的，因此，我或许能比 A 更好地评估一个给定行动方案对 A 的好处。如果是这样的话，我说的"你应该（或不应该）做 A"可能是正确的，即便它与 A 自己对预期效用的排名不符。当且仅当与其他相关行动相比，A 做出 X 会最大化 A 的总体福利，我所说的话才是对的。

最后，我们问："要推出关于 A 应该做什么的结论，需要哪些真实的事实性前提，使得结论是那些前提的必然的、先验的后承？"答案应该很清楚。我们需要关于"A 的福利包括什么"的真理，以及关于"如果 A 做出各种行动会产生什么结果"的真理。在很多情况下，对这些问题可能存在相当大的无知、不确定性，甚至是错误。因此，我们经常不会知道哪些事实性真理会使我们得出关于 A 在审慎的意义上应该做什么的真理。但有时我们也会知道，而且即便当我们不知道的时候，我们的无知也不能成为怀疑这些事实性真理之存在的理由。因此，没有令人信服的理由让我们去怀疑，在通常情况下，关于 A 应该做什么或不应该做什么的一些审慎性断言会是关于 A 及其情况的事实性真理的必要的和先验的后承。

尽管如此，即便我们继续把明确的道德理由放在一边，这个结果也是有局限的。要明白这一点，请考虑这样一个案例：A 考虑一个行动 X，该行动将使 A 非常关心的人 B 受益，即便做出 X 会减少 A 的福利。当 A 知道（或相信）B 受益时 A 的福利会增加，但增加的福利没有 A 做出 X（可以通过做其他事情避免）的代价大时，就会出现这种情况。因此，在审慎的意义上，A **不应该做 X**，因为 A 做 X 的纯粹审慎性的理由超过了所有做其他事情的审慎性理由。

然而，整体考虑的话，这并不明显意味着 A **不应该做 X**——即使我们继续搁置道德理由。如果比起自己的福利，A 更关心 B 的福利，那么在充分意识到做 X 对双方来说意味着什么的情况下，A 可能仍然会认为"**我应该做 X**"。A 不需要认为让 B 受惠是在道德上被要求的，在一些事例中可能并非如此。A 可能只是意识到，既然和任何事情相比 A 更想让 B 受惠，那么做 X 就会带来 A 最想要的结果。我们当然不能说，在所有这样的事例中，A 做 X 都是错的（先不管道德），或者**从整体考虑，A 不应该做 X**。这暗示了我们所思考的**应该**陈述可能等价于不同的最大化陈述。审慎性陈述等价于"做出 X 会比做出任何相关可替代行动都更有利于 A 的福利"的断言，而"整体考虑"陈述（在我们所想象的环境下）等价于"做出 X 会满足 A 的至深欲望"的断言。这些**应该**想必可以从关于 A、关于被考虑的行动以及关于那些行动的目标的事实性陈述中推出来。

从事实性前提推出道德应该

关于一个人在道德上应该做什么的陈述为什么应该是不同的呢？挑战在于，我们需要找出关于正常人类行动者以及他与其他人的关系的事实,它们能够(ⅰ)支持关于他们**在道德上应该做某些事情**的陈述的真实性,以及(ⅱ)向他们提供他们(在原则上)可以意识到的做出所需行动的**理由**(即有可能打动他们的事实)。在寻找这样的事实时,我们寻找行动者所关心的**他人**,以及当行动者与他人交往时,他所重视的**关系和活动**。行动者(在非常不同的程度上)所关心的他人可能是家人、朋友、爱人、同事、合作者、同行、同胞,甚至是全人类,包括未出生的人。任何一个人,只要其福利在行动者看来有某种(或大或小的)积极价值,或者在行动者的想象中,他们的利益会以某种方式被行动者的行为所影响,那么他就可能被包含在行动者所关心的他人之列。行动者所重视的与他人的关系和活动涵盖着任何互惠性或者协作性的行动,参与者从这些行动中获得价值,而且如果他们通常不能指望别人做好期望中的事情,那么他们就得不到这些价值。这些事情包括个人关系、承诺与许诺、对商业与职业实践、基于市场的平常经济活动、真诚的语言交流以及其他更多活动的参与。

一个人的行动的道德理由,就是那些与这些行动对他人福利的影响相关的事实,以及与这些行动(以活动或关系为基础的)对他人的合法期望相关的事实。一个人能做出的行动会对他所关心之人的福利产生积极影响,这一事实是做出这个行动的一个宽泛的道德理由——效果越强,理由就越强。在另一种情况下,一些人自愿参与一项广利天下的活动,而一个行动符合对他们的(以活动为基础的)合法期望,这一事实也是做出该行为的道德理由。要理解这种理由,请想象你正在参加一项自愿的集体活动,如果每个人都各司其职,所有人都会受惠,但如果一个或多个参与者选择退出,那么人们就不会受益。意识到这一点,并希望不会出现因为逃避而产生的愤恨和负面后果,参与者就有了一个不选择退出的自利理由。这反过来可能而且往往确实为符合他人的合理期望的道德理由提供了基础。当一个人在某种程度上关心其他参与者，或者当一个人不想成为那种会让别人失望的人时（例如，如果从另一个参与者的角度看待自己的行动就会谴责自己），这种情况就会发生。第二种道德理由的强度与三个因素成正比：一个人在活动中扮演的角色的重要性，该活动在特定场合下为参与者带来的好处，以及一个人在社会生活中所参与的那种一般类型的活动的核心性。总而言之，我们可以说，**一般来说，一个人在道德上应该做出的行为是那些有最强的道德理由去做出的行为，前提是这些行为不需要一个人做出与他为他人带来的好处不成比例的牺牲。**

哪些道德理由比其他理由更强，它们如何结合起来产生一个行为的整体道德紧迫性，以及，在决定一个人在道德上应该做什么时，根据做出该行为所蕴含的对一个人福利的牺牲，那种紧迫性如何以及何时有所折扣，这些都是规范伦理理论家研究的复杂问题。我不知道也不确定是否有人知道该如何把这些问题简化为精确的公式。但这并不影响基本要点。所有决定这些道德计算的因素——一个人自己的福利，该行动对自己和他人福利的影响，以及该行动与以关系和活动为基础的对其他参与者的期待——都是事实性的东西。此外，如果这些东西的相对强度以及它们结合的方式也是普通的事实问题，那么，原则上，从这些关于**是什么**的事实性前提就有可能推出**道德应该**。虽然我还没有证明这一点，但是我们不该想当然地预设它不是这样。如果我们没有这么预设，那么我们应该对这样的想法保持开放：道德事实和其他事实一样，能够被研究与获知，即便这种知识有时很难获得。

然而，还有另一个担忧要去面对。虽然道德客观性的想法是受欢迎的，但人们可能会担心它以一种讨厌的道德相对性为代价。在把行动的道德理由建立在行动者的利益和价值上时，人们必须摒弃康德的想法，即道德义务对所有理性行动者都有约束力，即便这些行动者原则上可能完全缺乏对他人的同情或共情。这一点可以通过一类可理性行动者对三种事实的反应来阐明，这些事实在日常生活中被视为与确立关于道德义务的断言的真实性有关：（i）撒谎或者违背承诺会破坏使撒谎或承诺成为可能的信任（当其他所有因素都相同时，这在道德上是令人厌恶的），（ii）一个人从一项集体性努力中受惠，却逃避承受它带来的负担，那么他就是在让别人去做他自己拒绝去做的事情，以及（iii）在某些情况下，使自己受惠会严重伤害无辜的他人。人们很自然地认为，只有当这样的事实为**所有行动者**提供了以道德要求的方式行事的理由时，它们才能支持关于一个人应该做什么或不应该做什么的道德断言的真实性。

它们做到了吗？想象一个完全不关心他人的理性存在者，他冰冷地计算着他自己一个人的好处，并且总是依此行事。因为事实（i）到（iii）与他的利益无关，所以对他来说，它们不会被算作理由。诚然，一群无情的利益最大化者有时可能会协作，以便实现互利共赢的目的。那样的话，他们可能会以看似合作的方式行事。但是他们并不因此就会道德地行事，因为一旦他们不必付出参与的代价就能享受到好处，他们就会选择退出，还因为真正的感情、忠诚、信任和互惠是缺失的。

这个场景表明，我们通常用来支持道德结论的一些事实并不能为**所有可设想的理性行动者**提供行动的理由。那么它们是如何为**我们**提供有约束力的理由的？在不采取任何特殊的动机立场的情况下，那些在**原则上可知**的事实，那些与认知者的价值和利益没有概念联系的事实，是如何被算作真正的道德呢？难道你我就不能知道这些事实，同时完全理解我们自己的利益，而不把这些事实当作我们采取行动的理由吗？如果是这样，那么认为我们有即便持有不同的动机性目的也**不能逃避**的为他人着想的义务，就是在相信一个童话故事。

这是对道德客观性的有力挑战。诚然，行动的理由的确取决于潜在的动机性价值和利益。但如果它们在原则上可以在不同理性行动者之间没有限制地变化，那么光是事实还不足以为**所有这样的行动者**提供理由去做出为他人着想的行为。所以，并不存在约束着所有可能的理性行动者的客观道德。几十年来，这一结论已经很合理地被很多哲学家和社会科学家视为概念真理了。如果它是这样的真理，那么就没有什么能推翻它。

要走出这一智识上的死胡同，就要认识到我们寻找的不是那个不可能的东西——对**所有可能的理性存在者**都适用的客观道德。我们寻找的是建立在人性之上的客观道德，它支配着所有正常**人类**。这是源自亚里士多德、休谟、哈奇森和斯密，经由逻辑实证主义者莫里茨·石里克的道德哲学传统所试图提供的东西。然而，就像石里克所强调的那样，这个任务不能再只留给哲学家了。[1] 如果客观道德要建立在关于人性的社会学、心理学和生物学事实之上，那么哲学家、自然科学家和社会科学家就必须合作，而对合作方式的探索才刚刚开始。

对事实性的、与道德相关的前提的经验探索

在这一方向上，著名社会科学家詹姆斯·Q. 威尔逊（James

Q. Wilson, 1931—2012)在《道德感》(*The Moral Sense*)[2]中迈出了最有希望的几步。这本书的核心哲学论题是，关于道德事实的经验知识是存在的，社会科学研究可以将其推进并使之更加系统化。它的核心社会科学论题是，我们有一种道德感，它由一套复杂的社会倾向和生物倾向组成，这些倾向将我们与我们的同伴联系在一起，它是我们天生禀赋和早期家庭经历的产物。威尔逊认为，虽然道德感本身并没有产生一套全面的普遍道德规则，但它可以提供事实基础，以供在非常不同的环境下对行动者及其行为和政策进行道德评估。

由于他的论题是经验性的，所以对他来说，基于人性的道德真理无法被先验地获知。它们是不是（哲学意义上的）必然真理，取决于我们天生禀赋中道德感所依赖的那部分对人类来说是不是必然的（也就是说，在任何可能的未来进化中，若失去它们，就将产生新的、非人类的有机体）。无论结果如何，他的论题都直接关系到这样一个问题：是否有可能从真实的事实性前提推出关于我们应该做什么或不应该做什么的道德断言，作为其先验必然后承？如果威尔逊是对的，那么这或许是可能的——只要我们的前提不仅包括对我们固有人性的全面描述，还包括对导致行动者面临的道德问题的环境的完整说明。

由于这两组事实性前提仍有待获得，威尔逊没有尝试这样的推导。然而，他的确论证说，关于人类行动者的天生道德感的陈述，为关于正常人类行动者大体上应该做什么或不应该做什么的陈述提供了**证据支持**。这种支持的来源是**为他人着想**的目的和兴趣，它们与正常人类行动者关于自己的考虑密不可分，因此不能被他们随意放弃。这些为他人着想的动机为我们在各种情况下的行动提供了道德理由。这并不要求它们是影响行为的唯一理由；

它们通常不是。因为我们通常有很多总是相互冲突的理由，所以并不要求——为了让某种东西被算作以某种方式行事的道德理由——我们真的以那种方式做出行动。这也不要求我们有意识地认识到或承认我们拥有的每一个理由。只要我们的基本利益（在某种实质性的程度上）能够通过我们实施那种行动而得到提升，这就足够了。

那么，说 A 在道德上应该做 X 是什么意思呢？要回答这个问题，我们必须区分道德理由和纯粹的利己理由。假设我们把做 X 的道德理由看作是潜在的动机性理由的子集，它们源自我们对他人福祉和（被宽泛理解的）我们与他们的合作关系的关心。我们认识到这些为他人着想的兴趣源于我们的社会依附，我们注意到它们经常与我们的自我概念交织在一起，因此，它们对我们自己的福祉至关重要。这些东西不同于我们对食物、休闲、舒适、健康和长寿的纯粹自利的关心。有鉴于此，我们可能认为 **A 在道德上应该做 X** 是真的，当且仅当（i）A 有某种道德理由去做出 X，（ii）A 做出 X 的道德理由超过了他做其他事情的道德理由，以及（iii）做出 X 并不要求 A 以不合理的程度牺牲自己的福利。

由此人们可以看到，从一组丰富的关于"是什么"的**事实性**前提推出**道德应该**在概念上是如何可能的。一个人是否认为这是一种现实的可能性，这取决于他的人性概念。这就是威尔逊做出贡献的地方。如果他是对的，那么我们的基因禀赋，我们早期的家庭经历，以及关于人类状况的不可改变的环境为我们提供了一个动机性基础，它通过情感、社会从属以及与他人互利共赢的纽带将我们联系在了一起。

在阐述自己的观点时，威尔逊否定了弗洛伊德而接受了达尔文。合作有利于生存，所以自然选择把我们培育成了社会性的动物。我们并不仅是因为需要别人能够提供的东西所以才出于自身利益的驱使去依赖别人。我们也倾向于对他们形成有力的认知和情感上的**依附**。父母天生就倾向于保护、养育和疼爱他们的孩子。孩子们自然会与父母相依，同时模仿和效仿那些与他们关系亲密的人。在其早年，他们形成了喜爱和信任的相互纽带，在其中，他们的福祉和自我观念与他人交织在一起。进入游戏和集体活动中，他们学会了公平，这涉及到遵守共同的规则并获取与他们的努力的价值成正比的奖励。

　　自然情感与理性原则的融合孕育了道德。我们与我们喜欢和爱慕的人一起参与游戏和集体活动，也希望他们会反过来喜欢和爱慕我们，这便给我们的参与注入了情感。通常，我们的同伴是我们希望成为的人的典范。支配我们与他们之间的活动的规则通常是非个人的原则，它们适用于努力担任给定角色的任何人。因为这些规则定义了参与互利事业通常被接受的条件，所以遵守这些规则符合每个参与者的自身利益。但它们并不只是审慎的经验规则。因为各方通常是被社会从属所约束的同志，所以违反规则不仅会损害由参与所保障的纯粹个人利益，还会带来心理上的风险。规则支配着与社会从属伙伴的互动，违反这些规则，对他们、对与他们的友谊、对自己在他们眼中的形象，以及对一个人想要（在他们的帮助下）成为的人来说，都是一种冒犯。规则本来只是工具性的，是为了保障集体行动的利益，但是因为上述事实，它们变成了即使在没人注意的情况下也会被尊重的原则。正是在这一点上，情感、社会从属和对共同利益的认识被纳入了具有约束力的承诺和宽泛的原则之中，这些原则至少部分地构成了道德。

　　这就是威尔逊的基本图景。认识到如下事实可以让我们再进一步：(i) 我们是在与他人的关系中构建自己身份的存在者，(ii)

在这样做的过程中，关于**我们是谁**以及**我们希望成为谁**，我们经常必须依赖他人的指导，（ⅲ）保障这种指导的最成功方式，需要我们对他人持开放态度、关心他人，同时相信他们会对我们有相似的感受，以及（ⅳ）为了建立我们需要的关系，我们必须将客观规则内在化，这些规则不仅包括那条古老原则，即**按照你希望被对待的方式去对待他人**，也包括它的推论，即**成为你想成为并且希望别人也成为的那种人**。

人性中道德感的社会及心理内容

威尔逊将道德感的内容分为四种德性：同情、公平、自控力和责任心。**同情**是我们对他人福祉的敏感和关心。**公平**是一种参与由规则支配的实践的倾向，这些实践以互惠、平等、按贡献分配和无偏私性（包括让公正的第三方根据事先知道的规则解决争端的意愿）为基础。**自控力**是抵抗诱惑的能力，它不仅是为了提升一个人自己的自身利益，也是为了信守诺言。**责任心**是一种尊重承诺和义务的倾向，即使这样做有时并不符合个人有限的自身利益。

德性和自身利益之间的相互作用是复杂的。如果德性与自身利益是分不开的，那么它们就不是德性；但如果它们不与自身利益交织在一起，我们就不会获得它们。因为大多数人都欣赏为他人着想的言行，所以建立一个同情、诚实、公平和可靠的声誉通常符合一个人的利益。我们总是在观察和评判别人，所以获得这种声誉的最好方法就是培养我们希望别人相信我们具有的德性。威尔逊借用罗伯特·弗兰克（Robert Frank）[3]的话说："只有当伪装要付出很大代价时，人们才会将你的言行视为诚实或尽责的。如果伪装它要付出很大代价，那你就不可能伪装它。这样一来，你所获得的诚实或尽责的声誉就准确地符合现实了。你**就是**尽责的。"[4]

一个人养成德性的习惯通常符合他的利益，理由之一便是他能从别人的好感中得到好处。道德地行事虽然并不总是让你受惠，但经常会让你受惠。即便是它没有让你受惠的时候——当道德行为要求真正的自我牺牲的时候——也会有补偿性的回报。由于有德性的行动者已经养成了自然的社会能力，与他人建立了承诺关系，并内化了义务，他们的最终目标已经扩大到包括为他人的福利做贡献，尊重自己的承诺，实现他们理想化的自我形象。于是，他们目标实现的程度就部分地取决于三个因素：他们为所关心的人的福祉做出了多大贡献，他们在多大程度上履行了自己的承诺，以及他们在多大程度上实现了自己最希望成为的那种人的理念。

这些补偿**不是**更高形式的自私。自私是缺乏为他人着想的目的，无私是有为他人着想的目的并付诸行动。推动我们的目的是我们想要的东西，而不是当我们达到目标时所感受到的那种满足感。当我们达到目的时，我们的确会感到满足，不管这些目的是为他人着想的还是为自己着想的。但是**满足感**不是我们想要的，它只是我们得到想要的东西时的感觉。道德地去行动包括对他人福祉的欲求以及按照这种欲求而行事。

威尔逊把我们的自然社会能力同良知联系起来。

良知（对义务的觉知）和同情、公平、自控力一样，都源于我们天生对于依附的欲求，因此当那些依附最强的时候，良知也就获得了最强的发展。有着最强良知的人，会是那些有着最强有力地发展出来的从属关系的人。[5]

他用精神病人——一类没有什么社会从属关系的人——的例子来阐明他的观点。

> 精神病人是非社会性人格的极端例子,对他们来说,正常的生活情感是毫无意义的。精神病人毫不内疚地撒谎,毫无悔意地伤人,不怕被发现地骗人。他们完全以自我为中心,完全意识不到他人的情感需求,他们在最完全的意义上是非社会性的。……如果人仅仅是一些经济学家和博弈论想象中的计算器,那么他就会是这样的人。[6]

经验发现暗示出这种情况有神经生理学上的基础。威尔逊报告说,精神病人缺乏某些非自愿的生理反应(例如正常受试者撒谎时测谎仪所探测到的反应)。在受到刺激并遭到疼痛的电击后,精神病人也缺少与恐惧或忧虑相关的反应。他们在角色扮演能力上有缺陷,通过寻求刺激来补偿唤醒的不足。[7]将这些发现联系在一起的线索是一个关于神经学基础的证据,它表明精神病人和正常人在生活体验的性质上有惊人的差异,这使前者看不到关于正常人性的核心事实,而道德正依赖于此。

与之相反,威尔逊把正常行动者描述为:

> 完全社会性的存在者:我们有真正的情感,并能够感受到其他人的情感状态。我们没那么需要兴奋感,不会倾向于把别人当作自己的玩物。我们评判他人,也期望被他们评判。……在某种程度上……对于我们深思熟虑的行为,我们发展出了一种本能反应,内在且自动地体会到赞扬或谴责的前景。……特别重要的是恐惧:即使不会有什么后果,我们

对不快后果的记忆也会唤起我们的忧虑。我们的良知就是这样被塑造的。[8]

威尔逊将良知与我们最早、最强的依附联系在一起,即父母与孩子之间的纽带。他引用了一项调查,其受试者非常广泛:从犹太大屠杀受害者的非犹太救援者,到20世纪60年代的民权和校园活动家,再到后来的保守派活动家。基于这一研究,威尔逊认为,强烈的责任感与异常牢固的亲子关系紧密相关。[9]在研究越南战争期间被囚禁在河内的美国飞行员时,他还注意到了社会依附在最极端情况下的力量,它让人抵抗长期的酷刑。

责任心……意味着尊重一项义务,这项义务就是在胁迫下以某种方式行动,以表示囚犯对其战友有多么看重,以及对于逮捕他们的人有多么鄙视。关键的规则是超越小我的团结。忠诚源于一种社会联系……(每个人都是被单独监禁的,他们通过偷听同胞的加密信息来活命)。……一个在无形中被战友们尊重的微小而遥远的机会,要比一个得到敌人物质奖励的唾手可得的机会更有价值。……当内疚与恐惧是一个人唯一的情绪时,如果内疚能被克服,那么恐惧就更容易忍受,而这反过来又要求一些迹象,无论这些迹象是多么微弱,它们表明一个人并不孤单,也表明战友之间——无论多么遥远——共享着一套可以用来评判罪行的规则。[10]

社会从属的生物学基础

威尔逊指出，婴儿的被详尽记录的、非习得的亲社会行为会引起父母和其他成年人相应的先天性养育反应。他将这些归因于一种天生的依附倾向，这种倾向是从自然选择中产生的。依附对于所有在出生后养育后代的物种来说都是常见的，但在人类中尤其强烈，因为人类的婴儿和成长中的孩子需要父母照顾的时间非常长。愿意花很长时间照顾幼崽的个体和物种比其他物种的个体留下更多的后代，这些后代会有更强烈的、更具合作性的社会依附——这些因素加在一起构成了进化成功的有力秘诀。孩子形成强烈情感依附的倾向也不局限于父母；它也拓展到与兄弟姐妹、没有亲缘关系的玩伴和其他成年人的关系上。[11]

威尔逊还注意到依附、道德感与语言习得之间的复杂关系。

> 关于儿童心理学家的最新发现，令人吃惊的是，在儿童掌握语言之前，道德感就已经出现了。道德行为的雏形——一种对他人福祉的尊重，以及对未能按照标准行事的焦虑——在任何类似道德推理这样的事情可能发生之前就已经存在了。……事实上，语言的习得本身，与其说是道德行为的必要前提，不如说是人类的自然社会能力的体现。[12]

威尔逊注意到，人类儿童倾向于在 18 到 28 个月之间获得高度复杂的语言知识和语言能力。他将我们快速而统一地获得道德感与我们快速而统一地习得语言相提并论，得出结论说，在这两种情况下，许多"被学会的"东西从一开始就是我们大脑中所固有的。

语言的习得本身，与其说是道德行为的必要前提，不如说是人类的自然社会能力的体现。……到三岁时，孩子将会使用复杂的语法，并能够发明新的语言（游戏语言），这些语言遵循他们从未听说过的语法原则，而且会符合某些深层的语法结构，这些结构在不同文化的语言中产生了一定的统一性。[13]

如果社会行为的基本要素……必须是被习得的，或者由更高级的和更晚才进化出来的大脑部分所产生……那么就很难想象这个物种是如何存活下来的。……如果出于某种原因，只有大脑的高级部分涉及社会能力，那么恐惧、饥饿、性和愤怒等更紧迫、更原始的需求就会经常凌驾其上。[14]

我们的很多自发的冲动可以被一些更社会化的冲动牢牢掌控，是因为它们都来自我们神经系统中最古老、最"原始"的部分。……社会能力不需要现代的大脑，甚至可能不需要……语言。交配、抚养孩子、保护它免受掠食者的伤害，可能会表达出我们本性中一些更"原始的"（也就是更本能的）方面。[15]

为了强调生物学主题，威尔逊还借鉴了达尔文。

在发展心理学家开始收集证实这一观点的数据之前的一个世纪，查尔斯·达尔文就非常清楚地阐述了这种关于道德感如何产生的观点。《人类的由来》的第三章是关于道德感的，关键段落如下。"任何被赋予了明显的社会本能的动物，一旦它的智力和人类一样发达，或者几乎和人类一样发达，就不可避免地会获得道德感或良知。"

达尔文接着说，之所以是这样，是由于有四个理由。第一，社会本能会引导生物在同伴的陪伴下享受快乐，并为他们做某些服务。它甚至会导向我们所说的同情。……第二，随着心智能力变得高度发达，人类……可以回忆过去的行为，反思这些行为以及它们的动机，并因此会因为在需要行动时没有采取行动而感到不满。第三，随着语言的出现，人们可以表达出对他人的意愿，并就各自应如何行动展开讨论。最后，社会行为的重复……被他人表达的偏好所改变，会导致习惯的养成，而习惯对我们大多数人来说是道德生活的根本基础。[16]

达尔文认为大卫·休谟、亚当·斯密和其他强调对他人的天生同情的人的一些早期道德学说中存在一个漏洞，而威尔逊则帮忙填补了这个漏洞。达尔文认为那些早期说明没有解释道德的某些方面，如义务和公平，这些方面不太依赖于对他人的同情或共情。威尔逊则回复说，我们与生俱来的社会能力提供了一个平台，道德中这些更受规则约束的部分就是建立在这个平台之上的。[17] 他认为，情况之所以如此，是因为社会能力"激活了那种家庭生活，在其中，孩子们很早就学到了游戏要求公平，如果期望得到别人的帮助就必须提供帮助。"[18]

考虑到所有这些，人们会期望找到一些道德上的共性。威尔逊坚持认为，我们的确在以下方面发现了这样的倾向：支配着（围绕**亲缘关系**的）社会组织规范[19]，支配着婚姻并将其视为一种负责儿童保育和集体经济福利的制度的规范[20]，对杀婴[21]、无理杀人和无端袭击的禁止[22]，对乱伦的禁忌[23]，以及要求信守承诺、尊重财产和公平待人的规则[24]。在很多事例中，特殊情况下会有例外，某些标准的借口会被接受，警告或禁令的内容会有某些变化。

例如，(在威尔逊引用的人类学著作中)绝大多数有记载的被文化允许的杀婴案例要么涉及食物稀缺、畸形婴儿，要么涉及不确定的父母身份。此外，他说，杀婴很少发生在生命的最初几个小时之后（即当亲密关系开始形成时），而且几乎不会发生在第一个月之后。[25]

当然，跨文化差异也是存在的，包括个人在多大程度上内化了超越其共同群体的普遍主义道德规则。威尔逊假设，在美国和其他地方，个人主义的育儿文化会使孩子形成很强的由同龄人定义和强加的公平规则，这些规则来源于从小就被鼓励与朋友和熟人一起玩耍并做出自己的决定。这带来了对与自己无关的人的同情，带来更大范围的、更客观的基于规则的公平观念，以及对普遍主义标准的更大遵从。对比而言，他认为在像日本这样的文化中，家庭比个人更加核心，更加强调维护家庭荣誉和避免羞耻。他们还会更多地用亲属关系、在当地社群中的社会地位，或者在某一族群中的成员身份，来定义义务。这样的文化仍然有为他人着想的道德，但不是那么容易扩展到所有人。[26] 这些对文化差异的宽泛概括反映的是威尔逊近三十年前的印象，因此必须对它持保留态度——尤其是因为，在那之后，文化的相互渗透和同质化想必已经有了相当大的发展。尽管如此，威尔逊的视角可能有助于提出关于文化可变性的宽泛议题。

道德感的生物学限度与其历史性增长的范围

不同文化有不同程度的个人主义，对它们的道德关切进行对比呈现出一个挑战。如果道德是从一种普遍的、天生的道德感中产生的，那么我们为什么会在不同时间、不同地点的社会中发现不同的道德观念呢？我们应该如何应对它们之间的差异呢？并非所有这些差异都需要解决。两种文化以不同方式解决道德问题，不一定意味着它们是由不同的目的推动的，也不意味着一定有至少一种文化犯了错误。道德所要求的有时可能不是某个唯一的行动，而是从在道德上相当的备选方案中选出的某个行动。此外，在不同文化中，并不是所有的备选方案都同样可行。不同的知识水平、不同的资源、不同的经济或社会条件、以及气候和地理上的差异可能会限制可选的行动，从而导致不同的道德结果。最后，由于做出行为的环境中的非道德差异，同样的行动可能有不同的后果，并因而得到不同的评价。所有这些都不会颠覆威尔逊的普遍道德感。

然而，他的确隐隐意识到了一个严峻的挑战。

> 人类道德史中最大的挑战是这样一种观点的兴起（偶尔也包括对这一观点的应用）：所有人，而不仅仅是自己的同类，有资格得到公平的对待。……（而另一方面）很多人认为，道德支配我们对他人的行动，就像重力支配行星的运动一样：它的力量与它和行星之间距离的平方成反比。[27]

普遍主义的道德抱负存在于某些时间地点，而不是其他时间地点，这为什么对威尔逊构成了挑战呢？根据他的说法，我们的道德感是从依附和同情中发展而来的，它们源自我们与父母、兄弟姐妹、亲戚和亲密朋友相处的早期童年经历。我们的利益和身份与这些人交织在一起，我们本能地与他们联系在一起，我们首先对他们做出道德承诺。随着年龄的增长，这个圈子变大了，但是圈内人和圈外人仍然有着不同的道德重要性。在某种程度上，这不是个问题。我们对亲近之人的道德义务不同于对任意他人的道德义务，而且往往比后者更为迫切。需要解释的是，我们的义务是如何超越我们有限的范围，并且至少在某种程度上涵盖了全人类的。

威尔逊提出了一个历史性的解释。他告诉我们，在公元300年左右的欧洲，家庭和亲属结构开始从早期的模式中分化出来。在这种早期模式中，婚姻伴侣和财产继承由男性占主导地位的氏族首领决定，多妻是被允许的，男性与妻子离婚是很容易的。在接下来的几个世纪里，这种模式在北欧和西欧转变成另一种模式。在新的模式下，经由伴侣本人的同意而建立的氏族外的一夫一妻制婚姻变得越来越普遍，越来越多的独立核心家庭靠自己的土地维持生计。教会批准了基于同意的婚姻，并禁止了一夫多妻、通奸、纳妾和离婚后的再婚。这也迫使教会把人们作为个体而不是宗教成员来规训。这促使越来越多的人认识到，妇女本可以分享遗产，充当丈夫的商业伙伴，并在丈夫死后抚养她的孩子。其结果是家庭更加以孩子为中心，一种更加个人主义的文化发展起来，这种文化更容易受到道德中更具普遍主义的诉求的影响。

> 从罗马帝国末期到文艺复兴时期，这一千年来，家庭生活发生了巨大的变化，这为个人主义和普遍主义的发展奠定了基础。在这一时期，一夫一妻制的婚姻战胜了一夫多妻制，战胜了只有男性才有离婚的权力，并逐渐将重点从对父母和亲属关系的考虑转移到夫妻的优势上。他们所建立的家庭……巩固了其作为西方社会基本单元的地位。[28]

拼图的最后一块是私有财产的扩展，以及对管理私有财产的规则的编纂。谈到 13 世纪后的英国，威尔逊说：

> 经济和社会生活中的个人主义是存在的，其根基是财产权、可分遗产和现金市场。土地是一种可以被……买卖的商品，父亲把他们的土地遗赠给特定的后代……男人和女人以现金工资受雇。……女人——包括未婚的和已婚的——可以（也的确）拥有财产、签立遗嘱和合同并提起诉讼。……贫农和富农之间没有不可逾越的障碍，所以一些人由贫转富。个人财产权的存在使英国成为……一个爱打官司的社会：如果土地可以被买卖、继承和遗赠，就难免会有数不清的纠纷。……解决这些纠纷的衡平法院不可避免地裁决了一些甚至比土地纠纷更重要的事情；它们决议了——或者至少是塑造了——一套关于个人权利的比较广泛的主张。[29]

这些变化所提供的土壤滋养了关于个人自由、个人权利、法律面前的平等以及全人类的公正待遇的启蒙颂歌。

社会经济制度在扩展我们基于生物学基础的道德方面的作用

讽刺的是，关于这个在威尔逊眼中改变了人类道德形态的事物的故事，可能也是对其道德观的最大挑战，因为他的道德观是建立在天生的道德感上的。在每个世纪，在地球上每个有人居住的地区，人类社群都共享着威尔逊所说的道德感的组成部分——

我们天生的社会能力，我们婴儿时期的长期依赖，父母和孩子之间的纽带，与朋友、家人和邻居的社会依附，以及我们的自身利益和自我观念与一种关心之间的交织，这种关心不仅包括赢得与我们有联系的人的好感，也包括他们的真正福祉。然而，尽管有这种共性，只有少数人类社会以准普遍主义的、后启蒙的术语来设想道德义务。如果道德的这一方面根植于我们的生物禀赋，那么它的出现为什么会如此不同寻常，又来得如此之晚呢？

有人可能会认为，答案就是，在我们的人性中，道德感既不是唯一的部分也不是最强的部分。从道德感中产生的道德系统被我们本性中的非道德方面所影响，也被我们的物理、社会和经济环境所影响。对于具体时代中的具体社会来说什么是最好的，受到各种各样的历史、地理以及其他偶然因素的影响。威尔逊意识到了这一点，所以他对此不会有异议。真正的挑战来自一个更深的问题。为什么我们认为道德应该包括一定程度的后启蒙的道德普遍主义？在其他所有事情都相同的情况下，为什么意识到我们对自己族群之外的人负有一些义务对我们来说在道德上是更好的？从威尔逊的视角来看，这意味着什么？

跟随大卫·休谟和亚当·斯密，思考一下我们称之为"效用"的东西——粗略地说，效用就是基本利益的提升，因而也就是个人福利的提升。特定的行动、习惯、规则和社会组织模式，与其他的相比，更有可能提升生活在社会中的人的福利。最终，那些能提升福利的规则要求个体行动者拓展道德立场，从家庭朋友拓展到部落，从部落拓展到临近部落，最终拓展到全人类。当然，人们可能会认为，将这一教益内在化对人类来说是最好的。对于自身的道德承诺和自我观念已经被后启蒙文化所塑造的个人来说，按照它来生活也可能是最好的。那些人已经认为遥远他人的福利有价值了。有人可能会认为,这就是为什么他们对彼此负有道德义务。这就是为什么出于对这些义务的考虑,他们应该或者不应该做出特定的行动。所有这些都可以被承认,但是这并不触及普遍主义的后启蒙近似物给威尔逊提出的问题。

如果一个人关于道德的文化观念并不包含后启蒙的普遍主义,那么他还应该以同情、公平和互惠的态度对待外人吗?根据我一直在发展的说法,我们不能说他们在道德上应该这样对待外人,除非我们能证明这样做大体上会促进他们已有的道德的和非道德的利益。会吗?有人可能会说,这种观念的转变将改善他们的文化,提升他们关心后代的整体利益。这样一种历史转变即便成功,也可能要经过几代人才能实现。但是这种历史转变是推断性的,它不保证一定会到来,更不用说来得足够快以至于能够激发现在的人的想象了。那么,我们是否一定要说,这些人对于外人**没有约束性的道德义务**,即便我们认为自己和同文化的其他成员受到了这样的约束?

不一定。普遍主义的道德观念通常把公平理解为要求互惠。那些来自普遍主义程度较低或者甚至部落性很强的文化的人,如果希望与那些来自普遍主义程度更高的文化的人进行合作,并从中获得充分的好处,那么他们就不得不在某种程度上意识到,与外人打交道时互利互惠是被期望的,于是他们就会开始发现,互惠符合他们的利益。如果他们这样做了,那么,对互利活动的参与会与日俱增,这可能会改变各方的态度,丰富和扩大各方的道德世界。毕竟,正是这样的互惠以这样或那样的方式引导我们的祖先以及我们中处于不同人生阶段的大多数人,将我们一开始只在亲近的人身上感受到的道德关切拓展到了更大的群体中。因此,对于那些道德视野有限的人提出的挑战的恰当回应是:在他们已经与我们共享的共同点的基础之上，通过互惠的社会互动——而不是通过慈善——努力扩大他们的道德视野。

对于道德世界有别的文化之间的关系而言正确的内容，对于任何文化中有相似差别的个人或者由个人组成的群体而言，可能同样是正确的。所有社会中都包含一些这样的人，他们的邻人认为某些他人在道德上是重要的，而他们没有赋予那些人重要的道德地位。在我们的道德生活中，互惠的核心地位决定了在各方都愿意参与真正的互惠行为的情况下，对于在道德上更加孤立的同胞，他们道德上更加广阔的邻人会给他们提供合作的机会。如果所需的互惠不会实现，那么这样的提议就应该被撤销。毕竟，选择退出互惠实践是要付出代价的。如果没有代价，那么道德德性就永远不能被获得。

当然，我们不应该将那些道德世界有限的人与那些没有道德世界的人混为一谈。下面是一位哲学家针对这里的观点提出的思想实验。[30]

假设一家制药公司开发了一种药物，它将改变我们的本性，使我们失去社会性；尤其是，我们将不再关心他人的福利。他们告诉我们，好消息是，我们不会在意别人对我们的看法；所以，当他们不赞成我们的非社会性行为时，这对我们来说无关紧要。显然，以我们目前的本性，服用这样的药物对我们来说是错误的——因为我们有义务关心其他人，也有义务试着继续关心。但问题是：如果有人不小心将药物放入了供水系统，让我们明天早上醒来时都不再关心其他人，那该怎么办？这是否意味着我们突然失去了做出任何利他行为的义务？

这些问题的答案是：那些摄入了药物的人将不再是道德行动者，因此和非人类的动物相比不会有更多的道德义务。如果我们中的任何一个人没有服用这种破坏道德的药物，我们就会看到那些摄入药物的人的行动，其中一些和鲨鱼吞噬游泳者一样恶劣，即便鲨鱼不是道德行动者。尽管如此，我们可能会继续关心我们不幸的朋友和被药物改变的亲人。我们也可能会用一定程度的善意对待他们，以感谢他们曾经做过好人，还有他们在遭遇不幸之前为我们所做的一切。简言之，我们善待他们，用的可能是与我们善待（也有义务善待）那些由于年龄或受伤而大不如从前的人相同的方式。但我们将不再把他们视为完全的道德行动者，因此不再像以前那样与他们互动。

基于威尔逊的这种先天的、基于生物学基础的道德感，我们得出的哲学意义上的道德观念正是这样。在这样的概念中，道德是一种社会制度，它发生着历史性的和非生物性的演化，成为一个更丰富的系统，能够通过扩大人类合作的范围来增加人类的福利。随着社会合作的增加，基于生物学基础的价值得以延伸，创造着新的道德关系，它允许我们做出一种推论：从有关行动者认为有价值并且能够沉思的东西的事实性前提出发，可以推出之前推不出的**应该**。正是这一观念——不是关于改变道德**观点**的观念，而是关于拓展道德**现实**的观念——需要今天的哲学家、生物学家和社会科学家协力去阐释和提炼。

推动文明的进步

诚然，这里讲述的故事（即在对道德的理解方面存在着进步的机会），与其说是关于哲学对人类文明进步做出的贡献的赞颂，不如说是对这种进步现在如何可能实现所做的勾勒。尽管促进这一过程所需的成分存在于哲学、生物学、神经科学和社会科学之中，但它们是支离破碎的，没有组织成一个融贯的、制度上协调的对道德知识的进步所做的探索。目前还没有这样的探索。如果有的话，它应该存在于现代大学里。但是，除了在几个一流的哲学系里进行的各种启发性研究之外，这种探索还并未出现。

除了这种日益增长的哲学兴趣之外，校园里盛行的风气几乎没有意识到基于事实和理性的探究在**道德知识**方面取得进步的可能性。相反，道德往往被太多的学生、教师和管理人员视为这样一个领域，在其中不可能有真正的知识，只有依靠强烈的情感和以恐吓为后盾的未经反思的意见才能达成共识。不幸的是，对于其他社会机构也可以说类似的话。这种过于常见的当代道德观念——它与苏格拉底、柏拉图和亚里士多德在西方哲学诞生之初的核心要旨背道而驰——已经成为我们文明的隐患。为了与之抗争，更多的哲学家与他们在自然科学和社会科学领域中的同事必须挺身而出。

第 14 章

德性、幸福与在死亡面前的意义

西方哲学的双重目标——奠定理论知识的概念基础，绘制一条通往德性、幸福和人生意义的道路；在基督教衰落的时代，第二个目标的紧迫性；统一对人性的哲学研究和经验研究的目标；知识在关于德性和幸福的可行哲学概念中的核心性；人生的意义，死亡的终结性，以及我们与他人、过去、现在和未来的联系的核心性。

在第 2 章开头，我区分了两种探究，苏格拉底、柏拉图和亚里士多德对这两种探究的融合产生了创造西方哲学并使它延续下去的智识能量。一种探究试图为基于理由和证据对自然界所做的解释奠定概念基础。另一种探究则试图揭示个人的终极目标，并绘制一条通往幸福、德性和智慧的道路。虽然我已经在这本书中讨论了这两种探究，但关于第二个问题还有更多要说的。

哲学家可以为他们对我们的教育、法律、政治、经济和道德所做的贡献感到自豪。但是，哲学资源并没有得到充分的利用。尽管这些领域的进步与每个人对幸福与德性的个人追求息息相关，但它们并没有直接面对指导个人生活这一生存负担。在西方，几个世纪以来，这一负担从哲学中卸下，由基督教承担，但现在基督教已经不再是曾经的主导性的智识力量了，所这一负担又回来了。而政治意识形态也不能填补生存空虚的空白（正如 20 世纪的大规模政治悲剧和今天席卷西方的破坏性狂热所生动展示的那样）。正是在这种背景下，哲学有责任凸显它所拥有的资源，来促进个人对意义的寻求——使一种人生的轮廓变得清晰可见：这种人生的价值超越了小我，足以支撑一个人度过生命中的所有挫折。在柏拉图的《斐多篇》（*Phaedo*）中，苏格拉底建议哲学家研究死亡并为死亡做好准备，认识到死亡并不可怕——这一主题后来被斯多葛学派和波爱修斯（Boethius）所继承。今天的哲学家应该思考如何为这一遗产添砖加瓦。

挑战并不在于用任何其他类型的信仰取代宗教信仰，而是在于阐明一种理性的生活方式，它有助于人们找到他们面对自己的死亡所需要的东西，同时继续为基于理由和证据改善人类社会的项目做出贡献。马尔科姆·马格里奇（Malcolm Muggeridge，1903—1990）在20世纪中叶广被引用的一句话表达了要避免的危险：

> 20世纪的独特罪孽之一就是轻信，我们已经将其发展到了非常高的程度。有人说，当人类不再相信上帝时，他们就什么都不相信了。事实要糟糕得多：他们什么都相信。

汤姆·沃尔夫（Tom Wolfe）的最后一部小说——2012年的《回到血液》（*Back to Blood*）——以不同的风格表达了本质上相同的警告，它被安排在一个颂扬种族认同或民族认同的超凡价值的角色口中。

> 宗教正在消亡……但每个人还是要相信**某种东西**。如果你最终不得不对自己说，"为什么要一直伪装呢？我只不过是宇宙这台超级对撞机里面的一个任意原子"，这将是令人无法容忍的——你承受不了。但是根据定义，**相信**（believing in）就是**盲目地**（blindly），不是吗？所以，我的人民啊，只剩下我们的血液，那些流过我们身体的血脉，来团结我们了。……所有人，所有地方，你别无选择，只能**回到血液**。[1]

马格里奇和沃尔夫表达的担忧是真实的。是的，对于大多数人来说，宗教可能正在消亡。是的，我们确实需要信念为我们的生活赋予意义和目标。但并不是任何充满激情的信念都可以。我们需要理性的、以证据为基础的信念，它们能够为我们提供关于我们是谁、我们最看重的是什么、我们有能力做什么，以及我们无法逃避的是什么的**知识**。只有这样，我们才能自信地阐明理性的人生计划，它在展现出我们最好一面的同时，引导我们找到应对生活的挑战和死亡的必然所需要的意义。这一任务不能再委派给其他人了。哲学家们——带着我们从过去学到的一切——现在或许应该在其古代前辈的贡献之上再接再厉，甚至超越他们的贡献。

在这样做的时候，我们必须把旧的和新的结合起来。在第13章中我解释过关于"一个人应该做什么"的审慎性陈述如何可能作为一个模型，用以理解关于"一个人在道德上应该做什么"的陈述中的动机性力量。审慎性的指导旨在确定最能增进个人福利的行动。由于一个人有时可能对此感到茫然，所以他可能有动机去接受信任的家庭成员、朋友或权威的指导。由于一个人行事的**道德理由**源于他对他人福祉的关心，以及他与各种人的互惠关系，所以道德理由也有动机性力量。我们对他人的兴趣源于我们的社会依附，因此它对我们的自我观念来说是核心性的，这一事实放大了这种力量。

人类心理生物学和关于人类状况的事实为我们提供了一个动机性的基础，在这个基础上，我们关于自己和他人的兴趣交织在一起，将我们与他人联系在了一起。对具有哲学头脑的社会科学家来说，新的经验性挑战是证实和精确化从他们的哲学前辈那里继承下来的人性观念。新的社会和政治挑战是继续发展社会和经济制度，在广泛的社会合作系统中将自身利益与对他人的相互尊重融为一体，扩大我们与他们之间的富有成效的联系。新的哲学挑战是重新概念化对德性与幸福的传统理解，以适应我们关于人性的日益增长的科学知识，并在一个宗教安慰正在消失、个人死亡的终结性甚至人类生命的最终灭绝似乎越来越无可争议的时代，阐明关于人生意义的令人信服的观念。[2]

对我来说，这种重新概念化始于亚里士多德的信念，即作为一个人而存在涉及到天然地被赋予一定的价值、兴趣和能力。他把理性思维能力作为我们的本质的一部分，正确地把对理性的发展和运用当作内在的满足。那些将这种能力发展到最大程度的人是为了知识本身而珍视知识，并因此寻求关于他们自身、人类和世界的基本真理。人类是理性的，也是天生的问题解决者，会对如何最好地实现各种目的进行思考。虽然亚里士多德把无私地发现理论真理作为最高目标，但他也正确地相信，追求与家人、朋友、同事与社群相关的普通人类目标会带来巨大的幸福。明智地追求这些目标需要培养德性，比如**自制**、**慷慨**、**雄心**和**勇气**。

从这一亚里士多德式的视角可以得到三个教益。首先，德性——包括那些被视为相互冲突的两个极端之间的黄金中间点的德性，以及那些可能不是如此的德性（如诚实和善良）——都是品格特质，它们不仅需要善意和善心，还需要理性的判断和实践才能充分发展。其次，伦理学的最基本目标不是要去定义在任何给定的情况下应该采取哪些行动，这可能被证明是不可能的，而是规定一个人应该争取什么样的品格。最后，有德性的人的行为倾向反映了一种关于自己和关于他人的价值的明智结合。

在谈到自我和他人之间的联系时，亚里士多德强调了同伴的重要性，他把同伴比作第二个自我——他们与自己足够亲近，他们能给人提供关于自己的洞见，而这一部分是因为自己仅仅出于乐趣而希望与他们分享自己。智慧——正如他所理解的那样——

提高了人们关于什么能促进一个人的长期福利的认识，以及对最有可能促进长期福利的行动的识别。因此，通往智慧的道路是我们实现个人满足的最佳途径。但智慧并不是一项孤立的成就。我们所需要的理论知识通常仰赖无数人的长期努力。即使是我们对自身的密切了解也常常相当仰赖他人。

我们通过在向我们敞开的选项中做出选择来构建我们的生活。我们的生活就像我们正在写的书一样没有现成的结局，有时甚至连接下来该发生什么都没有好的计划。为了继续我们的书，我们需要合著者，他们可能比我们更了解关于我们自己的某些事情。为了获得他们的帮助，我们必须向他们敞开心扉，因其自身而珍重他们，相信他们会回馈这种偏爱。首先，合著者包括我们最亲密的同伴，但也可能在较小程度上包括邻居和同事，包括我们在最重要的活动中所依赖的任何人。每个人都知道，别人往往比我们更能判断我们的外表如何以及我们的举止传达了什么。对于我们品格的某些方面来说也是如此。

我们与他人的互联性将智慧同美德和幸福联系在了一起。有德性的品格特质广受钦慕，因为它们在保障社会合作的效益上是重要的。因为有德之人受人钦慕，所以被评判为有德之人是非常有利的。因为德性有时——特别是从长远来看——很难伪装，而且揭露伪装的努力是永不停息的，所以被评判为有德之人的最佳策略往往就是去做有德之人。此外，我们自然而然地喜爱、喜欢、尊重、钦慕、欣赏、效仿和想要保护那些特定的人，他们是我们真正关心的人，而且我们希望他们对我们也有同样的感受。由于他们与我们之间的关系，我们为了他们的利益而在自己有限的自利目标上做出了牺牲，作为补偿，我们得到了我们赋予他们的福利的很高的他涉价值。由于互惠在这个特定的领域内是既定的，所以我们也知道，我们或者我们身边亲近的人可能会从我们的道德圈中的那些人的他涉行为中受益。随着社会制度变得更加纷繁复杂、包罗万象，这个源于我们的自然社会能力的圈子被扩大了，因而产生了对没有明确范围的他人的关心，以及对他们的分级的互惠性义务。这样，美德与幸福往往最终成为互补而非竞争的追求。

并不是说德性可以保证幸福；命运的变迁可以把我们中最优秀的人打倒。幸福也不总是取决于德性；巨大的好运有可能被挥霍在不配的人身上。尽管如此，德性和幸福都依赖于满足一个人最根本的涉己和涉他目的，这两个目的通常是相互支持的。因此，培养德性通常是获得幸福的上策。美德的代价是牺牲幸福，但在这些情况中，如何确定失去幸福的程度并评估这种失去的重要性，取决于对于幸福是什么的理解。

亚里士多德主张幸福是我们的最终目标，这似乎表明幸福高于其他所有目的。而这是不幸的，因为这暗示了幸福既是我们最渴望的东西，也是我们渴望其他任何东西的原因。但幸福两者都不是。他更坚定地认为，幸福不是一种欣喜若狂的感觉，也不是一种强烈的愉悦感觉的集合，或者，实际上，根本就不是任何一种感觉或感觉的集合。根据亚里士多德的观点，动物和人类都有自然功能。根据他的设想，人类的幸福在于良好地发挥我们的自然功能，他认为这些功能包括理性和有德性的生活。虽然我们不会完全像他这样说，但我们可以用更现代的术语来表达类似的想法。

假设我们把幸福当作高水平的福利，其构成要素（如我在上一章中所指出的）包括对我们最基本的身体、精神和社会需求的满足，对我们最独特的人类能力的发展，以及满足我们最重要的、基于生物因素的欲望。这样的状态显然既是可以被欲求的，也是被广为欲求的。因为它包含了对我们的社会需求的满足（这之中包括我们对看重的人的承诺），也包含了德性生活的一些元素。重要的是要注意到，处于这种状态涉及到一些事件和事态的存在，而对这些事件和事态我们可能一无所知——例如，一个人是否真的既安全又健康，一个人实际上是否既实现了自己的目标，又成功地发展了自己最重要的能力，以及他最关心的人是否（部分地由于他的努力）真的在成长。因此，在亚里士多德式的意义上，**知道**一个人是幸福的所需要的远不只是知道一个人的感觉。

错误地相信自己在这种特殊意义上是幸福的，那就不是幸福。例如，一个人可能知道自己的福祉的核心组成部分是什么，而错误地认为它所依赖的每个偶然因素都得到了满足。你可能会感到幸福，因为你**相信**在你的帮助下你的所爱正在成长，从而将你的生活凝聚在一起——而实际上你只是一直被利用而已。既然你不知道这一点，你可能会**感觉**很棒。但这种感觉是虚假的，它的价值也是大打折扣的。

在发现真相后，如果有人问你曾经是否幸福，你会怎么说？如果你的幸福概念仅仅是一种感觉上的东西，你可能会说，"是的，我很幸福，但我的幸福建立在谎言的基础之上"。今天很多人似乎确实是这样看待幸福的。但如果你是他们中的一员，你应该意识到，正如你所想象的那样，幸福本质上是短暂的，经常日日在变或者时时在变。另一方面，如果你把幸福等同于亚里士多德式的福祉，那么在回答这个问题时，你会说，"我错误地认为我是幸福的，但实际上我不是；我只是被欺骗和羞辱了"。

对于我们的目的而言，哪个概念最流行并不重要；两者都是融贯的。重要的是要认识到，为了让我们所说的"幸福"成为那种我们通常所说的在哲学上具有重要性的、高度可欲的状态，那么处于这种状态必定需要一个人的稳定满足状态有着良好的根据。通过这种方式理解幸福，**对于自己，我们最希望的**不是简单地对我们的生活、我们的人际关系以及我们设想中的成就有一种满足的良好感觉。我们想要知道这些感觉是有良好根据的。

我们中的大多数人确实渴望主观上的良好感觉与知识的结合。当然，我们有时确实仅仅为了得到它们时的感觉而想要一些东西，比如美味的甜点或者一个热水澡。在这些情况下，我们可能——就像一个想吃圣代的节食者——乐于为了人为产生的（吃圣代的）主观感觉而牺牲我们最初渴望的对象（圣代）。但这是例外而不是规则。正如罗伯特·诺齐克所强调的那样，给你一个进入一台"体验机"的提议，在这种机器中，你会在完全真实的模拟中享受欲望的满足并这样度过余生，同时错误地相信所发生的事情是真实的；我们中的大多数人都会拒绝这个提议，更愿意与现实保持联系。[3] 尽管我们意识到可能无法实现许多最美好的愿望，也无法实现一些最迫切的目标，但我们仍然会这样选择。

而且，我们的选择是正确的。体验机提供的**幸福感**并**不是**我们最想要的。比起任何物质体验的质量，我们更渴望的是与现实建立一种积极的关系——了解现实、塑造现实、改善现实，并与同样参与其中的他人分享我们的生活。对于他人，我最渴望的，同时也是最想为之贡献的是妻子的幸福和满足，儿子的茁壮成长，一位亲爱朋友的健康恢复，朋友和同事的福祉，学生的教育，大学哲学院的进步，哲学（及其涉及的所有领域）的进步，自由制度的传播，自己国家的活力，以及西方文明中最好的传统力量与活力的复兴。此外，我希望世界各地的医学、技术和经济福祉不断进步，以及人道的、普遍主义的和相互分享的道德关切的影响范围逐步扩大。至于我自己，我最渴望保持健康、高产和长寿，并且有机会尽我的一份力量（有时大，有时小）去推进我的其他目标。这是一个满满的盘子，对它的追求与诺齐克想象中的体验机所产生的那种主观体验没有多大关系。在这方面，我并不特殊。

这种非主观的幸福概念给我们带来了关于人生意义和死亡终结性的迫切问题。对于一个像我一样不相信来世的人来说，死亡的前景令人毛骨悚然地简单——死亡就是不再存在。有人可能会问，这为什么令人毛骨悚然？既然不存在的东西什么都体验不到，那么就没有人会在死后体验到任何不好的、不快的，甚至无聊的东西——就像我们在被怀胎之前没有这样的体验一样。当然，令人失望的是，我们将无法听说许多我们希望了解的东西。在我们离开后，观察甚至帮助妻子、丈夫、孩子、朋友、同事和珍爱的机构取得成功，这难道不是会很棒吗？在困难时期保护他们免受危险，增强他们的力量，这难道不会更好吗？是的，会的，但这不太可能发生。虽然我们可能会后悔错过，但意识到我们会错过并不是我们害怕死亡的原因。我们害怕死亡，是因为我们发现不复存在的前景令人晕眩地可怖难测。这是克服不了的。我们本就如此。

尽管如此，我们必须尽自己所能去应对。这可能有助于弄清楚等待我们的是什么，同时培养勇气，去以一种保持着尊严的方式面对无法避免的事情，并为他人树立一个良好的榜样。这些不是小事，也没有超出我们的能力。心智的强大和性格的坚定是可以培养并且变成习惯的，这为一个人提供了应对即将发生的事情的资源。但这些德性并不是我们对死亡的全部回应。随着年龄的增长和死亡的慢慢临近，一个人的未来会缩小，使他整个生命形状变得更加清晰。这就产生了一个问题，一个人的生命最终会变成什么样子。

年龄的增长除了会缩短我们可以预见的个人未来之外，还常常会削弱我们参与一些曾经喜欢的活动的能力。但这是可以被抵消的，不仅可以由增加了的智慧和减少了的职业发展压力来抵消，还可以通过加强我们对自己最看重的人、事业和机构（包括那些我们相信会比自己活得更加长久的人、事业和机构）的关注来抵消。这通常是很自然的，因为父母关注他们的成年子女和年幼的孙子孙女，企业家传承家族企业，学者开拓新方向或开展拖延已久的项目，各种从业者都喜欢培训年轻一代并与他们分享经验。

具体情况因人而异，但处方是通用的。扩大和深化对你最重视的人和事的承诺，以及——在最好的情况下——对你可以为之奉献最多的人和事的承诺。你的目标可以在你为超越小我的目的所做的贡献中找到。这种行事方式将你与人类生命的滚滚洪流联系在一起，这洪流存在已久，而且你有理由相信它将在你之后继续奔涌。[4] 如果可以在接近死亡的过程中找到安宁，那么方法就是通过更加积极密切地参与到人类事业被高度重视的方面中去。

诚然，这说起来容易做起来难。正如如果你不重视他人、不追求与自己的幸福无关的目标，你就找不到幸福，同理，你也不能仅仅因为需要填补自己的空虚而找到意义。事实上，只有在你不空虚的情况下，你才能找到意义，因为你已经在关心自己之外的人、事业和机构了。如果你真的在乎，你的行为将是为了真正提供帮助，而不仅仅是为了提高你进行尝试的声誉。如果你并不真正关心你看不到的未来，那么你面对正在到来的毁灭时就不会安宁。如果你真的关心看不到的未来，那么你对自己声誉的重视与你为他人做的好事相比就相形见绌了。

最后一个要求是谦逊。不要把你对未来的信心寄托在它是否符合你的想象上。那些比你更长久的人、事业和机构不会遵循你所有最重要的思想和价值。它们也不应该如此。不管你是谁,你的视角都是有限的。你预测塑造未来的事件的能力,并不比那些没有活着经历过曾塑造你和你的时代的事件的人的相应能力强。所以,不要把你提供给后人的东西视为一揽子交易。不要担心未来可能会丢弃这一揽子中的哪些部分。要满足于在你所提供的东西中,只有一部分会被接受和重视,并相信后人可能比你更清楚如何理清一切。在一个政治意识形态经常以近乎宗教的狂热被追求的时代,这一建议尤为重要。如果你希望——无论是现在还是在你死去之后——从你对他人福利的承诺中找到意义,那么你需要尊重他们和他们的观点,同时预料到这些观点会在一些重要方面与你自己的不同。

好消息是,所有这些都是可以实现的。坏消息是,这时常来之不易。如果你是没有实现这些的人,可能需要多年的努力才能培养出所需的品格特质,让你的生活获得你现在找寻的、在生命走到尽头时最终需要的意义。最好现在就开始。

附录

苏格拉底和大卫·休谟的高贵死亡

在所有哲学中,两个最著名、最启迪人心的死亡阐释了关于人生的哲学视角如何能够有助于实现高贵的死亡。第一个死亡发生在公元前 399 年,当时 70 岁出头的苏格拉底遭受审判,被判有罪并遭受处决,罪名是亵渎神灵和腐坏青年,据说这是因为他质疑宗教教条并伪装出自己所没有的智慧。柏拉图的《申辩篇》(*Apology*)描述了他巧妙的辩护,辩护围绕着一个朋友从德尔斐神庙(一个圣地,据说是阿波罗神通过其神谕说话的地方)归来的故事而展开,这位朋友带回一个消息,即没有人比苏格拉底更加智慧。[1] 听到这个,苏格拉底反驳说自己并不智慧;相反,他正在寻找智慧,因为他知道自己并不智慧。苏格拉底想知道会不会是神在暗示其他事情。也许,去确定神的令人费解的话的真假就是他受到神启的职责?苏格拉底就是这么想的(鉴于不敬神的指控,这很有讽刺性),他决心与他能找到的最智慧的人交谈,以发现他们知道什么。

在他这么做的时候,他发现那些据称智慧的人尽管自以为智慧,但事实并非如此。既然知道自己的无知要好过自信地相信假象,那么事实证明,苏格拉底终究可能是最智慧的。然而不幸的是,他持续的提问有时会激起敌意,导致他的敌人对他提出指控。

苏格拉底把追寻真理视为至善，拒绝放弃他的追求，尽管这样做可以让他免于获罪和死亡。因为他对知识的不懈追寻已经成为他存在的意义，如果他放弃知识，那么他就否定了他所代表的一切，从而放弃了德性与幸福。对一些人来说，他的固执或许看起来很极端。当然，有人可能会反对说，如果他死了，他就不能实现德性或幸福了。没有哲学探究的不那么精彩的生活，难道不是比根本没有生活要好吗？

苏格拉底的回应基于这样一个观察：不应该假设死亡是一种巨大的恶。虽然他自认为不知道死亡会带来什么，但他认为灵魂或许会继续存在，甚至会发展得更好。但是，即使死亡是不存在的无梦之眠，他相信，多拖延额外的几年并不值得让他去拒绝赋予他人生意义的东西。在柏拉图的《克里同篇》(Crito)中，他告诉了我们为什么不值得，这部对话发生在处决当天早些时候的监狱里。[2] 他的朋友克里同有一个计划，让苏格拉底用克里同和他的朋友筹集的钱逃走并流亡。虽然这个计划很容易实现，但克里同无法说服苏格拉底。苏格拉底反驳说，(i) 逃跑是违法的，(ii) 这么做，即使是在一次错误的判罚之后，在道德上也是错误的，(iii) 一个人必须永远不做任何道德上错误的事情。实际上，苏格拉底认为，这样做是在对一个人的灵魂施加伤害，这总是比遭受伤害更为糟糕。

但是，通过逃跑来违反法律为什么是错误的呢？苏格拉底坚持认为，由于生活在一个有序的社会给我们带来了巨大的好处，所以我们欠国家一笔债。因而他坚持认为，破坏这一秩序所依赖的法律当然是错误的。虽然这一论证并非无力，但并不令人信服。虽然生活在文明国家的确让我们获益良多，但作为公民，我们也为之做出了贡献——包括（在苏格拉底的例子中）服役做雅典士兵。社会组织的好处远远超过维持它们所需的个人努力之和，这一点包含在法律制度的本质之中，即便是那些相对不公正的法律制度。但是，我们通过相互合作而受益的事实并不会带来这样的道德义务：在任何情况下都要遵守每一项法律的道德义务，无论法律或者国家有多大的缺陷。

幸运的是，苏格拉底所能提供的并不只是这一不令人信服的论证思路。在对话的结尾，他强调了他的逃跑会对他的朋友造成伤害，这些朋友会被发现是这一密谋的同谋者，这也会对他自己的名誉造成损害，而且最重要的是，他的自私行径会对他业已代表的生活方式造成威胁。如果苏格拉底真的相信他的要旨（亦即，严格地诚实且自省的哲学是通往智慧、德性与幸福的道路），他就不能破坏它；当这一点明晰起来的时候，他与克里同的争论就被解决了。

带着这些，我们就可以更好地理解他在《申辩篇》中的话了。他正确地认为，为了推进他的生活和工作注定要传达给他人的有力要旨，而不是破坏它，牺牲他生命中剩下的几年是值得的。人类作为一种知道自己会死的存在者，通过与一个比自己大得多的现实联系起来并重视它，可以极大地丰富自己的生活——特别是在晚年。因为比起多活一小段时间，苏格拉底更重视的是他能带给追随者的东西，所以在接受自己命运的时候，他是在做对他来说最好的事情。

因此，苏格拉底的死是平静的也就不足为奇了。下一篇对话《斐多篇》的结尾描述了这一场景。这里是一些段落，开始于日落之前，当时一个狱卒通知苏格拉底和他的朋友们行刑的时间到了。

"苏格拉底，"狱卒说道，"……如果你也像别人一样在我让他们……喝下毒药时对我发怒或诅咒我,我不会认为你有什么错。我已经知道你在所有到这里来的人中间是最高尚、最勇敢、最体面的一位。我特别确信你不会对我发怒……所以,你知道我是来告别的了,再见了,怎样容易忍受就怎样做吧。"[3]

那个狱卒说着话流下了眼泪,转过身走开了。苏格拉底看着他说,再见了……然后,苏格拉底对我们(他的朋友们)说:"他真是个好人!我待在这里时他一直来看我,有时候还和我讨论问题,对我表现出极大的关心。他是多么善良,而现在竟为我的离去而流泪!来吧,克里同,让我们按他说的去做。"[4]

克里同说:"苏格拉底,太阳现在肯定还高高地挂在山顶上,时候还早。另外,在别的案子中,我知道人们会在这种时候一起吃晚饭,享用美酒,陪伴他们喜爱的人,在接到警告之后很晚才喝下毒药。……所以我们不需要匆忙,我们还有很充裕的时间。"[5]

"你说的这些人这样做是很自然的,克里同,因为他们认为这样做能获得些什么。我不愿这样做也是很自然的,因为我相信迟一些喝下毒药对我来说什么也得不到。如果我想借此拖延时间,那么我会抓住这个机会拼命要酒喝,眼中露出想要活命的样子,把自己弄得十分可笑。来吧,照我说的去做,别再发难了。"[6]

说着,苏格拉底拿起那碗毒芹一饮而尽。

在此之前,我们中的大多数人都一直在克制着自己的眼泪，但当我们看到他喝下毒药的时候，当他真的喝了的时候，我们再也控制不住自己。我的眼泪也哗哗地流了下来，扭过头去掩面悲泣，但不是为了他，而是为我自己失去这样一位朋友而哭泣。克里同甚至在我之前就控制不住了，由于止不住泪水而走了出去。阿波罗多洛一直没有停止哭泣，而此刻禁不住号啕大哭起来，使屋子里的每个人更加悲伤欲绝，只有苏格拉底本人除外。他说道："说真的，我的朋友们，这是在干什么！……勇敢些，安静下来。"[7]

随着毒药逐渐蔓延全身，他盖住了头，过了一会他掀开了盖头，说出了最后的话。"克里同，我们必须向阿斯克勒庇俄斯献祭一只公鸡。千万别忘了。"然后对话就结束了。"这……就是我们这位同伴的结局，在我们可以公正地说，在这个时代，在我们所知道的所有人中间，他是最勇敢、最聪明、最正直的。"[8]

第二个著名的死亡是大卫·休谟之死，他于1776年去世，享年65岁。他是苏格兰启蒙运动的领袖，英国最著名的经验主义者，英国历史上最杰出的哲学家之一，也是一位著名的英国历史学家。他对形而上学、认识论和心灵哲学做出的贡献具有巨大的影响力。他关于道德评价的自然主义理论强调人性中的涉他情感，反对狭隘的利己主义理论，他的正义理论基于我们对历史上不断演变着的社会与经济制度的有益经验，这两个理论都具有先见之明和极高的影响力。两者结合在一起，非常符合这样的道德观：它从对人性的心理生物学学说开始，辅之以由理性制定的普遍的互惠规则，并通过日益复杂的社会合作系统而得到扩展。

以下节选自休谟的朋友、伟大的哲学家和经济学家亚当·斯密写给一个共同朋友的信，信中描述了休谟的弥留之日。尽管休谟的死并不壮烈，但他非凡的镇静是启迪人心的。他的死亡是这样一个人的死亡：他已经做了他认为自己能做的一切，没有留下任何未完成的工作——不仅包括他对历史与哲学的巨大贡献，还包括他对家人和朋友的慷慨资助。他已经为世界和亲近的人留下了遗产，可以以一种人们会想到的愉快的方式离开这个世界了。[9]

亲爱的先生，我怀着一种真实的但也是非常感伤的喜悦，坐下来讲讲我们已故的好朋友休谟先生在他最后一次生病期间的表现。……（从斯密重述过的一次旅行）返回爱丁堡之后，虽然他发现自己虚弱了很多，但他的开朗未曾减弱，他像往常一样继续消遣，把自己的作品改成一个新的版本，读一些有趣的书，与朋友们谈话，而且有时候会在傍晚参加他最喜欢的惠斯特游戏的聚会。他是如此开朗，像往常一样参加很多谈话和娱乐活动，以至于尽管出现了所有糟糕的症状，很多人还是无法相信他就要死去了。……休谟先生是如此大度和坚定，以致他最亲切的朋友们都知道，像对待一个垂死的人那样对他说话或者写信没有任何风险，他非但不会被这种直白所伤害，反而会感到相当高兴和满意。我碰巧走进他的房间，当时他正在读（另一位朋友写来的）这封信，他刚刚收到它，并且立刻给我看了看。我告诉他，虽然我意识到他是多么虚弱，在很多方面看上去都非常糟糕，但他还是如此开朗，他身上的生命精神仍然显得如此强大，以至于我不禁怀有微弱的希望。他回答说，

"你的希望是没有根据的。一年多的习惯性腹泻在任何年龄都会是一种非常严重的疾病：在我这个年龄，它是致命的。

当我晚上躺下的时候，我感觉自己比早上起床的时候更虚弱；当我早上起床的时候，我感觉自己比晚上躺下的时候更虚弱。另外，我感到一些重要部位受到了影响，所以我一定很快就会死的。"

我说："好吧，如果一定是这样，你至少有一种满足感，那就是你让所有的朋友，特别是你兄弟一家，过上了富足的生活。"

他说他对这种满足的感受是如此鲜明，以至于几天前他在读卢奇安（Lucian）的《死人的对话》（*Dialogues of the Dead*）时，在向卡戎（Charon）提出的不能轻易上船的种种借口之中，他找不到一个适合他的借口；他没有房子要盖，没有女儿要供养，也没有敌人想报复。

他说："我不太能想得出来，我能对卡戎找什么借口来拖延一会儿呢？我已经做了我想做的每一件重要的事情；和我现在很可能让亲戚朋友所处的境况相比，我也绝不可能指望让它更好了。因此，我完全有理由心满意足地死去。"

但是，尽管休谟总是十分开朗地谈论着将至的死亡，他从不刻意炫耀自己的大度。除了自然而然地说到这个话题的时候，他从来没有提到过它，也不会在它上面停留过久，超过谈话所需的时间：这的确是一个频繁出现的话题，因为来看他的朋友们自然会询问他的健康状况。我上面提到的那次谈话发生在8月8日星期四，除了另一次之外，这是我和他之间的最后一次谈话了。

他现在已经变得非常虚弱，以至于最亲密的朋友的陪伴也使他疲惫不堪；但因为他仍然非常开朗，他的彬彬有礼和社交倾向仍然丝毫不减，以至于当任何朋友和他在一起时，他都不由自主地说得更多、更卖力，超过了他身体的虚弱所适合的程度。因此，按照他自己的意愿，我同意离开爱丁堡，我之前一直住在那里一部分就是因为他。

（几天后，）我收到了布莱克博士（Doctor Black）写来的下面这封信。

"亲爱的先生，昨天下午4点左右，休谟先生过世了。在周四和周五之间的夜里，死亡的临近变得很明显，他的病变得非常严重，很快就让他变得如此虚弱，以至于再也起不来床。他直到最后都是完全清醒的，没有太多的痛苦和悲伤。他从不流露出丝毫的不耐烦；当他有机会跟人们谈论自己的时候，他总是带着深情与温情。我认为写信说要带你过去是不合适的，尤其是我听说他口述了一封信希望你不要来。当他变得非常虚弱时，他说话要费很大力气，他是在一种如此幸福的平静心态中死去的，没有什么能胜过这种心态。"

就这样，我们最优秀的、永远不会被忘记的朋友死去了；对于他的哲学观点，人们无疑会有不同的评判，每个人都会根据它们与自己的观点之间的相符或不相符来赞美或指责它们；但对于他的品格和行为，几乎不可能有什么不同的意见。实际上，他的脾气，如果我能够这样说的话，或许比我曾认识的任何人都要祥和。即使在他最低的财富状态下，巨大而必要的节俭也从未妨碍他在恰当的场合慷慨解囊。这种节俭不是建立在贪婪之上，而是建立在对独立的热爱之上。他天性温和，但这从未削弱他坚定的心智和不移的决心。他总是打趣，真挚地流露出善良的性情和良好的幽默感，还夹杂着温柔与谦逊，没有丝毫的恶意，而其他人的所谓机智常常令人不快地来源于恶意。他的玩笑从来不是为了羞辱；因此，他的玩笑非但没有得罪人，还总让人开心愉快，即使是那些被开玩笑的人也是如此。他的朋友们常常是玩笑的对象，对他们来说，也许他所有伟大和蔼的品质中的任何一个都不会让他的言谈更受喜爱了。那种性情上的愉悦在社会上是如此讨人喜欢，却又如此经常地伴随着轻浮和肤浅，在他身上则当然是伴随着最严谨的运用、最广博的学识、最深刻的思想和各方面最全面的能力。总的来说，我一直认为，无论在生前还是死后，他都以人类的脆弱本性所允许的最大限度接近于理想中十分智慧、十分有德性的人。

主要人物传略

艾伯茨·马格努斯（大阿尔伯图斯）(Alberts Magnus，约1200—1280)，业余科学家、自然哲学家和神学家，是多明我会的重要成员，巴黎大学的神学教授，以及托马斯·阿奎那的老师。

亚里士多德 (Aristotle，公元前384—公元前322/321)，亚里士多德和他的老师柏拉图是古代世界最伟大的两位哲学家。他对逻辑学、认识论、形而上学、伦理学、政治学、物理学、生物学、心理学和美学等方面的研究确立了延续数个世纪的标准。

托马斯·阿奎那 (Thomas Aquinas，1225—1274)，有史以来最有影响力的哲学家和神学家之一，他致力于复兴亚里士多德哲学并将其与基督教融合在信仰与理性的综合体中，这对于复兴古希腊哲学发挥了核心作用。

奥古斯丁 (Augustine，354—430)，才华横溢的作家、神学家，也是早期教会中有权势的人物。他对基督教的理解融入了柏拉图主义的元素，是从5世纪到13世纪基督教思想中的主导力量。

弗朗西斯·培根 (Francis Bacon，1561—1626)，英国科学哲

学家，他强调技术创新的实用价值及其改变世界的力量。他的著作帮助营造了一种有利于科学进步的舆论氛围。

罗杰·培根（Roger Bacon，约 1212—1292），英国僧侣，除了神学外，他对科学、自然哲学、数学和天文学也有着深远的兴趣。他写了关于光、日食、潮汐、眼睛的结构、视力和科学方法的作品。

加里·贝克尔（Gary Becker，1930—2014），获得诺贝尔奖的经济学家。他将具有主体相涉的概率和效用的理性决策理论从以美元和美分衡量的经济行为推广到更宽泛意义上的效用最大化行为。

乔治·贝克莱（George Berkeley，1685—1753），英国国教主教，一位经验主义者，他对科学充满兴趣并发展出一种视觉理论。

罗伯特·波义耳（Robert Boyle，1627—1691），科学家和自然哲学家，发现了波义耳气体定律。他是约翰·洛克在牛津大学的科学导师，同时也是伦敦皇家学会的创始成员之一（该学会出版了牛顿的《自然哲学的数学原理》）。

詹姆斯·布坎南（James Buchanan，1919—2013）被广泛视为公共选择理论之父。他将成本收益分析的原理和理性决策理论应用于政府和政治机构上。

诺姆·乔姆斯基（Noam Chomsky，1928— ），他变革了语言学，为关于人类自然语言的科学研究奠定了基础。这项工作进而成为现代认知科学的支柱。

阿朗佐·丘奇（Alonzo Church，1903—1995），顶尖的哲学家、逻辑学家和数学家，他与他的博士生阿兰·图灵在哲学逻辑和计算的数学理论方面取得了重要的进展，这一领域中的进展开启了数字时代。

尼古拉·哥白尼（Nicolaus Copernicus，1473—1543），提出了第一个系统性的太阳系日心说观念，说明了如果地球和其他行星绕太阳运行，那么此前表面上的行星"逆行"运动如何能够得到解释。

勒内·笛卡尔（René Descartes，1596—1650），世界闻名的哲学家，他的"我思故我在"为哲学确立了数个世纪的认识论议程。他还发现了光线折射的正弦定律，并为解析几何奠定了概念基础。

阿尔伯特·爱因斯坦（Albert Einstein，1879—1955），具有哲学头脑的理论物理学家，他的狭义和广义相对论改变了现代物理学。这让他成为与艾萨克·牛顿旗鼓相当的现代人物。

杰里·福多（Jerry Fodor，1935—2017），顶尖的心理学哲学家。他在使心理学远离行为主义以及为现代心灵的计算-表征理论奠定基础上发挥了重要作用。

戈特洛布·弗雷格（Gottlob Frege，1848—1925），哲学家-数学家，他发明了现代符号逻辑，推进了数学哲学，并为理解自然语言和数学语言的语言学意义提供了概念基础。

伽利略·伽利雷（Galileo Galilei，1564—1642），数学家和自然哲学家，近代物理学的鼻祖之一，以及他那个时代最先进的天文学家。他的观察为太阳系的日心说观念提供了确凿的证明。

库尔特·哥德尔（Kurt Gödel，1906—1978），可以说是有史以来最顶尖的逻辑哲学家。他证明了关于当代逻辑系统的范围和限度的革命性定理。

保罗·格莱斯（Paul Grice，1913—1988），他展示了理性的沟通策略如何与语言学意义相结合，从而有助于句子所传达的信息。这对语言学和语言哲学有所推进。

H. L. A. 哈特（H. L. A. Hart，1907—1992），20世纪最重要的法哲学家。他的主要著作《法律的概念》(*The Concept of Law*) 被广泛认为是对法律实证主义学派的定义性陈述。

弗里德里希·哈耶克（Friedrich Hayek，1899—1992），诺贝尔经济学奖得主，古典自由主义的捍卫者，他强调了政治自由和经济自由在创造社会进步和经济进步所需的知识上起到的作用。

格奥尔格·威廉·弗里德里希·黑格尔（Georg Wilhelm Friedrich Hegel，1770—1831），马克思的先驱，他相信现实是一个单一的神圣心灵，通过内部冲突而演变为统一的自我意识。他认为人类心灵正朝着个人利益在普遍意志中的统一而发展，这种统一以集权统治国家为代表。

托马斯·霍布斯（Thomas Hobbs，1588—1679），近代早期第一位伟大的政治哲学家。他认为政府是从在自然状态中被理性地采用的假设性社会契约中产生的，这成为后继观点的起点。

大卫·休谟（David Hume，1711—1776），伟大的英国经验主义者和杰出的英国历史学家。他的因果分析、联想主义心理学、自然主义道德体系，以及渐进主义的政治哲学和社会哲学有巨大的影响力。

弗朗西斯·哈奇森（Francis Hutcheson，1694—1746），亚当·斯密的老师，他是一位苏格兰的"道德感"哲学家，他影响了约翰·威瑟斯庞和大卫·休谟。

伊曼纽尔·康德（Immanuel Kant，1724—1804），德国哲学家，是有史以来最具系统性的思想家之一。除了改造伦理学，康德还发展了关于空间、时间、数字、知觉和知识的理论，这些理论为后来的哲学家设定了议程。

约翰尼斯·开普勒（Johannes Kepler，1571—1630），数学家、自然哲学家和天文学家，他发现了行星轨道的椭圆形式以及引力的数学性质，阐明了引力令人费解的性质。

索尔·克里普克（Saul Kripke，1941—2022），一位神童，是20世纪下半叶最伟大的哲学家，他转变了我们对于必然性和可能性的哲学理解，并提供了研究它们的数学结构。他将这些想法应用于语言研究中的应用，这种应用已经被证明是极其重要的。

戈特弗里德·威廉·莱布尼茨（Gottfried Wilhelm Leibniz，1646—1716），数学家，独立于牛顿发明了微积分。同时也是一位哲学逻辑学家，一个精妙形而上学体系的作者，还是牛顿的绝对空间观念的批评者。

约翰·洛克（John Locke，1632—1704），他发展了经验主义心理学和知识理论。他关于有限的民主政府的理论保护了自然权利，这一理论对美国革命和美国宪法产生了重大影响。

艾萨克·牛顿（Isaac Newton，1642—1727），除了发明微积分。他还发展出了一种宇宙模型，该模型以他著名的运动定律为基础，解释了一系列令人眼花缭乱的经验观察，主导了物理学近二百年。

罗伯特·诺齐克（Robert Nozick，1938—2002），他捍卫了有限政府，论证了自由会颠覆所有的再分配模式。他的作品《无政府状态、国家和乌托邦》（*Anarchy, State, and Utopia*）成为一部自由主义经典。

奥卡姆的威廉（William of Ockham，1287—1349），逻辑学家、哲学家，他反对将古希腊形而上学引入基督教思想。他以

"奥卡姆剃刀"闻名，警告说，在解释明显真理所需的假设之外，不要再设定其他假设性的实体，他是那个时代日益增长的科学观的领导者。

柏拉图（Plato，公元前427—公元前347），西方哲学之父，第一所欧洲大学（柏拉图学园）的创始人，亚里士多德的老师，使苏格拉底永垂不朽的对话录作者。他的作品改变了西方文化。

弗兰克·P.拉姆齐（Frank P. Ramsey，1903—1930），尽管他英年早逝，但他对哲学、数理逻辑和经济学都做出了杰出贡献。其中最首要的是，他在主观概率和主体-相对的效用理论上做出了开创性的工作。

约翰·罗尔斯（John Rawls，1921—2002），被很多人视为20世纪主要的政治哲学家，他对自由福利国家的辩护具有广泛的影响力，这一论证复兴了分析传统中的规范性的理论化。

伯特兰·罗素（Bertrand Russell，1872—1970），顶尖的哲学逻辑学家、语言哲学家和数学哲学家。他对逻辑形式和语法形式的区分，以及他对逻辑在哲学中的角色的构想成为分析传统的基石。

约翰·邓斯·司各脱（John Duns Scotus，1266—1308），中世纪盛期最重要的哲学家-神学家之一，他批评了亚里士多德哲学与基督教神学的托马斯主义综合的方方面面。

亚当·斯密（Adam Smith，1723—1790），近代经济学的主要创始人，大卫·休谟的密友，他接替自己的老师弗朗西斯·哈奇森担任了格拉斯哥大学的道德哲学教授，在那里，他写了一本关于作为道德之源的人性的重要著作。

乔治·斯蒂格勒（George Stigler，1911—1991），获得诺贝尔奖的公共选择学派经济学家。这一学派使用理性选择理论来将经济学思考推广到传统的经济行为人之外的公共政策和公共机构中。

阿尔弗雷德·塔斯基（Alfred Tarski，1901—1983），他与库尔特·哥德尔和阿朗佐·丘奇一起建立了使符号逻辑转变为一个成熟学科的基础。他最为人知的是他关于真理的理论。对逻辑后承的分析现在就基于这一理论。

阿兰·图灵（Alan Turing，1912—1954），数字计算之父，数学家、哲学家。他的工作为现代计算机科学提供了理论基础。在二战中，他破译了基于德国著名的恩尼格玛密码机的德军密码。

约翰·威瑟斯庞（John Witherspoon，1723—1794），他于1768年来到美国，成为普林斯顿大学的校长和哲学系、英语系和历史系的主任。作为大陆议会的成员、《独立宣言》的签署人和苏格兰哲学启蒙运动的信徒，他是数十位美国开国元勋受人尊敬的老师。

路德维希·维特根斯坦（Ludwig Wittgenstein，1889—1951），20世纪哲学的领军人物。他强调，对于逻辑和语言的理解在使哲学发生转变和揭示表征性思想的工作中具有重要性。

致 谢

在准备这份稿子的过程中，我从普林斯顿大学出版社的两位匿名评审以及包括 Jing He、Ed McCann、Frank Price、Kevin Robb、Jake Ross 和 Porter Williams 在内的朋友和同事的评论中获益良多。我的妻子玛莎阅读了整篇手稿并给出了许多洞见和评论，她的帮助是无价的。

注　释

第 1 章

1. *Metaphysics*, 980a21, tr. W. D. Ross. In Aristotle（1941）。
2. Harris（1989）和 Thomas（1992）为公元前 5 世纪（及以后）希腊文化的口语化和有限的识字率做出了辩护。Robb（1994）的导论给出了一个信息量很大的概述。进一步的讨论见 Yunis（2003）。
3. Burkert（1985），p. 120.
4. Havelock（1967），pp. 198–199.
5. Robb（1994）的第 6 章阐述了柏拉图在早期对话《伊安篇》和《游叙弗伦篇》中对口述史诗在教育和道德教导中的作用所做的批评，以及他用严格的苏格拉底式推理取代它的决心。第 7 章解释到，在公元前 5 世纪末，雅典贵族和商业阶层的识字率开始增长，这早于公元前 4 世纪识字和正规教育的结合。
6. 在他的著作《阅读修昔底德》（*Reading Thucydides*，2006）的第一章中，詹姆斯·V. 莫里森（James V. Morrison）将古希腊从一个口头文化到文字字母文化的转变分为三个阶段：（ⅰ）公元前 1200 年到公元前 750 年的初级口语时代，在书写的引入之前；（ⅱ）从公元前 750 年到公元前 400 年的各个原始识字阶段，当时希腊字母表被引入，为特殊仪式和商业进行书写，字母表与这样一种文化共存——在这种文化中，教育、政治、诗歌和类似事物的首要媒介仍然是口语；（ⅲ）字母识字时期，在这个时期里，诗人和思想家所创作的作品意在供读者阅读而非聆听。

7. 关于在运动和相关概念方面的相关讨论及其转变，从阿那克萨戈拉（公元前 500—公元前 428）到柏拉图和亚里士多德，见 Havelock（1983），尤其是第 29 页和第 40—41 页。

8. 详见 Heath（1981），pp. 130–133。

9. Ibid., pp. 139–162.

10. Ibid., pp. 176–180.

11. Ibid., p. 202.

12. Ibid., pp. 162–165.

13. Ibid., p. 217.

14. Ibid., p. 284.

15. Ibid., p. 3.

16. Burnet（1916）是一篇很早的开创性文章，它给出了证据，表明苏格拉底之前的大多数希腊人不会认为灵魂是自主的人格或者自我管理的存在者。

17. Havelock（1967），p. 197。第一个对"psyche"（大意为灵魂）一词的后荷马使用是在赫拉克利特的作品中发现的。见 Robb（1968），Furley（1956），Robinson（1968），Claus（1983）和 Bremmer（1983）。

18. Ibid., p. 30.

19. 亚里士多德学派的名称源于希腊语中表示行走的词语，特别是源于该学派所在的阿波罗神庙的一个区域，在那里，亚里士多德习惯于一边围着柱廊散步一边教授哲学。

20. 这些早期作品见《优台谟篇》(*Eudemus*) 和《劝导篇》(*Protrepticus*)，引用于 Copleston（1962a）的第 12 和 13 页，以及《大英百科全书》(*The Encyclopedia Britannica*)，网址为 https://www.britannica.com/biography/Aristotle。在这些作品中，亚里士多德接受了柏拉图的回忆说，其中理念（或者形式）是在出生之前就被理解的。他也论证了灵魂的不朽性。

21. 自然界中的可朽实体是形式和物质的结合，其本质性形式让它们成为它们之所是。尽管这些形式是非物质性的，但如果形式不寓于那些可朽事物之中，形式就不会存在。因此，它们不是独立和永恒的。亚里士多德确实承认一些不朽（永恒）事物的存在，他在《范畴篇》中称之为第二实体。这为一些永恒的形式——而不是那些组成了自然界的形式——打开了大门。

22. 如果苏格拉底仅仅是（所有人类共有的）人这一形式和一堆特定的原初质料 pm_s 的结合体，那么苏格拉底和每个人类之间的所有差异都必须是 pm_s 的独特属性所造成的（但它不该具有任何属性）。此外，如果（像看起来那样）"苏格拉底≠柏拉图"是必然为真的，那么 pm_s 就不可能构成柏拉图，因为如果它真的构成了柏拉图，那么苏格拉底就会是柏拉图了。换句话说，一定是 pm_s 的一个本质属性构成了苏格拉底，如果它能够构成任何东西的话。尽管很难从整体上把亚里士多德的文献解读成某种完全一致的意思，但把它读成支持这种观点是尤其困难的。因此，看起来，我们需要把苏格拉底的灵魂当作一个个体化的形式。

23. 在《灵魂论》中的一处，亚里士多德的确说：理性，人类灵魂的最高力量，是永恒的。但是他的意思是什么并不清楚。一方面，苏格拉底——作为质料与形式的结合体——并不等同于他的亚里士多德式灵魂，更别说拥有灵魂的各种力量中的一种了。另一方面，亚里士多德说，所有记忆、所有爱和所有恨都随着死亡而湮灭，只留下纯粹的理性。最后，当他说到灵魂的理性力量是永恒的，他似乎有可能是在以在某种程度上有误导的方式说，我们展现出的理性是上帝的本质，因此是永恒的。讨论见 Copleston（1962a）的第 70—73 页。

24. Copleston（1962a），pp. 58–59.

25. 亚里士多德描绘了良好生活的两种不同形式：一种是沉思的生活，为了理论知识本身而追求理论知识（理论哲学的道路）；另一种是在世界中采取行动的生活，它以实践哲学（尤其是伦理学和政治哲学）提供的实践智慧为基础。参见 Cooper（2012）的第 3 章。

26. 参见 Plato（1961）中柏拉图的《申辩篇》《克里同篇》和《斐多篇》。

27. 参见 Cooper（2012），第 146 页（包括脚注 2 和脚注 4），还有第 410—411 页的注释 19，以及第 5 章的第 5—7 节。
28. 对斯多葛主义的一个精细讨论见 Cooper（2012）的第 4 章，对伊壁鸠鲁主义的一个讨论见第 5 章第 2—4 节。

第 2 章

1. 见 D'Arcy（1930）的第 1 章第 2 节。
2. Ibid.
3. D'Arcy（1930）的第 1 章第 3 节讨论了 12 世纪中叶以前基督教欧洲对亚里士多德的残缺不全的了解，以及那一时期叙利亚、埃及和西班牙的阿拉伯人和犹太人对亚里士多德的更为完整的了解。
4. 见 Copleston（1962b）的第 30、41、42 和 51 章。
5. Ibid., pp. 12–13.
6. Ibid., p. 21.
7. 尽管亚里士多德的"不动的推动者"被称为"上帝"，但它与基督教的上帝几乎没有关系。"第一推动者的……活动是纯精神性的，而且是如此理智性。……亚里士多德……把上帝定义为'思想的思想'……上帝是实际存在的思想，它永远地思考它自身。……上帝，因此，仅仅知道他自己。"Copleston（1962a），第 58—59 页。
8. 在为关于这两位哲学家的相关论证做出这一简要概述时，我撇开了他们提出的有趣而复杂的历史和哲学问题。详细讨论见 Weisheipl（1965）。
9. 见 Wippel（1981）、Weisheipl（1983）和 Dales（1990）。
10. 当然，有人可能会怀疑这些前提。即使一个人承认它们，并且接受每一个偶然的事物或变化都依赖于某种必然的存在者或事实，他仍然没有表明存在着一个**唯一的**存在者或事实，使得**一切**都依赖于它。也许不同的偶然事物或变化依赖于不同的必然存在者或事实。人们也没有证实任何类型的神的存在，更不用说基督教的神了。最后，退回到必然性是为了停止解释的倒退，但这种退回若没有受到限制则可能会将偶然性整个消除掉。**如果每件事都源于某个不可能是别样的东西，那么就很难看出任何东西如何可能是别样的。**对于这一论证的基督教支持者来说，一个关键的问题是，必然存在者，上帝，除了他确实采取了的行动之外，是否还可以采取其他行动。如果他总是做出最好的行动，那么人们或许不仅想知道这是不是所有可能的世界中最好的行动，也想知道它是不是唯一的行动。

11. 阿奎那认为存在着很多人类灵魂，而如果每个人的灵魂都是人类共有的**是人**这一属性，那情况就不会是这样了。因此，当科普勒斯顿说，是物质"将一个有身体的事物与同一种类的其他成员区分开来"，并说"使人类灵魂彼此不同的是他们与不同身体的结合"时，他不可能是在否认不同的人在形式和物质上都有所不同（Copleston 1955，第 95—96 页）。见阿奎那（1975）《反异教大全》第二卷第 81 章，在那里他说，"所以这个灵魂与那个身体相称，那个灵魂与那个身体相称，它们全都是如此"。有关这一问题的详细讨论参见 Pegis（1934）的第 121—147 页。

12. Aquinas（1947），*Summa Theologica*, Ia. 75.IC.

13. Aquinas（1947），Ia. 75.IC, and（1975），*Summa Contra Gentiles*, II. 65.

14. Aquinas（1947），Ia. 75.2C.

15. Ibid., Ia. 75.2C.

16. Mc Cabe（1969）的第 303—304 页讨论了对这一点的论证。Copleston（1955）的第 173—174 页也讨论了这一论证。

17. Kretzmann（1993），p. 132.

18. Ibid., p. 133.

19. Copleston（1962b），pp. 94–98, and Kretzmann（1993），p. 136.

20. Aquinas（1949），《关于灵魂的若干争论》（*Disputed Questions on the Soul*），强调是我加的。

21. Aquinas（1947），*Summa Theologica*, Ia.3.1, 93.2C, 93.6C.

22. Aquinas（1975），4.79.

23. 参见 Kretzmann（1993）的第 136 页。
24. 圣波拿文都拉（St. Bonaventure）是阿奎那重要的早期批评者之一，他认为阿奎那已经过度智识化了基督教。他比阿奎那更加超脱尘世、更加神秘，他曾经说过："在哲学家中，智慧这个词被给予柏拉图，知识这个词被给予亚里士多德。一个看的主要是更高的东西，另一个看的主要是更低的东西。……但圣灵把知识和智慧这两个词全都给予了奥古斯丁。"（引自 D'Arcy［1930］的第 15 页）。

    显然，圣波拿文都拉认为没有必要用系统的哲学途径来获取世俗知识（不得不将其与基督教的启示性神谕进行调和），他提供了一种奥古斯丁式的神秘综合，并且认为没有必要做出托马斯式的综合。然而，很多人认为有必要更加直接地与阿奎那哲学进行互动。见 Gilson（1955）。
25. Copleston（1962b），p. 151.
26. See ibid., pp. 289–290.
27. See ibid., pp. 56–57.
28. 这是奥卡姆剃刀论证的一般形式。他说过这样的话（Ockham［1952］，第 37 页）："从动词衍生出的名词还有从名词衍生出的动词……被引入进来，只是为了说话的简便，或者是作为言辞的装饰……因此，除了它们从中衍生出来的那些东西，它们并不指示任何东西。"翻译出自 Copleston（1993），第 76 页。
29. 段落来自奥卡姆《自由论辩集》（*Quodlibeta septem*），1，12，巴黎，1487 年，翻译出自 Copleston（1993），第 96 页。
30. 见 Copleston（1993）的第 1，9，10，18 章和第 24 章第 4 节。

第 3 章

1. 尽管哥白尼在其中呈现其体系的作品《天球运行论（第 4 卷）》（*De Revolutionibus Orbium Coelestium Libri IV*）直到 1543 年才出版，但哥白尼的主要思想在大约 1512 年或者稍晚的时候就已经被发展出来了。

2. Kepler（［1609］1858—1871）的序言。
3. 牛顿的类似反应将在后文中讨论。
4. 1605 年 2 月 10 日写给赫尔沃特（Herwart）的信。
5. 伽利略从 1589 年到 1592 年在比萨大学担任数学教授，从 1592 年到 1610 年在帕多瓦大学担任数学教授。之后 他被托斯卡纳大公，科西莫二世·德·美第奇（Cosimo II de'Medici）带到了佛罗伦萨，在那里他自由地研究数学、哲学和科学。大约就在那个时候，他制造了改进后的望远镜。
6. 促使伽利略在比萨斜塔进行他著名实验的动力是斯泰芬（Stevin）在 1586 年发表的一篇论文，他在其中记录了自己用不同重量的铅球进行实验的结果。
7. 至少从 1613 年开始，伽利略就已经是哥白尼体系——作为确凿的真理，而不仅仅是得到充分支持的理论——的直言不讳的支持者。这引起了他与教皇权威之间数十年的紧张关系，这种关系以 1633 年宗教裁判对他的谴责而告终，导致他得到了相当于软禁的判决——首先是在他的朋友锡耶纳大主教家里，然后是在他自己位于佛罗伦萨附近的别墅里。在那期间他继续工作，直到 1637 年失明，当时他把一篇新的物理学论文寄到了荷兰，这篇论文于 1638 年出版。
8. 亚历克斯·伯恩（Alex Byrne）和大卫·希尔伯特（David Hilbert）收录在 Byrne and Hilbert（1997）中的文章为关于色彩的物理主义观念提供了强有力的当代案例。
9. 给梅森（Mersenne）的信（1:70）。见斯坦福哲学百科中的这一词条，https://plato.stanford.edu/entries/descartes/。
10. Descartes（［1641］1991）。
11. Descartes（［1644］1983）。
12. 这个段落来自笛卡尔的（Descartes,［1644］1983）《作者的信》（"The Author's Letter", 9B:14）1647 年的法语译文（原文为拉丁文）。
13. 这里隐含的前提，即一个人可以融贯地设想的东西必须是真正可能的，现在——出于很好的理由——被广泛地（尽管还不是普遍地）

认为是可疑的。

14. 这一论证有两个潜在的问题：(ⅰ)"哪些状态是可能的"独立于"哪个状态实际上是真实的"这一想法，以及(ⅱ)"如果某物可以被融贯地设想，那么它就是真正可能的"这一想法。对于为什么(ⅱ)是错的，当前最有希望的解释会在第9章中得到讨论。

15. Newton（[1687]1934, 1999）。

16. 牛顿的工作在第10章中得到了更加详细的解释，用于介绍20世纪物理学的哲学基础。

17. 给本特利（Bently）的第三封信，1692年，载于 Newton（1959—1984）。

18. Newton（1999）第943页，来自《综合注释》（"General Scholium"），一篇牛顿附在《自然哲学的数学原理》第2版中的文章。

19. Newton（[1687]1934），vol. 1, p. 6.

20. Ibid., p. 11.

21. 水相对于某个物体的位置（而不是水相对于桶的位置）能够解释我们所观察到的现象吗？这似乎不太可能，因为我们可以轻易地想象这一实验发生在一个空空如也的宇宙之中且有着同样的结果。牛顿的思想实验中所设想的不是一桶水，而是一个空空如也的宇宙，它由两个球体组成，它们被一根绳子连接起来，绕着它们共同的中心旋转（Newton [1687]1934），第1卷，第12页）。

22. Boyle（1692）。

23. 《给读者的书信》（"Epistle to the Reader"）第7页，载于 Locke（[1689]1975）。

24. 原理（ⅲ）有时被认为是这一真理（有时被称为"莱布尼茨定律"）的结果：必然地，如果x=y，那么x的任何属性都是y的属性。由此可得，如果x有属性P，那么任何没有P的东西都必然不同一于x。然而，推出（ⅲ）需要的不是那个，而是：必然地，如果x有属性P，那么任何没有P的东西都不同一于x。如果不去假设一个人正在尝试去证明的那个东西，这个需要的原则是得不出来的。因此，对（ⅲ）

的辩护是失败的。一个解释参见 Soames（2014b），第 417—419 页。
25. 这一点在一封给沃尔德（Volder）的信中得到了明确的认同，载于 Leibniz（1875—1890）第 2 卷第 226 页。
26. 对于莱布尼茨来说，这些真理在一个意义上是偶然的，即我们有限存在者无法提供能够表明其主词包含着谓述它们的属性的完整分析。
27. 见给 S. 克拉克（S. Clarke）的第 3 封、第 4 封和第 5 封信，载于 Leibniz（1875—1890）的第 7 卷的第 363 页、第 373 页和第 400 页。也见第 2 卷的第 183 页。在第 10 章，我将回到莱布尼茨和牛顿之间的这一争论，指出它与近代物理学发展之间的关系。
28. Hume（1964），vol. 2, p. 419.
29. Ibid., pp. 428–429.
30. Ibid., p. 436.
31. Ibid., p. 440.

第 4 章

1. Hobbes（[1651] 1994），第 113 页。中译文参见［英］霍布斯:《利维坦》，第 94 页，北京：商务印书馆，1985。部分译文略有改动。
2. Second Treatise, Chapter 2, Article 6, in Locke（1987）. 中译文见［英］洛克:《政府论》（下卷），第 6 页，北京：商务印书馆，1964。部分译文略有改动。
3. Ibid., Chapter 8, Article 95. 中译文见［英］洛克:《政府论》（下卷），第 59 页，北京：商务印书馆，1964。
4. Ibid., Chapter 9, Article 131. 中译文见［英］洛克:《政府论》（下卷），第 80 页，北京：商务印书馆，1964。
5. Ibid., Chapter 11, Article 138. 中译文见［英］洛克:《政府论》（下卷），第 86 页，北京：商务印书馆，1964。
6. Copleston（1964），p. 151.
7. Hume's A Treatise of Human Nature, book III, part I, section 2（Hume

1964, vol. 2, p. 246）。中译文见［英］休谟:《人性论》，第 510 页，北京：商务印书馆，1980。

8. Hume's *A Treatise of Human Nature*, book III, part II, section 2（ibid., pp. 262–263）。中译文见［英］休谟:《人性论》，第 530 页，北京：商务印书馆，1980。

9. Ibid., p. 263。中译文见［英］休谟:《人性论》，第 530 页，北京：商务印书馆，1980。

10. Hume's *A Treatise of Human Nature*, book III, part II, sections 3, 4, and 5（Hume 1964, vol. 2）。中译文见［英］休谟:《人性论》，540 页，北京：商务印书馆，1980。

11. Hume's *A Treatise of Human Nature*, book III, part II, section 1（ibid., p. 258）。

12. Hume's *A Treatise of Human Nature*, book III, part II, section 2（ibid., pp. 269–271）。

13. Ibid., p. 271）。

14. 参见 Adair（1957）。

15. Herman（2001），p. 173.

16. Smith（［1776］1997），第 4 卷，第 7 章，第 3 部分。中译文见［英］亚当·斯密:《国民财富的性质和原因的研究》（下卷），第 192 页，北京：商务印书馆，1974。在 Fleischacker（2002）中，有关于亚当·斯密对包括麦迪逊和杰斐逊在内的美国国父的深远影响的详尽说明。

17. 另外两位哲学家也应该得到致敬，他们是杰里米·边沁（Jeremy Bentham, 1748—1832）和约翰·斯图尔特·密尔（John Stuart Mill, 1806—1873），前者以个体行动（为人类幸福）带来的结果的总价值为基础，去评价这些行动的好坏，后者的一些著作可以被解读为是在建议：不要用个体行动自身（为人类幸福）带来的结果去评价一个行动的好坏，而是要用如果准许或禁止那种行动的规则被普遍采纳会带来什么结果去评价一个行动的好坏。

第 5 章

1. 这些著名哲学家中还包括查尔斯·桑德斯·皮尔士（Charles Sanders Peirce），一位与弗雷格同时代的美国哲学家。他独立地发展出了一种与弗雷格的系统不相上下的逻辑系统。然而其系统并未产生弗雷格的系统那样的历史影响（尽管并非完全没有影响）。

2. Frege（[1879] 1967）。

3. 对模型、模型中的真值，以及根据模型中的真值来对逻辑后承的定义直到它们在 20 世纪 30 年代出现在阿尔弗雷德·塔斯基（Alfred Tarski）的工作中时才被明确地做出。然而，对于其中大部分来说，弗雷格的逻辑和语义学原则隐含地为它们留下了线索，这或许部分地是因为其逻辑和语义思想孕育出了一些实践，而后面的定义是从这些实践中抽象出来的。我们将在第 6 章中讨论关于这一点的更多细节。

4. Frege（[1884] 1950）。

5. Frege（[1893, 1903] 1964）。

6. 尽管对于弗雷格来说概念是与谓词相联系的，但它们既不是头脑中的观念，也不是任何心理上的东西。相比之下，它们是将谓词所适用于的对象映射到**真**，将谓词所不适用于的对象映射到**假**的函数。在这种意义上，它们相比于人类心灵中有穷多的观念更类似于集合，后者可以有无穷多。

7. 这一系统在 Giuseppe Peano（1889）中为人所知，但通常被归功于理查德·戴德金（Richard Dedekind）。后者被认为在 1888 年就已经提出了这一系统，尽管弗雷格看上去也独立地提出了它。

8. 对这一矛盾的发现，其对弗雷格和罗素的系统的应用以及从这一矛盾中能学到的教训，在 Soames（2014b）的第 488—491 页和第 494 页中有所讨论。

9. Bertrand Russell and Alfred North Whitehead（1910, 1912, 1913），*Principia Mathematica*。对此的简化解释在 Soames（2014b）的第 474—488 页和第 500—511 页中给出。

10. 见 Soames（2014b）的第 488—491 页和第 494 页。
11. 罗素的类型论有两个版本——在《数学原理》中使用的原始的分支类型论（ramified theory of types），以及 Ramsey（1925）中的简单类型论（simple theory of types）。前者需要还原公理，而后者不需要。正如 Kamareddine, Laan, and Nederpelt（2002）所记述的，这一公理"在引入之时就受到质疑"（亦见 Gödel [1944]）。尽管用简单类型论来替换分支类型论以及随之而来的对还原公理的清除在数学上是一大进步，但这一做法凸显了一个罗素曾试图模糊掉的哲学上的忧虑。使用一种关于逻辑类型的理论来阻止他在 1903 年提出的矛盾需要一个受到质疑的关于可理解性的理论。罗素坚持认为，正如一个集合不可能是其自身的一个成员一样，一种恰当的逻辑分析将证明，一个集合是自身的一个成员这一点不仅是假的，而且是**无意义的**。说"没有集合等同于它的任何成员"**看上去是真的**；如果是这样，那么这句话的否定应该是假的，而不是无意义的。我们也几乎不可能在解释涉及了实在的集合的简单类型论的同时，不说一些——一旦我们接受这种理论就会——被宣称为无意义的东西。当然，对任何一种理论来说，如果对其的指责都宣称对它的最佳描述是不融贯的，那么这种理论就有问题。尽管这一点并不会破坏类型论关于集合的断言，也不会破坏将自然数等同于某些集合这一努力，但它确实会破坏这样的想法，即类型论不过是一个编码了关于任意主题的推理都需要的逻辑原则的系统。

Landini（1998）和 Klement（2004）看上去合理地认为，当罗素在采用他的类型论时，他就已经认为，没有理由假设一个说出"有些集合是如此这般，而另一些集合是如此那般"的人承诺了集合的真实存在——这件事比"一个说出'平均每个男人有 1.7 个孩子'的人承诺了有某个真实存在的人是那个平均的男人"更合理。这一争论涉及了《数学原理》中所采用的，如今被称为对谓述位置的量化的**替代分析**（substitutional analysis）。根据这种分析，罗素针对可理解性提出的类型论约束条件无疑是能够被支持的，但——正如在 Hodes（2015），

Soames（2014b）第 511—531 页以及 Soames（2015a）中所证明的那样——将数学还原为逻辑，以及罗素的哲学逻辑的其他方面都受到了威胁。将数学还原为集合论假设了集合的真实存在。这一计划并没有受到威胁。但集合论不是逻辑。

12. Zermelo（1904, 1908a, 1908b），Fraenkel（[1922] 1967）。
13. 这些本质上是近期数学哲学领域的两篇经典文章中提出的论点，Benacerraf（1965, 1973）。
14. 这种思考自然数的方式来自两篇开创性的文章——一篇是我以前的老师乔治·波鲁斯（George Boolos）的文章，Boolos（1984）；另一篇是我之前的博士生马里奥·戈麦斯-托伦特（Mario Gomez-Torrente）即将刊出的论文《阿拉伯数字与复杂的数学问题》（"Arabic Numerals and the Problem of Mathematical Sophistication"）。
15. Wittgenstein（1953）第 1 节，第 2 页。此处及下文中同一本书的译文均参考自陈嘉映译，《哲学研究》，北京：商务印书馆，2016。
16. 同上，第 2—3 页。
17. 感谢 Jing He 关于这一点的有益讨论。
18. 更充分的讨论见 Boolos（1984）第 435—436 页。
19. 更多细节见 Gomez-Torrent（即将出版）。

第 6 章

1. 见 Soames（2014b）的第 1 章。
2. Tarski（[1935] 1983）以及（[1936] 1983）。尽管当代对于**在模型中的真值**的见解是基于这两篇文章的，但它是对这两篇文章中所明确定义的概念的抽象。
3. 哥德尔在此之前已经基于对这些概念的非形式化的理解，证明了将**（一个特定逻辑系统中的）可证公式**和**逻辑真理**以及**逻辑后承**关联起来的结果。甚至弗雷格也对这些概念有了一些隐约的把握。根据弗雷格的观点，逻辑学的真理是完全普遍的，且不依赖于任何特定主题的真理。这意味着任何被算作逻辑真理的句子，无论其中的名称、函数符号和谓词如何被解释，都保持为真。由于模型是对这种关于解释的观念的一种形式化，它不应当被看作完全与弗雷格无关。

4. Gödel（1930）.
5. Soames（2014b）的第 1 章第 4 节解释了弗雷格作品中一阶和高阶量化的区别。
6. Hahn, Carnap, and Neurath（1929）.
7. 该定理在 Tarski（[1935]1983）中得到了形式化的证明。它通常被称为哥德尔-塔斯基定理，因为它是 Gödel（1931）中呈现的哥德尔第一不完全性定理的一个显而易见的推论。
8. 一变元在公式中的一处自由出现是一处未被包含该变元的量词所约束的出现。例如，在公式对所有 x (x=x&x ≠ y) 中，x 的三处出现都被"对所有 x"所约束，而"y"的一次出现则是自由的。
9. 一个更详细的解释在 Soames（2018）的第 8 章中的第 3.3 小节中被给出。
10. 在这里，"P"是一个谓词变元。它占据了句子中谓词的位置，并在对象的集合中取值。
11. 见 Soames（2018）的第 8 章中第 3.4 小节以及该处引用的参考文献。
12. Gödel（1932）.
13. 该定理在 Soames（2018）的第 8 章第 4 节中被讨论。
14. Church（1936b）.
15. Church（1936a）.
16. 更充分的讨论请见 Soames（2018）的第 8 章第 5.1 小节。
17. Turing（1936/37）.
18. Church（1937）.
19. 更充分的解释可以见 Soames（2018）的第 8 章第 5.2、5.3 小节。

第 7 章

1. 《语言学理论的逻辑结构》(*The Logical Structure of Linguistic Theory*), Chomsky,([1955] 1975),由乔姆斯基在哈佛学会工作期间完成,但直到 1975 年才发表。《句法结构》(*Syntactic Structures*, Chomsky,1957),是对前作的一个较为精简的概述。《句法理论的若干问题》(*Aspects of a Theory of Syntax*, Chomsky,1965),对其关于语法组织的原初构想进行了修订,并详细阐述了一个明确的关于语言学理论的本质的心理主义构想。这一构想仅在 Chomsky([1955] 1975)中得到了一些暗示。尽管其关于句法以及句法与语义之间关系的主要想法从那时起已经发生了多次转变,但这种心理主义的语言哲学始终保持在其思想的核心位置。在哈佛学会之后,他的整个教学生涯都在麻省理工学院度过。
2. Miller, Galanter, and Pribram(1960),第 146—147 页。
3. 见 Soames(1984)中一个对乔姆斯基关于语言学的极端心理主义构想的替代理论,但这一理论保持了语言学对于心理学的重要性,以及心理学对语言学的重要性。
4. 见 Soames(2016a)及 Soames(2010b)的第 2 章。
5. Soames(2010b)的第 5 章考察并反驳了占位符观点。
6. 罗素关于我们对命题的被动意识的构想被陈述于 Russell(1904)的第 60 页。这一构想的意义在 Soames(2014c)的第 71—72 页得到了讨论。亦见 Soames(2016a)和(2010b)的第 2 章。
7. 见 Soames(2014b)的第 9 章中的第 3,4,5 节。
8. 更多讨论见 Soames(2016b)及(2018)的第 2 章。
9. 更多讨论见 Soames(2008a)。
10. Soames(1987, 2008b)。
11. King(2007), Soames(2010a, 2013a, 2015b), Jesperson(2010, 2012), King, Soames, and Speaks(2014), Hanks(2015), and Moltmann(2017)。

12. 一个命题如何表征事物可以从其被识别为的行为中读出。我们从这些行为中推导出命题的真值条件。一个命题 p 在世界状态 w 上为真，当且仅当，假如世界实际上处于状态 w，事物就会如 p 所表征的那样——其中，p 所表征的东西就是任何可设想的想到了 p 的认知主体所能够表征的东西。不需要非得有人想到了 p 才能使 p 是真的。
13. 然而，一个说出"'启明星是长庚星'是一个必然真理"的人并没有断言"所提及的那个星体既在日出时分又在黄昏时分被看到"是一个必然真理。对这一事实的重要性的解释和讨论见 Soames（2015b）第 85—93 页。
14. 见 Soames（2015b）的第 3—6 章及第 9 章。
15. Kaplan（1979, 1989）。
16. Soames（2010a）的第 7 章。
17. Soames（2008c）。
18. 见保罗·格莱斯（Paul Grice）于 1967 年在哈佛大学的威廉·詹姆斯讲座"逻辑与会话"。该讲座的内容在 Grice（1989）中出版。

第 8 章

1. 重言式——例如我掷出 7 或 ~ 我掷出 7——被赋予概率 1。它们的否定被赋予 0。
2. Kolmogorov（[1993] 1950）。
3. 可数无穷是其中的数能够与自然数一一且穷尽地配对而没有剩余的无穷。
4. 在这种情况下，主体相信以下所有命题：有恰好 n 张彩票；彩票 1 不会赢，彩票 2 不会赢……彩票 n 不会赢；有一张彩票会赢。
5. Ramsey（[1926] 1990）。
6. Ibid., P.78.
7. Skyrms（1994）。
8. Kemeny（1955）。

9. Ramsey（[1926]1990），p67.
10. Ibid., p.69.
11. Ibid., p.70.
12. Ibid., p.70.
13. Ibid., pp.72—73.
14. Von Neumann and Morgenstern（1944）、Savage（1954）and Jeffrey（1965, 2004）。
15. Becker（[1964]1993, 1965, 1969, 1971, 1973, 1974a, 1974b, [1981]1991, 1985, 1992）。
16. Becker（1992），P.39.
17. 拉姆齐短暂而引人注目的一生在其姐姐所著的一本书中得到了详细的讨论（Paul, 2012）。这本书又在 Monk（2016）中被评论。
18. Butler（2012），pp.21—22.
19. Stigler and Friedland（1962）and Stigler（1971）。
20. 相比于其关于公共选择的负面结果，阿罗（Arrow）通过证明以下结论取得了重要的正面结果：如果一个政府（正确或错误地）希望对由一个自由的、竞争的经济产生出的财富进行再分配的话，那么，通过使用税收来达到再分配，而不是通过控制价格来重新分配收入，会使效率得到最大化。从那时起，大多数经济学家认为这一结果是有说服力的。
21. Buchanan（1986）。
22. 同上。在这一段中提到的克努特·维克赛尔（Knut Wicksell）是布坎南重要的先行者。后者的许多研究路径都基于维克赛尔。

第9章

1. 见第7章。
2. 见 Kripke（1980），Soames（2003）的第14章和第17章以及 Soames（2007）。

3. Soames（1989）.
4. Place（1956），Smart（1963），Lewis（1966）以及 Armstrong（1968）。
5. Kripke（1959）.
6. Kripke（1971），pp.152—153.
7. 见 Putnam（1967）。
8. Kripke（1980），pp.150—151.
9. Fodor（1981），pp.183.
10. 正如 Soames（[1990]2009b）中所论证的，福多本人的讨论在一个具有这样的效力的论题和其他的更强但更值得怀疑的论题之间模棱两可。
11. Fodor（1981），pp.189—190.
12. Ibid., p.183.
13. 见 Kripke（1980），Putnam（1975a），Kaplan（1989）以及 Soames（2010a）的第 4 章。
14. 进一步的讨论见 Soames（[1990]2009b）。

第10章

1. 引文来自发表在 1949 年 11 月 26 日的《星期六文学评论》(*The Saturday Review of Literature*，现名《星期六评论》) 中的《自传注解》("Notes for an Autobiography") 的第 6 页。这是 Einstein（1948）中的自传体陈述的一个缩短版本。
2. Einstein（1998）第 220 页中给石里克的信。关于恩斯特·马赫对逻辑经验主义学派（石里克属于这个学派）的影响的简要讨论，见 Soames（2018）第 109—112 页；爱因斯坦对石里克的影响见第 114—122 页。
3. 见 Norton（2010）。
4. 在此，我借鉴了 Maudlin（2012）第 3 章中富有启发性的讨论。读者可以参考此书，了解更多细节。

5. Einstein（[1905] 1989）.
6. 这一例子在 Grünbaun（1967）的第 134 页中得到了解释。
7. 同上，第 134—135 页。
8. 同上，第 136 页。
9. Einstein（[1920] 2002）.
10. 见 Norton（2010）。
11. Maudlin（2012）的第 4 章讨论了这些点，包括惯性定律同样覆盖了在光锥之外的物体这一事实，以及在狭义相对论中，两个不受外力影响的物理实体的路径不会相交超过一次这一事实。
12. Maudlin（2012），第 77—79 页。
13. 同上，第 78 页。
14. 同上，第 71 页。对这些计算是什么的物理学解释，见第 72—74 页。
15. 同上，第 76 页。一些需要避免的、广为传播且看起来有权威性但却具有误导性的混淆，见第 79—83 页。
16. 关于我们如何调试并校准精确的时钟，并在通过时空的平行轨迹上将它们互相关联，见 Maudlin（2012）第 89—94 页。尽管我们可以校准某些被挑选的成对的共同运动的时钟，并以此向距离任意远的时空事件赋予共时关系，但这种赋予是约定性的而非客观的，因为在一个不同的轨迹上挑选一对共同运动的时钟会导致不同的共时性赋值。在相对论中，共时性不是一个客观的物理概念。在第 95—96 页，这一点被推广到速度上。第 103—105 页描述了在 A 的旅程中双胞胎 A 和 B 在对方眼中会是什么样的。
17. 对 1905 年的爱因斯坦而言，速度大抵上是**在一个给定的"惯性参照系"中测量出的速度**。这里的惯性参照系是一个时空点系统。相对于这些点的坐标而言，没有受到力的作用的物体会以恒定的速率沿着一条直线运动。他想象这样一个参照系中的一个观察者看到另一个观察者正以被第一个观察者测量为恒定的速率运动着经过他。爱因斯坦的原理——（i）一个参照系中的光速不依赖于光源的运动和（ii）相同的物理学定律适用于所有参照系——令他做出这样的预测：一个在第二个参照系（相对于第一个观察者运动）中静止的时钟将会被第一个参照系中的时钟测量为跳动得更慢，并且类似地，第一个观察者的时钟会被第二个观察者的时钟测量为走得更慢。他同样也预测，在第二个参照系中的一根坚硬棍子在被第一个参照系中的坚硬棍子测量时会缩短，被第二个参照系中的棍子测量的第一个参照系中的棍子也类似。

18. Maudlin（2012），第 5 章。
19. 一位具有哲学头脑的物理学家约翰·贝尔（John Bell）在其 Bell（2008）的第 9 章"如何教授狭义相对论"（How to Teach Special Relativity）中，解释了当在时空中承受改变轨迹的力时，硬棍及其经受的收缩（和膨胀）的本质。也见 Maudlin（2012），第 116—120 页。
20. 这是 1887 年的迈克尔逊-莫雷实验（Michelson-Morley Experiment）的一个版本。爱因斯坦意识到了这一实验，并将它纳入狭义相对论中。
21. EarthSky（2011）.
22. Feynman, Leighton, and Sands（1975），vol. 2.
23. Maudlin（2012），p.138.
24. 对一系列类似例子的讨论，见 Albert（1992），第 1 章。
25. 哪怕这一点也（至少在术语上）有一些奇怪，因为通常的函数被认为仅具有数学上的存在性，而非物理学上的存在性。一些当代物理学家和物理学哲学家将波函数理解为一种"律则性实体"（nomological entity），即某种"说出了"物理上充分存在的事物如何在时空中运动的定律。当然，这也很难让人摸清头脑。[感谢波特·威廉姆斯（Porter Williams）提醒我这一点。]
26. 再一次感谢波特·威廉姆斯有益的讨论。
27. 更充分的讨论见 Carroll（2010），第 11 章。
28. Bohm（1951, 1952）。
29. 例如，见 Everett（1973）。
30. Deutsch（1997）、Wallace（2012）以及 Carroll（2010）.

第 11 章

1. Hayek（1960）, Rawls（1971）and Gauss（2016）.
2. Hayek（1960）, p. 42.
3. Ibid., p. 44.
4. Ibid., pp. 44–45.
5. Ibid., p. 93.
6. Ibid., p. 94.
7. Ibid., p. 97.
8. Ibid., p. 98.
9. Ibid., p. 96.
10. Ibid., p. 96.
11. 感谢杰克·罗斯（Jake Ross）让我注意到这一点。
12. 见 Robert Nozick（1974）的第 7 章。
13. Ibid., p. 157.
14. 有理由认为他会对此表示赞同。在 Hayek（1960）的第 87 页，他说，"我们的反驳是针对所有强调社会是一个故意被选择的分配模式的尝试的"。他可能没有看到的是，这种禁止也会被应用于他自己的结论，即一个自由社会中的分配会大致符合社会在一个人的行动中感知到的价值。
15. Nozick（1974）, p.161.
16. Soames（2018）的第 12、13 章讨论了规范性研究长达数十年的衰落。
17. 在第 19 页，罗尔斯（Rawls,［1971］论证了，将行动者"不应得的"个人特征排除在选择支配着社会合作规则的公平决策程序之外是正当的，理由是这些特征会让人们产生分歧，并允许他们"受到其**偏见的指导**"（黑体是我加的）。在第 74 页，他说，因为自然资产是一种"自然彩票"的结果，所以拥有那些资产"从道德的角度看是随意的"。他补充说，"和按照历史机遇和社会机遇分配收入和财富相比，没有更多的理由去容许按照自然资产分配收入和财富……**即使是去努**

力、去尝试、因而在通常意义上应有所得的那种意愿，本身也是依赖于幸福的家庭和社会环境的"（黑体是我加的）。

18. Rawls（1971），第 141 页（黑体是我加的）。
19. 同上，第 136—137 页。
20. 同上，第 143—144 页。
21. 同上，第 148 页（黑体是我加的）。
22. 同上，第 144 页。
23. 同上，第 145 页。
24. 同上，第 145 页。
25. 同上，第 28 章。
26. 同上，第 169 页。
27. 同上，第 169 页。
28. 同上，第 26 章。
29. 同上，第 176 页。
30. 再次感谢杰克·罗斯阐明这种可能性。
31. 见 Rawls（1971）的第 74 页和第 101—111 页。
32. 同上，第 100 页。
33. 同上，第 90—91 页。
34. 如果有人问，高斯尝试去建模的是社会的什么属性——整体善好或整体正义——那么这个人不会得到明确的答复。他倾向于沿用罗尔斯的术语，经常谈论整体正义。然而，他的观念似乎并不从根本上聚焦于公平，而是聚焦于整体善好，它包括正义或公平，也包括其他东西。
35. 见 Gaus（2016）的第 2 章的第 2.1 节。
36. 同上，第 68 页。
37. 同上，第 73 页。
38. 同上，第 76—77 页。
39. 同上，第 81 页，黑体是我加的。
40. 同上，第 82 页。

41. 同上，第142—143页。
42. 感谢杰克·罗斯让我注意到这一点。
43. Gaus（2016），chapter 4, sections 1.3–1.4.
44. Ibid., chapter 4, section 2.2.
45. Ibid., chapter 4, sections 3.1–3.3.
46. Ibid., all of chapter 4.
47. Ibid., pp. 215–220.
48. Ibid., pp. 217–218.
49. 见Kołakowski（[1978]2005）第1卷，第1册，第16章的第3节，"马克思主义作为列宁主义的一个源头"。
50. 在Kołakowski（[1978]2005）第43页被引用。
51. 同上，第223页。
52. 有用的讨论见Kołakowski（[1978]2005）的第227—230页。
53. Marx（1970），vol. 1, chapter 14, section 5.
54. Ibid., chapter 15, section 4.
55. Ibid., chapter 25, section 4.
56. Kołakowski（[1978]2005），p. 252.
57. Ibid., pp. 255–256.
58. Ibid., p. 341.
59. Ibid., pp. 342–343.
60. Ibid., pp. 343–344. 黑体是我加的。

第12章

1. Hart（[1961]2012）。中译文见［英］H. L. A. 哈特：《法律的概念》，第162—163页，北京：法律出版社，2006。
2. 根据哈特的观点，一个社会规则体系要算作一个法律体系，其必要条件是拥有这种权威。据我所知，他并没有断言它既是必要的也是充分的。

3. 这足以满足前面的注释提到的成为一个法律体系的哈特式必要条件。
4. Hart（［1961］2012），pp. 171–172.
5. Ibid., p. 210。中译文见［英］H. L. A. 哈特:《法律的概念》，第186页，北京：法律出版社，2006。
6. Ibid., p. 203。中译文见［英］H. L. A. 哈特:《法律的概念》，第187页，北京：法律出版社，2006。
7. 18 U. S. code section 924（c）(1)（2006）.
8. Ibid., p. 242. 黑体是我加的。
9. Ibid，注释1，黑体是我加的。
10. Ibid., p. 228.
11. See Soames（2013b）。
12. Ibid.
13. Ibid.
14. Ibid.
15. 主要的原旨主义来源包括 Barnett（2014, 2016）、Barnett and Bernick（2018）、Baude（2015）、Harrison（1992）、Lawson and Seidman（2017）、McGinnis and Rappaport（2013）、Rappaport（2013）、Solum（2011, 2013, 2018）以及 Upham（2015）。
16. 这一更新过的理论在 Soames（即将出版）中得到了呈现和解释。
17. 关于最近对遵从主义法理学的部分认可，参见大法官埃琳娜·卡根（Elena Kagan）2007年10月16日在芝加哥-肯特法学院做出的评论："几乎我们所有人现在都先看文本，文本才是最重要的。如果你能在文本中找到清晰性，那么这场球赛就差不多结束了。"
18. 参见 Soames（即将出版）。
19. McGinnis and Rappaport（2013）.
20. Ibid., chapter 5.
21. 参见他们对1972年提出的平等权利修正案的讨论，他们论证说该修正案未能获得批准是因为最高法院过于能动主义的、不民主的裁决导致它失去了广泛的信任。

22. Lawson（1994），p. 1248.

23. Ibid., p. 1248.

24. Hamburger（2014）.

25. 引自 Hamburger（2014）的第 188 页这一富有启发性的小节讨论了美国对普遍逮捕令和援助令的反对在革命前期、州宪法制定以及最终在美国宪法中的作用，以及对**正当法律程序**的大力坚持。

26. Hamburger（2014），pp. 337–402.

27. See Lawson（2015），p. 1535.

28. Lawson and Seidman（2017）.

29. Natelson（2010），pp. 58–59.

30. Hamburger（2014），p. 386. 黑体是我加的。

31. Lawson（2015），p. 1538.

32. Soames（2013b）.

第 13 章

1. Schlick（［1930］1939）. 亦可参见 Soames（2018），第 12 章。

2. Wilson（1993）.

3. Frank（1988）.

4. Wilson（1993），p. 102.

5. Ibid., p. 105.

6. Ibid., p. 107.

7. Ibid., pp. 106–108.

8. Ibid., p. 108.

9. Ibid., p. 109.

10. Ibid., p. 113.

11. Ibid., pp. 123–133.

12. Ibid., p. 130.

13. Ibid., p. 130.

14. Ibid., pp. 132–133.

15. Ibid., p. 133.

16. Ibid., pp. 130–131.

17. 休谟也是如此,第 4 章中讨论过,他的正义学说强调了涉他情感、自身利益和过去在正常运作的社会制度中受益的经历之间的相互作用。

18. Wilson（1993）, p. 132.

19. Ibid., pp. 15–16, 19, 158.

20. Ibid., pp. 15–16, 158–159.

21. Ibid., pp. 20–23.

22. Ibid., pp. 17, 141–142.

23. Ibid., pp. 17–18.

24. Ibid., pp. 141–142.

25. 重要的是,不要过度解读威尔逊对这个或其他"共相"的看法。他的要点是,人性中有某些固有的倾向,而不是这些倾向导致了无一例外的道德规则,或者甚至人类历史上不存在经常出现"例外"的真实人类群体。

26. Ibid., pp. 154–155.

27. Ibid., p. 191.

28. Ibid., p. 205.

29. Ibid., p. 213.

30. 感谢阅读了我给普林斯顿出版社的手稿的一位读者。

第 14 章

1. Wolfe（2012）, pp. 23–24.

2. 最近值得注意的强调这些问题的作品包括 Nagel（1979, 1987）、Feldman（1992）、Kagan（2012）、和 Scheffler（2016）。

3. Nozick（1974）, pp. 42–45. 也见 Nozick（1989）论幸福的那一章。

4. 或许出人意料的是,没有必要相信虽然你不是不朽的但人类是不朽的。即使一个人确信人类、太阳系，甚至我们星系的存续都是有限的，他也能找到意义。幸运的是，这段时间远远超越了人类生动想象它们的能力，以至于我们这些有限的生物几乎无法将其考虑在内。

附　录

1. Plato 20e, 21.
2. Plato 43 through 54.
3. Plato 116c.
4. Plato 116d.
5. Plato 116e.
6. Plato 117.
7. Plato 117d, e.
8. Plato 118.
9. 这封信重印在 Hume（1964）第 3 卷第 9–14 页之中。黑体是我加的，强调了休谟在他最后的日子里对他身后之人所做的贡献的重要性。

参考文献

Adair, Douglass (1957). "That Politics May Be Reduced to a Science: David Hume, James Madison, and the Tenth Federalist." *Huntington Library Quarterly* 20:343–60.
Albert, David (1992). *Quantum Mechanics and Experience*. Cambridge, MA: Harvard University Press.
Aquinas, Thomas (1947). *Summa Theologica*. New York: Benzinger Brothers.
—— (1949). *Disputed Questions on the Soul*. St. Louis and London: B. Herder Book Co.
—— (1975). *Summa Contra Gentiles*. Book 1 trans. Anton C. Pegis, Book 2 trans. James Anderson, Book 3 trans. Vernon Bourke; Book 4 trans. Charles J. O'Neil. Notre Dame, IN: University of Notre Dame Press.
Aristotle (1941). *The Basic Works of Aristotle,* ed. Richard McKeon, translated under the general editorship of W. D. Ross. New York: Random House.
Armstrong, David (1968). *A Materialist Theory of Mind*. London and New York: Routledge and Kegan Paul.
Arrow, Kenneth (1951). *Social Choice and Individual Values*. New York: Wiley.
Barnett, Randy E. (2014). *Restoring the Lost Constitution*. Revised ed. Princeton, NJ, and Oxford: Princeton University Press.
—— (2016). *Our Republican Constitution*. New York: Broadside Books (of Harper Collins).
Barnett, Randy E., and Evan D. Bernick (2018). "The Letter and the Spirit: A Unified Theory of Originalism." *Georgetown Law Journal* 107, 1:1–55.
Baude, William (2015). "Is Originalism Our Law?" *Columbia Law Review* 115:2349.
Becker, Gary ([1964] 1993). *Human Capital,* 3rd ed. Chicago: University of Chicago Press.
—— (1965). "A Theory of the Allocation of Time." *The Economic Journal* 75:493–517.
—— (1969). "An Economic Analysis of Fertility." In *National Bureau of Economic Research: Demographic and Economic Change in Developed Countries,* 209–40. New York: Columbia University Press.
—— (1971). *The Economics of Discrimination*. Chicago: University of Chicago Press.
—— (1973). "A Theory of Marriage: Part 1." *Journal of Political Economy* 81:813–46.
—— (1974a). "A Theory of Marriage: Part 2." *Journal of Political Economy* 82:11–26.
—— (1974b). *Essays in the Economics of Crime and Punishment*. New York: National Bureau of Economic Research Columbia University Press.
—— (1985). "Human Capital, Effort, and the Sexual Division of Labor." *Journal of Labor Economics* 3:33–58.

—— ([1981] 1991). *A Treatise on the Family*. Cambridge, MA: Harvard University Press;
—— (1992). "The Economic Way of Looking at Life." https://www.nobelprize.org/prizes/economic-sciences/1992/becker/lecture/. Nobel Media AB.
Bell, John Stewart (2008). *Speakable and Unspeakable in Quantum Mechanics*. Cambridge: Cambridge University Press.
Benacerraf, Paul (1965). "What Numbers Could Not Be." *Philosophical Review* 74:47–73.
—— (1973). "Mathematical Truth." *Journal of Philosophy* 70:661–79.
Bohm, David (1951). *Quantum Theory*. New York: Prentice-Hall.
—— (1952). "A Suggested Theory of Quantum Mechanics." *Physical Review* 83:166–79.
Boolos, G. (1984). "To Be Is to Be the Value of a Variable (or to Be Some Values of Some Variables)." *Journal of Philosophy* 81:430–49.
Boolos, G., and R. Jeffrey (1974). *Computability and Logic*. Cambridge: Cambridge University Press.
Boyle, Robert (1692). *The General History of the Air,* ed. John Locke. London: Awnsham and John Churchill.
Braithwaite, R. B., ed. (1931). *Foundations of Mathematics and Other Logical Essays*. London: Kegan Paul.
Bremmer, J., ed. (1983). *The Early Greek Concept of the Soul*. Princeton, NJ: Princeton University Press.
Buchanan, James M., Jr. (1986). "The Constitution of Economic Policy." https://www.nobelprize.org/prizes/economic-sciences/1986/buchanan/lecture/. Nobel Media AB.
Burkert, W. (1985). *Greek Religion*. Cambridge, MA: Harvard University Press.
Burnet, John (1916). "The Socratic Doctrine of the Soul." *Proceedings of the British Academy*, vol. 7.
Butler, Eamonn (2012). *Public Choice: A Primer*. London: The Institute of Economic Affairs.
Byrne, Alex, and David Hilbert (1997). *The Philosophy of Color,* vol. 1. Cambridge, MA: MIT Press.
Carroll, Sean (2010). *From Eternity to Here*. New York: Dutton.
Chomsky, Noam ([1955] 1975). *The Logical Structure of Linguistic Theory*. New York: Plenum Press; unpublished ms. available 1955.
—— (1957). *Syntactic Structure*. The Hague: Mouton.
—— (1965). *Aspects of a Theory of Syntax*. Cambridge, MA: MIT Press.
Church, Alonzo (1936a). "A Note on the Entscheidungsproblem." *Journal of Symbolic Logic* 1:40–41.
—— (1936b). "An Unsolvable Problem of Elementary Number Theory." *American Journal of Mathematics* 58:345–63.
—— (1937). "Review: A. M. Turing, On Computable Numbers, with an Application to the Entscheidungsproblem." *Journal of Symbolic Logic* 2:42–43.
Claus, D. (1983). *Toward the Soul*. New Haven, CT: Yale University Press.
Cooper, John M. (2012). *Pursuits of Wisdom*. Princeton, NJ: Princeton University Press.
Copernicus, Nicolaus. (1543). *De Revolutionibus Orbium Coelestium Libri IV.* Nuremberg: Johann Petreius.

Copleston, Frederick (1955). *Aquinas.* Baltimore: Penguin.
—— (1962a). *A History of Philosophy,* vol. 1, part 2. Image edition. New York: Doubleday.
—— (1962b). *A History of Philosophy,* vol. 2, part 2. Image edition. New York: Doubleday.
—— (1964). *A History of Philosophy,* vol. 5, part 1. Image edition. New York: Doubleday.
—— (1993). *A History of Philosophy,* vol. 3. Image edition. New York: Doubleday.
Dales, Richard C. (1990). *Medieval Discussions of the Eternity of the World.* New York: E. J. Brill.
D'Arcy, M. C. (1930). *Thomas Aquinas.* London: Ernest Benn Limited.
Descartes, René ([1641] 1991). *Meditations on First Philosophy,* trans. George Hefferman. Notre Dame, IN: Notre Dame University Press. Originally published as *Meditationes de primo philosophia.*
—— ([1644] 1983). *Principles of Philosophy,* trans. V. R. Miller and R. P. Miller. Dordrecht: Reidel.
Deutsch, David. (1997). *The Fabric of Reality.* London: Penguin.
Downs, Anthony (1957). *An Economic Theory of Democracy.* New York: Harper.
EarthSky (2011). "Epic Study Confirms Einstein on Space-Time Vortex around Earth." http://earthsky.org/space/epic-study-confirms-einstein-on-space-time.
Einstein, Albert ([1905] 1989). "On the Electrodynamics of Moving Bodies," trans. Anna Beck. In *The Collected Papers of Albert Einstein,* vol. 2, 275–310. Princeton, NJ: Princeton University Press. Originally published as "Zur Elektrodynamik bewegter Körper." *Annalen der Physik* 17:275.
—— ([1916] 1997). "The Foundation of the General Theory Of Relativity," trans. Alfred Engel. In *The Collected Papers of Albert Einstein,* vol. 6, 146–200. Princeton, NJ: Princeton University Press. Originally published as "Die Grundlagen der allgemeinen Relativitätstheorie," *Annalen der Physik* 49:769–822.
—— ([1920] 2002). "Fundamental Ideas and Methods in the Theory of Relativity, Presented in Their Development." In *The Collected Papers of Albert Einstein,* vol. 7, 113–50. Princeton, NJ: Princeton University Press. Originally published as "Grundgedanken und Methoden der Relativitätstheorie in ihrer Entwicklung dargestellt."
—— (1948). "Autobiography." In *Einstein: Philosopher-Scientist,* ed. P. A. Schilpp. Evanston, IL: Library of the Living Philosophers.
—— (1949). "Notes for an Autobiography." *The Saturday Review of Literature,* November 26.
—— (1998). *The Collected Papers of Albert Einstein,* vol. 8A. Princeton, NJ: Princeton University Press.
Everett, Hugh (1973). *The Many Worlds Interpretation of Quantum Mechanics.* Princeton Series in Physics. Princeton, NJ: Princeton University Press.
Feldman, Fred (1992). *Confrontations with the Reaper.* Oxford: Oxford University Press.
Feynman, Richard, Robert Leighton, and Matthew Sands (1975). *The Feynman Lectures on Physics,* vol. 2. Reading, MA: Addison-Wesley.
Fleischacker, Samuel (2002). "Adam Smith's Reception among the American Founders, 1776–1790." *William and Mary Quarterly* 59:897–924.

Fodor, Jerry A. (1968). *Psychological Explanation: An Introduction to the Philosophy of Psychology*. New York: Random House.

—— (1981). *Representations*. Cambridge, MA: M.I.T. Press.

Fodor, Jerry, T. G. Bever, and M. F. Garrett (1974). *The Psychology of Language: An Introduction to Psycholinguistics and Generative Grammar*. New York: McGraw-Hill.

Fraenkel, Abraham ([1922] 1967). "The Notion 'Definite' and the Independence of the Axiom of Choice," trans. Beverly Woodward. In Van Heijenoort (1967), 284–89.

Frank, Robert H. (1988). *Passion within Reason*. New York: Norton.

Frege, Gottlob ([1879] 1967). *Begriffsschrift*, trans. S. Bauer-Mengelberg. In Van Heijenoort (1967), 1–82.

—— ([1884] 1950). *The Foundations of Arithmetic*, trans. J. L. Austin. Oxford: Blackwell. Originally published as *Die Grundlagen der Arithmetik*, Breslau: Verlag von Wilhelm Koebner.

—— ([1893, 1903] 1964). *The Basic Laws of Arithmetic*, ed. and trans. M. Furth. Berkeley and Los Angeles: University of California Press, 1964. Originally published as *Grundgesetze der Arithmetik*, 2 vols., Jena.

Furley, D. J. (1956). "The Early History of the Concept of Soul." *Bulletin of the Institute of Classical Studies* 3:1–18.

Gaus, Gerald (2016). *The Tyranny of the Ideal*. Princeton, NJ: Princeton University Press.

Gilson, E. (1955). *Christian Philosophy in the Middle Ages*. New York: Random House.

Gödel, Kurt (1930). "Die Vollständigkeit der Axiome des logischen Funktionenkalkuls." *Monatshefte für Mathematik und Physik* 37:349–60; trans. as "The Completeness of the Axioms of the Functional Calculus of Logic," by S. Bauer-Mengelberg, in Van Heijenoort (1967), 582–91; reprinted in Gödel (1986), 102–23.

—— (1931). "Über formal unentscheidbare Sätze der Principia Mathematica und verwandter Systeme I." *Monatshefte für Mathematik und Physik* 38:173–98; trans. as "On Formally Undecidable Propositions of 'Principia Mathematica' and Related Systems I," by Jean Van Heijenoort, in Van Heijenoort (1967), 596–616; reprinted in Gödel (1986), 144–95.

—— (1932). "Über Vollständigkeit und Widerspruchsfreiheit." *Ergebnisse eines mathematischen Kolloquiums* 3:12–13. English translation "On Completeness and Consistency" in Gödel (1986), 235–37.

—— (1944). "Russell's Mathematical Logic." In *The Philosophy of Bertrand Russell*, ed. P. A. Schilpp, 125–53. La Salle, IL: Open Court.

—— (1986). *Collected Works. I: Publications 1929–1936*, ed. S. Feferman, S. Kleene, G. Moore, R. Solovay, and J. van Heijenoort. Oxford: Oxford University Press.

Gomez-Torrente, Mario (forthcoming). "Arabic Numerals and the Problem of Mathematical Sophistication."

Grice, Paul (1989). *Studies in the Way of Words*. Cambridge, MA: Harvard University Press.

Grünbaum, Adolf (1967). "The Philosophical Significance of Relativity Theory." In *The Encyclopedia of Philosophy*, ed. Paul Edwards, vol. 7, 133–40. New York and London: Collier Macmillan.

Hahn, H., R. Carnap, and O. Neurath (1929). "The Scientific Conception of the World." Pamphlet, translated and reprinted in Sarkar (1996a), 321–41.

Hamburger, Philip (2014). *Is Administrative Law Unlawful?* Chicago: University of Chicago Press.
Hanks, Peter (2015). *Propositional Content.* Oxford: Oxford University Press.
Harris, W. V. (1989). *Ancient Literacy.* Cambridge, MA: Harvard University Press.
Harrison, John (1992). "Reconstructing the Privileges or Immunities Clause." *Yale Law Journal* 101:1385–1474.
Hart, H.L.A. ([1961] 2012). *The Concept of Law.* Oxford: Oxford University Press.
Havelock, E. (1967). *Preface to Plato.* Cambridge, MA: Harvard University Press.
—— (1983). "The Linguistic Task of the Presocratics." in *Language and Thought in Early Greek Philosophy,* ed. K. Robb, 7–82. La Salle, IL: The Hegeler Institute.
Hayek, Friedrich A. (1960). *The Constitution of Liberty.* Chicago: University of Chicago Press.
Heath, Thomas Little (1981). *A History of Greek Mathematics,* vol. 1. New York: Dover; corrected version of original Oxford edition published in 1921.
Herman, Arthur (2001). *How the Scots Invented the Modern World.* New York: Crown Publishers.
Hobbes, Thomas ([1651] 1994). *Leviathan,* ed. E. Curley. Indianapolis, IN: Hackett.
Hodes, Harold (2015). Why Ramify? *Notre Dame Journal of Formal Logic* 56:379–415.
Hume, David (1964). *Philosophical Works,* ed. T. H. Green and T. H. Grose. 4 vols. Darmstadt: Scientia Verlag Aalen. Reprint of original publication, London: Longmans, Green and Co.
Jeffrey, Richard (1965). *The Logic of Decision.* Chicago: University of Chicago Press.
—— (2004). *Subjective Probability.* Cambridge: Cambridge University Press.
Jesperson, Bjorn (2010). "How Hyper Are Hyper Propositions?" *Language and Linguistics Compass* 39:296–30.
—— (2012). "Recent Work on Structured Meaning and Propositional Unity." *Philosophy Compass* 7:620–30.
Johnson-Laird, P. N. (1983). *Mental Models: Towards a Cognitive Science of Language, Reference, and Consciousness.* Cambridge: Cambridge University Press.
Johnson-Laird, P. N., and P. C. Watson (1977). *Thinking: Readings in Cognitive Science.* Cambridge: Cambridge University Press.
Kagan, Shelly (2012). *Death.* New Haven, CT: Yale University Press.
Kamareddine, Fairouz, Twan Laan, and Rob Nederpelt (2002). "Types in Logic and Mathematics before 1940." *Bulletin of Symbolic Logic* 8:185–245.
Kaplan, David (1979). "On the Logic of Demonstratives." *Journal of Philosophical Logic* 8:81:98.
—— (1989). "Demonstratives: An Essay on the Semantics, Logic, Metaphysics, and Epistemology of Demonstratives and Other Indexicals." In *Themes from Kaplan,* ed. Joseph Almog, John Perry, and Howard Wettstein, 481–563. New York: Oxford University Press.
Kemeny, J. (1955). "Fair Bets and Inductive Probabilities." *Journal of Symbolic Logic* 20:263–73.
Kepler, Johannes ([1609] 1858–71). *Astronomia Nova,* ed. C. Frisch. 8 vols. Frankfurt and Erlangen.
King, Jeffrey C. (2007). *The Nature and Structure of Content.* Oxford: Oxford University Press.
King, Jeff, Scott Soames, and Jeff Speaks (2014). *New Thinking about Propositions.* Oxford: Oxford University Press.

Klement, Kevin (2004). "Putting Form before Function: Logical Grammar in Frege, Russell, and Wittgenstein." *Philosophers' Imprint,* (www.philosophersimprint.org/004002/) 4, 2: 1–47.

Kołakowski, Leszek ([1978] 2005). *Main Currents of Marxism.* New York: Norton.

Kolmogorov, A. N. (1950). *Foundations of Probability.* New York: Chelsea Publishing.

Kretzmann, Norman (1993). "Philosophy of Mind." in *The Cambridge Companion to Aquinas,* ed. Norman Kretzmann and Eleonore Stump. Cambridge: Cambridge University Press.

Kripke, Saul (1959). "A Completeness Theorem in Modal Logic." *Journal of Symbolic Logic* 24:1–14.

—— (1971). "Identity and Necessity." In *Identity and Individuation,* ed. Milton Munitz. New York: NYU Press.

—— (1980). *Naming and Necessity.* Cambridge, MA: Harvard University Press.

Landini, Gregory (1998). *Russell's Hidden Substitutional Theory.* Oxford: Oxford University Press.

Lawson, Gary (1994). "The Rise and Rise of the Administrative State." *Harvard Law Review* 107:1231–1254.

—— (2015). "The Return of the King: The Unsavory Origins of Administrative Law." *Texas Law Review* 93:1521–45.

Lawson, Gary, and Guy Seidman (2017). *A Great Power of Attorney: Understanding the Fiduciary Constitution.* Lawrence: University of Kansas Press.

Leibniz, G. W. (1875–1890). *Die mathematischen Schriften von G. W. Leibniz,* ed. C. I. Gerhardt. 7 vols. Berlin.

Lewis, David (1966). "An Argument for the Identity Theory." *Journal of Philosophy* 63:17–25.

Locke, John ([1689] 1975). *An Essay Concerning the Human Understanding,* ed. Peter H. Niddich. Oxford: Clarendon Press.

—— (1987). *Locke's Two Treatises on Civil Government.* Richard Ashcraft, ed. London: Routledge.

Marx, Karl (1970). *Capital.* Three volumes, trans. Samuel Moore and Edward Aveling. London: Lawrence and Wishart, and Moscow: Progress Publishers.

Maudlin, Tim (2012). *The Philosophy of Physics: Space and Time.* Princeton, NJ: Princeton University Press.

McCabe, Herbert (1969). "The Immortality of the Soul." in *Aquinas,* Anthony Kenny ed., Garden City, NY: Doubleday.

McGinnis, John, and Michael Rappaport (2013). *Originalism and the Good Constitution.* Cambridge, MA: Harvard.

Miller, G. A., E. Galanter, and K. H. Pribram (1960). *Plans and the Structure of Behavior.* New York: Holt, Reinhart and Winston.

Moller, Dan (2014). "Justice and the Wealth of Nations." *Public Affairs Quarterly* 28, 2 (April): 95–114.

Moltmann, Friederike (2017). *Act-Based Conceptions of Propositional Content.* Oxford: Oxford University Press.

Monk, Ray (2016). "One of the Great Intellects of His Time." *New York Review of Books,* December 22.

Morrison, James V. (2006). *Reading Thucydides.* Columbus: Ohio State University Press.

Nagel, Thomas (1979). "Death." In *Mortal Questions*, 1–10. Cambridge: Cambridge University Press.
—— (1987). *What Does It All Mean?* Oxford: Oxford University Press.
Natelson, Robert G. (2010). "The Legal Origins of the Necessary and Proper Clause." In *The Origins of the Necessary and Proper Clause*, ed. G. Lawson, G. P. Millar, R. G. Natelson, and G. I. Seidman, 52–83. Cambridge: Cambridge University Press, 2010.
Newton, Isaac ([1687] 1934). *Principia,* trans. Andrew Motte, rev. by Florian Cajoli, 2 vols. Berkeley: University of California Press.
—— (1959–84). *The Correspondence of Isaac Newton*, ed. H. W. Turnbull, J. F. Scott, A. R. Hall, and L. Tilling. 7 vols. Cambridge: Cambridge University Press.
—— (1999). *The Principia: Mathematical Principles of Natural Philosophy: A New Translation,* trans. I. B. Cohen and Anne Whitman. Berkeley: University of California Press.
Norton, John (2010). "How Hume and Mach Helped Einstein Find Special Relativity." In *Discourse on a New Method: Reinvigorating the Marriage of History and Philosophy of Science,* ed. M. Dickson and M. Domski, 359–86. Chicago and La Salle, IL: Open Court.
Nozick, Robert (1974). *Anarchy, State, and Utopia*. New York: Basic Books.
—— (1989). *The Examined Life.* New York: Simon and Schuster.
Ockham, William (1952). *Tractatus de successivis.* In *Ockham: Selected Philosophical Writings,* ed. P. Boehner. London: O.F.M. (Order of Friars Minor).
Paul, Margaret (2012). *Frank Ramsey (1903–1930): A Sister's Memoir*. London: Smith-Gordon.
Peano, Giuseppe (1889). *Arithmetices principia, novo methodo exposita* (The Principles of Arithmetic, Presented by a New Method). Turin: Bocco; reprinted in Van Heijenoort (1967), 83–97.
Pegis, Anton C. (1934). *St. Thomas and the Problem of the Soul in the Thirteenth Century*. Toronto: Pontifical Institute of Mediaeval Studies.
Place, U. T. (1956). "Is Consciousness a Brain Process?" *British Journal of Psychology* 47:44–50.
Plato (1961). *Collected Dialogues,* ed. Edith Hamilton and Huntington Cairns. New York: Pantheon Books 1961.
Putnam, Hilary (1967). "The Nature of Mental States." In *Art, Mind, and Religion*, ed. W. H. Capitan and D. D. Merrill. Pittsburgh: Pittsburgh University Press; reprinted in Putnam (1975b).
—— (1975a). "The Meaning of 'Meaning.'" In Putnam (1975b), pp. 215–71.
—— (1975b). *Philosophical Papers,* vol. 2: *Mind, Language, and Reality*. Cambridge: Cambridge University Press, 1975.
Ramsey, F. P. (1925). "The Foundations of Mathematics." *Proceedings of the London Mathematical Society* 25:338–84; reprinted in Braithwaite (1931).
—— ([1926] 1990). "Truth and Probability." In *Philosophical Papers,* D. H. Mellor, ed., Cambridge: Cambridge University Press, 1990, 52–94; also in Braithwaite (1931).
Rappaport, Michael (2013). "Originalism and the Colorblind Constitution." *Notre Dame Law Review* 89:71–132.
Rawls, John (1971). *A Theory of Justice.* Cambridge, MA: Harvard University Press.

Robb, K. (1968). "Psyche and Logos in the Fragments of Heraclitus: The Origins of the Concept of Soul." *The Monist* 69:315–51.
—— (1994). *Literacy and Paideia in Ancient Greece*. Oxford: Oxford University Press.
Robinson, T. M. (1968). "Heraclitus on Soul." *The Monist* 69:305–14.
Rosser, J. Barkley (1937). "Gödel Theorems for Non-Constructive Logics." *Journal of Symbolic Logic* 2:129–37.
Russell, Bertrand (1904). "Meinong's Theory of Complexes and Assumptions." *Mind* 13:204–19, 336–34, 509–24; reprinted in *Essay's in Analysis*, ed. Douglas Lackey, New York: George Braziller 1973, 21–76.
Russell, Bertrand, and Alfred North Whitehead (1910). *Principia Mathematica*, vol. 1. Cambridge: Cambridge University Press.
—— (1912). *Principia Mathematica*, vol. 2. Cambridge: Cambridge University Press.
—— (1913). *Principia Mathematica*, vol. 3. Cambridge: Cambridge University Press.
Sarkar, Sahotra (1996). *The Emergence of Logical Empiricism: From 1900 to the Vienna Circle*, vol. 1. New York: Garland Publishing.
Savage, Leonard (1954). *The Foundations of Statistics*. New York: Dover.
Scheffler, Samuel (2016). *Death and the Afterlife*. Oxford: Oxford University Press.
Schlick, Moritz (1915). "Die philosophische Bedeutung des Relativsatsprinzips." *Zeitschrift für Philosophie und philosophische Kritik* 159:129–75. Published as "The Philosophical Significance of the Principle of Relativity," trans. P. Heath, in Schlick (1979), vol. 1, 153–89.
—— (1920). *Space and Time in Contemporary Physics,* trans. H. Brose. New York: Oxford University Press. Originally published as *Raum und Zeit in der gegenwartigen Physik*, Berlin: Springer.
—— ([1930] 1939). *Problems of Ethics,* trans. David Rynin. New York: Prentice Hall. Originally published as *Fragen der Ethik*. Vienna: Springer.
—— (1979). *Philosophical Papers*, vols. 1 and 2. Ed. B. van de Velde-Schlick and H. Mulder. Dordrecht: Reidel.
Skyrms, Brian (1994). *Pragmatism and Empiricism*. New Haven, CT: Yale University Press.
Smart, J. J. C. (1963). *Philosophy and Scientific Realism*. New York: Humanities Press.
Smith, Adam ([1759] 2002). *The Theory of the Moral Sentiments*. Cambridge: Cambridge University Press. Originally published London: A Millar.
—— ([1776] 1997). *The Wealth of Nations*. London: Penguin. London: W. Strahan.
Soames, Scott (1984). "Linguistics and Psychology." *Linguistics and Philosophy* 7:155–79; reprinted in Soames (2009a), 133–58.
—— (1987). "Direct Reference, Propositional Attitudes, and Semantic Content." *Philosophical Topics* 15:47–87; reprinted in Soames (2009b), 33–71.
—— (1989). "Semantics and Semantic Competence." *Philosophical Perspectives* 3:575–96; reprinted in Soames (2009a), 182–201.
—— ([1990] 2009). "Belief and Mental Representation." In *Information, Language and Cognition*, ed. Philip P. Hanson, 217–46. Vancouver: University of British Columbia Press. Reprinted in Soames (2009b), 81–110.
—— (2003). *Philosophical Analysis in the Twentieth Century*, vol. 2. Princeton, NJ, and Oxford: Princeton University Press.

—— (2007). "What Are Natural Kinds?" *Philosophical Topics* 35:329–42; reprinted in Soames (2014a).

—— (2008a). "Truth and Meaning—in Perspective." *Midwest Studies in Philosophy* 32:1–19; reprinted in Soames (2009a).

—— (2008b). "Why Propositions Can't Be Sets of Truth-Supporting Circumstances." *Journal of Philosophical Logic* 37:267–76; reprinted in Soames (2009b), 72–80.

—— (2008c). "Drawing the Line between Meaning and Implicature—and Relating Both to Assertion." *Noûs* 42:529–54; reprinted in Soames (2009a), 298–325.

—— (2009a). *Philosophical Essays*, vol. 1. Princeton, NJ: Princeton University Press.

—— (2009b). *Philosophical Essays*, vol. 2. Princeton, NJ: Princeton University Press.

—— (2010a). *Philosophy of Language*. Princeton, NJ: Princeton University Press.

—— (2010b). *What Is Meaning?* Princeton, NJ: Princeton University Press.

—— (2013a). "Cognitive Propositions." *Philosophical Perspectives: Philosophy of Language* 27:479–501.

—— (2013b). "Deferentialism." *Fordham Law Review* 82:101–22; reprinted in Soames (2014a).

—— (2014a). *Analytic Philosophy in America*. Princeton, NJ: Princeton University Press.

—— (2014b). *The Analytic Tradition in Philosophy*, vol. 1. Princeton, NJ: Princeton University Press.

—— (2014c). "For Want of Cognitive Propositions." In Soames (2014a).

—— (2015a). "Reply to Critics of the *Analytic Tradition in Philosophy*, Volume 1." *Philosophical Studies* 172:1681–96.

—— (2015b). *Rethinking Language, Mind, and Meaning*. Princeton, NJ, and Oxford: Princeton University Press.

—— (2016a). "Yes, the Search for Explanation Is All We Have." *Philosophical Studies* 173, 9: 2565–73.

—— (2016b). "Propositions, the *Tractatus*, and 'The Single Great Problem of Philosophy.'" *Critica* 48, 143:3–19.

—— (2017). "Deferentialism, Living Originalism, and the Constitution." In *The Nature of Legal Interpretation*, ed. Brian Slocum, 218–40. Chicago: University of Chicago Press.

—— (2018). *The Analytic Tradition in Philosophy*, vol. 2. Princeton, NJ: Princeton University Press.

—— (forthcoming). "Originalism and Legitimacy." *Georgetown Journal of Law and Public Policy*.

Solum, Lawrence B. (2011). "What Is Originalism?" http://dx.doi.org/10.2139/ssrn.1825543.

—— (2013). "Originalism and Constitutional Construction." *Fordham Law Review* 82: 453.

—— (2018). "Surprising Originalism." The Regula Lecture, *ConlawNOW* 9:235.

Stigler, George (1971). "The Theory of Economic Regulation." *Bell Journal of Economics and Management Science* 3:3–18.

Stigler, George, and Friedland, Claire (1962). "What Can Regulators Regulate? The Case of Electricity." *Journal of Law and Economics* 5:1–16.

Tarski, Alfred ([1935] 1983). "The Concept of Truth in Formalized Languages," trans. J. H. Woodger. In Tarski (1983), 152-278. Originally published as "Der Wahrheitsbegriff in den formalisierten Sprachen." *Studia Philosophica* 1:261-405.
—— ([1936] 1983). "On the Concept of Logical Consequence," trans. J. H. Woodger. In Tarski (1983), 409-20. Originally published as "Über den Begriff der logischen Folgerung," *Acts du Congres International de Philosophie Scientifique* 7 (Actualités Scientifiques et Industrielles, vol. 394), 1-11. Paris: Hermann et Cie.
—— (1983). *Logic, Semantics, Metamathematics*, 2nd ed., ed. J. Corcoran. Indianapolis: Hackett.
Thomas, R. (1992). *Literacy and Orality in Ancient Greece*. Cambridge: Cambridge University Press.
Tullock, Gordon (1967). "The Welfare Costs of Tariffs, Monopolies, and Theft." *Western Economic Journal* 5:224-32.
Turing, Alan (1936/37). "On Computable Numbers with an Application to the Entscheidungsproblem." *Proceedings of the London Mathematical Society*, series 2, 42:230-65.
—— (1950). "Computing Machinery and Intelligence." *Mind* 49:433-60.
Upham, David R. (2015). "Interracial Marriage and the Original Understanding of the Privileges or Immunities Clause." *Hastings Constitutional Law Quarterly* 42:213-86.
Van Heijenoort, Jean, ed. (1967). *From Frege to Gödel*. Cambridge, MA: Harvard University Press.
von Neumann, John, and Oskar Morgenstern (1944). *The Theory of Games and Economic Behavior*. Princeton, NJ: Princeton University Press.
Wallace, David (2012). *The Emergent Multiverse*. Oxford: Oxford University Press.
Weisheipl, James A. (1965). "The Principle *Omne quod movetur ab alio movetur* in Medieval Physics." *Isis* 56:26-45.
—— (1983). "The Date and Context of Aquinas's *De aeternitate mundi*." in *Graceful Reason: Essays in Ancient and Medieval Philosophy Presented to Joseph Owens*, ed. Lloyd P. Gerson. Toronto: Papers in Mediaeval Philosophy.
Wilson, James Q. (1993). *The Moral Sense*. New York: Free Press.
Wippel, John F. (1981). "Did Thomas Aquinas Defend the Possibility of an Eternally Created World?" *Journal of the History of Philosophy* 19:21-37.
Wittgenstein, Ludwig ([1922] 1961). *Tractatus Logico-Philosophicus*, trans. D. Pears and B. McGuinness. London: Routledge, 1961.
——. (1953). *Philosophical Investigations,* trans. G.E.M. Anscombe. N. p.: Macmillan.
Wolfe, Tom (2012). *Back to Blood*. New York: Little Brown.
Yunis, H., ed. (2003). *Written Texts and the Rise of Literate Culture in Ancient Greece*. Cambridge: Cambridge University Press.
Zermelo, Ernst (1904). "Proof That Every Set Can Be Well Ordered," trans. S. Bauer-Mengelberg. In Van Heijenoort (1967), 139-41.
——(1908a). "A New Proof of the Possibility of a Well-Ordering," trans. S. Bauer-Mengelberg. In Van Heijenoort (1967), 183-98.
——(1908b). "Investigations of the Foundations of Set Theory I," trans. S. Bauer-Mengelberg. In Van Heijenoort (1967), 199-215.

图书在版编目（CIP）数据

哲学塑造的世界：从柏拉图到数字时代 /（美）斯科特·索姆斯著；刘一白，黄禹迪译. -- 北京：九州出版社，2024.10. -- ISBN 978-7-5225-3270-7（2025.5重印）

Ⅰ.B1

中国国家版本馆CIP数据核字第20245PN492号

The World Philosophy Made: From Plato to Digital Age by Scott Soames
Copyright © 2019 by Princeton University Press
All rights reserved. No part of this book may be reproduced or transmitted in any form or by any means, electronic or mechanical, including photocopying, recording or by any information storage and retrieval system, without permission in writing from the publisher.
Published by arrangement with Princeton University Press through Bardon-Chinese Media Agency.

著作权合同登记号：01-2024-5149

哲学塑造的世界：从柏拉图到数字时代

作　　者	［美］斯科特·索姆斯 著　刘一白　黄禹迪 译
责任编辑	陈丹青
出版发行	九州出版社
地　　址	北京市西城区阜外大街甲35号（100037）
发行电话	（010）68992190/3/5/6
网　　址	www.jiuzhoupress.com
印　　刷	天津联城印刷有限公司
开　　本	889毫米×1194毫米　32开
印　　张	14.25
字　　数	331千字
版　　次	2024年10月第1版
印　　次	2025年5月第2次印刷
书　　号	ISBN 978-7-5225-3270-7
定　　价	88.00元

★ 版权所有 侵权必究 ★